Gerrit Brösel
Medienrechtsbewertung

GABLER EDITION WISSENSCHAFT
Moderne Finanzwirtschaft & Unternehmensbewertung
Herausgegeben von
Professor Dr. Manfred Jürgen Matschke

In dieser Schriftenreihe werden betriebswirtschaftliche Forschungsergebnisse zu aktuellen Fragestellungen der betrieblichen Finanzwirtschaft im ganzen und der Unternehmensbewertung im besonderen präsentiert. Die Reihe richtet sich an Leser in Wissenschaft und Praxis. Sie ist als Veröffentlichungsplattform für alle herausragenden Arbeiten auf den genannten Gebieten offen, unabhängig davon, wo sie entstanden sind.

Gerrit Brösel

Medienrechtsbewertung

Der Wert audiovisueller Medienrechte im dualen Rundfunksystem

Mit einem Geleitwort
von Prof. Dr. Manfred Jürgen Matschke

Deutscher Universitäts-Verlag

Die Deutsche Bibliothek – CIP-Einheitsaufnahme
Ein Titeldatensatz für diese Publikation ist bei
Der Deutschen Bibliothek erhältlich

Dissertation Universität Greifswald, 2002 unter dem Titel:
Brösel, Gerrit: Der Wert audiovisueller Medienrechte im dualen Rundfunksystem

Die Veröffentlichung wurde gefördert durch:
PwC Deutsche Revision AG

1. Auflage August 2002

Alle Rechte vorbehalten
© Deutscher Universitäts-Verlag GmbH, Wiesbaden 2002

Lektorat: Brigitte Siegel / Jutta Hinrichsen

Der Deutsche Universitäts-Verlag ist ein Unternehmen der
Fachverlagsgruppe BertelsmannSpringer.
www.duv.de

Das Werk einschließlich aller seiner Teile ist urheberrechtlich geschützt.
Jede Verwertung außerhalb der engen Grenzen des Urheberrechtsgesetzes
ist ohne Zustimmung des Verlags unzulässig und strafbar. Das gilt insbesondere für Vervielfältigungen, Übersetzungen, Mikroverfilmungen und die
Einspeicherung und Verarbeitung in elektronischen Systemen.

Die Wiedergabe von Gebrauchsnamen, Handelsnamen, Warenbezeichnungen usw. in diesem
Werk berechtigt auch ohne besondere Kennzeichnung nicht zu der Annahme, dass solche
Namen im Sinne der Warenzeichen- und Markenschutz-Gesetzgebung als frei zu betrachten
wären und daher von jedermann benutzt werden dürften.

Umschlaggestaltung: Regine Zimmer, Dipl.-Designerin, Frankfurt/Main

Gedruckt auf säurefreiem und chlorfrei gebleichtem Papier

ISBN-13:978-3-8244-7692-3   e-ISBN-13:978-3-322-81429-6
DOI: 10.1007/978-3-322-81429-6

Geleitwort

Das als duales Rundfunksystem bezeichnete Nebeneinander von privatem und öffentlich-rechtlichem Rundfunk (im Sinne von Fernsehen und Hörfunk) stellt seit Anfang der 80er Jahre neue Herausforderungen an die bisher nur rudimentär entwickelte Medienökonomie. Über die rechtlichen Änderungen in Deutschland hinaus ist der Mediensektor weltweit dynamischen technischen Veränderungen ausgesetzt, welche eine industrielle Konvergenz, also die Annährung von Medien-, Telekommunikation- und Informationstechnikbranche, hervorrufen. Die dadurch gegebenen neuen Handlungsmöglichkeiten bewirken zugleich eine zunehmende Konkurrenz auf den Beschaffungs- und Absatzmärkten. Speziell im Fernsehbereich wächst deshalb die Bedeutung von Programminhalten. Publikumswirksame Produkte wie Spitzenfilme und Möglichkeiten der Originalübertragung von Spitzensportveranstaltungen sind sehr seltene Güter, so daß gerade für solche Sportübertragungen Preisexplosionen zu verzeichnen waren und sind. Hohe Preise jedoch, die den Wert der audiovisuellen Medienrechte übersteigen, können erhebliche negative wirtschaftliche Konsequenzen bei Rundfunkanbietern (z. B. Gebührenerhöhungen, Verluste und sogar den Zusammenbruch der gesamten Unternehmung) hervorrufen. Um ein fundiertes Urteil über die Vorteilhaftigkeit des Erwerbs von Medienrechten zu fällen, sind entscheidungsorientierte Bewertungen im Gesamtzusammenhang der Handlungsmöglichkeiten, einschließlich der Programmgestaltungsmöglichkeiten, unentbehrlich. Solche theoretisch fundierten und praktisch anwendbaren Methoden zur Ermittlung des Wertes eines Medienrechts sucht man indes in der Literatur zur Medienökonomie bislang noch vergeblich.

In seiner von der Rechts- und Staatswissenschaftlichen Fakultät angenommenen und hier publizierten Dissertation „Der Wert audiovisueller Medienrechte im dualen Rundfunksystem" widmet sich GERRIT BRÖSEL diesem komplexen und aktuellen Problemfeld und zeigt, daß das für die Medienrechtsbewertung erforderliche Instrumentarium durch die funktionale Unternehmungsbewertungstheorie geliefert wird. BRÖSEL überträgt nicht bloß die Erkenntnisse und das Instrumentarium der funktionalen Unternehmensbewertungstheorie auf die Medienrechtsbewertung und zeigt so die Flexibilität dieses auf Entscheidungsunterstützung in interpersonalen Konfliktsituationen ausgerichteten Theoriesystems, sondern liefert zugleich wertvolle weiterführende und vertiefende Beiträge auf dem Gebiet der funktionalen Unternehmungsbewertungstheorie selbst. Dies gilt insbesondere im Hinblick auf die Integration von Programmplanung und Entscheidungswertermittlung sowie auf die Darlegung der Anwendungsbedingungen des Zukunftserfolgswertverfahrens. Zu erwähnen sind auch BRÖSELs Analysen der jungierten Konfliktsituation vom Typ „Erwerb-Erwerb" und der ein- sowie mehrdimensionalen Konfliktsituation vom Typ „Erwerb", die er um neue Aspekte bereichert.

Die Arbeit besticht durch eine stringente themenbezogene Gliederung, durch eine sehr klare flüssige Sprache und höchste Sorgfalt. Sie hat insgesamt gesehen ein sehr hohes innovatives Niveau auf dem Gebiet der Medienökonomie, aber auch der Unternehmensbewertung. Es ist GERRIT BRÖSEL zu bescheinigen, daß er den selbst gestellten Anspruch, ein theoretisch fundiertes Konzept zur Bewertung audiovisueller Medienrechte für Fernsehveranstalter des dualen Rundfunksystems zu entwickeln, das zugleich der praktischen Entscheidungsunterstützung zu dienen vermag, voll und überzeugend erfüllt hat.

Ich wünsche der Arbeit die ihr gebührende Beachtung in Theorie und Praxis auf den Gebieten der Unternehmensbewertung und der Medienökonomie.

PROF. DR. MANFRED JÜRGEN MATSCHKE

Vorwort

Diese Monographie entstand in den Jahren 2000 bis 2002 parallel zu meiner beruflichen Tätigkeit in der Wirtschaftsprüfungsgesellschaft PwC Deutsche Revision AG, Niederlassung Schwerin. Sie wurde im Mai 2002 von der Rechts- und Staatswissenschaftlichen Fakultät der Ernst-Moritz-Arndt-Universität Greifswald in leicht veränderter Form als wirtschaftswissenschaftliche Dissertation unter dem Titel „Der Wert audiovisueller Medienrechte im dualen Rundfunksystem" angenommen. Die in der vorliegenden Arbeit vorgenommenen Änderungen beziehen sich im wesentlichen auf eine Aktualisierung der Daten zur Mediensituation. Die Entstehung dieser Arbeit haben viele Personen und Institutionen nachhaltig gefördert. Es ist mir ein Anliegen, ihnen für ihr Engagement herzlich zu danken.

Mein aufrichtiger Dank gilt meinem verehrten akademischen Lehrer und Doktorvater, Herrn PROF. DR. MANFRED JÜRGEN MATSCHKE, der mich seit seinem Ruf nach Greifswald persönlich und wissenschaftlich förderte, mir Anregungen bei der Themensuche gab sowie maßgeblich zum Gelingen der Arbeit beitrug. Herrn PROF. DR. ROLAND ROLLBERG danke ich nicht nur für sein Interesse an der vorliegenden Arbeit sowie die Übernahme und rasche Erstellung des Zweitgutachtens, sondern auch für seine kompetente kritische Würdigung und detaillierte Kommentierung der Dissertation.

Für ein gewohnt sorgfältiges Redigieren des Manuskripts, ihre konstruktiven Ratschläge und ihre arg strapazierte Geduld in zahlreichen fachlich befruchtenden Gesprächen bin ich Herrn DR. MICHAEL OLBRICH, Herrn DIPL.-KFM. FRANK ANDERS und Herrn DIPL.-KFM. DANIEL HIERONYMUS LORENZ zu Dank verpflichtet. Letzterem danke ich zudem für seine stete Hilfsbereitschaft als Ansprechpartner am Lehrstuhl für Allgemeine Betriebswirtschaftslehre und Betriebliche Finanzwirtschaft, insbesondere Unternehmensbewertung, in Greifswald. Er sei stellvertretend für die Mitarbeiter und studentischen Hilfskräfte des Lehrstuhls genannt, die mich tatkräftig unterstützten. Besonderer Dank gilt auch Herrn PROF. DR. THOMAS HERING, der die Arbeit durch seine unermüdliche Diskussionsbereitschaft nicht nur kritisch begleitet hat, sondern auch wertvolle Hinweise einbrachte sowie fachliche und moralische Hilfestellungen gab. Seine Impulse haben die Arbeit wesentlich beeinflußt.

Darüber hinaus danke ich meinem ehemaligen Vorgesetzten bei der PwC Deutsche Revision AG, Herrn WP/STB DIPL.-KFM. HEINRICH LORENZEN, für die Schaffung der erforderlichen Freiräume und der PwC Deutsche Revision AG für die finanzielle Unterstützung bei der Veröffentlichung dieser Arbeit.

GERRIT BRÖSEL

 Career Balance

Jeder unserer Mandanten ist unterschiedlich.

  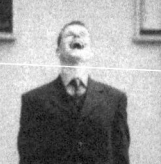

Jeder unserer Mitarbeiter auch.

PRICEWATERHOUSECOOPERS 🏛

Neue Welten. Neues Denken. Neue Profile.

Personalmarketing & Recruiting, Marie-Curie-Straße 24–28, 60439 Frankfurt/Main
personalmarketing@de.pwcglobal.com – www.pwc-career.de

Wirtschaftsprüfung • Unternehmensberatung • Steuerberatung • Corporate Finance • HR-Beratung

Inhaltsverzeichnis

Abkürzungsverzeichnis	XIII
Symbolverzeichnis	XVII
Abbildungsverzeichnis	XXV
Tabellenverzeichnis	XXVII

I. **Die Problemstellung und der Gang der Untersuchungen**   1

II. **Das duale Rundfunksystem und die audiovisuellen Medienrechte**   9

  1. **Das duale Rundfunksystem**   9
    1.1 Die wesentlichen rechtlichen Rahmenbedingungen und die Entwicklung des dualen Rundfunksystems   9
    1.2 Die öffentlich-rechtlichen Rundfunkanbieter   15
      1.2.1 Das Zielsystem der öffentlich-rechtlichen Rundfunkanbieter   15
      1.2.2 Die Finanzierung der öffentlich-rechtlichen Rundfunkanbieter   18
    1.3 Die privaten Rundfunkanbieter   22
      1.3.1 Das Zielsystem der privaten Rundfunkanbieter   22
      1.3.2 Die Finanzierung der privaten Rundfunkanbieter   24
    1.4 Die Daseinsberechtigung und die Entwicklungsmöglichkeiten des öffentlich-rechtlichen Rundfunks   26

  2. **Die audiovisuellen Medienrechte**   37
    2.1 Eine Definition der audiovisuellen Medienrechte   37
    2.2 Die Darstellung einzelner audiovisueller Medienrechte   39
      2.2.1 Die Fernsehrechte   39
      2.2.2 Die Übertragungsrechte   42
      2.2.3 Die Nebenrechte   45
    2.3 Die audiovisuellen Medienrechte als Bausteine des Fernsehprogramms   46
    2.4 Der Erwerb audiovisueller Medienrechte als Bewertungsanlaß   49

III. Die Bewertung audiovisueller Medienrechte   51

1. Die Grundlagen der Bewertung   51
1.1 Die allgemeinen Grundlagen der Bewertung   51
   1.1.1 Die Bewertungsanlässe   51
   1.1.2 Die Konzeptionen der Bewertung   55
   1.1.3 Die Funktionen der Bewertung und ihre Wertarten   57
   1.1.4 Das Modell des Entscheidungswertes   59
1.2 Die medienrechtsspezifischen Grundlagen der Bewertung   63
   1.2.1 Eine Synopse bewertungsrelevanter Besonderheiten für audiovisuelle Medienrechte   63
   1.2.2 Die grundlegenden Prinzipien zur Bewertung audiovisueller Medienrechte   65
   1.2.3 Die entscheidungstheoretischen Grundlagen zur Bewertung audiovisueller Medienrechte   66
      1.2.3.1 Die Bewertungssubjekte und deren im Rahmen der Bewertung verfolgten Ziele   66
      1.2.3.2 Das Entscheidungsfeld des Bewertungssubjekts   70
   1.2.4 Der Zukunftserfolg und die mehrwertigen Erwartungen   74
      1.2.4.1 Die grundlegenden Prinzipien zur Abgrenzung der Zukunftserfolge   74
      1.2.4.2 Die Verfahren zur Berücksichtigung der Unsicherheit   77
   1.2.5 Eine Auswahl möglicher konfliktlösungsrelevanter Sachverhalte   80
   1.2.6 Die Notwendigkeit zur Heuristik, die Modellanforderungen und die weitere Vorgehensweise   83

2. Die modelltheoretische Analyse   88
2.1 Eine Analyse von zwei ausgewählten Bewertungsansätzen aus der Literatur zur Medienökonomie   88
2.2 Die totalanalytische Bewertung audiovisueller Medienrechte   91
   2.2.1 Die Ermittlung des Entscheidungswertes der Medienrechte bei Sicherheit auf Basis von Totalmodellen   91
      2.2.1.1 Die Entscheidungswertermittlung auf Basis eines einfachen Totalmodells   91
         2.2.1.1.1 Das allgemeine Zustands-Grenzpreismodell   91

		2.2.1.1.2	Die eindimensionale, disjungierte Konfliktsituation vom Typ des Erwerbs	94
		2.2.1.1.3	Die eindimensionale, jungierte Konfliktsituation vom Typ „Erwerb-Erwerb"	98
	2.2.1.2	Die totalanalytische Entscheidungswertermittlung im Rahmen der Programmplanung		107
		2.2.1.2.1	Die Programmplanung anhand eines Totalmodells	107
		2.2.1.2.2	Die Verknüpfung der Bewertung mit dem totalanalytischen Modell zur Programmplanung	118
2.2.2	Die Berücksichtigung von Unsicherheit			124
2.2.3	Eine kritische Würdigung der Totalmodelle im Hinblick auf die Bewertung audiovisueller Medienrechte			129
2.3 Die partialanalytische Bewertung audiovisueller Medienrechte				133
2.3.1	Die Ermittlung des Entscheidungswertes der Medienrechte bei Sicherheit auf Basis von Partialmodellen			133
	2.3.1.1	Die Entscheidungswertermittlung auf Basis eines einfachen Partialmodells		133
		2.3.1.1.1	Das Zukunftserfolgswertverfahren	133
		2.3.1.1.2	Die eindimensionale, disjungierte Konfliktsituation vom Typ des Erwerbs	138
		2.3.1.1.3	Die mehrdimensionale, disjungierte Konfliktsituation vom Typ des Erwerbs	143
	2.3.1.2	Die partialanalytische Entscheidungswertermittlung im Rahmen der Programmplanung		148
		2.3.1.2.1	Die Programmplanung anhand eines Partialmodells	148
		2.3.1.2.2	Die Verknüpfung der Bewertung mit dem partialanalytischen Modell zur Programmplanung	157
2.3.2	Die Berücksichtigung von Unsicherheit			167
2.3.3	Eine kritische Würdigung der Partialmodelle im Hinblick auf die Bewertung audiovisueller Medienrechte			173

2.4 Eine heuristische Bewertung audiovisueller Medienrechte 177
    2.4.1 Die heuristische Programmplanung mittels approximativer Dekomposition bei Unsicherheit 177
    2.4.2 Die Verknüpfung der Medienrechtsbewertung mit dem heuristischen Programmplanungsmodell bei Unsicherheit 193
    2.4.3 Eine kritische Würdigung des Modells der approximativen Dekomposition im Hinblick auf die Bewertung audiovisueller Medienrechte 198

IV. Die Zusammenfassung   **203**

Literaturverzeichnis 211
Rechtsquellenverzeichnis 231
Verzeichnis der Rechtsprechung 233

Abkürzungsverzeichnis

Abb.	Abbildung
Abs.	Absatz
AfP	Zeitschrift für Medien- und Kommunikationsrecht (Archiv für Presserecht)
ARD	Arbeitsgemeinschaft der öffentlich-rechtlichen Rundfunkanstalten der Bundesrepublik Deutschland
ARD-StV	ARD-Staatsvertrag
Art.	Artikel
Aufl.	Auflage
BB	Betriebs-Berater
Bd.	Band
BFuP	Betriebswirtschaftliche Forschung und Praxis
BGB	Bürgerliches Gesetzbuch
BGBl.	Bundesgesetzblatt
Bsp.	Beispiel
BuW	Betrieb und Wirtschaft
BV	Basisvariablen
BVerfGE	Entscheidungen des Bundesverfassungsgerichts
ca.	circa
CR	Computer und Recht
DB	Der Betrieb
DBW	Die Betriebswirtschaft
DM	Deutsche Mark
DStR	Deutsches Steuerrecht
DVD	Digital Versatile Disc
et al.	et alii
f.	folgende
FB	Finanz Betrieb
ff.	fortfolgende
FR	Frankfurter Rundschau
FTD	Financial Times Deutschland

GE	Geldeinheiten
GG	Grundgesetz für die Bundesrepublik Deutschland
GRUR	Gewerblicher Rechtsschutz und Urheberrecht
GVOBl. M-V	Gesetz- und Verordnungsblatt Mecklenburg-Vorpommern
H.	Heft
Hrsg.	Herausgeber
hrsg.	herausgegeben
i. d. R.	in der Regel
Jg.	Jahrgang
m. w. N.	mit weiteren Nennungen
max.	maximiere
min.	minimiere
Mio.	Millionen
M-V	Mecklenburg-Vorpommern
NDR-Staatsvertrag	Staatsvertrag über den Norddeutschen Rundfunk
Nr.	Nummer
o.	ohne
o. g.	oben genannten, oben genanntes
o. V.	ohne Verfasserangabe
OR	Operations Research
p. a.	per annum oder pro anno
RFinStV	Rundfunkfinanzierungsstaatsvertrag
RGBl.	Reichsgesetzblatt
RGebStV	Rundfunkgebührenstaatsvertrag
RS	rechte Seite
RStV	Rundfunkstaatsvertrag
RundfG-M-V	Rundfunkgesetz für das Land Mecklenburg-Vorpommern
S.	Seite
sog.	sogenannte, sogenannten, sogenanntes
Sp.	Spalte
SpW	Sportwissenschaft
Tab.	Tabelle
u. a.	unter anderem
u. U.	unter Umständen

UrhG	Urhebergesetz
usw.	und so weiter
UWG	Gesetz gegen den unlauteren Wettbewerb
vgl.	vergleiche
VOFI	vollständiger Finanzplan
WDR	Westdeutscher Rundfunk
WiSt	Wirtschaftswissenschaftliches Studium
WISU	Das Wirtschaftsstudium
WPg	Die Wirtschaftsprüfung
z. B.	zum Beispiel
ZDF	Zweites Deutsches Fernsehen
ZDF-StV	ZDF-Staatsvertrag
ZE	Zeiteinheiten
ZF	Zielfunktion
ZfB	Zeitschrift für Betriebswirtschaft
ZfbF	Schmalenbachs Zeitschrift für betriebswirtschaftliche Forschung
ZfhF	Zeitschrift für handelswissenschaftliche Forschung
ZGPM	Zustands-Grenzpreismodell
ZögU	Zeitschrift für öffentliche und gemeinwirtschaftliche Unternehmen
ZUM	Zeitschrift für Urheber- und Medienrecht

# Symbolverzeichnis

a_i	Handlungsmöglichkeit i bei Nichteinigung auf eine Konfliktlösung
a_{opt}	optimale Handlungsmöglichkeit bei Nichteinigung auf eine Konfliktlösung
a_t	dem Produzenten über die Vorauszahlung V hinaus zustehende Erlösbeteiligung
A	Ausprägung des konfliktlösungsrelevanten Sachverhalts „Ausschluß der Ausstrahlung des Turniers im werbe- und gebührenfinanzierten Fernsehen"
$\mathcal{A} = \{a_1, ..., a_i, ..., a_k\}$	Menge der Handlungsmöglichkeiten eines Entscheidungssubjekts bei Nichteinigung auf eine Konfliktlösung
$b_j(s_1, ..., s_u)$	Handlungsmöglichkeit j in Abhängigkeit bestimmter Ausprägungen der konfliktlösungsrelevanten Sachverhalte $S_1, ..., S_u$
$b_{opt}(s_1, ..., s_u)$	optimale Handlungsmöglichkeit bei Einigung auf eine Konfliktlösung
b_t	fest vorgegebene Zahlung im Zeitpunkt t
$\mathcal{B}^*$	Bewertungsprogramm
$\mathcal{B}(s_1, ..., s_u)$	Menge der Handlungsmöglichkeiten eines Entscheidungssubjekts in Abhängigkeit bestimmter Ausprägungen der konfliktlösungsrelevanten Sachverhalte $S_1, ..., S_u$
C_F	Kapitalwert des Programmobjekts F
C_F^{korr}	„korrigierter" Kapitalwert des Programmobjekts F
C_j	Kapitalwert des Objekts j
C_{js}	Kapitalwert des Objekts j auf dem Sendeplatz s
C_{js}^{korr}	„korrigierter" Kapitalwert des Objekts j auf dem Sendeplatz s
C_k	Kapitalwert des Objekts k
C_k^{Be}	Kapitalwert des Objekts k im Bewertungsprogramm
C_{MR}	Kapitalwert des Medienrechts
d_0	Dualvariable der Liquiditätsbedingung des Zeitpunkts t = 0 (Aufzinsungsfaktor)
d_t	duale Strukturvariable der primalen Liquiditätsrestriktion des Zeitpunkts t

δ_t	duale Strukturvariable der primalen Zeitrestriktionen der Periode t
δ_t^{max}	duale Strukturvariable der nach oben beschränkten Sendezeit der Periode t
δ_t^{min}	duale Strukturvariable des mindestens zu deckenden Sendezeitbedarfs der Periode t
δ_{st}	Dualvariable der Zeitrestriktion der Periode t auf dem Sendeplatz s
D	am Fußballturnier teilnehmendes Land
ΔC^{Um}	Kapitalwertänderung, die aus Umstrukturierungen vom Basis- zum Bewertungsprogramm resultiert
ΔEN^*	Veränderung des Basisprogrammerfolgs EN^*
$\Delta EN^* (P_{TFP}(P_1 \to P_2))$	Veränderung des Basisprogrammerfolgs EN^* bei einer Erhöhung des Preises für die Trickfilmproduktion von P_1 auf P_2
$\Delta P_{ÜR}^*$	Veränderung des Grenzpreises der Übertragungsrechte $P_{ÜR}^*$
$\Delta P_{ÜR}^* (P_{TFP}(P_1 \to P_2))$	Veränderung des Grenzpreises der Übertragungsrechte $P_{ÜR}^*$ bei einer Erhöhung des Preises für die Trickfilmproduktion von P_1 auf P_2
e	vereinbarter konstanter Prozentsatz der Beteiligung des Produzenten am Erlös g_{MR} aus dem Medienrecht MR
ϵ	duale Schlupfvariable zur primalen Entnahmevariable EN
E	durch die unmittelbare Nutzung des Rechts erwarteter Erlös
EM	Eigenmittel
EN	Breite des Entnahmestroms
EN^*	Breite des Entnahmestroms als Zielwert (Basisprogrammerfolg)
EN_{opt}^*, EN_{pes}^*, EN_{real}^*	Breite des Entnahmestroms als Zielwert der optimistischen, pessimistischen sowie realistischen Eingangsdatenvariante
Entn	Entnahmestrom
EW	Erwartungswert
EZ	Erlös aus der Vergabe der Zweitrechte
f	Funktion
F	Programmobjekt
FL_{jt}	durch das Programmobjekt j in der Periode t beanspruchte Sendezeit
FL_{MRst}	durch das Medienrecht MR in der Periode t beanspruchte Sendezeit des spartenspezifischen Sendeplatzes s
FL_{MRt}	durch das Medienrecht MR in der Periode t beanspruchte Sendezeit

Symbolverzeichnis XIX

g_{js}	Zahlungsreihe des Programmobjekts j in Abhängigkeit von der spartenspezifischen Sendezeit s
g_{jst}	Zahlungsreihe des Programmobjekts j im Zeitpunkt t in Abhängigkeit von der spartenspezifischen Sendezeit s
g_{MR}	Zahlungsreihe des Medienrechts MR
g_{MRs}	Zahlungsreihe des Medienrechts MR in Abhängigkeit vom spartenspezifischen Sendeplatz s
g_{MRst}	Zahlungsreihe des Medienrechts MR im Zeitpunkt t in Abhängigkeit vom spartenspezifischen Sendeplatz s
g_{MRt}	Zahlungsreihe des Medienrechts MR im Zeitpunkt t
g_{MRT}^{FP}	dem Filmproduzenten im Zeitpunkt T von der Zahlungsreihe $e \cdot g_{MRT}$ zustehender Betrag
g_{MRT}^{RV}	dem Rundfunkveranstalter im Zeitpunkt T von der Zahlungsreihe $e \cdot g_{MRT}$ zustehender Betrag
GA_t	Zahlungskonsequenz aus der Finanzinvestition im Zeitpunkt t
GZ_t	Gesamtsendezeit in der Periode t
h_k	Zahlungsreihe des Objekts k
h_{kt}	Zahlungsreihe des Objekts k im Zeitpunkt t
i	Kalkulationszinsfuß
i_{Ht}	Habenszins in der Periode t für uneingeschränkte Geldanlagen
i_{St}	Sollzins in der Periode t für unbegrenzte Kreditaufnahmen
i_t	endogene Grenzzinsfüße
i_t^{Ba}	endogene Grenzzinsfüße des Basisprogramms
i_t^{Be}	endogene Grenzzinsfüße des Bewertungsprogramms
IF	Einzahlungsüberschuß aus der Innenfinanzierung
j	Programmobjekt
j_{eu}	unter § 6 fallende und in Europa produzierte Programmbestandteile
j_{zg}	sich ausschließende Programmobjekte
k	Objekt
k_{alt}	alternative Objekte k
K_x	Kombination x der möglichen Ausprägungen der kardinalskalierten konfliktlösungsrelevanten Sachverhalte A und U
KA_t	Zahlungskonsequenz aus der Kreditaufnahme im Zeitpunkt t

KAP_{zt}^{max}	maximal zur Verfügung stehende Kapazität des Produktionsverfahrens z in der Periode t
KAP_{zt}^{min}	mindestens zu beanspruchende Kapazität des Produktionsverfahrens z in der Periode t
KR	Mindestsendezeit von europäischen Produktionen
λ_k	duale Schlupfvariable zum primalen Objekt k
L_t	primale Schlupfvariable der Liquiditätsrestriktion des Zeitpunkts t
LÜ	strategischer Wert der Sendung
m	Anzahl der Objekte k
μ_j	duale Schlupfvariable zum primalen Objekt j
MR	Medienrecht
n	Länge des Planungszeitraums
$N(a_i)$	Nutzwert für ein bestimmtes Entscheidungssubjekt aus der Handlungsmöglichkeit i
$N(a_{opt})$	Nutzwert für ein bestimmtes Entscheidungssubjekt aus der optimalen Handlungsmöglichkeit bei Nichteinigung auf eine Konfliktlösung
$N(b_j(s_1,...,s_n))$	Nutzwert für ein bestimmtes Entscheidungssubjekt aus der Handlungsmöglichkeit j bei Einigung auf eine Konfliktlösung
Ö	am Fußballturnier teilnehmendes Land
OW	Opportunitätswert der Sendezeit
p_t	primale Schlupfvariable für die Liquiditätsrestriktion des Zeitpunkts t
P	zu zahlender Preis
P^*	Grenzpreis des Bewertungsobjekts
$P^*(s_i^{MR})$	sendeplatzspezifischer Grenzpreis
P_{MR}^*	Grenzpreis des Medienrechts
$P_{MR}^*(K_x)$	bedingter Grenzpreis für die Kombination K_x
$P_{opt}^*, P_{pes}^*, P_{real}^*$	Grenzpreise für die optimistische, pessimistische sowie realistische Eingangsdatenvariante
P_s^*	sendeplatzspezifischer Grenzpreis
P_{TFP}	Preis der Trickfilmproduktion
P_{TFP}^*	Grenzpreis der Trickfilmproduktion
$P_{ÜR}$	Preis der Übertragungsrechte
$P_{ÜR}^*$	Grenzpreis der Übertragungsrechte

Symbolverzeichnis XXI

$P_V^*(K_x)$	Grenzpreis des als präsumtiver Veräußerer fungierenden Fußballturnierveranstalters für die Kombination K_x
PD	Grenze des Nachfragepreises
q_t^{max}	primale Schlupfvariablen der nach oben beschränkten Sendezeit der Periode t
q_t^{min}	primale Schlupfvariablen des mindestens zu deckenden Sendezeitbedarfs der Periode t
rx_j	primale Schlupfvariable für die Schrankenrestriktionen zum primalen Objekt j
ry_k	primale Schlupfvariable für die Schrankenrestriktionen zum primalen Objekt k
ρ_t	Abzinsungsfaktor vom Zeitpunkt t auf den Zeitpunkt 0
R^*	erwartete Reichweite
s	spartenspezifischer Sendeplatz
s_r	alternativer spartenspezifischer Sendeplatz
$(s_1, ..., s_u)$	bestimmte Ausprägungen der konfliktlösungsrelevanten Sachverhalte $S_1, ..., S_u$
s_r^{MR}	Sendeplatzalternative für das Medienrecht MR
σ	Standardabweichung
S	am Fußballturnier teilnehmendes Land
$S_1, ..., S_u$	mögliche konfliktlösungsrelevante Sachverhalte in einer bestimmten Konfliktsituation
SK	softwarespezifische Kosten
SZ_{st}	Zeitangebot des spartenspezifischen Sendeplatzes s in der Periode t
SZ_{st}^{max}	maximales Sendezeitangebot des spartenspezifischen Sendeplatzes s in der Periode t
SZ_{st}^{min}	mindestens auszufüllende Sendezeit des spartenspezifischen Sendeplatzes s in der Periode t
SZ_t^{max}	maximales Sendezeitangebot in der Periode t
$\mathcal{S} = \{(s_1, ..., s_u)\}$	Menge aller möglichen Konfliktlösungen
$\mathcal{S}^{MR} = \{s_1^{MR}, ..., s_v^{MR}\}$	Menge aller möglichen spartenspezifischen Sendeplätze für das Medienrecht MR
t	Zeitpunkt; Periode als Zeitraum zwischen den Zeitpunkten $t-1$ und t
T	festgelegter Zeitpunkt
TFP	Objekt Trickfilmproduktion

TKP	Tausenderkontaktpreis
u	Anzahl der konfliktlösungsrelevanten Sachverhalte
u_j	Dualvariable der primalen Schrankenrestriktion zum primalen Objekt j
U	Ausprägung des konfliktlösungsrelevanten Sachverhalts „Umfang der übertragenen Rechte"
ÜR	Objekt Übertragungsrecht
v	Anzahl der spartenspezifischen Sendeplätze
v_k	Dualvariable der primalen Schrankenrestriktion zum primalen Objekt k
V	nicht rückzahlbarer Vorschuß auf Erlösbeteiligung
VG_{Objekt}	Vorteilhaftigkeitsgrad eines Objekts
VZ_{jzt}	durch das Programmobjekt j in der Periode t vom Produktionsverfahren z in Anspruch genommene Verweilzeit
VZ_{MRzt}	durch das Medienrecht MR in der Periode t vom Produktionsverfahren z in Anspruch genommene Verweilzeit
$\overline{w}_t$	Gewicht der Breite des Entnahmestroms im Zeitpunkt t
WZ	während der Ausstrahlung der Sendung faktisch mögliche Werbezeit
$\mathcal{W}$	Entscheidungswert
x_j	Anzahl der Realisationen des Objekts j
x_{js}	Anzahl der Realisationen des Objekts j auf dem spartenspezifischen Sendeplatz s
y_k	Anzahl der Realisationen des Objekts k
y_k^{max}	maximal erlaubte Anzahl der Realisationen des Objekts k
Y	Zielfunktionswert des Dualproblems
Y^*	Minimum des Zielfunktionswertes des Dualproblems
z	Produktionsverfahren
Z	Zielfunktionswert des Dualproblems
ZB	Grenze der Zahlungsbereitschaft
$ZE(K_x)$	konstanter Zukunftserfolg der Kombination K_x
ZEW_{MR}^{Ba}	Zukunftserfolgswert des Medienrechts unter Berücksichtigung der endogenen Grenzzinsfüße des Basisprogramms
ZEW_{MR}^{Be}	Zukunftserfolgswert des Medienrechts unter Berücksichtigung der endogenen Grenzzinsfüße des Bewertungsprogramms
ZEW_{MR}^{korr}	„korrigierter" Zukunftserfolgswert von MR

Symbolverzeichnis XXIII

$ZEW_{MR}^{korr\,(Ba)}$	„korrigierter" Zukunftserfolgswert des Medienrechts unter Berücksichtigung der endogenen Grenzzinsfüße des Basisprogramms
$ZEW_{MR}^{korr\,(Be)}$	„korrigierter" Zukunftserfolgswert des Medienrechts unter Berücksichtigung der endogenen Grenzzinsfüße des Bewertungsprogramms
$ZEW_{MR\,max}^{korr}$	obere Grenze des „korrigierten" Zukunftserfolgswertes von MR
$ZEW_{MR\,Median}^{korr}$	Median des „korrigierten" Zukunftserfolgswertes von MR
$ZEW_{MR\,min}^{korr}$	untere Grenze des „korrigierten" Zukunftserfolgswertes von MR
$ZEW_{MR\,s}$	sendeplatzspezifischer Zukunftserfolgswert von MR
$ZEW_{MR\,s}^{korr}$	„korrigierter" sendeplatzspezifischer Zukunftserfolgswert von MR
$ZEW_{ÜR}^{Ba}$	Zukunftserfolgswert der Übertragungsrechte unter Berücksichtigung der endogenen Grenzzinsfüße des Basisprogramms
$ZEW_{ÜR}^{Be}$	Zukunftserfolgswert der Übertragungsrechte unter Berücksichtigung der endogenen Grenzzinsfüße des Bewertungsprogramms
$Z_{\geq 0}$	Menge der nichtnegativen ganzen Zahlen (natürliche Zahlen mit 0)

Abbildungsverzeichnis

Abb.		Seite
1	Die Entwicklung der monatlichen Rundfunkgebühr seit 1953	4
2	Das Vorgehen zur Betrachtung des dualen Rundfunksystems	9
3	Die Beispiele zur Konkretisierung des Zielplans öffentlich-rechtlicher Programmanbieter	17
4	Die Beispiele zur Konkretisierung des Zielplans werbefinanzierter Programmanbieter	23
5	Die technischen Reichweiten ausgewählter Fernsehsender zum 1. Januar 2001	27
6	Die Programmstruktur ausgewählter Vollprogramme im Jahre 2000	29
7	Die Anteile ausgewählter Fernsehsender am Rezipientenmarkt	30
8	Die Netto-Werbeumsätze ausgewählter Fernsehsender	34
9	Die Entwicklung der Einnahmen aus Fernsehgebühren und der Netto-Werbeumsätze der öffentlich-rechtlichen sowie der privaten Fernsehsender in den Jahren 1996 bis 2000	35
10	Ein einfaches Input-Output-Modell eines Fernsehsenders	37
11	Die Verwertungskaskade von Filmen	42
12	Die Marktbeziehungen von werbefinanzierten Fernsehveranstaltern	47
13	Die Einordnung der Programmplanung in die Phasen des Entscheidungsprozesses	48
14	Der Konfliktwürfel für die Entscheidungssituation vom Typ des Erwerbs	55
15	Die Zielpläne der Rundfunkanbieter	67
16	Die Vorgehensweise bis zur Entwicklung des heuristischen Modells	87
17	Die Entscheidungswerte in der jungierten Konfliktsituation	105
18	Das Nutzwertprofil als Ergebnis der Nutzwertanalyse	109
19	Die mögliche Bandbreite des Entscheidungswertes	128
20	Die graphische Darstellung der Verhandlungssituation	147

21	Die geschätzte Häufigkeitsfunktion des Entscheidungswertes	170
22	Die geschätzte Wahrscheinlichkeitsverteilung des Entscheidungswertes	171
23	Das geschätzte Risikoprofil des Entscheidungswertes	171
24	Das Sensitivitätsdiagramm	172
25	Die Grundlagen und Schritte der approximativen Dekomposition	180
26	Die Entscheidung über Rückkopplung oder Abbruch der Iteration	189
27	Der Informationsfluß bei der Programmplanung mit Hilfe der approximativen Dekomposition	192
28	Die approximativ dekomponierte Bewertung	198

Tabellenverzeichnis

Tab.		Seite
1	Die Filmimporte Deutschlands von 1991 bis 1996	2
2	Die Preisentwicklung für die Übertragungsrechte der Fußball-Bundesliga	3
3	Die Rangreihe der meistgesehenen Einzelsendungen im Jahre 2000	31
4	Die Beurteilung verschiedener Programme anhand ausgewählter Eigenschaftszuschreibungen und Aspekte in %	32
5	Die Synopse wesentlicher bewertungsrelevanter Besonderheiten	64
6	Die Daten des Beispiels der eindimensionalen, disjungierten Konfliktsituation vom Typ des Erwerbs	96
7	Der VOFI des ermittelten Basisprogramms für das Beispiel der eindimensionalen, disjungierten Konfliktsituation vom Typ des Erwerbs	97
8	Der VOFI des ermittelten Bewertungsprogramms für das Beispiel der eindimensionalen, disjungierten Konfliktsituation vom Typ des Erwerbs	98
9	Der jungierte Grenzpreis der Übertragungsrechte	100
10	Der jungierte Grenzpreis für die Rechte an der Trickfilmproduktion	104
11	Die Daten zum ersten Beispiel zur Programmplanung	114
12	Der VOFI zum ersten Beispiel zur Programmplanung	115
13	Die Daten zum zweiten Beispiel zur Programmplanung	115
14	Der VOFI zum zweiten Beispiel zur Programmplanung	116
15	Der VOFI des Bewertungsprogramms für das erste Beispiel zur Bewertung im Rahmen der Programmplanung	122
16	Der VOFI des Bewertungsprogramms für das zweite Beispiel zur Bewertung im Rahmen der Programmplanung	123
17	Die Modelleingangsdaten der pessimistischen Variante	126
18	Die Modelleingangsdaten der optimistischen Variante	127

19	Die Ergebnisübersicht für das Beispiel zur Vorschußberechnung bei einer vereinbarten Erlösbeteiligung e = 90 %	143
20	Die möglichen Kombinationen der ordinalskalierten konfliktlösungsrelevanten Sachverhalte	145
21	Die bedingten Grenzpreise des präsumtiven Erwerbers und des Fußballturnierveranstalters	146
22	Das Optimaltableau für das erste Beispiel zur Programmplanung	153
23	Das Optimaltableau für das zweite Beispiel zur Programmplanung	155
24	Die zusammengefaßten Ergebnisse der Monte-Carlo-Simulation	169
25	Die Modellvarianten-Modellanforderungs-Synopse	208

I. Die Problemstellung und der Gang der Untersuchungen

Der Mediensektor ist weltweit dynamischen Veränderungen ausgesetzt, die insbesondere durch technische Entwicklungen hervorgerufen werden. Bisher waren im wesentlichen die verfügbaren Datenübertragungs- und -speicherressourcen ein Engpaß und somit Hemmschuh des Fortschritts. Durch die Ausweitung der Kapazitäten, die auf dem Einsatz von Glasfaserkabeln, den Möglichkeiten der Datenkompression sowie der digitalen Datenreduktion für Bild und Ton beruhen, vollzieht sich nunmehr ein tiefgreifender Wandel.[1] Die ausgelöste *industrielle Konvergenz*, wie die Annäherung von Medien-, Telekommunikations- und Informationstechnikbranche bezeichnet wird, führt zu horizontalen, vertikalen und konglomeraten Zusammenschlüssen.[2] Medienunternehmungen engagieren sich verstärkt in allen klassischen Medienteilmärkten und konzentrieren sich darüber hinaus auf den Telekommunikations- und Internetbereich.[3]

Wird unter diesen Aspekten der Rundfunkbereich[4] betrachtet, ist festzustellen, daß die wachsenden Handlungsmöglichkeiten mit zunehmender Konkurrenz auf Beschaffungs- und Absatzmärkten einhergehen. Mit der Zulassung privater Rundfunkanbieter in den achtziger Jahren und der seither steigenden Anzahl der Fernsehveranstalter[5] wächst die Bedeutung von Programminhalten.[1] Hierzu zählen u. a. Filme und Sport-

---

[1] Vgl. *SEIDEL*, Medienökonomie (1998), S. 252 f., *SJURTS*, Medienmarkt (2000), S. 31.

[2] Vgl. *HEINRICH*, Medienökonomie, Bd. 1 (1994), S. 44 - 51, *KEUPER*, Multimedia Supply Chain Management (2001), S. 392 - 396.

[3] Vgl. *SJURTS*, Medienmarkt (2000).

[4] Zum Terminus des Rundfunks vgl. Kapitel II.1.1 (S. 10). Dem Rundfunk werden das Fernsehen und der Hörfunk subsumiert. Aufgrund der Bedeutung des Fernsehbereichs werden sich die Ausführungen der Arbeit ausschließlich auf dieses Gebiet konzentrieren. Die Bedeutung des Fernsehens soll anhand der Gewichtung innerhalb der Gebühreneinnahmen und der Brutto-Werbeaufwendungen der werbetreibenden Wirtschaft dargestellt werden: Im Jahre 2000 entfielen von den Gesamteinnahmen aus Rundfunkgebühren DM 7.224 Mio. (ca. 61,2 % der Gesamteinnahmen aus Rundfunkgebühren) auf die Fernsehgebühren; die Einnahmen aus Grund- und Hörfunkgebühren betrugen im gleichen Jahr DM 4.351 Mio.; vgl. *ARBEITSGEMEINSCHAFT DER ARD-WERBEGESELLSCHAFTEN*, Basisdaten 2001 (2001), S. 10. Während der Hörfunk im Jahre 2000 einen Brutto-Werbeumsatz von DM 2.040 Mio. zu verzeichnen hatte, erwirtschaftete das Medium Fernsehen im gleichen Zeitraum einen Brutto-Werbeumsatz von DM 15.603 Mio. Zwar erzielte der gesamte Bereich Presse (Zeitungen, Publikums- und Fachzeitschriften) in 2000 mit DM 16.968 Mio. höhere Brutto-Werbeumsätze als das elektronische Medium Fernsehen, aber ein Blick auf die Brutto-Werbeumsätze des Jahres 1993 (Fernsehen: DM 7.285 Mio.; Presse: DM 12.069 Mio.; Hörfunk: DM 1.504 Mio.) ist ein deutliches Zeichen für die Dynamik im Fernsehbereich; vgl. *ENGLÄNDER*, Werbemarkt (2001), S. 291.

[5] Neben der Zahl der Programme stieg zusätzlich die kanalbezogene Ausstrahlungszeit; siehe *GRUNINGER-HERMANN*, Teleshopping (1999), S. 104.

übertragungen, deren Ausstrahlung den Erwerb der dazu erforderlichen Rechte – der audiovisuellen Medienrechte[2] – voraussetzt. Die zunehmende Bedeutung von Filmen wird durch die in Tabelle 1 dargestellte Filmimportstatistik unterstrichen.

Jahr	Filmimporte	
	Anzahl der Filme	Lizenzentgelte in DM
1991	3.832	456.941.254
1992	2.971	283.629.970
1993	8.146	1.087.155.827
1994	13.253	1.427.375.368
1995	12.864	1.453.048.161
1996	14.189	1.910.994.778

Tabelle 1:   *Die Filmimporte Deutschlands von 1991 bis 1996[3]*

Da jedoch wichtige Akteure und Ereignisse knapp sind sowie vor allem das Konzept von „Spitzenfilmen" und „Spitzensportübertragungen" durch seine relative Seltenheit geprägt ist, können interessante und publikumswirksame Filme und Sportübertragungen nicht unbegrenzt produziert werden.[4] Hauptsächlich bei Sportübertragungsrechten ist deshalb eine Preisexplosion zu verzeichnen; diese wird in Tabelle 2 am Beispiel der Fußball-Bundesliga gezeigt.[5] Besonders gravierend ist der Anstieg des Preises für die Übertragung der Fußball-Weltmeisterschaften, der sich innerhalb von 20 Jahren (1982 bis 2002) um ca. 6.781 % erhöhte.[6]

Mit dem Erwerb von audiovisuellen Medienrechten sind i. d. R. hohe Erwartungen hinsichtlich der nachhaltigen Erhöhung von Einschaltquoten sowie der Steigerung des Bekanntheitsgrades des Fernsehsenders verbunden. Diese Erwartungen erfüllen sich jedoch häufig nicht. Um ein fundiertes Urteil über die Vorteilhaftigkeit des Erwerbs von Medienrechten zu fällen, ist deren Bewertung unentbehrlich. Bei den oben angedeuteten Preisdimensionen rufen Bewertungsfehler und daraus resultierende Transaktionen u. U. erhebliche wirtschaftliche Konsequenzen hervor. Resultat der hohen Preise, die den Wert der audiovisuellen Medienrechte übersteigen, können bei

---

[1]   Vgl. *GUTTING*, Multimedia-Entwicklung (1998), S. 85 f.

[2]   Siehe zur Definition der audiovisuellen Medienrechte die Ausführungen in Kapitel II.2.1 (S. 37 ff.).

[3]   Vgl. *HEINRICH*, Medienökonomie, Bd. 2 (1999), S. 177. Von den 1996 importierten Filmen waren 10.808 Filme (ca. 76 %) allein für das Fernsehen bestimmt.

[4]   Vgl. *HEINRICH*, Medienökonomie, Bd. 2 (1999), S. 76. Zur Verknappung des Angebots an Neuproduktionen im Spielfilmbereich siehe auch *FRIEDRICH*, Programmbeschaffung (1997), S. 29 f.

[5]   Vgl. ausführlich *AMSINCK*, Sportrechtemarkt (1997) sowie *LAUTERBACH*, Rechte-Poker (2001).

[6]   Vgl. *HEINRICH*, Medienökonomie, Bd. 2 (1999), S. 190; demnach erhöhte sich der Preis für die Übertragungsrechte der Olympischen Sommerspiele innerhalb dieses Zeitraums um ca. 6.000 %.

I. Die Problemstellung und der Gang der Untersuchungen 3

privaten Fernsehveranstaltern verminderte Gewinne oder gar Verluste[1] und bei öffentlich-rechtlichen Rundfunkanbietern Gebührenerhöhungen in nicht unerheblichem Maße sein.

Saison	Lizenzgebühr in Mio. DM pro Jahr
1965/1966	0,64
1970/1971	3,00
1975/1976	4,80
1980/1981	6,30
1985/1986	12,00
1990/1991	50,00
1995/1996	140,00
1999/2000	180,00
2001/2002	700,00

Tabelle 2: *Die Preisentwicklung für die Übertragungsrechte der Fußball-Bundesliga*[2]

Seit Bestehen des *dualen Rundfunksystems* Anfang der achtziger Jahre gewinnen medienökonomische Fragen an Bedeutung.[3] Aus den gravierenden Veränderungen des Sektors resultiert eine Vielzahl offener Fragen, welche durch die bisher nur rudimentär entwickelte Medienökonomie noch nicht beantwortet wurden. Die Analysen in der Literatur beschränken sich überwiegend auf den öffentlich-rechtlichen Rundfunk.[4] Ausgehend vom gesetzlich kodifizierten Programmauftrag sowie den ebenfalls staatsvertraglich verankerten Grundsätzen der Wirtschaftlichkeit und Sparsamkeit wird dabei vornehmlich auf die Konkurrenz medienpolitischer und ökonomischer Ziele hingewiesen.[5] Das Spannungsverhältnis zwischen dem Gemeinwirtschaftlichkeitsprinzip einerseits und der sich aus dem Programmauftrag ergebenden Verpflichtung zu umfassender und objektiver journalistischer Berichterstattung sowie der Möglichkeit zu unabhängiger künstlerisch-kreativer Programmgestaltung andererseits scheint unüberbrückbar. Erheblich auf die Erhöhung von Einschaltquoten gerichtete öffentlich-rechtliche Programmangebote sollen auch in werbefreien Zeiten auf breiter Basis die Bestandsberechtigung der Rundfunkanstalten im dualen Rundfunksystem Deutschlands untermauern. Diese aus Prestigegründen verursachte Entwicklung erscheint jedoch mit dem Programmauftrag unvereinbar. Verschärft wird diese Situa-

---

[1] Vgl. MEIER, Erstmals Halbjahresverlust (2001). Zur Krise der sog. KIRCH-Gruppe siehe z. B. EHRENSBERGER, Kirch-Insolvenz (2002) und SEITZ ET AL., Es gibt ein Leben nach Leo (2002).

[2] Vgl. AMSINCK, Sportrechtemarkt (1997), S. 62 und S. 64 sowie O. V., Fußball-Fernsehgelder (2002).

[3] Vgl. SCHUSSER, Medienökonomie (1998), SEIDEL, Medienökonomie (1998).

[4] Vgl. zu nachfolgenden Ausführungen und zur Abb. 1 BRÖSEL, Programmplanung (2001), S. 375 f.

[5] Vgl. WEBER, Rechnungswesen (1983), S. 48 f., SCHUSSER, Medienökonomie (1998), S. 599.

tion, wenn die Programmplanung öffentlich-rechtlicher Fernsehanstalten tatsächlich überwiegend auf Intuition[1] beruht. Vor dem Hintergrund sprunghaft steigender Preise für Film- und Sportübertragungsrechte auf der Ausgabenseite sowie stagnierender Werbeeinnahmen der öffentlich-rechtlichen Rundfunkanstalten besteht die Gefahr, daß diese Entwicklung nur durch Gebührenerhöhungen aufgefangen werden kann, falls es den Anstalten nicht gelingt, Einsparpotentiale zu identifizieren und moderne betriebswirtschaftliche Steuerungselemente konsequent einzusetzen.[2] Abbildung 1 zeigt die Rundfunkgebührenentwicklung seit 1953.

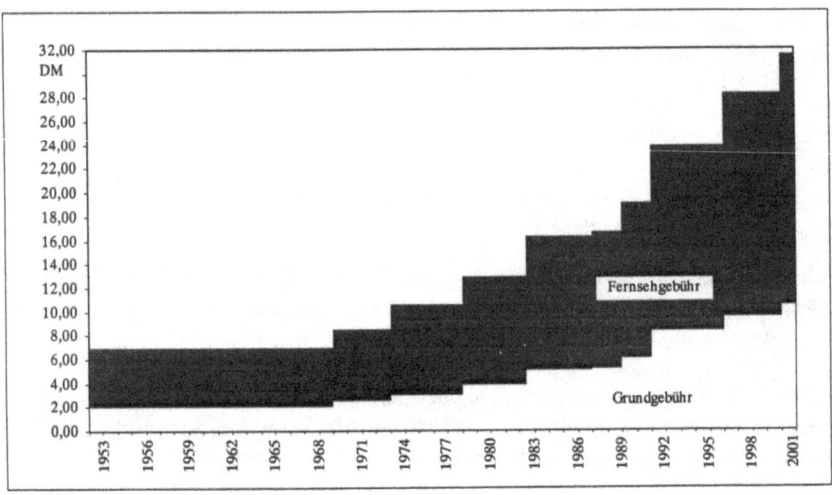

Abbildung 1: Die Entwicklung der monatlichen Rundfunkgebühr seit 1953[3]

---

[1] So bezeichnet es HONAL, der (damalige) Leiter der Programmplanung der Fernsehdirektion des WDR; vgl. HONAL, Programmgestaltung (1997), S. 1.

[2] Zur Unentbehrlichkeit von Wirtschaftlichkeitsanalysen im öffentlichen Sektor vgl. z. B. BRÖSEL/ HERING/MATSCHKE, Finanzierung und Organisation (1999), S. 289.

[3] Vgl. zur Datenbasis ARBEITSGEMEINSCHAFT DER ARD-WERBEGESELLSCHAFTEN, Basisdaten 2001 (2001), S. 9. Zum 1. Januar 1995 wurden die Rundfunkgebühren in den neuen Bundesländern auf das angegebene Niveau angepaßt. Siehe zur umstrittenen Erhöhung zum 1. Januar 2001 ROHDE/ MEIER, Aufstand (2000).

I. Die Problemstellung und der Gang der Untersuchungen

Durch die skizzierten Tendenzen ergibt sich sowohl für öffentlich-rechtliche als auch für private Rundfunkanbieter Forschungsbedarf insbesondere bezüglich folgender Fragestellungen:

1. Welcher Preis ist aus Sicht der Rundfunkanbieter für die Übereignung audiovisueller Medienrechte ökonomisch angemessen?

2. Welche Möglichkeit besteht, die hierzu erforderliche Wertermittlung in ein Programmplanungsmodell zu integrieren, das die branchenspezifischen Besonderheiten im Zielplan sowie im Entscheidungsfeld berücksichtigt?

Die Literatur zur Bewertung audiovisueller Medienrechte reduziert sich bis auf wenige Ausnahmen[1] auf die Bewertung von Film-, Fernseh- oder Übertragungsrechten im Rahmen der externen Rechnungslegung.[2] Im Mittelpunkt der nachfolgenden Arbeit steht jedoch die Bewertung[3] der Medienrechte *vor* dem Erwerb dieser Rechte: Welchen Preis kann der rational handelnde präsumtive Erwerber eines audiovisuellen Medienrechts maximal für dieses zahlen, ohne sich durch den Erwerb schlechter zu stellen als bei Unterlassung dieser Handlung? Unter dem Begriff des „*Wertes*" eines audiovisuellen Medienrechts soll eine *Subjekt-Objekt-Objekt-Beziehung* verstanden werden.[4] Der Wert drückt aus, welchen Nutzen sich der präsumtive Erwerber – das Bewertungssubjekt – aus dem audiovisuellen Medienrecht – dem Bewertungsobjekt – im Hinblick auf die zur Verfügung stehenden Vergleichsobjekte verspricht.[5] Der zu ermittelnde Wert hat den Charakter einer Entscheidungsgrenze und ist abhängig vom Zielsystem sowie vom Entscheidungsfeld des Bewertungssubjekts. Der Erwerb des audiovisuellen Medienrechts ist ökonomisch nicht nachteilig, wenn dessen Wert min-

---

[1] Vgl. *KRUSE*, Wirtschaftliche Wirkungen (1991), S. 69, *HEINRICH*, Medienökonomie, Bd. 2 (1999), S. 278.

[2] Vgl. beispielsweise *HEINZ*, Zur betriebswirtschaftlichen Seite des Films (1953), *SEWERING*, Bewertungsprobleme (1953), *PRIESTER*, Bewertung von Spielfilmen in der Bilanz (1972), *MEYER*, Bewertung von Spielfilmen in der Bilanz (1973), *FORSTER*, Ausweis, Ansatz und Bewertung des Programmvermögens (1988), *WRIEDT/WITTEN*, Bilanzielle Behandlung von Filmrechten (1991), *WRIEDT/FISCHER*, Bilanzierung von Filmvermögen (1993), *HERZIG/SÖFFING*, Bilanzierung und Abschreibung von Fernsehrechten (1994), *HERZIG*, Bilanzierung von Fernseh- und Sportübertragungsrechten (1998) sowie jüngst *KÜTING/ZWIRNER*, Film- und Medienunternehmen (2001).

[3] Vgl. *SIEBEN/LÖCHERBACH/MATSCHKE*, Bewertungstheorie (1974), Sp. 839.

[4] Vgl. hierzu *MATSCHKE*, Gesamtwert (1972), S. 147 und *SIEBEN*, Unternehmensstrategien (1988), S. 87.

[5] Der Wert eines Gutes ergibt sich hinsichtlich des Ziel- und Präferenzsystems des Bewertungssubjekts gemäß der von *HERMANN HEINRICH GOSSEN* sowie *CARL MENGER* (und der sog. Wiener Schule) begründeten subjektiven Wertlehre aus seinem Grenznutzen und ist somit individuell (d. h. subjektiv); vgl. *HERING*, Konzeptionen der Unternehmensbewertung (2000), S. 435. Siehe zu den Ursprüngen der subjektiven Wertlehre z. B. *GOSSEN*, Gesetze des menschlichen Verkehrs (1854) und *MENGER*, Grundsätze (1871).

destens dem zu zahlenden Preis entspricht.[1] Aufgrund der sich abzeichnenden Parallelen zur Unternehmungsbewertung soll untersucht werden, inwieweit die Erkenntnisse der modernen Unternehmungsbewertungstheorie[2] auf das Problem der Bewertung audiovisueller Medienrechte projiziert werden können.

Ziel der Arbeit ist es, ein theoretisch fundiertes Konzept zur Bewertung audiovisueller Medienrechte als Entscheidungsunterstützung für Fernsehveranstalter des dualen Rundfunksystems – die präsumtiven Erwerber – zu entwickeln. Dabei wird die Ansicht verfolgt, daß die zentrale Aufgabe eines Bewerters darin besteht, „die von Fachleuten gelieferten quantitativen und qualitativen Informationen über künftige Zahlungsströme in die gesuchte Größe [...] zu transformieren und dabei das rechte Maß zwischen theoretischer Exaktheit und den Erfordernissen praktischer Anwendbarkeit zu halten."[3]

Die Analyse beginnt im zweiten Kapitel mit der Dokumentation der Entwicklung des dualen Rundfunksystems und der Erörterung der wesentlichen Merkmale der darin auftretenden Anbieterformen, den öffentlich-rechtlichen und den privaten Rundfunkanbietern. Daraufhin werden die Existenzberechtigung und die Entwicklungschancen der öffentlich-rechtlichen Anbieter angesichts des privaten Rundfunkangebots anhand der aktuellen Marktsituation betrachtet. Anschließend erfolgt die Definition der „audiovisuellen Medienrechte". Die Darstellung dieser Rechte konzentriert sich auf die Fernseh-, Übertragungs- sowie Nebenrechte als ausgewählte Ausprägungsformen. Die Untersuchungen zur Bedeutung der audiovisuellen Medienrechte im Rahmen der Programmplanung verdeutlichen die Notwendigkeit der Integration der Bewertung in die Programmplanung der Fernsehveranstalter. Die Interpretation des Medienrechtserwerbs als Bewertungsanlaß runden die einleitenden Ausführungen zu den Medienrechten ab.

Im dritten Kapitel – dem Hauptteil der Arbeit – steht die Bewertung audiovisueller Medienrechte als Entscheidungsunterstützung aus Sicht eines präsumtiven Erwerbers im Mittelpunkt der Betrachtung. Dabei wird angenommen, daß mit dem Erwerb eines audiovisuellen Medienrechts ebenso wie mit dem Kauf einer Unternehmung ein unsicherer zukünftiger Zahlungsstrom erworben wird. Zunächst erfolgt deshalb die Erläuterung der Grundlagen der modernen Unternehmungsbewertungstheorie, um einen begrifflich-konzeptionellen Rahmen und eine theoretische Basis für die Analyse der Medienrechtsbewertung zu schaffen. Darauf aufbauend werden die im zweiten Ka-

---

[1] Vgl. HERING, Unternehmensbewertung (1999), S. 1. Zur Abgrenzung von Wert und Preis siehe ENGELS, Bewertungslehre (1962), S. 37 - 39, MÜNSTERMANN, Wert und Bewertung (1966), S. 151, OLBRICH, Bedeutung des Börsenkurses (2000), S. 459.

[2] Hierzu wird auf die funktionale Bewertungstheorie der sog. Kölner und Greifswalder Schule zurückgegriffen; vgl. m. w. N. OLBRICH, Bedeutung des Börsenkurses (2000), S. 458.

[3] HERING, Unternehmensbewertung (1999), S. 2.

I. Die Problemstellung und der Gang der Untersuchungen

pitel herausgearbeiteten bewertungsrelevanten branchenspezifischen Besonderheiten synoptisch zusammengefaßt, mit dem erarbeiteten Methodenwissen aus der Unternehmungsbewertungstheorie kombiniert sowie im Rahmen von auf Total- und Partialmodellen basierenden Bewertungsmethoden anwendungsbezogen analysiert. Hierbei wird auf das Zustands-Grenzpreismodell als Totalmodell und auf das Verfahren des Zukunftserfolgswertes als Partialmodell zurückgegriffen. Die Untersuchung konzentriert sich auf die Synthese von Medienrechtsbewertung und modellgestützter Fernsehprogrammplanung. In Anbetracht der innerhalb der total- und partialanalytischen Ausführungen identifizierten Defekte wird anschließend – basierend auf der approximativen Dekomposition – ein heuristischer Lösungsansatz vorgestellt, um sowohl Fernsehanstalten in Erfüllung ihres Programmauftrags als auch privaten Fernsehveranstaltern eine theoretisch fundierte Entscheidungsunterstützung zu gewähren. Schlußendlich werden die in der Arbeit gewonnenen Erkenntnisse im vierten Kapitel zusammengefaßt.

II. Das duale Rundfunksystem und die audiovisuellen Medienrechte

1. Das duale Rundfunksystem

1.1 Die wesentlichen rechtlichen Rahmenbedingungen und die Entwicklung des dualen Rundfunksystems

Ausgangspunkt der Analyse des dualen Rundfunksystems sind der gesetzlich kodifizierte Rundfunkbegriff und eine Betrachtung der wesentlichen rechtlichen Rahmenbedingungen. Im Anschluß an die Darstellung der Entwicklung des Systems werden die beiden Anbieterformen – öffentlich-rechtliche sowie private Rundfunkveranstalter – bezüglich ihrer Ziele und ihrer Finanzierungsmöglichkeiten analysiert. Eine sich daran anschließende Bestandsaufnahme der aktuellen Marktsituation soll die Daseinsberechtigung und die Entwicklungschancen öffentlich-rechtlicher Rundfunkanbieter angesichts des privaten Rundfunkangebots verdeutlichen. Die Schritte des Vorgehens sind in Abbildung 2 dargestellt.

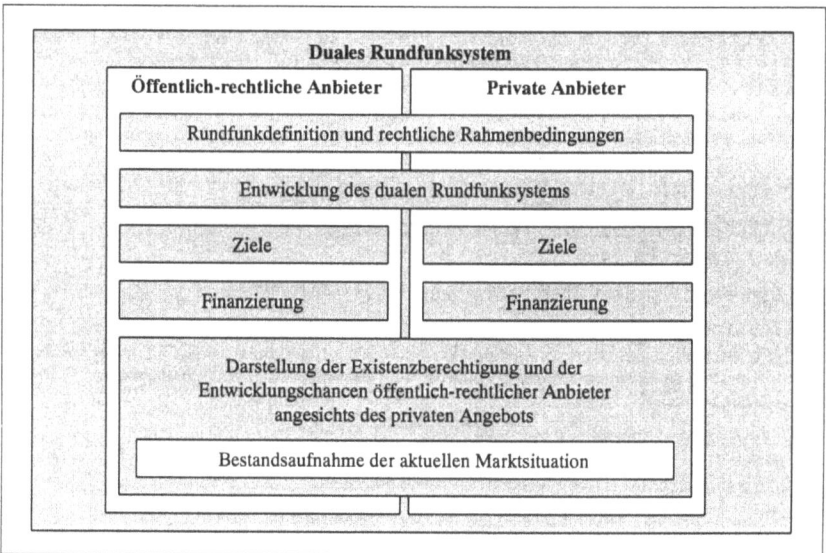

Abbildung 2: Das Vorgehen zur Betrachtung des dualen Rundfunksystems

Der *Rundfunkbegriff* in Deutschland ist gesetzlich kodifiziert.[1] „Rundfunk ist die für die Allgemeinheit bestimmte Veranstaltung und Verbreitung von Darbietungen aller Art in Wort, in Ton und in Bild unter Benutzung elektromagnetischer Schwingungen ohne Verbindungsleitung oder längs oder mittels eines Leiters. Der Begriff schließt Darbietungen ein, die verschlüsselt verbreitet werden oder gegen besonderes Entgelt empfangbar sind."[2] Der Rundfunk unterliegt in Deutschland[3] einer verfassungsrechtlich garantierten[4] Freiheit[5], die auf die Sicherung freier individueller und öffentlicher Meinungsbildung abzielt. Deren Grundlage ist wiederum eine breite und vollständige Meinungs- und Programmvielfalt, die allein durch private Hörfunk- und Fernsehveranstalter aufgrund ihrer Abhängigkeit von der Werbe- und Entgeltfinanzierung sowie der einschaltquotenmotivierten Subordination des Programmangebots nicht garantiert werden kann. Das aus diesem Grunde seit 1984 bestehende Nebeneinander von öffentlich-rechtlichem[6] und privatem[7] Rundfunk wird als *duales Rundfunksystem*[8] bezeichnet.[9]

---

[1] Vgl. weiterführend zur Auseinandersetzung mit der juristischen Rundfunkdefinition GRUNINGER-HERMANN, Teleshopping (1999), S. 33 f.

[2] § 2 Abs. 1 (RStV). Der RStV beinhaltet neben der Rundfunkdefinition die grundlegenden Regelungen sowohl für den öffentlich-rechtlichen als auch für den privaten Rundfunk. Er ist als Art. 1 im Staatsvertrag über den Rundfunk im vereinten Deutschland aufgeführt. Hierin enthalten sind u. a. auch die einschlägigen Regelungen des ARD-Staatsvertrags (ARD-StV) im Art. 2, des ZDF-Staatsvertrags (ZDF-StV) im Art. 3, des Rundfunkgebührenstaatsvertrags (RGebStV) im Art. 4 und des Rundfunkfinanzierungsstaatsvertrags (RFinStV) im Art. 5. Darüber hinaus sei auf die entsprechenden Staatsverträge der Landesrundfunkanstalten (z. B. den Staatsvertrag über den Norddeutschen Rundfunk, den sog. NDR-Staatsvertrag) und die Landesrundfunkgesetze (z. B. das Rundfunkgesetz für das Land Mecklenburg-Vorpommern, das sog. RundfG-M-V) verwiesen.

[3] Zur europäischen Rundfunkordnung und -politik vgl. DÖRR, Medienordnung (2000).

[4] Siehe Art. 5 Abs. 1 S. 2 GG.

[5] Vgl. zur Rundfunkfreiheit VON HARTLIEB, Film-, Fernseh- und Videorecht (1991), S. 75 f.

[6] Aufgrund der im ersten Kapitel (S. 1) gewählten Eingrenzung des Rundfunkbegriffs auf den Fernsehbereich stehen die Begriffe Rundfunkanstalt sowie öffentlich-rechtliche Fernsehveranstalter und Rundfunkanbieter nachfolgend synonym für die Anbieter öffentlich-rechtlicher Fernsehprogramme.

[7] Die Bezeichnungen private Rundfunkanbieter, -veranstalter sowie -unternehmung und private Fernsehveranstalter werden im folgenden gleichbedeutend für die Anbieter privater Fernsehprogramme gebraucht.

[8] Der Begriff des dualen Rundfunks wurde im Jahre 1986 durch das Bundesverfassungsgericht geprägt, das von „der dualen Ordnung des Rundfunks" spricht: BVERFG, „Viertes Rundfunkurteil" vom 4. November 1986, S. 118. Zur verfassungsrechtlichen Zulässigkeit dieses dualen Systems siehe z. B. BVERFG, „Viertes Rundfunkurteil" vom 4. November 1986, S. 118 sowie S. 121 - 125.

[9] Vgl. HEINRICH, Medienökonomie, Bd. 2 (1999), S. 86. Die Trägerschaft ist das gängigste und auch im Rahmen dieser Ausführungen verwandte Unterscheidungsmerkmal für Rundfunksender. Zu weiteren Systematisierungsvorschlägen vgl. SIEBEN/SCHWERTZEL, Rundfunkökonomie (1997), S. 8 - 17.

1. Das duale Rundfunksystem 11

Um die Rundfunkfreiheit zu verwirklichen und aufrechtzuerhalten, wurde der Rundfunk in Deutschland, als wesentlicher Faktor der öffentlichen Meinungsbildung, „in ein enges Regelungskorsett gezwängt."[1] Die wesentlichen Ziele der Ordnungspolitik[2] waren und sind dabei:

1. der Schutz und die Förderung der Meinungsvielfalt,

2. die Sicherung eines Informationsgrundstandards für alle und

3. die Sicherung von publizistischem Niveau und publizistischer Qualität.

Mit Beginn der Entwicklung des Rundfunkrechts war lediglich die terrestrische Übertragungstechnik verfügbar. Aufgrund der vorherrschenden Knappheit der Sendefrequenzen konnte es nur eine kleine Anzahl von Rundfunkanbietern geben. Deshalb waren staatliche Interventionen erforderlich, um die Rundfunkfreiheit zu garantieren.[3] Nach dem Zweiten Weltkrieg wurde der Rundfunk in Deutschland – in Anbetracht der gesellschaftlichen Verantwortung – öffentlich-rechtlich und zugleich staatsfrei organisiert.[4]

Im Jahre 1950 wurde die Arbeitsgemeinschaft der öffentlich-rechtlichen Rundfunkanstalten der Bundesrepublik Deutschland (ARD) gegründet. Die ARD verbreitete von 1954 bis 1986 das ARD-Hauptprogramm „Deutsches Fernsehen", welches anschließend in „Erstes Deutsches Fernsehen" umbenannt wurde. Gestaltet wird das Programm gemeinsam durch die Landesrundfunkanstalten, die sich gleichzeitig jeweils für eigene regionalorientierte Dritte Programme zuständig zeigen. Diese Dritten Fernsehprogramme, denen ursprünglich ein ausschließlich bildender Charakter zugedacht wurde, sind zwischenzeitlich zu Vollprogrammen[5] ausgebaut worden. Das seit 1961 existierende Zweite Deutsche Fernsehen (ZDF) veranstaltet seit 1963 ein bundeseinheitliches Programm. Mit der Gründung des ZDF sollte den Rezipienten eine informative und unterhaltsame Alternative zum (eigentlich) politisch und pädagogisch orientierten ARD-Hauptprogramm geboten werden.[6]

Neben ihren Hauptprogrammen gestalten die ARD und das ZDF gemeinsam mit der Schweizerischen Radio- und Fernsehgesellschaft (SRG) und dem Österreichischen

---

[1] *IMMENGA*, Rundfunk (1989), S. 621.

[2] Vgl. *HEINRICH*, Medienökonomie, Bd. 2 (1999), S. 75.

[3] Siehe *IMMENGA*, Rundfunk (1989), S. 622.

[4] Vgl. *KOPS*, Ökonomische Herleitung (1998), S. 1.

[5] Zur Definition des Vollprogramms vgl. § 2 Abs. 2 Nr. 1 RStV.

[6] Siehe zu den Ausführungen zur historischen Entwicklung *VON HARTLIEB*, Film-, Fernseh- und Videorecht (1991), S. 524, *HORSTMANN*, Programmcontrolling (1997), S. 3 f.

Rundfunk (ORF) unter dem Namen 3sat ein internationales deutschsprachiges Satellitenprogramm.[1] Darüber hinaus veranstalten ARD und ZDF seit 1991 zusammen mit dem französischen Sender La Sept den europäischen Kulturkanal ARTE, der seit 1992 auf Sendung ist. Im Jahre 1997 nahmen zusätzlich der Kinderkanal sowie der Ereignis- und Dokumentationskanal PHOENIX – jeweils als Gemeinschaftsunternehmungen von ARD und ZDF – ihren Sendebetrieb auf.[2] Im Januar 2001 ging außerdem nach dreijähriger Erprobungsphase das, digitale Zusatzprogramme beinhaltende, Projekt „ARD Digital" in den Regelbetrieb über.[3]

Derzeit fallen unter die *Anbieter öffentlich-rechtlicher Fernsehprogramme*[4] neben den Bundes-[5] und Landesrundfunkanstalten das Zweite Deutsche Fernsehen (ZDF) sowie die ARD. Mit Ausnahme der ARD, als kooperativer Zusammenschluß der Landesrundfunkanstalten,[6] sind die Anbieter als Anstalten des öffentlichen Rechts organisiert. Während die Landesrundfunkanstalten entweder durch die Gesetze eines einzelnen Bundeslandes oder durch Staatsverträge zwischen mehreren Bundesländern entstanden, basiert das ZDF auf einem Staatsvertrag aller Bundesländer. Um die verfassungsmäßig geforderte Rundfunkfreiheit zu garantieren und vor staatlichen Eingriffen zu schützen, sind Rundfunkanstalten im Unterschied zu anderen Anstalten öffentlichen Rechts[7] weitgehend aus der Staatsverwaltung ausgegliedert, rechtlich selbständig und binnenpluralistisch organisiert.[8] Wesentliche Merkmale der Selbstverwaltung öffentlich-rechtlicher Programmanbieter sind die Programm- und die Haushaltsautonomie.[9]

---

[1] ZDF, SRG und ORF bieten das Programm 3sat seit dem 1. Dezember 1984 an; der Beitritt der ARD erfolgte Ende 1993.

[2] Vgl. ZWEITES DEUTSCHES FERNSEHEN, ZDF-Jahrbuch 98 (1999), S. 345 (zum Gemeinschaftsprojekt 3sat), S. 363 (zum Kulturkanal ARTE), S. 371 (zum Kinderkanal) und S. 377 (zum Dokumentationskanal PHOENIX).

[3] Siehe zu den digitalen Angeboten und Aktivitäten der ARD *ARD-PROJEKTGRUPPE DIGITAL*, Digitales Fernsehen (2001), S. 215 - 217 sowie die rechtliche Grundlage in § 19 Abs. 4 RStV. Vgl. zur Positionierung öffentlich-rechtlicher Anbieter im sog. digitalen Zeitalter *KNOTHE/SCHWALBA*, Positionierung (1999). Siehe darüber hinaus zu den Aktivitäten von ZDF und WDR *EBERLE*, ZDF.vision (2000), *O. V.*, Multimedia (2000) und *O. V.*, Internet (2000).

[4] Vgl. zu nachfolgenden Ausführungen *STOLTE*, Rundfunkanstalten (1989), Sp. 1415 f.

[5] Als Bundesrundfunkanstalt ist beispielsweise die Deutsche Welle organisiert.

[6] Vgl. zur Organisation der ARD *SIEBEN/SCHWERTZEL*, Rundfunkökonomie (1997), S. 55 - 57.

[7] Vgl. *MATSCHKE/HERING*, Kommunale Finanzierung (1998), S. 27.

[8] Vgl. *HANS-BREDOW-INSTITUT FÜR RUNDFUNK UND FERNSEHEN*, Hörfunk und Fernsehen (1994/1995), S. 98.

[9] Vgl. *SCHNEIDER*, Möglichkeiten und Grenzen (1996), S. 4.

1. Das duale Rundfunksystem 13

Bis in die achtziger Jahre wurde die Sonderstellung[1] des öffentlich-rechtlichen Rundfunks mit der vorherrschenden Sendefrequenzknappheit, der besonderen Bedeutung des Rundfunks im Prozeß der Meinungsbildung und der in Anbetracht hoher Kosten bestehenden Marktzutrittschranken begründet. Nachdem das Bundesverfassungsgericht 1981 feststellte,[2] daß mit der Bereitstellung zusätzlicher Frequenzen[3] und aufgrund immenser Kostensenkungen[4] sowohl technische als auch ökonomische Schranken fielen, waren die strukturellen Zulassungsvoraussetzungen für private Anbieter sowie für das Entstehen eines (vorerst) dualen Rundfunksystems gegeben.[5]

Als Beginn des dualen Systems gilt das Jahr 1984 mit dem Start des Kabelpilotprojekts in Ludwigshafen. Noch im selben Jahr erfolgte erstmalig die Sendung des privaten deutschsprachigen Fernsehprogramms RTL plus aus Luxemburg. Im Folgejahr startete SAT.1 im Rahmen des Münchner Kabelpilotprojekts sein Fernsehprogramm. Es schlossen sich der Privatsender ProSieben im Jahre 1988 sowie in den Folgejahren u. a. mit RTL 2 und VOX weitere Vollprogramme an, die terrestrisch und/oder über Satelliten zu empfangen sind. Daneben werden in der deutschen Fernsehlandschaft Spartenprogramme[6], wie beispielsweise der Sportkanal DSF, der Musikkanal Viva[7] und der Nachrichtensender n-tv, veranstaltet.[8]

Während anfänglich lediglich die werbefinanzierten privaten Fernsehprogramme entstanden, bereichern mittlerweile auch entgeltfinanzierte Sender das Programmangebot.[9] Beim Fernsehsender PREMIERE handelt es sich um einen durch Abonnemententgelte finanzierten Sender. Am 30. Juli 1996 wurde mit dem Digital-Fernsehsender

---

[1] Vgl. hierzu KOPS, Ökonomische Herleitung (1998), S. 1, HEINRICH, Medienökonomie, Bd. 2 (1999), S. 97.

[2] Vgl. BVERFG, „Drittes Rundfunkurteil" vom 16. Juni 1981, S. 322.

[3] Die Art der Verbreitung spielt heute nur eine untergeordnete Bedeutung. Die Ausstrahlung der Fernsehprogramme kann über Kabelnetze, Satellit und/oder über Antenne (terrestrisch) erfolgen. Vgl. zu den derzeitigen Verbreitungsarten und der zukünftigen Entwicklung SIEBEN/SCHWERTZEL, Rundfunkökonomie (1997), S. 16 f.

[4] Kostensenkungen resultieren beispielsweise aus neuen Übertragungstechniken.

[5] Vgl. KOCH, Ordnung des Rundfunks (1982), IMMENGA, Rundfunk (1989), S. 622.

[6] Zur Definition der Spartenprogramme siehe § 2 Abs. 2 Nr. 2 RStV.

[7] Siehe LANGER, Viva (2000).

[8] Vgl. HORSTMANN, Programmcontrolling (1997), S. 4. Zu aktuellen Entwicklungen siehe O. V., Liebesheirat (2000).

[9] Zur Entwicklung des entgeltfinanzierten Fernsehens in Deutschland vgl. KNAUER, PREMIERE (1993), S. 59 f., CLEMENT/BECKER, Digitales Fernsehen (1999), S. 1170 f. sowie zu aktuellen Problemen EHRENSBERGER, Premiere (2002). Siehe ausführlich zu Markteintritts- und Wettbewerbsbedingungen entgeltfinanzierter Anbieter NEUMANN, Pay-TV (1998).

DF1 außerdem der erste einzelentgeltfinanzierte Sender in Deutschland aktiv.[1] Diese Arten des Angebots sind durch eine geschlossene Rezipientengruppe gekennzeichnet. Aufgrund der technischen Entwicklung ist es nunmehr möglich, daß Rezipienten von der Veranstaltung des Rundfunks ausgeschlossen[2] werden können.[3]

Die Zulassung[4] der privaten Anbieter, die sich durch privatrechtliche Trägerschaft und eine eingeschränkte staatliche Kontrolle auszeichnen, erfolgt gemäß § 20 RStV nach Landesrecht und obliegt den zuständigen Landesmedienanstalten. In Anbetracht der mit der Rundfunkfreiheit verbundenen Meinungsfreiheit dürfen private Programme nach § 25 Abs. 2 RStV die öffentliche Meinungsbildung nicht „ungleichgewichtig beeinflussen" und gemäß § 26 Abs. 2 RStV keine „vorherrschende Meinungsmacht" erlangen, die ab einem durchschnittlichen Zuschaueranteil von 30 % vermutet wird.[5] Darüber hinaus sind private Fernsehveranstalter mit der Verpflichtung zur Einräumung von Sendezeit für unabhängige Dritte gemäß § 31 RStV und der nach § 32 RStV erforderlichen Einrichtung eines Programmbeirats weitere vielfaltsichernde Maßnahmen kodifiziert.

Während die öffentlich-rechtlichen Fernsehveranstalter mit dem Einstieg privater Veranstalter in den Markt in beträchtlichem Maße Marktanteile verloren, erhöhte sich für die Rezipienten die angebotene Programmvielfalt. Es entstand ein Wettbewerb zwischen öffentlich-rechtlichen und privaten Anbietern auf Beschaffungs- und Absatzmärkten. Angesichts der darzustellenden Unterschiede zwischen beiden Anbieterformen, die sich insbesondere in ihren Zielplänen und Finanzierungsmöglichkeiten widerspiegeln, ist es jedoch fraglich, ob sich die öffentlich-rechtlichen Anbieter dem einschaltquotenorientierten Wettbewerb stellen sollen oder vielmehr stellen dürfen.

---

[1] Vgl. *SIEBEN/SCHWERTZEL*, Rundfunkökonomie (1997), S. 15. Siehe zur im Jahre 1999 vollzogenen Fusion von DF1 und PREMIERE zu PREMIERE WORLD sowie zu Entwicklungstendenzen von entgeltfinanzierten Anbieterformen, die jedoch nicht mit dem digitalen Fernsehen gleichzusetzen sind, *ARD-PROJEKTGRUPPE DIGITAL*, Digitales Fernsehen (2001). Vgl. auch *HARMS*, Kommt die T-Box? (2000) und *MEIER*, D-Box (2001).

[2] Rundfunkleistungen zeichneten sich ursprünglich durch die Eigenschaften Nichtausschließbarkeit sowie Nichtrivalität aus und wurden deshalb den öffentlichen Gütern zugeordnet, vgl. *KRÖNES*, Finanzierung (1991), S. 256. Siehe weiterführend *HIRSCH*, Öffentliche Güter (1989), *MUSGRAVE/ MUSGRAVE/KULLMER*, Finanzen (1990), S. 54 - 95 sowie zur Diskussion über die Unterscheidung öffentlicher und privater Güter *OETTLE*, Öffentliche Güter (1984). Zu volkswirtschaftlichen Fragestellungen des Rundfunks vgl. *HANSMEYER/KOPS*, Rundfunkprogramme (1998), S. 204 - 215.

Entgeltfinanzierte Sender verschlüsseln i. d. R. das Bildsignal vor dessen Verbreitung. Damit unbefugte Rezipienten von der Nutzung des Programms ausgeschlossen sind, ist zur Entschlüsselung des codierten Signals ein Decoder erforderlich; vgl. *KNAUER*, PREMIERE (1993), S. 60 f. und *MICHAELSEN*, Marktstrategien (1996), S. 11 f.

[3] Vgl. *GROTH*, Zielsetzungen (1996), S. 10, *KOPS*, Ökonomische Herleitung (1998), S. 1.

[4] Vgl. hierzu *HEINRICH*, Medienökonomie, Bd. 2 (1999), S. 98 f.

[5] Vgl. auch *HORSTMANN*, Programmcontrolling (1997), S. 13.

1.2 Die öffentlich-rechtlichen Rundfunkanbieter

1.2.1 Das Zielsystem der öffentlich-rechtlichen Rundfunkanbieter

Rationale Unternehmungsführung bedingt rationale Entscheidungen. Diese erfordern – neben der notwendigen Kenntnis des Entscheidungsfeldes – Informationen über die erstrebenswerten Sachverhalte (Ergebnisdefinition) und über die Intensität, mit der diese erstrebt werden (Präferenzen).[1] In den Zielplänen von Rundfunkunternehmungen sind deshalb deren Wertesysteme abgebildet, die für die Entscheidungsfindung und somit auch für die Unternehmungsführung relevant sind. Den Rahmen für die Zielpläne bilden dabei die Zielsysteme der Rundfunkanbieter. Die Zielsysteme geben Auskunft über die materielle Struktur eines anzustrebenden Zustands (Sach- oder Leistungsziel) und darüber, in welcher Weise diese Struktur zu erreichen ist (Formalziel).[2]

Öffentlich-rechtliche Rundfunkanbieter haben den Grundversorgungsauftrag zu erfüllen.[3] Dieser soll einerseits garantieren, daß das Programmangebot die Gesamtheit der Bevölkerung im Sendegebiet erreicht (technische Vollversorgung); andererseits beinhaltet er den klassischen *Programmauftrag*[4], mit dem das durch öffentlich-rechtliche Rundfunkanbieter an die Rezipienten zu übermittelnde Fernsehprogramm einen inhaltlichen Rahmen erfährt.[5] Da die technische Vollversorgung aufgrund der verbesserten Reichweiten privater Sender in den Hintergrund gerückt ist, kann als *Sachziel* öffentlich-rechtlicher Rundfunkanbieter die Erfüllung des Programmauftrags angesehen werden. Die Programmgestaltung zielt nicht auf die Erhöhung der Rezipientennachfrage, sondern unterliegt vielmehr dem Gebot, ein inhaltlich vollständiges, (politisch) ausgewogenes und vielfältiges Programmangebot hinsichtlich aller Programmsparten zu erstellen.[6] Das „Programm soll der Information und Bildung sowie der Beratung und Unterhaltung dienen."[7] Der Programmauftrag umfaßt die Ausstrahlung eines Vollprogramms, das aufgrund der geschützten Meinungsvielfalt insbesondere

---

[1] Siehe hierzu auch das Grundmodell der praktisch-normativen Entscheidungstheorie von SIEBEN/ SCHILDBACH, Entscheidungstheorie (1994), S. 15 - 31.

[2] Vgl. zur Übertragung auf den Rundfunk SIEBEN/SCHWERTZEL, Rundfunkökonomie (1997), S. 20 f.

[3] Der Begriff „Grundversorgung" hat seinen Ursprung im „Vierten Rundfunkurteil" des Bundesverfassungsgerichts, vgl. BVERFG, „Viertes Rundfunkurteil" vom 4. November 1986, S. 118.

[4] Siehe neben den gesetzlichen Normen (z. B. § 5 ZDF-StV) die relevanten Entscheidungen des Bundesverfassungsgerichts: beispielsweise BVERFG, „Zweites Rundfunkurteil" vom 27. Juli 1971, S. 325 f., BVERFG, „Viertes Rundfunkurteil" vom 4. November 1986, S. 157 und BVERFG, „Fünftes Rundfunkurteil" vom 24. März 1987, S. 324 - 326.

[5] Vgl. zu nachfolgenden Ausführungen zum Programmauftrag BRÖSEL, Programmplanung (2001), S. 377.

[6] Vgl. FAHLE, Programmgestaltung (1994), S. 11 f.

[7] § 5 NDR-Staatsvertrag.

Minderheiteninteressen berücksichtigt.[1] Die Programme des öffentlich-rechtlichen Rundfunks stehen daher nicht in einem konkurrierenden, sondern komplementären Verhältnis zu den Programmen der privaten Anbieter.[2]

Die mit der grundgesetzlich garantierten Meinungsvielfalt des Rundfunks verfolgte Sozialisationsaufgabe[3] zielt auf die Übermittlung der Werte und Normen einer Gesellschaft. Die dementsprechend erforderlichen Programminhalte erhöhen den individuellen Nutzen des Zuschauers nicht nur minimal, „sondern entfalten ihre positiven Wirkungen erst bei der Interaktion des Rezipienten mit Dritten."[4] Sie werden deshalb aus gesamtgesellschaftlicher Sicht nur von einer Minderheit nachgefragt. Der Programmauftrag umfaßt somit hauptsächlich die Ausstrahlung der Programme und Sendungen, die vordergründig externe Erträge generieren und bleibt deshalb den öffentlich-rechtlichen Rundfunkanbietern vorbehalten.

Das mit dem Programmauftrag gegebene allgemeine Sachziel erfordert von den Leitungs- und Aufsichtsorganen der öffentlich-rechtlichen Rundfunkanbieter im Hinblick auf die Operationalisierung eine Transformation in konkrete Unternehmungsziele. Geeignete operationale Unterziele sind nach SIEBEN/SCHWERTZEL für das Programmangebot, die Programmqualität, die Programmnutzung sowie die Programmwirkung zu formulieren. Beispiele für denkbare Unterziele sind in Abbildung 3 dargestellt.[5]

---

[1] Vgl. *EICHHORN*, Rundfunkanstalten (1983), S. 29. Zur Lückenfüllerfunktion der Rundfunkanstalten siehe *KRÖNES*, Finanzierung (1991), S. 266. Vgl. zur hier verfolgten Auslegung des Begriffs der Minderheitenmeinungen oder -interessen *SCHELLHAAß*, Rundfunkökonomie (2000), S. 531 f.

[2] Vgl. *IMMENGA*, Rundfunk (1989), S. 625.

[3] Siehe zu den nachfolgenden Ausführungen sowie zum Begriff der Sozialisation *SCHELLHAAß*, Rundfunkökonomie (2000), S. 531 f.

[4] *SCHELLHAAß*, Rundfunkökonomie (2000), S. 531.

[5] Vgl. zur Konkretisierung des Programmauftrags und zu den in der Abbildung genannten Beispielen *SIEBEN/SCHWERTZEL*, Rundfunkökonomie (1997), S. 21 f.

1. Das duale Rundfunksystem

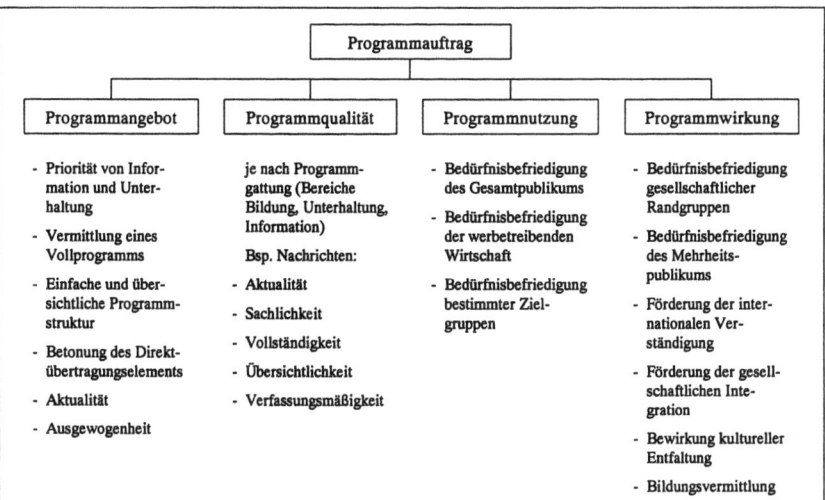

Abbildung 3:   *Die Beispiele zur Konkretisierung des Zielplans öffentlich-rechtlicher Programmanbieter*

Um die allzu kreative Auslegung des bewußt allgemein formulierten Programmauftrags zu verhindern, haben die Rundfunkanstalten bei ihrer Aufgabenerfüllung die Prinzipien der Wirtschaftlichkeit und Sparsamkeit zu beachten.[1] Diese Prinzipien[2] sind Ausfluß des Gemeinwirtschaftlichkeitsprinzips[3]. Die wirtschaftliche und sparsame Erfüllung des Programmauftrags stellt dabei das *Formalziel* öffentlich-rechtlicher Rundfunkanbieter dar, welches vom Sachziel dominiert wird.[4]

Das *Wirtschaftlichkeitsprinzip* – auch Rationalprinzip oder ökonomisches Prinzip genannt – zielt auf die ökonomisch vernünftige Steuerung knapper Ressourcen und erfordert die Optimierung des Verhältnisses von Zweckerfolg und Mitteleinsatz. Es kann entweder als Maximum- oder als Minimumprinzip formuliert werden. Bei der Maximumvariante ist der höchstmögliche Erfolg mit gegebenem Ressourceneinsatz

---

[1] Vgl. zu nachfolgenden Ausführungen zum Gemeinwirtschaftlichkeitsprinzip BRÖSEL, Programmplanung (2001), S. 378. Siehe zur Kodifizierung der Prinzipien z. B. § 13 Abs. 1 RStV, § 30 Abs. 2 ZDF-StV und § 31 Abs. 2 NDR-Staatsvertrag.

[2] Siehe zu den folgenden Ausführungen MATSCHKE/HERING, Kommunale Finanzierung (1998), S. 15 f., BRÖSEL, Wirtschaftlichkeit (1999), S. 273 f.

[3] Zum Gemeinwirtschaftlichkeitsprinzip siehe auch ADAM/HERING, Kalkulation (1995), S. 260 f.

[4] Vgl. SIEBEN/SCHNEIDER, Überlegungen (1982), S. 239, SIEBEN/SCHWERTZEL, Rundfunkökonomie (1997), S. 20 f., SIEBEN/SIEBEN/HOLLAND, Analyse (1999), S. 13 f.

zu erzielen. Bei der Minimumvariante soll ein festgelegtes Ziel mit geringstmöglichem Faktoreinsatz erreicht werden.

Aus dem *Sparsamkeitsprinzip* folgt die Verhaltensregel, von den Projekten, die den Grundsätzen der Wirtschaftlichkeit entsprechen, nur diejenigen durchzuführen, die unbedingt erforderlich sind. Der Sparsamkeitsgrundsatz darf nicht als Minimumvariante des Wirtschaftlichkeitspostulats oder gar als Verdeutlichung des Wirtschaftlichkeitsbegriffs[1] verstanden werden. Vielmehr gebietet er eine generelle Zurückhaltung bei der Übernahme von Aufgaben.[2] Die Beachtung des Gemeinwirtschaftlichkeitsprinzips ist notwendig, weil sich die Rezipienten den Kosten der Maßnahmen aufgrund der sog. Rundfunkgebührenpflicht nicht entziehen können.

Obwohl die aus dem Gemeinwirtschaftlichkeitsprinzip folgenden Grundsätze durch die öffentlich-rechtlichen Rundfunkanbieter schon seit ihrer Gründung beachtet werden müssen, stehen der wirtschaftlichen und sparsamen Aufgabenerfüllung vielfältige Planungs-, Steuerungs-, Koordinations- und Dispositionsmängel entgegen.[3] Vor diesem Hintergrund ist unter Berücksichtigung des gegebenen Sachziels – der Erfüllung des Programmauftrags – das zweckentsprechende Programmangebot zu wählen, das den geringsten Faktoreinsatz verursacht (Minimumvariante). Hierfür ist es erforderlich, auf investitionstheoretische Wirtschaftlichkeitsrechnungen zurückzugreifen. Die Suche nach dem höchstmöglichen Erfolg aus gegebenen Gebühreneinnahmen (Maximumvariante) scheitert an der mangelnden Quantifizierbarkeit des Nutzens aus dem Programmangebot und könnte womöglich zu Mittelverschwendung führen. Zur Erfüllung der Ziele ist eine entsprechende Finanzierungsbasis unabdingbar, weshalb im folgenden auf die Besonderheiten der Finanzierung der Rundfunkanstalten eingegangen wird.

1.2.2 Die Finanzierung der öffentlich-rechtlichen Rundfunkanbieter

Die Finanzierung[4] als Bereitstellung oder Beschaffung des Kapitals für Investitionen wird – bezogen auf die Kapitalherkunft – in Innen- und Außenfinanzierung unterteilt. Die Finanzierung öffentlich-rechtlicher Rundfunkanbieter[5] unterscheidet sich, abgesehen von den verschiedenen Möglichkeiten in der Einlagen- oder Beteiligungsfinan-

---

[1] Vgl. beispielsweise SCHMIEDEL, Wirtschaftlichkeit von Rundfunkanstalten (1983), S. 147.

[2] Vgl. MATSCHKE/HERING, Kommunale Finanzierung (1998), S. 17.

[3] Siehe hierzu EHLERS, Organisationsprobleme (1997), S. 286 - 293, SIEBEN/SCHWERTZEL, Rundfunkökonomie (1997), S. 63 - 65.

[4] Vgl. zum Finanzierungsbegriff MATSCHKE, Finanzierung (1991), S. 19.

[5] Eine Systematik der Rundfunkfinanzierungsformen findet sich bei SIEBEN/SCHWERTZEL, Rundfunkökonomie (1997), S. 15.

1. Das duale Rundfunksystem 19

zierung[1], von der Finanzierung privater Unternehmungen vornehmlich im Bereich der *Innenfinanzierung*. Die Innenfinanzierung umfaßt dabei in erster Linie die Bereitstellung finanzieller Mittel durch die Selbstfinanzierung, worauf sich deshalb die Darstellungen zur Finanzierung sowohl bei öffentlich-rechtlichen als auch bei privaten Rundfunkanbietern beschränken. Zur *Selbstfinanzierung*[2] des öffentlich-rechtlichen Rundfunks sollen alle diejenigen Einnahmen zählen, über welche die Anstalten ohne Rückzahlungsverpflichtung verfügen können. Die öffentlich-rechtlichen Anbieter müssen nach § 11 Abs. 1 RStV durch die Finanzausstattung in die Lage versetzt werden, den Programmauftrag zu erfüllen. Neben dem Bestand ist auch die Entwicklung des öffentlich-rechtlichen Rundfunks finanziell zu gewährleisten. Gemäß § 12 Abs. 1 RStV finanziert sich der öffentlich-rechtliche Rundfunk aus Rundfunkgebühren, Einnahmen aus der Rundfunkwerbung[3] und sonstigen Einnahmen.

Da die Programmgestaltung in Anbetracht des zu erfüllenden klassischen Programmauftrags nicht auf die Erhöhung der Rezipientennachfrage zielen soll, ist in erster Linie eine von den Einschaltquoten unabhängige Finanzierungsbasis erforderlich.[4] *Rundfunkgebühren*[5] stellen deshalb gemäß § 12 Abs. 1 RStV die vorrangige Finanzierungsquelle dar. Gemäß abgabenrechtlicher Begriffsbestimmung[6] knüpfen Gebühren unmittelbar an genau definierte Gegenleistungen an und werden in Verwaltungsgebühren und Benutzungsgebühren unterschieden. Während letztere für die Inanspruchnahme von öffentlichen Einrichtungen oder Anlagen erhoben werden, sind Verwaltungsgebühren Geldleistungen, die als Vergütung für Amtshandlungen oder sonstige Tätigkeiten der Verwaltung eingefordert werden. Da die Rundfunkgebührenpflicht[7] nach § 12 Abs. 2 RStV allein schon durch Bereithalten eines Rundfunkempfangsgeräts begründet wird, handelt es sich aus abgabenrechtlicher Sicht wegen des fehlenden Tatbestands einer genau definierten Gegenleistung bei den sog. Rundfunkgebühren nicht um Benutzungs- oder Verwaltungsgebühren, sondern vielmehr um *Rundfunkbeiträge*. Beiträge stellen ein Entgelt für Nutzungsmöglichkeiten

---

[1] Vgl. weiterführend zur Einlagen- oder Beteiligungsfinanzierung MATSCHKE, Finanzierung (1991), S. 53 - 73.

[2] Vgl. zu nachfolgenden Ausführungen zur Selbstfinanzierung öffentlich-rechtlicher Rundfunkanbieter BRÖSEL, Programmplanung (2001), S. 379.

[3] Zur Definition der Werbung vgl. § 2 Abs. 2 Nr. 5 RStV.

[4] Vgl. EBERLE, Rundfunkgebühr (1995), S. 560.

[5] Vgl. zur bedarfsorientierten Ermittlung der Rundfunkgebühr durch die unabhängige Kommission zur Überprüfung und Ermittlung des Finanzbedarfs der Rundfunkanstalten (KEF) die Normen im RFinStV. Siehe auch SEIDEL, Medienökonomie (1998), S. 255 f.

[6] Vgl. zu den Definitionen von Gebühren sowie von Beiträgen im Abgabenrecht STEINBACH-VAN DER VEEN, Abgaben (1989), MATSCHKE/HERING, Kommunale Finanzierung (1998), S. 18 - 24 sowie BRÖSEL, Organisation und Finanzierung (1998), S. 29 - 31. Siehe hierzu und ausführlich zu den lenkenden Abgaben im deutschen Abgabenrecht KLINGELHÖFER, Entsorgung und Produktion (2000), S. 85 - 104.

[7] Vgl. zur Gebührenpflicht die Regelungen im RGebStV.

(Vorteile) dar, während Gebühren nur bei der tatsächlichen Inanspruchnahme von Leistungen, Einrichtungen oder Anlagen anfallen. Der im Vergleich zu den Gebühren stärkere hoheitliche Zwangscharakter der Beiträge kommt dadurch zum Ausdruck, daß es unerheblich ist, ob der einzelne den resultierenden Vorteil aus dem Programmangebot tatsächlich nutzt oder in dem Angebot der öffentlich-rechtlichen Sender überhaupt einen Vorteil für sich erkennt. „Beiträge lassen sich also nicht wie Gebühren dadurch abwenden, daß man die zugehörige Leistung nicht in Anspruch nimmt."[1] Auch Rezipienten, die ein Rundfunkempfangsgerät bereithalten, um lediglich private Fernsehprogramme zu konsumieren, können sich aufgrund des Beitragscharakters der sog. Rundfunkgebühren nicht der Finanzierung öffentlich-rechtlicher Programmanbieter entziehen. Daß sich die Rezipienten den Konsequenzen von Investitions- und Programmentscheidungen der öffentlich-rechtlichen Anbieter, die gegen die Prinzipien der Gemeinwirtschaftlichkeit verstoßen, nicht erwehren können, unterstreicht die Unentbehrlichkeit von Wirtschaftlichkeitsanalysen und -kontrollen.

Die *Werbefinanzierung* erfolgt im wesentlichen durch Spotwerbung und Sponsoring.[2] *Spotwerbung* ist insbesondere bei öffentlich-rechtlichen Rundfunkanbietern aufgrund ihrer vielfalt- und programmverengenden Tendenzen durch restriktive gesetzliche Beschränkungen geprägt.[3] Neben den allgemeinen Einschränkungen des § 7 RStV über Werbeinhalte sind die Rahmenbedingungen hinsichtlich der Einfügung der Werbung in § 14 RStV sowie der Werbedauer und -zeiträume in § 15 RStV festgelegt. Die Werbedauer ist für ARD und ZDF im Jahresdurchschnitt auf 20 Minuten werktäglich beschränkt; Zeiten nach 20 Uhr sowie Sonn- und bundesweite Feiertage sind von der Werbung ausgeschlossen. Die Bereitstellung von Werbezeiten für die werbetreibende Wirtschaft konzentriert sich somit i. d. R. auf das werktägliche Vorabendprogramm. Dritte Programme sind grundsätzlich werbefrei zu gestalten. Die Höhe der Einschaltpreise für Werbespots[4], deren Dauer innerhalb einer Stunde zwölf Minuten nicht übersteigen darf, wird u. a. durch die Länge des Spots, durch die Anzahl der erreichten Rezipienten insgesamt oder innerhalb einer entsprechenden Zielgruppe sowie auch durch die Jahreszeit determiniert. Der Anteil der Werbeeinnahmen an den Gesamteinnahmen öffentlich-rechtlicher Rundfunkunternehmungen ist seit Einführung des dualen Systems tendenziell fallend.[5]

---

[1] MATSCHKE/HERING, Kommunale Finanzierung (1998), S. 22.

[2] Siehe zu weiteren Möglichkeiten der Werbefinanzierung von untergeordneter Bedeutung HOCHSTEIN, Werbeformen (1991), S. 701 f., GROTH/PAGENSTEDT, Neue Formen der Finanzierung (1995), S. 4 - 7, SIEBEN/SCHWERTZEL, Rundfunkökonomie (1997), S. 15. Gemäß § 18 RStV findet Teleshopping im öffentlich-rechtlichen Rundfunk mit Ausnahme von in Werbeblöcken ausgestrahlten Teleshopping-Kurzsendungen nicht statt.

[3] Vgl. HEINRICH, Medienökonomie, Bd. 2 (1999), S. 96 und S. 99 f. Die Restriktionen betreffen demnach die Dauer, die Art und die Zeitstruktur der Werbung.

[4] Vgl. STOLTE, Rundfunkanstalten (1989), Sp. 1421.

[5] Siehe HORSTMANN, Programmcontrolling (1997), S. 11 f., EBERLE, Programmauftrag (1999), S. 62 f.

1. Das duale Rundfunksystem

Die Werbefinanzierung öffentlich-rechtlicher Anbieter ist hinsichtlich ihrer Zulässigkeit und Angemessenheit umstritten.[1] Die Befürworter eines Werbefinanzierungsverbots sollten jedoch berücksichtigen, daß die öffentlich-rechtlichen Anbieter bei der Umsetzung der verfassungsrechtlichen Sozialisierungsaufgabe vor einem Dilemma[2] stehen: Je offensichtlicher der Sozialisierungseffekt eines Programms ist, um so geringer wird das Bedürfnis präsumtiver Zuschauer sein, dieses zu rezipieren. Um die Sozialisierungsaufgabe zu erfüllen, müssen sozialisierende Programminhalte in Verbindung mit marktfähigen Sendungen angeboten werden. Damit die Rundfunkgebühr nur zur Kompensation der sozialisierungsbedingten Mindereinnahmen und nicht wettbewerbsverzerrend zum Erwerb attraktiver Programminhalte eingesetzt wird, sind Finanzierungsalternativen erforderlich.[3] Attraktive Programmbestandteile sind somit durch in sie eingebettete sowie durch sie unmittelbar umgebende Werbung zu finanzieren.

Aufgrund der restriktiven Vorschriften zur Spotwerbung versuchen ARD und ZDF zunehmend mit der Werbeform *Sponsoring*[4] legal die bei der Spotwerbung zu beachtenden quantitativen Beschränkungen zu umgehen.[5] Nach dem Rundfunkstaatsvertrag ist Sponsoring „jeder Beitrag einer natürlichen oder juristischen Person oder einer Personenvereinigung, die an Rundfunktätigkeiten oder an der Produktion audiovisueller Werke nicht beteiligt ist, zur direkten oder indirekten Finanzierung einer Sendung, um den Namen, die Marke, das Erscheinungsbild der Person oder Personenvereinigung, ihre Tätigkeit oder ihre Leistungen zu fördern."[6] Beim Sponsoring, das nicht den (Spot-)Werberegelungen des Rundfunkstaatsvertrags unterliegt, wird zu Beginn oder am Ende der entsprechenden Sendung auf den Sponsor hingewiesen. Gesponserte Sendungen können somit zu allen Tageszeiten und beliebig oft in das Programm aufgenommen werden.[7] Zur Wahrung der redaktionellen Unabhängigkeit dürfen gemäß § 8 Abs. 2 RStV Programmplatz und Inhalt der gesponserten Sendung durch den Sponsor nicht beeinflußt werden.[8] Darüber hinaus soll die gesponserte Sen-

---

[1] Siehe *GUMMIG*, Medienfinanzierung (1991), *KRÖNES*, Finanzierung (1991), S. 264 - 267.

[2] Vgl. zu diesen Ausführungen *SCHELLHAAß*, Rundfunkökonomie (2000), S. 532 f.

[3] Gemäß *BVERFG*, „Achtes Rundfunkurteil" vom 22. Februar 1994, S. 92 hat der öffentlich-rechtliche Rundfunk für Programmbestandteile, die nicht dem eigentlichen Programmauftrag dienen, aus dem Gebührenaufkommen keinen Finanzierungsanspruch; vgl. auch *KRÖNES*, Finanzbedarf (1996), S. 39, der zugleich auf die Problematik der Abgrenzung zwischen aufgabenadäquaten und nicht aufgabenadäquaten Programmbestandteilen hinweist.

[4] Zur Definition des Sponsoring vgl. § 2 Abs. 2 Nr. 7 RStV.

[5] Vgl. *HEINRICH*, Medienökonomie, Bd. 2 (1999), S. 547 - 550.

[6] § 2 Abs. 2 Nr. 7 RStV.

[7] Gemäß § 8 Abs. 5 RStV ist zu berücksichtigen, daß Sendungen zum politischen Zeitgeschehen und Nachrichtensendungen nicht gesponsert werden dürfen.

[8] Vgl. zum Sponsoring *GROTH/PAGENSTEDT*, Neue Formen der Finanzierung (1995), S. 1 - 4 und weiterführend *HENNING-BODEWIG*, Sponsoring (1991).

dung nach § 8 Abs. 3 RStV nicht zum Kauf von Erzeugnissen und Dienstleistungen des Sponsors oder eines Dritten anregen.

Unter die *sonstigen Einnahmen* fallen beispielsweise die Weiterveräußerung von Ausstrahlungsrechten, der Finanzausgleich zwischen den Landesrundfunkanstalten, Zinseinnahmen und die immer mehr an Bedeutung gewinnenden Einnahmen aus der Verwertung von Nebenrechten.[1]

1.3 Die privaten Rundfunkanbieter

1.3.1 Das Zielsystem der privaten Rundfunkanbieter

Im Unterschied zu den öffentlich-rechtlichen Rundfunkanbietern unterliegen die privaten Fernsehveranstalter nicht dem Programmauftrag. Die das Fernsehprogramm privater Anbieter beeinflussenden Restriktionen, wie z. B. die durch § 3 RStV als unzulässig qualifizierten Sendungen oder die gemäß § 26 RStV zu sichernde Meinungsvielfalt, wirken lediglich handlungsfeldeinschränkend. Hinsichtlich der Definition der Sach- oder Leistungsziele sind die Unternehmungen in werbe- und entgeltfinanzierte Anbieter zu unterscheiden.[2]

Der Absatz werbefinanzierter Rundfunkanbieter unterliegt einer *Dichotomie*: Werbefinanzierte Anbieter agieren auf zwei interdependenten Absatzmärkten: dem Rezipientenmarkt[3] und dem Werbemarkt[4]. Um das Produkt Werbezeit erfolgreich abzusetzen, konkurrieren die Sender um ein begrenztes Rezipientenpotential.[5] Die Werbebotschaften der werbetreibenden Wirtschaft sollen den Rezipienten zugänglich gemacht werden.[6] Das daraufhin zu definierende *Sachziel* werbefinanzierter Sender ist die Erzeugung von Rezipientenkontakten für die werbetreibende Wirtschaft. Hierbei muß beachtet werden, daß das Produkt Werbezeit nur durch den redaktionellen Programmrahmen absetzbar wird. Zur Konkretisierung dieses Ziels sind nach SIEBEN/ SCHWERTZEL insbesondere werbemarktbezogene operationale Unterziele zu definieren, die Angaben über das Werbezeitenangebot, die Kontaktqualität, die Werbeblock-

---

[1] Zur Erläuterung der sonstigen Einnahmen wird verwiesen auf STOLTE, Rundfunkanstalten (1989), Sp. 1421, HOCHSTEIN, Werbeformen (1991), S. 702 f.

[2] Vgl. zu den Zielsetzungen privater Anbieter insbesondere GROTH, Zielsetzungen (1996).

[3] Auf dem Rezipientenmarkt agieren die Fernsehsender als Anbieter und die Rezipienten als Nachfrager des Produkts Fernsehprogramm; vgl. FAHLE, Programmgestaltung (1994), S. 10.

[4] Auf dem Werbemarkt agieren die Fernsehsender als Anbieter und die werbetreibende Wirtschaft als Nachfrager des Produkts Werbezeit; vgl. FAHLE, Programmgestaltung (1994), S. 10.

[5] Vgl. SIEBEN/SCHWERTZEL, Rundfunkökonomie (1997), S. 74.

[6] Vgl. HORSTMANN, Programmcontrolling (1997), S. 15.

1. Das duale Rundfunksystem 23

nutzung und die Werbewirkung enthalten. Abbildung 4 zeigt hinsichtlich dieser Kategorien geordnete mögliche Unterziele auf.[1]

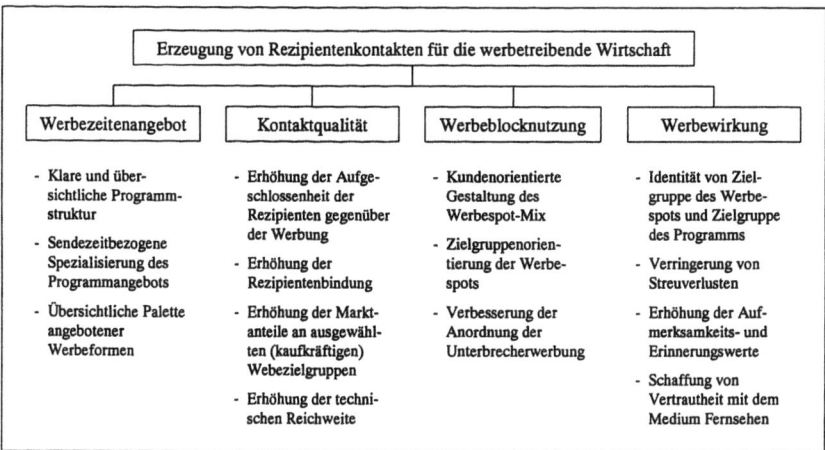

Abbildung 4:   *Die Beispiele zur Konkretisierung des Zielplans werbefinanzierter Programmanbieter*

Entgeltfinanzierte Rundfunkanbieter veranstalten i. d. R. ein werbefreies Programm und agieren deshalb hauptsächlich rezipientenorientiert. Sie verfolgen das Sachziel, den Zuschauern attraktive Programme bereitzustellen, um letztendlich deren Zahlungsbereitschaft für das Programmangebot zu erhöhen. Die im Rahmen der Konkretisierung des Sachziels definierten Unterziele können – in Anlehnung an die entsprechende Klassifizierung bei öffentlich-rechtlichen Sendern – hinsichtlich Programmangebot, -qualität, -nutzung und -wirkung unterteilt werden.[2]

Bei beiden privatrechtlichen erwerbswirtschaftlichen[3] Anbieterformen ist die Erwirtschaftung angemessener Gewinne oder die (langfristige) Gewinnmaximierung als im Vordergrund stehendes *Formalziel* anzusehen.[4] Dieses Ziel, das mit den Zielen der Substanz- und Liquiditätserhaltung einhergeht, setzt auch bei privaten Unternehmungen die Optimierung des Verhältnisses von Zweckerfolg und Mitteleinsatz voraus.

---

[1] Vgl. zum Sachziel werbefinanzierter Rundfunkanbieter, zu dessen Konkretisierung und zu den in der Abbildung genannten Beispielen SIEBEN/SCHWERTZEL, Rundfunkökonomie (1997), S. 20 und S. 22 f.

[2] Vgl. SIEBEN/SCHWERTZEL, Rundfunkökonomie (1997), S. 20, S. 23 und S. 82.

[3] Vgl. zur Einordnung privater Rundfunkanbieter als erwerbswirtschaftliche Unternehmung GROTH, Zielsetzungen (1996), S. 2 f.

[4] Vgl. beispielsweise HORSTMANN, Programmcontrolling (1997), S. 15, SIEBEN/SCHWERTZEL, Rundfunkökonomie (1997), S. 20.

Die Anwendung der beiden Ausprägungen des Wirtschaftlichkeitsprinzips ist somit unabdingbar.[1] Die Berücksichtigung des Sparsamkeitsprinzips in der Definition des Kapitels II.1.2.1 (S. 18) läuft dem Formalziel privater Rundfunkanbieter zuwider. Im Unterschied zur Konstellation bei den öffentlich-rechtlichen Anbietern wird hier das Sachziel durch das Formalziel dominiert.

1.3.2 Die Finanzierung der privaten Rundfunkanbieter

Die Ausführungen zur Finanzierung der privaten Rundfunkanbieter sollen sich aufgrund der in Kapitel II.1.2.2 (S. 18 f.) dargestellten Gründe ebenfalls nur auf die *Selbstfinanzierung* beschränken. Da die Selbstfinanzierung privater Unternehmungen mit der „Bereitstellung von Eigenkapital über einbehaltene Gewinne"[2] definiert wird, konzentriert sich die Betrachtung der Selbstfinanzierung privater Rundfunkanbieter auf den durch die betriebliche Leistungserstellung ausgelösten Mittelzufluß.[3] Hierzu zählen gemäß § 43 RStV insbesondere die Finanzierung aus Werbung (Finanzierung durch Dritte) sowie die Finanzierung aus Entgelten der Teilnehmer (Finanzierung durch die Leistungsadressaten), die als Abonnemententgelte oder als Einzelentgelte auftreten können.[4] Eine Finanzierung privater Rundfunkanbieter durch Rundfunkgebühren ist gesetzlich ausgeschlossen.

Rundfunkanbieter, die unverschlüsselt empfangbare Programme ausstrahlen, finanzieren sich im wesentlichen durch den Verkauf des Produkts Werbezeit an die werbetreibende Wirtschaft. Die wichtigsten Formen sind die Spotwerbung, das Sponsoring und das Teleshopping. Die gesamte Dauer der Werbemöglichkeiten privater Anbieter ist nach § 45 RStV auf 20 % der täglichen Sendezeit beschränkt; die Dauer der als Hauptfinanzierungsquelle der Sender geltenden *Spotwerbung* darf 15 % der täglichen Sendezeit nicht überschreiten. Private Programmanbieter unterliegen ferner den in § 44 RStV geregelten Werbebeschränkungen.[5] Im Unterschied zu den öffentlich-rechtlichen Sendern kann Werbung länger als 20 Minuten täglich und außerdem auch nach 20 Uhr sowie an Sonn- und bundesweiten Feiertagen ausgestrahlt werden.

---

[1] Vgl. zu den Anlässen und Methoden zur Beurteilung der Wirtschaftlichkeit die Ausführungen von SIEBEN/SCHWERTZEL, Rundfunkökonomie (1997), S. 27 - 43.

[2] MATSCHKE, Finanzierung (1991), S. 115.

[3] Vgl. KRÖNES, Finanzierung (1991), S. 255.

[4] Vgl. zur Bedeutung einzelner Finanzierungsarten in Deutschland SIEBEN/SCHWERTZEL, Rundfunkökonomie (1997), S. 14 - 16.

[5] Demnach ist beispielsweise geregelt, daß Werbespots möglichst als Block zwischen den einzelnen Sendungen des Programms eingefügt werden sollen. Darüber hinaus können Werbeblöcke u. a. innerhalb von Sendungen plaziert werden, wenn zwischen den Unterbrechungen ein Mindestabstand von 20 Minuten eingehalten wird.

1. Das duale Rundfunksystem

Für das *Sponsoring*, bei dem Hinweise auf den Sponsor vor oder nach der ganz oder teilweise gesponserten Sendung plaziert werden, gelten ebenso wie bei den öffentlich-rechtlichen Anbietern die Regelungen des § 8 RStV. Beim *Teleshopping*[1] werden Waren oder die Erbringung von Dienstleistungen innerhalb eines Spots oder einer Sendung dem Rezipienten unmittelbar gegen Entgelt angeboten. Dabei sind beispielsweise die Restriktionen der §§ 44, 45a RStV zur Einfügung von Teleshopping und zu den sog. Teleshopping-Fenstern zu beachten.

Die Selbstfinanzierungspotentiale der werbefinanzierten Sender werden durch das Interesse der werbetreibenden Wirtschaft für bestimmte Rezipientengruppen und die Entwicklung der Werbezeitennachfrage bestimmt.[2] Letzterer Faktor ist neben der technischen Reichweite des Senders u. a. auch von den durch Einschaltquoten quantifizierten Präferenzen der Rezipienten für die Programmangebote und somit mittelbar von den angebotenen Programmbestandteilen des Senders abhängig.

Neben der Finanzierung durch Dritte besteht für private Rundfunkanbieter die Möglichkeit der sog. Entgeltfinanzierung, der Finanzierung durch die Leistungsadressaten. Hierbei wird dem Rezipienten das i. d. R. werbefreie Fernsehprogramm gegen Zahlung eines Entgelts zur Verfügung gestellt. Grundsätzlich sind – abgesehen von hybriden Formen[3] – zwei Varianten zu unterscheiden: die Abonnemententgeltfinanzierung und die Einzelentgeltfinanzierung.[4]

Werden Entgelte für die Einräumung der Möglichkeit verlangt, einen Sender während eines bestimmten Zeitraums zu rezipieren, wird vom *abonnemententgeltfinanzierten* Fernsehen gesprochen. Ähnlich wie die Rundfunkgebühr ist das Entgelt für die potentielle Nutzung zu entrichten. Das Rundfunkprogramm wird vom Programmanbieter in verschlüsselter Form versendet. Der Empfang des Fernsehprogramms erfordert ein Dekodierungsgerät. Betreffen die Entgelte einzelne Sendungen, handelt es sich um *einzelentgeltfinanziertes* Fernsehen. Die Entgelterhebung orientiert sich an der Nutzung und läßt somit Preisdifferenzierungen für unterschiedliche Programmbestandteile zu.[5] Die Selbstfinanzierungspotentiale der entgeltfinanzierten Sender werden durch

---

[1] Zur Definition des Teleshopping vgl. § 2 Abs. 2 Nr. 8 RStV. Darüber hinaus wird verwiesen auf die Ausführungen von GRUNINGER-HERMANN, Teleshopping (1999).

[2] Vgl. SIEBEN/SCHWERTZEL, Rundfunkökonomie (1997), S. 42.

[3] Neben der Kombination von Abonnement- und Einzelentgeltfinanzierung ist auch die Kombination von Entgelt- und Werbefinanzierung möglich.

[4] Vgl. HORSTMANN, Programmcontrolling (1997), S. 18.

[5] Vgl. KRÖNES, Finanzierung (1991), S. 261 sowie DIETL/FRANCK, Organisationsformen (2000), S. 596 - 603.

die Zahlungsbereitschaft der Rezipienten für die angebotenen Programme bestimmt und sind somit unmittelbar von den Programmbestandteilen abhängig.[1]

Die Darstellung der Selbstfinanzierungsformen zeigt, daß der Einfluß der Rezipienten auf das Programmangebot mit der Finanzierungsform des Fernsehprogramms eng verbunden ist.[2] Wird das Programm ausschließlich durch Rundfunkgebühren finanziert, tendiert der Einfluß der Rezipienten gegen null. Die Zuschauer haben lediglich die Möglichkeit der indirekten Beeinflussung durch Kritik, Widerspruch oder Konsumverzicht. Beim werbefinanzierten Rundfunk ist der Einfluß der Rezipienten insoweit stärker, als die Programmangebote einschaltquotenmotiviert sind. Programmwünsche von Minderheiten werden bei dieser Finanzierungsart wenig beachtet. Hingegen bestimmt beim entgeltfinanzierten Fernsehen hauptsächlich die Zahlungsbereitschaft der Kunden die Programmangebote.[3]

1.4 Die Daseinsberechtigung und die Entwicklungsmöglichkeiten des öffentlich-rechtlichen Rundfunks

In Anbetracht der dynamischen Entwicklungen im Rundfunkmarkt erscheint es geboten, die Existenzberechtigung und Entwicklungschancen der öffentlich-rechtlichen Rundfunkanbieter anhand der aktuellen Marktsituation zu betrachten.[4] Die Daseinsberechtigung und die Entwicklungsmöglichkeiten der öffentlich-rechtlichen Rundfunkanbieter sind eng verknüpft mit folgenden Faktoren:

1. die Notwendigkeit zur Erfüllung des Grundversorgungsauftrags,

2. die Akzeptanz der öffentlich-rechtlichen Programme und deren Ansehen in der Öffentlichkeit sowie

3. die Akzeptanz der Gebühren und ihrer Höhe durch die Rezipienten.[5]

---

[1] Vgl. SIEBEN/SCHWERTZEL, Rundfunkökonomie (1997), S. 42 und weiterführend HEINRICH, Medienökonomie, Bd. 2 (1999), S. 72 f.

[2] Vgl. hierzu IMMENGA, Rundfunk (1989), S. 623 und ausführlich BÜCH/BÜCH, Werbung (1982).

[3] Vgl. auch WALTER, Erwerb von Sportsenderechten (1999), S. 3.

[4] Die Existenz des öffentlich-rechtlichen Rundfunks ist historisch begründet. Statt der Frage nach dem Marktzutritt stellt sich deshalb vielmehr die Frage nach einem möglichen Marktaustritt. Dieser ist infolge der im Rundfunkstaatsvertrag kodifizierten Bestands- und Entwicklungsgarantie (Präambel und § 11 RStV) vorerst nicht zu erwarten. Darüber hinaus ist aufgrund der gewährten Finanzierungsgarantie ein unfreiwilliger Marktaustritt unwahrscheinlich; vgl. HEINRICH, Medienökonomie, Bd. 2 (1999), S. 87 f. Insbesondere vor dem Hintergrund der Entwicklungen in den Bereichen der Telekommunikation und des Postwesens erscheint die Diskussion der Daseinsberechtigung und der Entwicklungsmöglichkeiten des öffentlich-rechtlichen Rundfunks jedoch notwendig.

[5] Vgl. zu den beiden letzten Faktoren SIEBEN/SCHWERTZEL, Rundfunkökonomie (1997), S. 42 f.

1. Das duale Rundfunksystem

Die nachfolgende Betrachtung dieser drei Faktoren konzentriert sich auf die Gegenüberstellung öffentlich-rechtlicher und werbefinanzierter privater Programmanbieter und bezieht sowohl quantitative als auch qualitative Aspekte in die Analyse ein.

Der erste, die Daseinsberechtigung und die Entwicklungsmöglichkeiten des öffentlich-rechtlichen Rundfunks determinierende Faktor ist die *Notwendigkeit zur Erfüllung des Grundversorgungsauftrags*. Der Grundversorgungsauftrag des öffentlich-rechtlichen Rundfunks umfaßt den klassischen Programmauftrag sowie den Auftrag zur technischen Vollversorgung. Letzterer soll garantieren, daß der Allgemeinheit die Möglichkeit geboten wird, die den Anforderungen des klassischen Programmauftrags entsprechenden Fernsehprogramme zu rezipieren. Die *technische Reichweite*[1] ausgewählter Fernsehsender zum 1. September 2000 wird in Abbildung 5 gegenübergestellt. Während die technische Reichweite, welche auch ein Maß für das Erfolgspotential eines Senders darstellt,[2] von ARD und ZDF fast 100 % beträgt, erreichen von den abgebildeten privaten Programmen zum 1. September 2000 schon vier eine technische Reichweite von über 90 %. Hinsichtlich der technischen Reichweite ist die Erfüllung des Grundversorgungsauftrags sowohl durch die öffentlich-rechtlichen als auch durch die privaten Sender möglich.

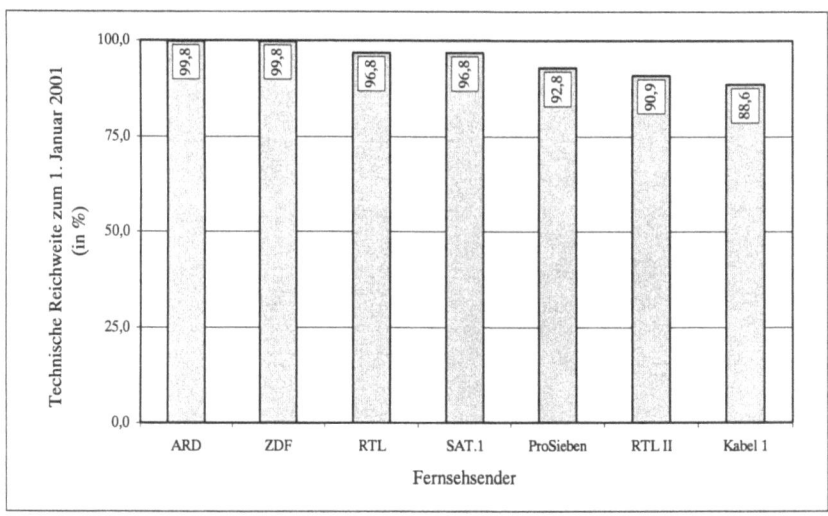

Abbildung 5:   *Die technischen Reichweiten ausgewählter Fernsehsender zum 1. Januar 2001*[3]

---

[1] Als relative Kennzahl bezieht sich die technische Reichweite auf die Zahl der Rundfunkhaushalte.

[2] Vgl. KOSCHNICK, Mediaforschung (1995), S. 1716.

[3] Siehe zur Datenbasis ARBEITSGEMEINSCHAFT DER ARD-WERBEGESELLSCHAFTEN, Basisdaten 2001 (2001), S. 8; ferner eigene Berechnungen.

Die Erfüllung des klassischen Programmauftrags erfordert die Ausstrahlung eines vollständigen, ausgewogenen und vielfältigen Programmangebots, welches der Information, Bildung, Beratung und Unterhaltung dient und auch Minderheiteninteressen berücksichtigt. Die in der Abbildung 6 ersichtliche *Programmstruktur* ausgewählter Sender im Jahre 2000 zeigt, daß bei öffentlich-rechtlichen Sendern insbesondere den Bereichen Information und Bildung ein erheblicher Stellenwert eingeräumt wird. Im Gegensatz dazu liegt bei privaten Anbietern der Schwerpunkt auf den einschaltquotenorientierten Bereichen der fiktionalen und der nicht-fiktionalen Unterhaltung.[1] Während diese hinsichtlich der Werbefinanzierung bedeutenden Bereiche bei RTL und SAT.1 über 50 % der Sendezeit einnehmen, werden bei ProSieben sogar über 60 % der Sendezeit mit Programmbestandteilen dieser Art gefüllt. Bei den öffentlich-rechtlichen Programmen liegt dieser Anteil bei ca. 36 % (ARD) und bei etwa 29 % (ZDF). Die immense Bedeutung der Werbung für die (werbefinanzierten) privaten Fernsehsender wird darüber hinaus aus dem Anteil der Werbung an der Sendezeit ersichtlich. Dieser beträgt bei den dargestellten privaten Anbietern jeweils mehr als 13 %.[2] Zwar ist aus der Darstellung der Programmstruktur nicht zu erkennen, ob die öffentlich-rechtlichen Anbieter den Programmauftrag bezüglich eines vollständigen, ausgewogenen, vielfältigen, auch Minderheiten berücksichtigenden qualitativen Programmangebots erfüllen, es können aber Schlüsse in Hinsicht auf die unterschiedliche Bedeutung von Information und Bildung sowie – wenn auch nur in begrenztem Maße – auf die unterschiedliche Einschaltquotenorientierung gezogen werden.

---

[1] In den Bereich der nicht-fiktionalen Unterhaltung fallen beispielsweise Gesprächsrunden, Spiele und andere „shows". Im Bereich der fiktionalen Unterhaltung werden Spiel- und Fernsehfilme, Fernsehserien und Bühnenstücke erfaßt. Siehe zur Positionierung von Fernsehinhalten GRUNINGER-HERMANN, Teleshopping (1999), S. 39 f.

[2] Wird die Werbezeit im deutschen Fernsehen kumuliert betrachtet, wurden im Jahre 2000 pro Tag durchschnittlich 46 Stunden Werbung ausgestrahlt. Mittlerweile könnten somit fast zwei Sender ein Vollprogramm mit Werbung ausstrahlen; vgl. ENGLÄNDER, Werbemarkt (2001), S. 292.

1. Das duale Rundfunksystem

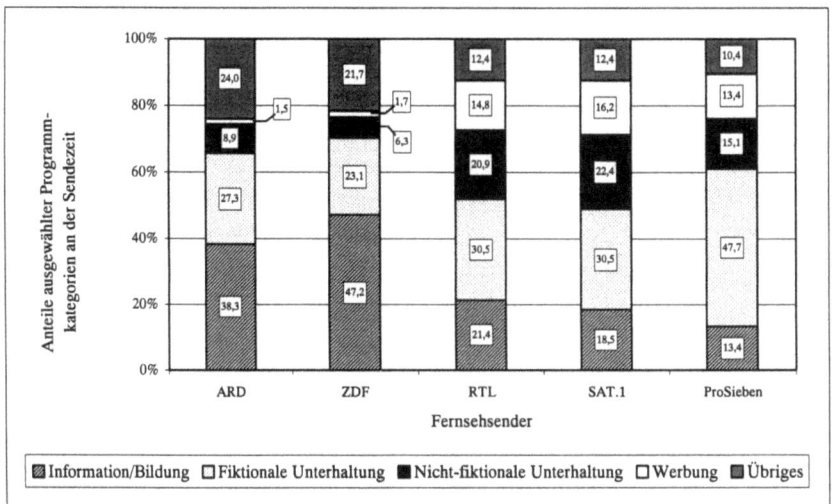

Abbildung 6:   Die Programmstruktur ausgewählter Vollprogramme im Jahre 2000[1]

In Anbetracht des ersten Faktors – der Notwendigkeit zur Erfüllung des Grundversorgungsauftrags – läßt sich feststellen, daß sowohl die öffentlich-rechtlichen als auch die werbefinanzierten privaten Fernsehsender über hinreichende technische Reichweiten verfügen. Eine vergleichende Analyse der Programmstruktur alternativer Anbieter macht deutlich, daß es wesentliche Unterschiede zwischen beiden Anbieterformen gibt, die hauptsächlich auf die verschiedenartigen Selbstfinanzierungsquellen zurückzuführen sind. Obwohl ein Nachweis der Erfüllung des klassischen Programmauftrags durch den öffentlich-rechtlichen Rundfunk in diesem Rahmen nicht gegeben werden kann, bleibt aufgrund der Einschaltquotenorientierung der privaten Rundfunkanbieter festzustellen, daß die geschützte Meinungsvielfalt komplementäre Programmangebote und somit den öffentlich-rechtlichen Rundfunk erfordert.

Wird bei der Betrachtung des zweiten Faktors – der *Akzeptanz der öffentlich-rechtlichen Programme und deren Ansehen in der Öffentlichkeit* – allein auf die in Abbildung 7 dargestellten Marktanteile[2] der Fernsehsender am Rezipientenmarkt für den Zeitraum von 1998 bis 2000 abgestellt, ist zu beachten, daß die Erfüllung des Programmauftrags und die Höhe der Marktanteile nicht miteinander korrelieren. Viel-

---

[1] Siehe zur Datenbasis *ARBEITSGEMEINSCHAFT DER ARD-WERBEGESELLSCHAFTEN*, Basisdaten 2001 (2001), S. 24; ferner eigene Berechnungen. Der Bereich „Übriges" umfaßt z. B. Sport-, Kinder- und Jugend- sowie Musiksendungen.

[2] Zur Definition und Ermittlung der Marktanteile vgl. *SIEBEN/SCHWERTZEL*, Rundfunkökonomie (1997), S. 11.

mehr besteht die Gefahr, daß öffentlich-rechtliche Sender sich mit einschaltquotenorientierten Programmen profilieren und somit – ihr Aufgabengebiet überschreitend – gegebenenfalls auch auf Kosten der Gebührenzahler ihre Existenzberechtigung untermauern wollen. Der Marktanteil entspricht dem Anteil des Fernsehsenders an der gesamten Nutzungszeit der Bevölkerung für das Medium Fernsehen. Hinsichtlich der Marktanteile erweisen sich die öffentlich-rechtlichen Anbieter sowie RTL und SAT.1 als führende Sender. Wesentliche Verschiebungen ergaben sich dabei im Betrachtungszeitraum nicht.

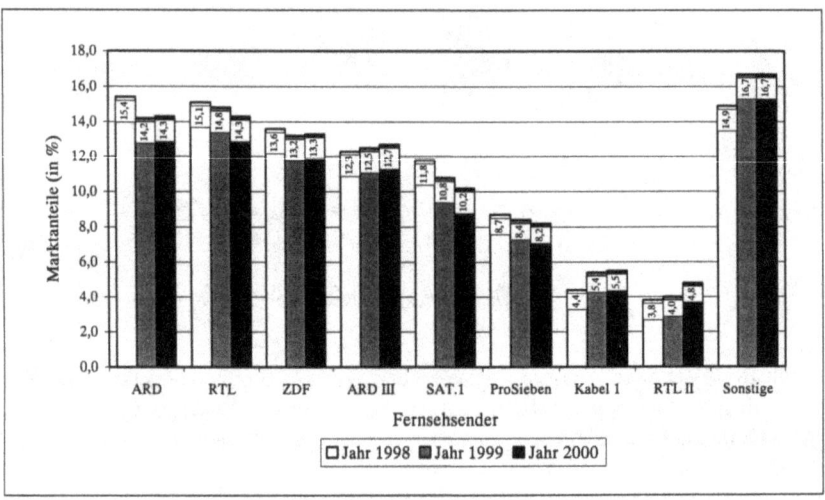

Abbildung 7:   Die Anteile ausgewählter Fernsehsender am Rezipientenmarkt[1]

Angesichts der hohen Marktanteile der öffentlich-rechtlichen Sender ist fraglich, ob sich diese Sender auf die Erfüllung des klassischen Programmauftrags konzentrieren oder sich nicht bereits auf einer „an Einschaltquoten orientierten Expansionsstrategie"[2] befinden.[3] In der Tabelle 3 werden die im deutschen Fernsehen meistgesehenen

---

[1] Vgl. zur Datenbasis *PROSIEBEN MEDIA AG*, Geschäftsbericht 1999 (2000), S. 17, *PROSIEBENSAT.1 MEDIA AG*, Geschäftsbericht 2000 (2001), S. 24; ferner eigene Berechnungen. Unter ARD III sind hierbei und nachfolgend die Dritten Programme zusammengefaßt.

[2] *IMMENGA*, Rundfunk (1989), S. 625.

[3] Siehe hierzu auch die Ausführungen von STOLTE, (damaliger) Intendant des ZDF, zur Medienentwicklung des Jahres 1998. Vor dem Hintergrund des Grundversorgungsauftrags und der unterschiedlichen Finanzierungsbasis überrascht die Freude von STOLTE über die durch die ARD von RTL zurückeroberte „Marktführerschaft" hinsichtlich der Marktanteile sowie die damit durch die ARD und das ZDF errungenen Plätze auf dem „Siegertreppchen". Gleichzeitig stellt er (jedoch) fest, daß Programmqualität und Quotenerfolg nicht unmittelbar miteinander verbunden sind; vgl.

1. Das duale Rundfunksystem

Einzelsendungen des Jahres 2000 abgebildet. Dabei erscheint es bedenkenswert, inwieweit attraktive Sportveranstaltungen[1] und aufwendige Unterhaltungssendungen in das Bild des eigentlich mit der Erfüllung kultureller, politischer und sozialer Aufgaben bedachten und den Informationsbedarf der Bevölkerung zu befriedigenden öffentlich-rechtlichen Rundfunks passen.[2] Problematisch ist außerdem mit Blick auf das Gemeinwirtschaftlichkeitsprinzip die Ausstrahlung entsprechender Programmbestandteile zu Tageszeiten, an denen keine Werbung erlaubt ist.

	Sender	Datum	Zuschauer in Mio.	Marktanteil in %
1. Fußball-EM: Frankreich – Italien	ARD	02.07.	18,36	58,4
2. Fußball-EM: England – Deutschland	ARD	17.06.	17,43	63,9
3. Wetten, dass...	ZDF	29.01.	16,91	51,2
4. Fußball-EM: Portugal – Deutschland	ZDF	20.06.	16,76	60,3
5. Fußball-EM: Deutschland – Rumänien	ZDF	12.06.	15,75	68,5
6. Tagesschau	ARD	02.07.	15,53	49,5
7. Wetten, dass...	ZDF	26.02.	14,73	48,0
8. Formel 1 in Brasilien	RTL	26.03.	14,00	43,0
9. Fußball-EM: Portugal – Frankreich	ARD	28.06.	13,68	48,6
10. Wer wird Millionär?	RTL	30.11.	13,38	43,3

Tabelle 3:   *Die Rangreihe der meistgesehenen Einzelsendungen im Jahre 2000*[3]

STOLTE, Renaissance (1999), S. 53. Der öffentlich-rechtliche Rundfunk hat seine Existenzberechtigung verloren, wenn er die Einschaltquoten als Erfolgsmaßstab übernimmt; vgl. HEINRICH, Medienökonomie, Bd. 2 (1999), S. 96.

[1] Um das Informationsbedürfnis der Rezipienten zu stillen und gleichzeitig dem Grundversorgungsauftrag gerecht zu werden, steht dem öffentlich-rechtlichen Rundfunk als Alternative zur Übertragung attraktiver Sportveranstaltungen die Kurzberichterstattung zur Verfügung: Gemäß § 5 RStV hat jeder in Europa zugelassene Fernsehveranstalter das Recht auf eine unentgeltliche Kurzberichterstattung über öffentlich zugängliche Veranstaltungen, die von allgemeinem Informationsinteresse sind. Bei berufsmäßig durchgeführten Veranstaltungen hat der Veranstalter nach § 5 Abs. 7 RStV einen Anspruch auf ein entsprechendes Entgelt. Vgl. zur rechtlichen Einordnung der Kurzberichterstattung LADEUR, Kurzberichterstattung (1989), DUVINAGE, Sport im Fernsehen (2000), S. 7 - 9.

Siehe ferner zur Ausstrahlung von „Ereignissen von erheblicher gesellschaftlicher Bedeutung" gemäß § 5 a RStV DUVINAGE, Sport im Fernsehen (2000), S. 3 f.

[2] Vgl. IMMENGA, Rundfunk (1989), S. 625.

[3] Siehe zur Datenbasis DARSCHIN/KAYSER, Zuschauerverhalten (2001), S. 167. Die Sendungen der privaten Anbieter wurden grau unterlegt.

Das Ansehen der öffentlich-rechtlichen Programmanbieter bei den Rezipienten ist nicht durch objektiv nachprüfbare Zahlen zu belegen. Vielmehr soll hier mit Hilfe vorliegender Studien festgestellt werden, ob aus Sicht der Rezipienten wesentliche Unterschiede zwischen öffentlich-rechtlichen und privaten Rundfunkanbietern wahrgenommen werden.

In der nachfolgenden Tabelle sind die Befragungsergebnisse zur Beurteilung ausgewählter Eigenschaftszuschreibungen und Aspekte von verschiedenen Programmen dargestellt.

	ARD	ZDF	RTL	SAT.1	ProSieben
– seriös	71,7	71,6	22,4	29,3	27,0
– glaubwürdig	71,6	72,0	30,7	37,6	33,3
– anspruchsvoll	50,1	52,5	24,7	27,9	26,9
– modern	28,2	32,6	61,8	55,4	52,0
– schwerfällig	17,4	14,1	4,4	3,8	4,6
– sensationslüstern	6,2	5,0	58,1	41,4	29,6
– bringt ausführliche und gründliche Berichte über Tagesereignisse	76,7	72,4	43,1	38,3	33,2
– hat sachkundige Korrespondenten	77,5	72,4	40,9	38,9	32,3
– ist wichtig für die politische Meinungsbildung	56,5	48,3	17,0	14,5	11,5
– ist ein unverzichtbarer Bestandteil der Kultur in Deutschland	47,8	40,6	15,4	13,9	11,9
– hat ein kompetent gemachtes Sportprogramm	39,5	43,4	32,1	39,6	8,6
– ist nur auf Einschaltquoten aus	12,2	14,0	63,7	52,6	45,3
– nimmt es mit der Wahrheit nicht so genau	5,2	3,9	25,3	16,0	12,1

Tabelle 4:   Die Beurteilung verschiedener Programme anhand ausgewählter Eigenschaftszuschreibungen und Aspekte in %[1]

---

[1] Vgl. zur Datenbasis DARSCHIN/KAYSER, Zuschauerverhalten (2001), S. 173 f. Die Beurteilung erfolgte mittels sechsstufiger Skala von „trifft voll und ganz zu" bis „trifft überhaupt nicht zu". Die Zahlenangaben wurden einer im Auftrag der ARD und des ZDF regelmäßig erfolgenden Repräsentativbefragung zur Bewertung der Fernsehprogramme entnommen, die durch Infratest, München, in der Zeit vom 24. Oktober bis 7. Dezember 2000 bei rund 4.000 über 14 Jahre alten Personen in Form von persönlichen Befragungen durchgeführt wurde. Siehe auch die weiterführenden Informationen zur Spartenkompetenz verschiedener Programme in DARSCHIN/KAYSER, Zuschauerverhalten (2001), S. 174.

1. Das duale Rundfunksystem

Anhand der in Tabelle 4 ausgewiesenen Befragungsergebnisse ist zu erkennen, daß sich die öffentlich-rechtlichen Fernsehsender aus Sicht der befragten Personen in bezug auf Seriosität, Glaubwürdigkeit und Anspruch positiv von den eher als sensationslüstern eingeschätzten privaten Anbietern abheben. Darüber hinaus ist erkennbar, daß die Korrespondenten der öffentlich-rechtlichen Anbieter als besonders sachkundig eingestuft werden und der öffentlich-rechtliche Rundfunk offenbar eine gewichtigere Rolle hinsichtlich der politischen Meinungsbildung und des kulturellen Einflusses spielt. Das Vertrauen der Rezipienten in die öffentlich-rechtlichen Programme wird auch durch ihr Konsumverhalten bestätigt. Beispielsweise decken die Bundesbürger ihren Informationsbedarf zum größeren Teil bei den Nachrichten der öffentlich-rechtlichen Sender.[1] Die aus Sicht der befragten Rezipienten mehr an den Einschaltquoten orientierten werbefinanzierten privaten Anbieter können sich dagegen aus Rezipientensicht in der Sparte Sport mit der Kompetenz öffentlich-rechtlicher Anbieter messen.

Die Betrachtung des zweiten Faktors – der Akzeptanz der öffentlich-rechtlichen Programme und deren Ansehen in der Öffentlichkeit – hat gezeigt, daß die öffentlich-rechtlichen Veranstalter einerseits von den Rezipienten akzeptiert werden und andererseits über das zur Erfüllung des klassischen Programmauftrags erforderliche Ansehen verfügen. Bedenklich und fragwürdig erscheint allerdings die zu beobachtende Orientierung öffentlich-rechtlicher Sender am Quotenerfolg. Hierbei besteht nicht nur die Gefahr der Überschreitung des durch den Programmauftrag definierten Kompetenzbereichs; vielmehr ist insbesondere aufgrund restriktiver Werbebeschränkungen ein potentielles Risiko für Verstöße gegen das Gemeinwirtschaftlichkeitsprinzip gegeben.

Die *Akzeptanz der Gebühren und ihrer Höhe durch die Rezipienten* wurde als dritter, die Daseinsberechtigung und die Entwicklungsmöglichkeiten der öffentlich-rechtlichen Rundfunkanbieter determinierender Faktor charakterisiert. Da die sog. Rundfunkgebührenpflicht allein schon durch Bereithalten eines Rundfunkempfangsgeräts begründet wird, ist anzunehmen, daß neben der Entwicklung der Gebührenhöhe[2] auch die Gebühr an sich umstritten ist und die Rezipienten die Aktivitäten der öffentlich-rechtlichen Anbieter kritisch beobachten.[3] Deshalb soll an dieser Stelle auf die Bedeutung der Gebührenfinanzierung für die öffentlich-rechtlichen Anbieter eingegangen werden.

---

[1] Vgl. hierzu die Studie von DARSCHIN/ZUBAYR, Fernsehnachrichten (2001), S. 238 - 240; demnach betrug im Jahre 2000 der Anteil der öffentlich-rechtlichen Sender (ARD, ZDF, ARD III oder 3sat) am gesamten Nachrichtenkonsum der über 14 Jahre alten Zuschauer ca. 76 %.

[2] Siehe zur Entwicklung der Rundfunkgebührenhöhe Abbildung 1 (S. 4).

[3] Der dritte Faktor betrifft somit die Akzeptanz der Gebühren dem Grunde und der Höhe nach.

Der Vergleich der in Abbildung 8 ausgewiesenen Anteile der Sender am Werbemarkt mit den zuvor gezeigten Anteilen am Rezipientenmarkt[1] stellt die Unterschiede dar, welche sich vor allem durch die restriktiveren Werbebeschränkungen für öffentlich-rechtliche Rundfunkanbieter ergeben. Diese Regulierungen vermindern somit nicht nur den Einfluß der werbetreibenden Wirtschaft auf das öffentlich-rechtliche Fernsehprogramm, sondern bieten den privaten Anbietern einen Schutz ihres Einnahmepotentials.[2]

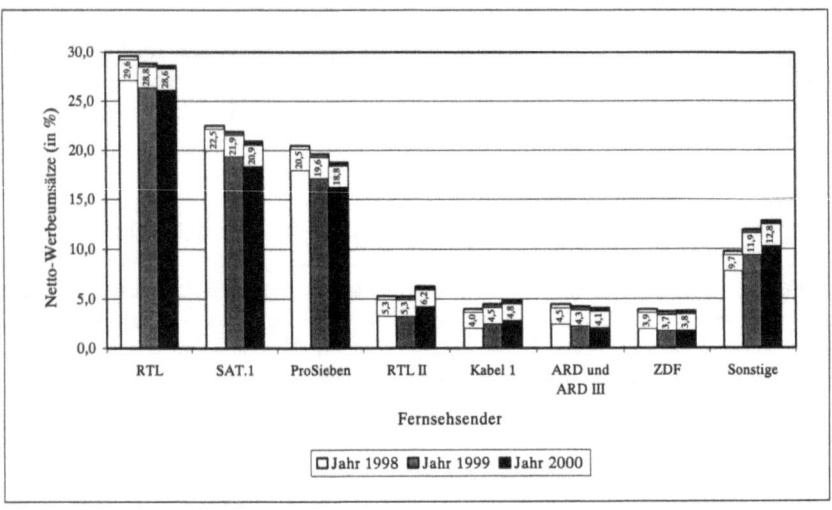

Abbildung 8:   *Die Netto-Werbeumsätze ausgewählter Fernsehsender*[3]

---

[1] Vgl. Abbildung 7 (S. 30).
[2] Siehe auch HEINRICH, Medienökonomie, Bd. 2 (1999), S. 87 f.
[3] Siehe zur Datenbasis ARBEITSGEMEINSCHAFT DER ARD-WERBEGESELLSCHAFTEN, Basisdaten 2000 (2000), S. 10 f. und S. 19; ferner eigene Berechnungen.

1. Das duale Rundfunksystem 35

Abbildung 9 zeigt die Entwicklung der Einnahmen aus Fernsehgebühren sowie der Netto-Werbeumsätze der öffentlich-rechtlichen und privaten Fernsehsender für die Jahre 1996 bis 2000. Es ist zu erkennen, daß die Einnahmen aus Fernsehgebühren die in § 12 Abs. 1 RStV kodifizierte „vorrangige Finanzierungsquelle" der öffentlichrechtlichen Rundfunkanbieter darstellen. Allein die Erhöhung der Fernsehgebühr zum 1. Januar 1997 von DM 15,55 auf DM 18,80 bewirkte 1997 im Vergleich zum Vorjahr einen Anstieg der Einnahmen aus der Fernsehgebühr um DM 1.192,7 Mio. auf DM 6.890,5 Mio., was einer Steigerung von 20,9 % entsprach. Im Jahre 2000 wurden durch die öffentlich-rechtlichen Rundfunkanbieter DM 7.223,7 Mio. aus Fernsehgebühren und DM 726,7 Mio. aus der Fernsehwerbung eingenommen. Kumuliert ergeben sich hieraus Einnahmen in Höhe von DM 7.950,4. Die Netto-Werbeumsätze aller privaten Fernsehveranstalter lagen im Jahre 2000 vergleichsweise bei DM 8.475,8 Mio.[1]

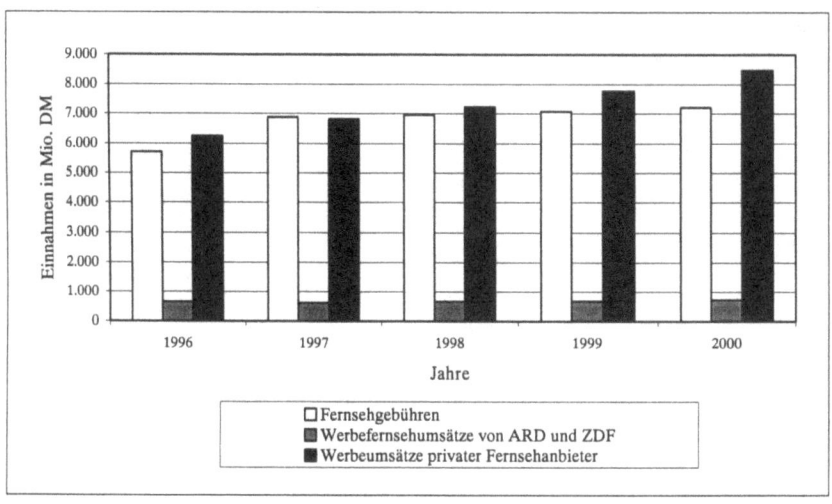

Abbildung 9:   *Die Entwicklung der Einnahmen aus Fernsehgebühren und der Netto-Werbeumsätze der öffentlich-rechtlichen sowie der privaten Fernsehsender in den Jahren 1996 bis 2000*[2]

---

[1] Zu Prognosen hinsichtlich der Entwicklung der Werbeeinnahmen im Fernsehbereich vgl. u. a. *MEIER*, Erstmals Halbjahresverlust (2001).

[2] Siehe zur Datenbasis *ARBEITSGEMEINSCHAFT DER ARD-WERBEGESELLSCHAFTEN*, Basisdaten 2001 (2001), S. 10 f. und S. 19; ferner eigene Berechnungen.

Rundfunkgebühren sind nicht nur die primäre Finanzierungsquelle des öffentlich-rechtlichen Rundfunks, vielmehr stellen sie derzeit auch die einzige Möglichkeit zur Finanzierung der Grundversorgung dar, die einerseits von Einschaltquoten abstrahiert und andererseits die Autonomie der öffentlich-rechtlichen Anbieter hinsichtlich des staatlichen Einflusses garantiert. Ständige Gebührenerhöhungen erweisen sich nicht als geeignetes Mittel zur Sicherung des Grundversorgungsauftrags. Sie führen hingegen zur Schädigung des Ansehens des Senders und zu einer Abnahme der Zahlungsbereitschaft der Rezipienten.[1] Vor diesem Hintergrund sei dem öffentlich-rechtlichen Rundfunk die Stärkung der Akzeptanz der Gebühren und ihrer Höhe durch die Rezipienten nahegelegt. Wege zur Erfüllung dieses Anspruchs sind sowohl die strenge restriktive Auslegung und Befolgung des Programmauftrags im Sinne eines komplementären Angebots als auch die gewissenhafte Einhaltung der Prinzipien der Wirtschaftlichkeit und Sparsamkeit.[2] Diese Arbeit wird deshalb nicht die Diskussionen über die Daseinsberechtigung und Aufgabenerfüllung des öffentlich-rechtlichen Rundfunks nähren, sondern soll im weiteren Verlauf vielmehr Möglichkeiten zur effizienten Gestaltung und Erfüllung der Aufgaben aufzeigen.

---

[1] Vgl. *HORSTMANN*, Programmcontrolling (1997), S. 25.

[2] In der Medienbranche besteht die Gefahr, daß vor allem im Programmbereich „künstlerisch-kreativen Argumenten ein größeres Gewicht eingeräumt" (Quelle: *SCHMIEDEL*, Wirtschaftlichkeit von Rundfunkanstalten (1983), S. 154.) wird als ökonomischen Aspekten. Schon frühzeitig wies *HEINZ* auf den in der Branche bestehenden Konflikt zwischen Kunst und Wirtschaft hin; vgl. *HEINZ*, Zur betriebswirtschaftlichen Seite des Films (1953), S. 20 f.

2. Die audiovisuellen Medienrechte

2.1 Eine Definition der audiovisuellen Medienrechte

Wird die Hervorbringung von Sach- und/oder Dienstleistungen im Sinne einer abgeschlossenen Endkombination als Produktion betrachtet,[1] ist das gesendete (Fernseh-) Programm[2] als Kombination von einzelnen Programmbestandteilen und anderen Produktionsfaktoren das Produkt einer Rundfunkunternehmung. Abbildung 10 zeigt ein einfaches Input-Output-Modell für Fernsehveranstalter.[3]

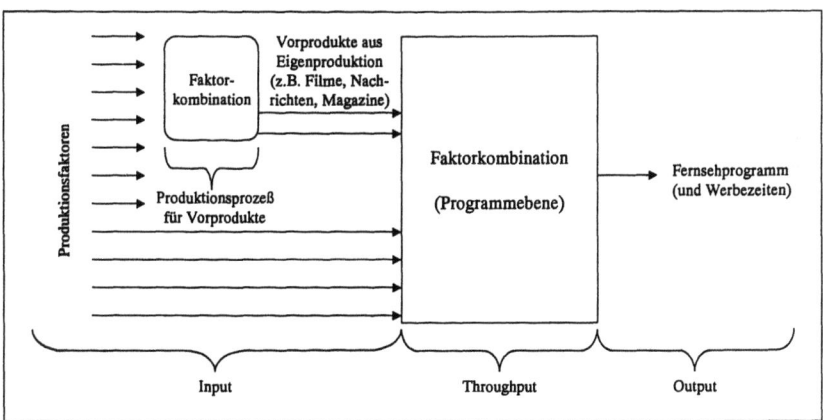

Abbildung 10:   *Ein einfaches Input-Output-Modell eines Fernsehsenders*[4]

Auf der Produktionsebene der Rundfunkanbieter werden die Produktionsfaktoren „unter Beachtung wirtschaftlicher und budgetärer Restriktionen"[5] zu einem Fernseh-

---

[1] Vgl. zum Produktionsbegriff GUTENBERG, Produktion (1983), S. 1 f., MALERI, Dienstleistungsproduktion (1991), S. 91 f.

[2] Vgl. zum Terminus des Fernsehprogramms SCHÄFFNER, Fernsehen (1995), S. 180; demnach ist unter einem Fernsehprogramm die Summe aller von einem Veranstalter verbreiteten Sendungen zu verstehen.

[3] Vgl. BRÖSEL, Programmplanung (2001), S. 377 f.

[4] SIEBEN/SCHWERTZEL unterscheiden folgende Ebenen: Faktorebene → Produktionsebene → Programmebene → Distributionsebene → Rezeptionsebene; vgl. SIEBEN/SCHWERTZEL, Rundfunkökonomie (1997), S. 6. Nach HEINRICH umfaßt die Rundfunkprogrammproduktion mit (1) dem Erwerb und der Eigenproduktion der Programmbestandteile, mit (2) deren Zusammenstellung zu einem Programm sowie mit (3) der Organisation von Ausstrahlung alle Phasen des Input-Output-Modells; vgl. HEINRICH, Medienökonomie, Bd. 2 (1999), S. 119.

[5] SIEBEN/SCHWERTZEL, Rundfunkökonomie (1997), S. 7.

programm kombiniert. Die Produktionsfaktoren[1] eines Fernsehsenders, die in personelle (z. B. Sprecher, Redakteure, Schauspieler und Techniker), materielle (u. a. Studios und Technik) und immaterielle[2] (beispielsweise Film-, Übertragungs- und andere Rechte) Faktoren unterteilt werden können, sind vielgestaltig. Im Mittelpunkt der Betrachtungen sollen nunmehr die audiovisuellen Medienrechte stehen, die den immateriellen Produktionsfaktoren zuzuordnen sind.

Eine einheitliche Definition oder Umschreibung des Begriffs der audiovisuellen Medienrechte hat sich in der Literatur bisher nicht etabliert. Um eine für diese Arbeit gültige Definition abzuleiten, soll der Begriff zunächst in die Ausdrücke „audiovisuell", „Medien" und „Recht" zerlegt werden. Der Ausdruck *„audiovisuell"* ist eine Synthese der lateinischen Wörter *„audire"* (hören) und *„visio"* (das Sehen)[3]. Audiovisuell bedeutet, daß etwas „zu gleicher Zeit hörbar und sichtbar"[4] ist und somit Auge und Ohr gleichzeitig anspricht. Unter *Medien* werden Systeme zur Vermittlung von Informationen aller Art verstanden, wobei das Transportieren von Inhalten die Hauptfunktion der Medien darstellt.[5] Der Ausdruck *„Recht"*[6] soll im subjektiven Sinne verstanden werden und umfaßt in diesem Zusammenhang alle gegen jeden Dritten oder gegen bestimmte Personen wirkenden Befugnisse, die einem Subjekt aus einem Vertrag oder einer Rechtsvorschrift in Form von Herrschaftsrechten, Ansprüchen oder Gestaltungsrechten zuwachsen. Zusammenfassend ergibt sich eine weite Definition, wonach audiovisuelle Medienrechte die einem Subjekt aus einem Vertrag oder einer Rechtsvorschrift zuwachsenden, gegen jeden Dritten oder gegen bestimmte Personen wirkenden Befugnisse sind, gleichzeitig hör- und sichtbare Informationen an Dritte zu vermitteln. Für die sich anschließenden Analysen ist diese weite Definition zu spezifizieren:

Der Terminus der *audiovisuellen Medienrechte* im Sinne dieser Arbeit umfaßt alle Befugnisse, die einem öffentlich-rechtlichen oder privaten Fernsehveranstalter zuwachsen müssen, um Programmbestandteile zu verwerten, sowie das gegebenenfalls dafür erforderliche Trägermedium oder technische Sendesignal. Das Verwerten beinhaltet die Ausstrahlung innerhalb des Fernsehprogramms, die Weiterveräußerung der Rechte und die darüber hinausgehende Nebenrechtsverwertung. Audiovisuelle Me-

---

[1] Vgl. SIEBEN/SCHWERTZEL, Rundfunkökonomie (1997), S. 6 f.

[2] Die im Rahmen der Bilanzierung verfolgte Abgrenzung zwischen immateriellen und materiellen Vermögensgegenständen soll hier nicht weiter thematisiert werden; vgl. hierzu weiterführend FRIEDLAENDER, Spielfilme im Bewertungsrecht (1955), Sp. 339 f., DEPPING, Werbespot (1991), S. 2048 f., KÄHLERT/LANGE, Abgrenzung (1993), HERZIG/SÖFFING, Bilanzierung und Abschreibung von Fernsehrechten (1994), S. 603.

[3] Vgl. auch das lateinische Wort „videre" für das Verb „sehen".

[4] BROCKHAUS, Enzyklopädie, 2. Bd. (1996), S. 315.

[5] BROCKHAUS, Enzyklopädie, 14. Bd. (1998), S. 401.

[6] Vgl. zum Rechtsbegriff WEBER, Creifelds Rechtswörterbuch (2000), S. 1058.

2. Die audiovisuellen Medienrechte

dienrechte werden nachfolgend in Fernsehrechte und Übertragungsrechte sowie die damit verbundenen, nicht die Ausstrahlung betreffenden Nebenrechte unterteilt.

2.2 Die Darstellung einzelner audiovisueller Medienrechte

2.2.1 Die Fernsehrechte

Der Begriff der Fernsehrechte soll im Sinne der gewählten Definition für die audiovisuellen Medienrechte alle Befugnisse umfassen, die ein Fernsehveranstalter innehaben muß, um ein Filmwerk[1] oder eine Sendung marktlich zu verwerten.[2] Rundfunkanbieter können durch Eigenerstellung[3], Auftragsproduktion[4] oder Fremdbezug in den Besitz von Fernsehrechten gelangen. Im Zentrum der nachfolgenden Betrachtung steht als Bewertungsanlaß der Fremdbezug. Um die Rechte zur ein- oder mehrmaligen Auswertung eines sendefertigen Filmwerks für ein bestimmtes Sendegebiet und einen bestimmten Sendezeitraum von Dritten zu erwerben, bedienen sich Rundfunkanbieter regelmäßig eines *Fernsehlizenz- oder Senderechtsvertrags*.

Im Mittelpunkt dieser Verträge steht dabei das nach § 2 Abs. 1 Nr. 6 UrhG geschützte Filmwerk. Der eigentliche Urheber[5] eines Filmwerks ist aufgrund seiner geistigen schöpferischen Leistung der Regisseur. Im Rahmen eines Verfilmungsvertrags werden jedoch dem Filmhersteller[6] sämtliche das Filmwerk betreffende Verwertungs- und Nutzungsrechte[7] eingeräumt. Ferner steht dem Filmhersteller aufgrund seiner wirtschaftlichen, finanziellen und organisatorischen Leistung das Leistungsschutzrecht des § 94 UrhG zu. Dieses Recht befugt den Filmhersteller, das Filmwerk zu vervielfältigen und umfassend zu verbreiten.[8] Die Konkretisierung der Fernsehrechte des

---

[1] Vgl. zum Begriff „Filmwerk" sowie zur ausführlichen zivil- und wettbewerbsrechtlichen Betrachtung VON HARTLIEB, Film-, Fernseh- und Videorecht (1991), S. 203 - 271. Als Synonym für den Begriff „Filmwerk" wird im folgenden auch der Begriff „Film" verwendet.

[2] Vgl. zu nachfolgenden Ausführungen HERZIG, Bilanzierung von Fernseh- und Sportübertragungsrechten (1998), S. 224.

[3] Vgl. zur Eigenerstellung VON HARTLIEB, Film-, Fernseh- und Videorecht (1991), S. 546 - 549.

[4] Hierbei wird zwischen der echten und der unechten Auftragsproduktion unterschieden; siehe weiterführend DEPPING, Werbespot (1991), S. 2049 f. und HERNLER, Filmrechte (1996), S. 148.

[5] Siehe zum Urheber und seinen Rechten VON HARTLIEB, Film-, Fernseh- und Videorecht (1991), S. 212 - 247. Zur Entwicklung des Urheberrechts im Zeitalter der digitalen Medien vgl. SCHWARZ, Audiovisuelle Werke (1994), GASTER, Urheberrecht (1995), DREIER, Urheberrecht (2000).

[6] Vgl. zur Definition des Filmherstellers WRIEDT/FISCHER, Bilanzierung von Filmvermögen (1993), S. 1684.

[7] Während die Verwertungsrechte dem Filmhersteller die wirtschaftlichen Auswertungsmöglichkeiten sichern sollen, dienen die Nutzungsrechte dem Rechtsverkehr auf diesem Gebiet; vgl. VON HARTLIEB, Film-, Fernseh- und Videorecht (1991), S. 229 - 235 und S. 549.

[8] Siehe ausführlich zum Leistungsschutzrecht VON HARTLIEB, Film-, Fernseh- und Videorecht (1991), S. 248 - 271.

Filmherstellers erfolgt nicht durch die originären Urheberpersönlichkeitsrechte der §§ 12 bis 14 UrhG, sondern durch Übertragung des in § 20 UrhG definierten Senderechts. Dieses Recht wird gemäß § 31 Abs. 1 UrhG durch den Filmhersteller oder durch Rechtehändler mittels des Fernsehlizenz- oder Senderechtsvertrags gewöhnlich in ausschließlicher Form[1] auf die Fernsehveranstalter übertragen. Bei den Verträgen handelt es sich um urheberrechtliche Nutzungsverträge *sui generis*; bei den Vertragspartnern wird von Lizenzgebern und Lizenznehmern gesprochen. Die vertragliche *Hauptleistung* konkretisiert sich im urheberrechtlich abgesicherten dinglichen Recht, das die Befugnis zur Sendung oder Ausstrahlung beinhaltet.[2] Neben der Einräumung des (immateriellen) Nutzungsrechts ist dem Fernsehveranstalter die Verfügungsgewalt über das (materielle) Trägermedium – die Filmkopie – zu verschaffen.[3] Senderecht und Trägermedium sind für die nachfolgende Betrachtung „als geschlossene wirtschaftliche Einheit aufzufassen"[4], die zur marktlichen Verwertung eines Films oder einer Sendung erforderlich ist. Der Rundfunkveranstalter als Lizenznehmer hat als Gegenleistung ein vereinbartes *Lizenzentgelt* zu zahlen. Die Gestaltungsformen der Lizenzentgelte sind vielfältig;[5] gelegentlich kommt insbesondere bei einzelentgeltfinanzierten Rundfunkanbietern als Lizenznehmer auch die Zahlung eines garantierten Lizenzentgelts in Verbindung mit einer Erlös- oder Umsatzbeteiligung in Betracht.

Möglich ist der Erwerb der Fernsehrechte an einem einzelnen konkreten Film oder der Erwerb der Rechte an mehreren Filmen im Paket. Beim Erwerb von Rechten an einem Filmpaket ist dahingehend zu unterscheiden, ob der Fernsehveranstalter konkrete Kenntnisse über den Inhalt des Pakets besitzt[6] oder der Inhalt für ihn unbekannt ist.[7] Im letzteren Fall beinhaltet das Paket beispielsweise alle Filme, die der Lizenzgeber im Vertragszeitraum herstellt. Hierbei sind zwei Alternativen zu unterscheiden: Es kann sich einerseits um einen Rahmenvertrag handeln, bei dem die konkreten Li-

---

[1] Ausschließlichkeit bedeutet hier, daß das Nutzungsrecht nicht mehreren Berechtigten gleichzeitig, sondern nur einem einzigen Lizenznehmer zusteht.

[2] Ferner kann es erforderlich sein, dem Rundfunkanbieter das Recht auf Bearbeitung (§ 23 UrhG) zu übertragen, um beispielsweise eine Synchronisation des Filmwerks zu ermöglichen.

[3] Vgl. *BERGNER*, Filmwirtschaftslehre (1962), S. 75. Bei der Übertragung der Fernsehrechte als Rechtebündel besitzt die Übereignung des entsprechenden Trägermediums insofern einen akzessorischen Charakter; vgl. *PICHERT*, Bestandsermittlung von Filmen (1970), S. 2186.

[4] *HEINZ*, Zur betriebswirtschaftlichen Seite des Films (1953), S. 60.

[5] Vgl. *PRIESTER*, Bewertung von Spielfilmen in der Bilanz (1972), S. 582, *WRIEDT/WITTEN*, Bilanzielle Behandlung von Filmrechten (1991), S. 1292 f.

[6] Vgl. *HERZIG/SÖFFING*, Bilanzierung und Abschreibung von Fernsehrechten (1994), S. 602.

[7] Erfolgt der Erwerb der Rechte an einem Filmpaket unter Kenntnis des Inhalts wird vom *Pakethandel* gesprochen. Ist der Inhalt unbekannt, handelt es sich um einen *Ausbringungshandel*; siehe hierzu *FRIEDRICH*, Programmbeschaffung (1997), S. 78 - 80, *HORSTMANN*, Programmcontrolling (1997), S. 37. HORSTMANN spricht dabei grundsätzlich vom Kauf, obwohl zivilrechtlich kein Kaufvertrag vorliegt.

2. Die audiovisuellen Medienrechte 41

zenzentgelte für die noch herzustellenden Filme erst bestimmt werden, wenn dem präsumtiven Lizenznehmer ausreichende Informationen über die entsprechenden Filme vorliegen. Andererseits besteht die Möglichkeit, einen bestimmten quantitativen Produktionsumfang für die nächsten Jahre zu einem vorab fixierten jährlichen Pauschalpreis festzulegen.[1] Wenn dem präsumtiven Lizenznehmer wie bei dieser Variante keine weiteren Informationen über die Filme vorliegen, ist i. d. R. keine Schätzung der daraus zu erwartenden Erfolge möglich. Nachfolgend soll deshalb davon ausgegangen werden, daß sich die Erfolge und dementsprechend die Zahlungsreihen der zu bewertenden Programmobjekte grundsätzlich zumindest grob schätzen lassen. Audiovisuelle Medienrechte, deren Erfolgsprognose lediglich auf reiner Spekulation oder unbegründbaren Prophezeiungen beruhen, sind nicht Gegenstand dieser Betrachtungen.[2]

Wurden (Spiel-)Filme nicht ausschließlich für das Fernsehen hergestellt,[3] werden sie regelmäßig, jeweils unter Beachtung einer angemessenen Sperrfrist[4], zuerst in Filmtheatern, dann als Video und/oder DVD sowie schließlich im Fernsehen verwertet. Ein Beispiel einer Verwertungskaskade wird in Abbildung 11 dargestellt. Die Möglichkeit der mehrfachen Verwertung eines einmal hergestellten und nicht an eine strikte Aktualität gebundenen Filmwerks wird dabei durch die bei der Einräumung von Nutzungsrechten nach § 32 UrhG zulässigen zeitlichen, räumlichen oder inhaltlichen Beschränkungen[5] und durch die Nichttrivialität beim Konsum von Unterhaltung eröffnet. Ein Spielfilm kann somit auf verschiedenen Märkten sowie auch mehrmals innerhalb dieser Märkte verwertet werden.[6]

---

[1] Vgl. HEINRICH, Medienökonomie, Bd. 2 (1999), S. 182.

[2] Vgl. HERING, Investitionstheorie (1995), S. 6.

[3] Vgl. hierzu die Unterscheidung von Kinofilmen und Fernsehproduktionen in HEINRICH, Medienökonomie, Bd. 2 (1999), S. 153 f.

[4] Siehe WRIEDT/WITTEN, Bilanzielle Behandlung von Filmrechten (1991), S. 1292, STILKE, Video (1993), S. 216 - 218.

[5] Siehe § 32 UrhG und die Ausführungen in VON HARTLIEB, Film-, Fernseh- und Videorecht (1991), S. 231 f.

[6] Vgl. HEINRICH, Medienökonomie, Bd. 2 (1999), S. 123 f. und S. 167 - 170 sowie DIETL/FRANCK, Organisationsformen (2000), S. 593 f. und SCHUMANN/HESS, Medienwirtschaft (2000), S. 66 - 69.

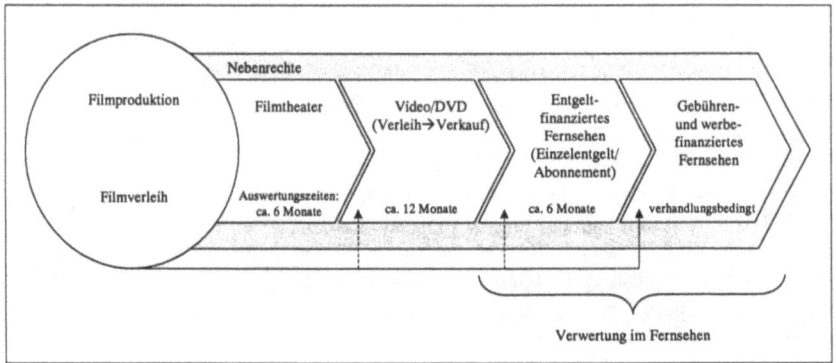

Abbildung 11:   *Die Verwertungskaskade von Filmen*[1]

2.2.2 Die Übertragungsrechte

Der Begriff der Übertragungsrechte umfaßt alle Befugnisse, die einem Fernsehveranstalter zuwachsen müssen, um ein Ereignis direkt, zeitversetzt oder als Zusammenfassung übertragen zu können. Da Übertragungen von Sportereignissen besonders hoch in der Zuschauergunst stehen[2] und deshalb für Rundfunkanbieter von erheblicher wirtschaftlicher Bedeutung sind, konzentriert sich die Darstellung zu den Übertragungsrechten auf den Sportbereich.[3] Die Möglichkeit, eine Sportveranstaltung oder einzelne Teile eines Turniers gegen Entrichtung eines vereinbarten Entgelts innerhalb eines definierten geographischen Verbreitungsgebiets und unter Nutzung festgelegter Verbreitungswege[4] zu übertragen, wird zwischen Turnierveranstalter und Rundfunkanbieter durch einen *Sportrechtevertrag* geregelt. Darüber hinaus muß der Rundfunkanbieter das Recht zur Nutzung der Fernsehsignale erwerben, die i. d. R. von einer ortsansässigen Rundfunkunternehmung durch einen Produktionsvorgang erzeugt und

---

[1]   In Anlehnung an *KÜTING/ZWIRNER*, Film- und Medienunternehmen (2001), S. 11.

[2]   Unter den 100 meistgesehenen Fernsehsendungen Deutschlands waren beispielsweise im Jahre 1995 42, im Jahre 1996 65 und im Jahre 1998 66 Sportübertragungen; vgl. *HEINRICH*, Medienökonomie, Bd. 2 (1999), S. 188. Siehe auch zu Sportübertragungen als Zuschauermagnet *WACHS*, Poker ohne Ende? (1993), *SCHELLHAAß/ENDERLE*, Sportlicher versus ökonomischer Wettbewerb (1998), S. 307, *ZUBAYR/GERHARD*, Fußball-Weltmeisterschaft (1998), *GANGLOFF*, Spitzen-Sport (2000), *PLEITGEN*, Sport im Fernsehen (2000) und *RÜHLE*, Sportprofile (2000).

Vgl. darüber hinaus auch zum Forschungsstand in der Sportökonomie insbesondere *BÜCH/FRICK*, Sportökonomie (1999) sowie beispielsweise *LEHMANN/WEIGAND*, Entlohnung von Profifußballspielern (1999) und *HAFNER/NEUNZIG*, Sportübertragungen (1999).

[3]   Siehe zu nachfolgenden Ausführungen zu den Rechten zur Übertragung von Sportereignissen *RODEWALD*, Bilanzierung von Rechten (1995), S. 2103 - 2105, *HERZIG*, Bilanzierung von Fernseh- und Sportübertragungsrechten (1998), S. 226.

[4]   Die Verbreitung kann z. B. terrestrisch, über Kabel und/oder Satellit erfolgen.

2. Die audiovisuellen Medienrechte

dem ausstrahlenden Fernsehsender an einem technischen Übertragungspunkt bereitgestellt werden. Die Exklusivübertragungsbefugnis, die regelmäßig mit der Pflicht zur Übertragung bestimmter Teile einer Sportveranstaltung einhergeht, betrifft dabei gewöhnlich eine Gruppe von Einzelveranstaltungen,[1] die sich auch über mehrere Jahre verteilen können. In den Sportrechteverträgen sind ferner die Nebenrechte und -pflichten vereinbart, wie beispielsweise die Zweitverwertungsbefugnis, das Gastrecht des Senders in der Sportstätte und die Weiterveräußerung der Sportrechte. Nachfolgend soll davon ausgegangen werden, daß zur Übertragung von Sportereignissen im Fernsehen, der gemeinsame Erwerb von Übertragungsbefugnis und dazugehörigem technischen Signal erforderlich ist.[2]

Im Mittelpunkt der Übertragung einer Sportveranstaltung stehen die Darbietungen und Leistungen der teilnehmenden Sportler, die keine ausübenden Künstler im Sinne des § 73 UrhG sind.[3] Die Übertragung einer Sportveranstaltung basiert nicht auf einem urheberrechtlich geschützten dinglichen Verwertungsrecht und stellt somit auch kein Filmwerk im Sinne der §§ 88 - 94 UrhG dar.[4] Dem Veranstalter stehen zum Schutz seiner wirtschaftlichen Interessen vielmehr Ansprüche auf Unterlassung der Übertragung zu, die sich in Deutschland beispielsweise aus § 1 UWG, § 823 Abs. 1 BGB und § 826 BGB ergeben können. Darüber hinaus kann der Veranstalter als Eigentümer oder mietrechtlicher Besitzer des Veranstaltungsortes aus §§ 903, 1004 BGB oder §§ 862, 859 BGB ein Hausrecht gegenüber demjenigen geltend machen, der versucht, die Veranstaltung ohne seine Genehmigung zu übertragen.[5] Grundgedanke des Sportrechtevertrags ist somit nicht die Übertragung eines urheberrechtlich geschützten dinglichen Verwertungsrechts, sondern der Verzicht des Veranstalters auf seine Ansprüche auf Unterlassung der Übertragung. Sportrechteverträge werden zivilrechtlich als *Kaufvertrag*, bei mehrmonatiger oder mehrjähriger Laufzeit speziell als Sukzessivlieferungsvertrag eingeordnet. Als *Kaufgegenstand* gilt dabei der „Vermögenswert, ohne dem Risiko von Abwehransprüchen ausgesetzt zu sein, von einer Sportveranstaltung berichten zu können, sowie ferner die Möglichkeit das technische Fernsehsignal zu Übertragungszwecken nutzen zu dürfen."[6] Die Gestaltungsmöglichkeiten der *Kaufpreiszahlung* reichen beispielsweise vom sofort fälligen Barpreis über

---

[1] Beispielsweise kommen alle Fußballspiele einer Saison, mehrere Saisons oder eines kontinentalen Wettbewerbs, alle Läufe einer Formel-1-Saison oder alle Spiele eines Tennisturniers in Betracht.

[2] Zu weiteren möglichen Vertragsinhalten vgl. *RODEWALD*, Bilanzierung von Rechten (1995), S. 2103 f.

[3] Vgl. zur zivil- und wettbewerbsrechtlichen Betrachtung jeweils m. w. N. auch *LADEUR*, Kurzberichterstattung (1989), S. 886 und *HAUSMANN*, Ein Kartell für „Fernsehrechte"? (1994), S. 1090.

[4] Vgl. *VON HARTLIEB*, Film-, Fernseh- und Videorecht (1991), S. 206.

[5] Siehe *VON HARTLIEB*, Film-, Fernseh- und Videorecht (1991), S. 73.

[6] *RODEWALD*, Bilanzierung von Rechten (1995), S. 2104.

allesamt im Vorfeld der Übertragung in mehrmonatigen Abständen zu leistenden Ratenzahlungen bis hin zur Verteilung über die u. U. mehrjährige Vertragslaufzeit.[1]

Bei Sportübertragungen handelt es sich um Programmbestandteile, die an eine strikte zeitliche Aktualität gebunden sind.[2] Die Auswertung der Übertragungsrechte im Sinne einer der Auswertung von Filmwerken vergleichbaren Verwertungskaskade ist deshalb ausgeschlossen. Für Fernsehsender kommen bei Sportübertragungsrechten regelmäßig drei Auswertungsformen in Betracht. Erfolgt die Ausstrahlung der Sportveranstaltung zeitgleich, wird von einer *Direktübertragung* gesprochen. Diese ist dadurch gekennzeichnet, daß vor Beginn der Übertragung der Handlungsverlauf der Veranstaltung nicht vorhersehbar[3] und die erforderliche Ausstrahlungszeit i. d. R. nicht eindeutig bestimmbar ist.[4] Ähnlich verhält es sich auch bei der *zeitversetzten Ausstrahlung* vollständiger Veranstaltungen. Da der Sportrechtevertrag regelmäßig vor der Durchführung der Veranstaltung abgeschlossen wird, sind Handlungsverlauf und erforderliche Ausstrahlungszeit zum Erwerbszeitpunkt der Rechte unsicher. Im Unterschied zur Direktübertragung ist der Termin der zeitversetzten Ausstrahlung jedoch kein Datum; vielmehr wird vertraglich eine Sperrfrist vereinbart, um beispielsweise die wirtschaftliche Handlungsfreiheit des Veranstalters und gegebenenfalls die Auswertung der Direktübertragung durch einen anderen, möglicherweise entgeltfinanzierten Fernsehsender nicht zu beeinträchtigen. Die dritte Möglichkeit ist die Auswertung der Sportübertragung durch eine *zusammenfassende Berichterstattung*. Unter Inkaufnahme verringerter Aktualität kann der Fernsehsender die Ausstrahlung des Sportereignisses auf die interessantesten Szenen reduzieren und gleichzeitig Planungssicherheit hinsichtlich der erforderlichen Übertragungszeit erlangen.[5]

---

[1] Da auf seiten des Anbieters eine hohe Unsicherheit über den erzielbaren Preis besteht, gleicht die Vergabe von Übertragungsrechten bedeutender Sportveranstaltungen oftmals einer Auktion. Gleiches Vorgehen ist i. d. R. auch bei der Vergabe von Fernsehrechten zu beobachten; vgl. hierzu NEUMANN, Pay-TV (1998), S. 163. Siehe zur Auktion REICHWALD/HERMANN/BIEBERBACH, Auktionen (2000). Rationales Handeln erfordert jedoch unabhängig von der gewählten Marktinstitution eine Bewertung des zu er- sowie versteigernden Objektes durch die präsumtiven Erwerber und den präsumtiven Veräußerer.

[2] Vgl. HEINRICH, Medienökonomie, Bd. 2 (1999), S. 188, WALTER, Erwerb von Sportsenderechten (1999), S. 3. KRUSE spricht in diesem Zusammenhang von „verderblichen" Programmbestandteilen; siehe KRUSE, Publizistische Vielfalt (1996), S. 42.

[3] Ungewißheit herrscht beispielsweise über das Verbleiben der entscheidenden (deutschen) Sportler im Wettbewerb oder die Verminderung der Spannung aufgrund enormer Überlegenheit bestimmter Athleten. Die Verträge können dem ersten Aspekt insofern Rechnung tragen, als Rundfunkunternehmungen von der Pflicht befreit werden, die für den deutschen Fernsehmarkt (wirtschaftlich) uninteressanten Spiele und Veranstaltungsteile zu übertragen, oder durch Anpassungsklauseln eine Reduzierung der Vergütungspflicht vorgesehen wird.

[4] Auch bei zeitlich eingegrenzten Sportarten (z. B. Fußball) kann es zu Nachspielzeiten und Verlängerungen während der Übertragung kommen.

[5] Bei allen Auswertungsformen besteht zudem das Restrisiko, daß die Veranstaltung wohlmöglich aus meteorologischen oder (sport-)politischen Gründen nicht stattfindet; vgl. z. B. AMSINCK, Sportrechtemarkt (1997), S. 69.

2.2.3 Die Nebenrechte

Als Nebenrechte sollen die dem Fernsehveranstalter im Zusammenhang mit dem Erwerb der Fernseh- oder Übertragungsrechte zugewachsenen Befugnisse bezeichnet werden, die es ihm ermöglichen, bestimmte Elemente einer Sendung außerhalb der Sendung und der Werbung für diese Sendung beispielsweise im Verlags-, Video- oder Tonträgergeschäft zu vermarkten.[1] Die Rechte zur Verwertung der Elemente, worunter auch die in das Filmwerk eingehenden vorbestehenden Leistungen[2] fallen können, müssen hierzu gesondert vom entsprechenden Urheber oder Rechteinhaber erworben werden.[3] „Die Elemente werden dabei ihrem eigentlichen Kontext [...] entnommen und erhalten durch entsprechende stoffliche Neu- oder Umgestaltung einen eigenen intrinsischen Produktwert."[4] Diese lizenzierte Verwertung von fernsehprogrammspezifischen Symbolen, Reputationen und Sympathien[5] erfolgt durch eigenständige Produkte, wie z. B. Filmfiguren, Kleidungsstücke mit abgedruckten Filmtiteln, Filmsymbolen, Schauspielern oder Sportlern, Bücher[6] und Tonträger zum Film sowie Bilder von Sportlern. Mit der Verwertung der Nebenrechte sollen einerseits zusätzliche Gewinnpotentiale erschlossen werden; andererseits erhoffen sich die Rundfunkanbieter eine Absatzunterstützung hinsichtlich der Ausstrahlung des korrespondierenden Filmwerks oder Sportereignisses.[7] Grundsätzlich wird deshalb nachfolgend angenommen, daß die Nebenrechte keine Sendezeit in Anspruch nehmen und durch die Rundfunkanbieter nur im Zusammenhang mit einem Fernsehrecht oder einem Übertragungsrecht erworben werden.

---

[1] Siehe zu den Ausführungen VON HARTLIEB, Film-, Fernseh- und Videorecht (1991), S. 219 sowie SCHWEITZER, Film (1996), S. 208 f. und HERZIG, Bilanzierung von Fernseh- und Sportübertragungsrechten (1998), S. 229. Im Zusammenhang mit der Verwertung von Nebenrechten wird auch vom *Merchandising* gesprochen. Diese Form des Merchandising ist aber von der traditionellen Marketingterminologie abzugrenzen; vgl. SCHWEITZER, Film (1996), S. 208 sowie zur Definition im Marketing MEFFERT, Marketing (1986), S. 491.

[2] Hierunter fallen beispielsweise die Rechte an der Filmmusik.

[3] Zur rechtlichen Ausgestaltung der Verträge wird verwiesen auf EHLGEN, Merchandising (1996), S. 1010 - 1015; weiterführend BÖLL, Merchandising (1996).

[4] SCHWEITZER, Film (1996), S. 208.

[5] Vgl. SIEBEN/SCHWERTZEL, Rundfunkökonomie (1997), S. 97.

[6] Vgl. HEKER, Druckrechte (1996).

[7] Neben der primären Finanzierungsfunktion ist der Verwertung der Nebenrechte mit der Erhöhung der Zuschauerbindung und der Steigerung des Bekanntheitsgrades des Programmangebots eine sekundäre Marketingfunktion zuzuordnen; vgl. GROTH/PAGENSTEDT, Neue Formen der Finanzierung (1995), S. 8.

2.3 Die audiovisuellen Medienrechte als Bausteine des Fernsehprogramms

Das Fernsehprogramm ist sowohl das Produkt privater als auch öffentlich-rechtlicher Rundfunkunternehmungen und ergibt sich als Kombination einzelner audiovisueller Medienrechte sowie anderer Produktionsfaktoren. Die audiovisuellen Medienrechte sind dabei die Bausteine des Fernsehprogramms. Wie in Kapitel II.2.1 (S. 37 f.) bereits ausgeführt wurde, sind bei der Synthese der – aufgrund eines Erwerbs der audiovisuellen Medienrechte – ausstrahlbaren Programmobjekte und der anderen Faktoren zu einem Fernsehprogramm wirtschaftliche und budgetäre Restriktionen zu beachten. Um eine effiziente Ressourcenallokation zu gewährleisten, ist es erforderlich, Investitionsentscheidungen in Programmobjekte und die Programmplanung miteinander zu verknüpfen.

Diese Verknüpfung von Beschaffungs- und Absatzmärkten einer Rundfunkunternehmung durch die Programmplanung – dem eigentlichen Produktionsprozeß eines Fernsehsenders – wird am Beispiel eines werbefinanzierten Anbieters in der Abbildung 12 gezeigt.[1] Zur Erstellung des an die Rezipienten gerichteten Fernsehprogramms ist die Beschaffung attraktiver Programmbestandteile und somit audiovisueller Medienrechte erforderlich. Der Erfolg auf dem Rezipientenmarkt determiniert den Erfolg auf dem Werbemarkt direkt. Die Entwicklungen auf dem Werbemarkt bestimmen indirekt – über den Rezipientenmarkt – die Nachfrage auf dem Programmbeschaffungsmarkt.[2] Faktoren sind hierbei u. a. Anzahl und Zusammensetzung der Rezipientengruppen.[3] Die auf dem Werbemarkt an die werbetreibende Wirtschaft verkauften Werbezeiten werden in das im Rahmen der Programmplanung entstandene Fernsehprogramm integriert.[4] Infolgedessen ist das Produkt Fernsehprogramm ein Kuppel- oder Verbundprodukt von journalistischer und werblicher Information.[5] Außerdem beeinflussen Programmplatz und -umfeld die durch das jeweilige Medienrecht induzierten Erfolgsströme.[6] Zur Beantwortung der Frage, welcher Preis aus Sicht der

---

[1] Abweichend hierzu sieht SCHWEITZER bei werbefinanzierten Rundfunkanbietern den Zuschauer- oder Rezipientenmarkt nicht als Absatzmarkt der Programmleistung, sondern als Beschaffungsmarkt für Zuschaueraufmerksamkeit; vgl. SCHWEITZER, Film (1996), S. 17 f.

[2] Vgl. SCHWEITZER, Film (1996), S. 235 f.

[3] Vgl. zu den Dependenzen und Interdependenzen HOCHSTEIN, Werbeformen (1991), S. 697, SCHUSSER, Medienökonomie (1998), S. 597, BRÖSEL, Programmplanung (2001), S. 380 f.

[4] Vgl. zur erforderlichen Ausrichtung der Programmgestaltung auf die Vermarktung von Werbezeiten FAHLE, Programmgestaltung (1994).

[5] Vgl. FAHLE, Programmgestaltung (1994), S. 6, HEINRICH, Medienökonomie, Bd. 2 (1999), S. 120.

[6] Die Wechselwirkungen zwischen einzelnen Maßnahmen, die eine Koordination der Entscheidungen erfordern, können in drei Arten unterschieden werden: Restriktions-, Erfolgs- sowie Risikoverbundeffekte; vgl. weiterführend LEUTHIER, Interdependenzproblem (1988), S. 55 - 61 und S. 197. Siehe auch LAUX/LIERMANN, Organisation (1997), S. 195 - 197 sowie allgemein zu sachlichen und zeitlichen Abhängigkeiten in der Unternehmungsplanung ROLLBERG, Unternehmenspla-

2. Die audiovisuellen Medienrechte 47

Rundfunkanbieter für die Übereignung audiovisueller Medienrechte ökonomisch angemessen ist, sind die Bewertungsmodelle in die Programmplanung des Rundfunkanbieters einzubinden.

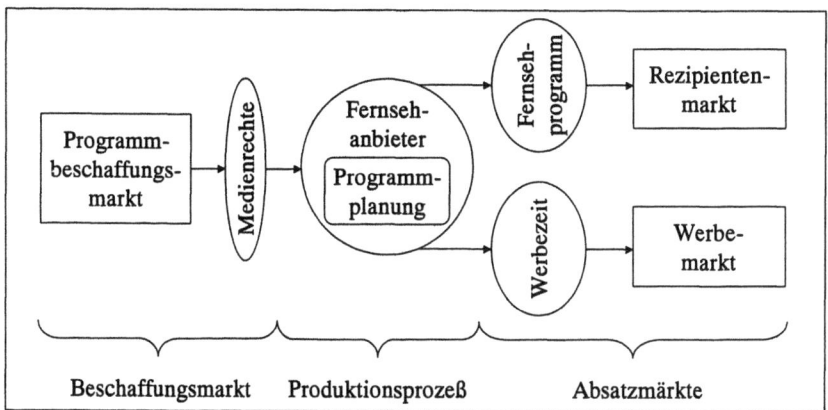

Abbildung 12:   *Die Marktbeziehungen von werbefinanzierten Fernsehveranstaltern*

Unter *Programmplanung*[1] wird die Bestimmung der inhaltlichen und zeitlichen Konzeption einer für die Rezipienten bestimmten Kombination einzelner Rundfunksendungen und Programmbestandteile verstanden.[2] Dabei ist zu beachten, daß die Sendezeit nicht beliebig ausgedehnt werden kann. Die tägliche Programmleistung eines Fernsehsenders ist auf 1.440 Minuten höchstens begrenzt.[3] Die Fernsehveranstalter stehen vor einem Allokationsproblem.[4] Die Sendungen und anderen Programmbestandteile müssen so auf die Sendezeit verteilt werden, daß das erreichbare Niveau der Zielerfüllung maximiert wird. Die Einordnung der Programmplanung in die Phasen des Entscheidungsprozesses zeigt Abbildung 13.

---

nung (2001), S. 15 - 20. Zur daraus resultierenden Notwendigkeit zur integrierten Unternehmungsplanung und zu deren Formen vgl. ROLLBERG, Unternehmensplanung (2001), S. 21 - 24.

[1] Die Ausführungen zur Programmplanung erfolgen in Anlehnung an BRÖSEL, Programmplanung (2001), S. 380.

[2] In Anlehnung an SIEBEN/SCHWERTZEL, Rundfunkökonomie (1997), S. 5 f.

[3] Die Programmleistung ist die Summe der ausgestrahlten Programmminuten eines Senders; vgl. SIEBEN/SCHWERTZEL, Rundfunkökonomie (1997), S. 10.

[4] Vgl. auch GRUNINGER-HERMANN, Teleshopping (1999), S. 77.

48   II. Das duale Rundfunksystem und die audiovisuellen Medienrechte

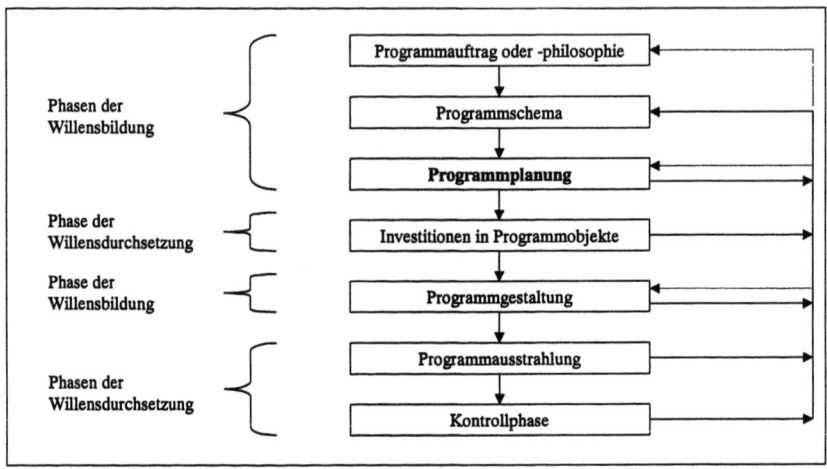

Abbildung 13:   Die Einordnung der Programmplanung in die Phasen des
                  Entscheidungsprozesses[1]

Das *Programmschema* (Programmprofil) wird bei öffentlich-rechtlichen Fernsehveranstaltern entsprechend dem Programmauftrag und bei privaten Anbietern entsprechend der Programmphilosophie erstellt. Dazu sind in einem ersten Schritt die notwendigen Programminhalte zu ermitteln und in adäquate Programmsparten zu gliedern. In einem zweiten Schritt wird die Gesamtsendezeit auf die ermittelten Sparten verteilt, denen im Hinblick auf Wochentag und Uhrzeit individuelle Sendebereiche zugeordnet werden. Die Bestimmung der Programminhalte und des Programmumfangs erfordert die Definition von Zielgruppen und ist abhängig von den Rezipienteninteressen sowie dem Rezipientenverhalten hinsichtlich der Fernsehnutzung. Darüber hinaus müssen sozio- und demographische Merkmale des Publikums beachtet werden.[2] Das als Ergebnis dieses Prozesses erstellte Programmschema ist die nach Wochentagen gegliederte Übersicht für die Verteilung der Sendezeiten auf die Programmsparten.[3] Systematische Programmwiederholungen sind in diesem Gerüst bereits zu berücksichtigen. Gleichförmige zeitliche Programmschemata haben sich

---

[1] Vgl. zu den Phasen des Entscheidungsprozesses MATSCHKE, Investitionsplanung (1993), S. 44 - 48.

[2] Vgl. HORSTMANN, Programmcontrolling (1997), S. 35. Zu weiteren Anforderungen an ein Programmschema siehe HEINRICH, Medienökonomie, Bd. 2 (1999), S. 506 - 508.

[3] Vgl. HEINRICH, Medienökonomie, Bd. 2 (1999), S. 116. Siehe beispielhaft zur Einteilung der Programmbereiche in Programmsparten und die entsprechende Zuordnung der Sendeplätze HEINRICH, Medienökonomie, Bd. 2 (1999), S. 330.

2. Die audiovisuellen Medienrechte

für die Rundfunkveranstalter in Anbetracht der steigenden Zahl der angebotenen Programme „als wichtigstes Instrument zur Orientierung der Rezipienten bewährt."[1]

Ausgehend vom Programmschema als Planungsvorgabe werden im Rahmen der *Programmplanung* mögliche Programmbestandteile und Sendungen der einzelnen Sparten hinsichtlich ihres Beitrags zur Zielerfüllung bewertet. Auf dieser Grundlage ist daraufhin über die Investitionen in die Beschaffung oder Eigenerstellung der Sendungen zu entscheiden. Im Anschluß an die Programmplanung werden die erworbenen oder produzierten Programmbestandteile innerhalb der *Programmgestaltung* festen Sendeterminen zugeordnet.

2.4 Der Erwerb audiovisueller Medienrechte als Bewertungsanlaß

Mit der Entstehung des dualen Rundfunksystems entwickelte sich die deutsche Rundfunklandschaft sprunghaft.[2] Zwischen den horizontal expandierenden öffentlich-rechtlichen Rundfunkanstalten und den immer zahlreicher auftretenden privaten Rundfunkanbietern entwickelte sich ein publizistischer Wettbewerb. Dieser Dienstleistungswettbewerb der Programmanbieter erfordert publikumsattraktive Programme und inspiriert somit die jeweiligen Programmangebote. Der forcierte Wettbewerb um die Rezipientengunst und – abgesehen vom entgeltfinanzierten Fernsehen – folglich auch um die Werbebudgets der Wirtschaft wirkte sich zusehends auf die Programmbeschaffungsmärkte aus. Die Programmbeschaffung beinhaltet hauptsächlich den Erwerb der zur Programmerstellung notwendigen audiovisuellen Medienrechte.[3]

In Anbetracht der im ersten Kapitel (S. 2 f.) dargestellten Preisexplosionen für Fernseh- und Übertragungsrechte sind Bewertungen unentbehrlich, um ein fundiertes Urteil über die Vorteilhaftigkeit des Erwerbs von Medienrechten zu fällen. Folgende Situationen sollen nunmehr im Rahmen des Erwerbs von audiovisuellen Medienrechten als Bewertungsanlaß in Betracht kommen:

1. Der vom Rundfunkveranstalter als präsumtiven Lizenznehmer (Bewertungssubjekt)[4] beabsichtigte Erwerb der Rechte zur marktlichen Verwertung eines Films oder einer Sendung und des dazugehörigen Trägermediums (*Fernseh-*

---

[1] *SIEBEN/SCHWERTZEL*, Rundfunkökonomie (1997), S. 89.

[2] Vgl. hierzu *IMMENGA*, Rundfunk (1989), S. 622.

[3] Siehe *STOLTE*, Rundfunkanstalten (1989), Sp. 1423.

[4] Wird in dieser Arbeit von Rundfunkveranstaltern oder Fernsehanbietern als Entscheidungssubjekt gesprochen, soll grundsätzlich angenommen werden, daß sich die Unternehmungsplanung und somit die Planung der Manager der Gesellschaft an den Zielen der Unternehmungseigner oder an den Zielen einer mit den Eignern vergleichbaren Personengruppe orientieren; vgl. *MATSCHKE/ HERING*, Unendliche Probleme (1999), S. 920 f.

rechte als Bewertungsobjekt) vom präsumtiven Lizenzgeber gegen Zahlung eines noch zu vereinbarenden Lizenzentgelts.

2. Der vom Rundfunkanbieter (Bewertungssubjekt und präsumtiver Käufer) beabsichtigte Kauf der *Übertragungsrechte* und des dazugehörigen technischen Signals (Bewertungsobjekt) vom Veranstalter eines Ereignisses (präsumtiver Verkäufer) gegen Zahlung eines zu noch vereinbarenden Kaufpreises.

3. Jeweils der erste oder zweite Bewertungsanlaß in Verbindung mit dem (lizenz-)entgeltlichen Erwerb der Lizenzrechte zur Verwertung von fernsehprogrammspezifischen Symbolen, Reputationen oder Sympathien (*Nebenrechte*).

Bei allen drei dargestellten Bewertungsanlässen handelt es sich um interpersonale Konflikte, deren Lösung einer Einigung zwischen den konfligierenden Parteien um die Bedingungen einer geplanten Änderung der Rechtsverhältnisse bedarf.[1] Die weitere Analyse der Medienrechtsbewertung erfordert eine differenzierte Systematisierung der Bewertungsanlässe. Da hierfür auf die Erkenntnisse der modernen Unternehmungsbewertung zurückgegriffen werden soll, wird auf diese Systematisierung und die entsprechende Einordnung der im Rahmen dieser Arbeit relevanten Bewertungsanlässe im nachstehenden Kapitel III.1.1.1 eingegangen.

Während in den vorangegangenen Ausführungen die Entwicklung des dualen Rundfunksystems dokumentiert wurde und die wesentlichen Merkmale der darin auftretenden Anbieterformen erörtert sowie die Bewertungsobjekte, die audiovisuellen Medienrechte, definiert und dargestellt wurden, sind die dabei gewonnenen Erkenntnisse nunmehr in die Bewertungsanalyse zu integrieren. Bevor im folgenden dritten Kapitel die modelltheoretische Verknüpfung von Medienrechtsbewertung und Programmplanung in den Mittelpunkt der Betrachtungen rückt, werden vorab die wesentlichen Grundlagen der modernen funktionalen Unternehmungsbewertungstheorie sowie die medienrechtsspezifischen Grundlagen der Bewertung dargelegt.

---

[1] Grundlage der Betrachtung bilden die Merkmale der Bewertungsanlässe mit Änderung der Eigentumsverhältnisse; vgl. MATSCHKE, Entscheidungswert (1975), S. 11 f., REICHERTER, Fusionsentscheidung (2000), S. 119 f. Demnach sind entsprechende Anlässe durch interpersonalen Konflikt, erforderlichen Einigungsbedarf und die erwogene oder schon eingetretene Änderung der Eigentumsverhältnisse gekennzeichnet. In Anbetracht der unter dem ersten und dritten Bewertungsanlaß vorliegenden Lizenzverträge sowie der dadurch im Rahmen des korrespondierenden Verfügungsgeschäfts bezweckten Einräumung von Nutzungsrechten soll bei der Medienrechtsbewertung allgemeingültig (statt von der Änderung der Eigentumsverhältnisse) von der Änderung der Rechtsverhältnisse gesprochen werden.

III. Die Bewertung audiovisueller Medienrechte

1. Die Grundlagen der Bewertung

1.1 Die allgemeinen Grundlagen der Bewertung

1.1.1 Die Bewertungsanlässe

Im Rahmen der Unternehmungsbewertung wird der zu bewertende Gegenstand, worunter regelmäßig ganze Unternehmungen oder abgrenzbare Unternehmungsteile fallen, als *Bewertungsobjekt* bezeichnet. Als *Bewertungssubjekt* gilt hingegen derjenige, aus dessen Sicht die Bewertung durchgeführt wird. Da mit dem Erwerb eines audiovisuellen Medienrechts aus finanzwirtschaftlicher Sicht ebenso wie mit dem Kauf einer Unternehmung ein unsicherer, zukünftiger Zahlungsstrom erworben wird, erscheint bei der Bewertung audiovisueller Medienrechte die Anwendung der modernen Erkenntnisse der Unternehmungsbewertung unter Beachtung der branchenimmanenten Besonderheiten geboten. Im folgenden werden deshalb die Grundlagen der Unternehmungsbewertung dargestellt. Nach einer einleitenden Systematisierung von Bewertungsanlässen, die im Zusammenhang mit einer Änderung der Eigentumsverhältnisse stehen, wird die Entwicklung der Unternehmungsbewertungstheorie von der objektiven über die subjektive zur funktionalen Konzeption beschrieben. Wie jede Rechnung muß auch die Bewertungsrechnung zweckorientiert erfolgen. Die sich anschließenden Ausführungen geben deshalb einen Überblick über die Hauptfunktionen der herrschenden funktionalen Bewertungslehre und ihre Wertarten. Schließlich wird das allgemeine Modell des Entscheidungswertes, der die Grenze der Konzessionsbereitschaft von Parteien in bestimmten Konfliktsituationen abbildet, vorgestellt.

Die Anlässe für Unternehmungsbewertungen sind vielgestaltig. Eine Systematisierung dieser Anlässe, die letztlich die modelltheoretische Analyse unterstützt und adäquate Bewertungsmodelle ableiten läßt, ist auf MATSCHKE zurückzuführen. Anlässe, die im Zusammenhang mit einer Änderung der Eigentumsverhältnisse[1] stehen, lassen sich klassifizieren in Konfliktsituationen vom Typ des Kaufs/Verkaufs und vom Typ der Fusion/Spaltung, eindimensionale und mehrdimensionale Konfliktsitua-

---

[1] Vgl. SIEBEN, Unternehmensbewertung (1993), Sp. 4320 - 4321 zu Unternehmungsbewertungsanlässen ohne Änderung der Eigentumsverhältnisse, worunter z. B. Unternehmungsbewertungen im Rahmen der Ermittlung von steuerlichen Bemessungsgrundlagen zählen. Wie BÖRNER dabei von entscheidungsunabhängigen Anlässen zu sprechen, ist nicht gerechtfertigt, weil beispielsweise auch Bewertungen aufgrund von Kreditwürdigkeitsprüfungen durchaus Entscheidungen nach sich ziehen; vgl. BÖRNER, Unternehmensbewertung (1980), S. 112 - 114.

tionen, jungierte und disjungierte Konfliktsituationen sowie dominierte und nicht dominierte Konfliktsituationen.[1]

Den *Konfliktsituationen vom Typ des Kaufs/Verkaufs* werden jene Bewertungsanlässe subsumiert, bei denen sich die Eigentumsverhältnisse der zu bewertenden Unternehmung dergestalt ändern sollen, daß eine der Konfliktparteien (Verkäufer) ihr Eigentum am Bewertungsobjekt zugunsten einer anderen Konfliktpartei (Käufer) aufgibt und dafür eine Gegenleistung von dieser erhält.[2] In der *Konfliktsituation vom Typ der Fusion/Spaltung* kommt es hingegen nicht zu einem derartigen Wechsel der Eigentümer. Von einer Konfliktsituation vom Typ der Fusion[3] wird gesprochen, wenn mehrere Unternehmungen vereinigt werden sollen und die Eigentümer dieser zu bewertenden Unternehmungen Eigentum an der aus der Vereinigung entstehenden wirtschaftlichen Einheit erhalten werden.[4] Spiegelbildlich zur Fusion läßt sich die Konfliktsituation vom Typ der Spaltung beschreiben.[5]

Um in Verhandlungssituationen eine Einigung zwischen den konfligierenden Parteien herbeizuführen, ist eine Verständigung über bestimmte Bedingungen erforderlich. Diese werden als konfliktlösungsrelevante Sachverhalte bezeichnet. Hinsichtlich der Anzahl dieser Einigungsbedingungen wird in eindimensionale und mehrdimensionale Konfliktsituationen unterschieden.[6] Von *eindimensionalen Konfliktsituationen* wird gesprochen, wenn für die Einigung der konfligierenden Parteien lediglich ein konfliktlösungsrelevanter Sachverhalt von Bedeutung ist. In den Konfliktsituationen vom Typ des Kaufs/Verkaufs ist es gewöhnlich die Höhe des Preises, in den Konfliktsituationen vom Typ der Fusion/Spaltung die Verteilung der Anteile an der durch Fusion entstehenden neuen wirtschaftlichen Einheit oder an den durch Spaltung neu entstehenden Unternehmungen. Eine *mehrdimensionale Konfliktsituation* liegt hingegen vor, wenn die Lösung des Konflikts zwischen den Parteien von weiteren Parametern abhängig ist.

---

[1] Siehe MATSCHKE, Entscheidungswert (1975), S. 33 - 75; zur Unterscheidung in dominierte und nicht dominierte Konfliktsituationen vgl. MATSCHKE, Arbitriumwert (1979), S. 30 - 42. Der Typ der Fusion wurde um den Typ der Spaltung ergänzt durch MANDL/RABEL, Unternehmensbewertung (1997), S. 14 f. Vgl. zur graphischen Übersicht möglicher Ausprägungen von Konfliktsituationen, die im Zusammenhang mit einer Änderung der Eigentumsverhältnisse stehen, OLBRICH, Unternehmungswert (1999), S. 13.

[2] Vgl. MATSCHKE, Entscheidungswert (1975), S. 31.

[3] Zu den Verfahren der Unternehmungsbewertung im Rahmen der Fusion vgl. MATSCHKE, Entscheidungswert (1975), S. 327 - 336, MATSCHKE, Bewertung ertragsschwacher Unternehmungen (1984), REICHERTER, Fusionsentscheidung (2000).

[4] Vgl. MATSCHKE, Entscheidungswert (1975), S. 31.

[5] Vgl. MANDL/RABEL, Unternehmensbewertung (1997), S. 14 f.

[6] Vgl. hierzu MATSCHKE, Entscheidungswert (1975), S. 38 - 55, MATSCHKE, Ermittlung mehrdimensionaler Entscheidungswerte (1993).

1. Die Grundlagen der Bewertung

Konfliktlösungsrelevante Sachverhalte lassen sich in originäre und derivative konfliktlösungsrelevante Sachverhalte unterteilen.[1] Wirken Parameter unmittelbar entscheidungsfeldverändernd, sind sie den *originären konfliktlösungsrelevanten Sachverhalten* zuzuordnen. Damit es beispielsweise zum Eigentumswechsel an einer Unternehmung kommt, ist es für die konfligierenden Parteien erforderlich, sich über diese Parameter zu verständigen. Deshalb stehen die originären Sachverhalte zueinander in einem Komplementaritäts- oder Ergänzungsverhältnis.[2] Unter die *derivativen konfliktlösungsrelevanten Sachverhalte* fallen diejenigen, die nur mittelbar das Entscheidungsfeld des Bewertungssubjekts verändern. Die derivativen Parameter dienen dazu, die Ausprägungen der originären Sachverhalte herzuleiten oder zu begründen, und stehen somit in einer Mittel-Zweck-Beziehung zu diesen originären Verhandlungsgegenständen.

Um eine *disjungierte oder unverbundene Konfliktsituation* handelt es sich, wenn eine Konfliktpartei das Objekt in einer einzigen Konfliktsituation bewertet, die in keiner Beziehung zu anderen Verhandlungen steht. Gewöhnlich wird in der Literatur nur diese Situation betrachtet.[3] Von großer praktischer Relevanz[4] ist indessen die *jungierte oder verbundene Konfliktsituation*. Diese liegt vor, wenn sich das Entscheidungssubjekt zugleich in mehreren Verhandlungssituationen befindet und sich daraus Interdependenzen ergeben. Eine isolierte Betrachtung der einzelnen Konfliktsituationen bildet dabei die Sachlage nicht zutreffend ab.[5]

Mit der Unterscheidung zwischen dominierten und nicht dominierten Konfliktsituationen stellt sich die Frage, ob eine Änderung der Eigentumsverhältnisse der zu bewertenden Unternehmung von einer der konfligierenden Parteien beherrscht wird oder nicht. So wird unter einer *nicht dominierten Konfliktsituation* verstanden, daß keine der Konfliktparteien die Veränderung der Eigentumsverhältnisse des Bewertungsobjekts allein, also gegen den Willen und ohne Mitwirkung der anderen Partei, realisieren kann.[6] Eine *dominierte Konfliktsituation* liegt dagegen vor, wenn eine der konfligierenden Parteien in der Lage ist, die Eigentumsverhältnisse an der zu bewer-

---

[1] Vgl. MATSCHKE, Entscheidungswert (1975), S. 56 - 69

[2] Unter die originären konfliktlösungsrelevanten Sachverhalte fallen neben der Höhe des Entgelts z. B. der Umfang der Unternehmung sowie Regelungen über Wettbewerbsverbote. Allein schon die vielfältigen Gestaltungsformen des Entgelts sind den originären Parametern zuzuordnen.

[3] Ausnahmen finden sich bisher allein bei MATSCHKE, Entscheidungswert (1975), S. 336 - 356 und HERING, Unternehmensbewertung (1999), S. 68 - 74.

[4] Dieses Ergebnis brachte schon eine Erhebung für die Jahre 1970 und 1971; vgl. MATSCHKE, Entscheidungswert (1975), S. 36 f.

[5] Vgl. MATSCHKE, Entscheidungswert (1975), S. 34 f.

[6] Vgl. MATSCHKE, Arbitriumwert (1979), S. 31 - 33

tenden Unternehmung auch gegen den erklärten Willen der anderen konfligierenden Partei durchzusetzen.[1]

Die Analyse der Bewertung audiovisueller Medienrechte erfolgt in dieser Arbeit aus Sicht eines präsumtiven Erwerbers[2], wobei in Erwägung einer möglichst realitätsnahen Anschauung lediglich nicht dominierte Konfliktsituationen betrachtet werden. Hinsichtlich der Anzahl der konfliktlösungsrelevanten Sachverhalte wird sowohl die eindimensionale als auch die mehrdimensionale disjungierte Situation behandelt. Da es durchaus vorkommt, daß sich der präsumtive Erwerber gleichzeitig in mehreren Verhandlungen über verschiedene Akquisitionsobjekte befindet, soll neben der disjungierten Konfliktsituation auch der jungierte eindimensionale Fall untersucht werden. Aus Sicht eines präsumtiven Erwerbers lassen sich die möglichen Extensionen der Konfliktsituation anschaulich in einem „Konfliktwürfel"[3] darstellen. Die in der vorliegenden Arbeit interessierenden Bewertungsanlässe sind im „Konfliktwürfel" der Abbildung 14 grau unterlegt.

Unter die dabei begründeten *Konfliktsituationen vom Typ des Erwerbs (und der Veräußerung)* fallen – in enger Anlehnung an MATSCHKE[4] – solche Bewertungsanlässe, bei denen die konfligierenden Entscheidungssubjekte durch Kauf- oder Lizenzvertrag vereinbaren wollen, die Rechtsverhältnisse an einem audiovisuellen Medienrecht dahingehend zu verändern, daß *entweder* die eine Partei (Verkäufer und zugleich Veräußerer) ihr Eigentum an den audiovisuellen Medienrechten zugunsten einer anderen Partei (Käufer und zugleich Erwerber) aufgibt und dafür von dieser eine Geldzahlung (Kaufpreis) als Entschädigung bekommt *oder* die eine Partei (Lizenzgeber und zugleich Veräußerer) einer anderen Partei (Lizenznehmer und zugleich Erwerber) audiovisuelle Medienrechte überträgt und dafür von dieser als Entschädigung eine Geldzahlung (Lizenzentgelt) erhält. Während die erste Ausprägung der Konfliktsituation der geläufigen Situation vom Typ des Kaufs/Verkaufs entspricht, handelt es sich bei der zweiten Ausprägung um die *Konfliktsituation vom Typ der Lizenznahme/Lizenzvergabe.*

---

[1] Vgl. MATSCHKE, Arbitriumwert (1979), S. 33 - 42, MATSCHKE, Unternehmungsbewertung in dominierten Konfliktsituationen (1981), S. 117 f., HERING/OLBRICH, Mehrstimmrechte (2001).

[2] Da, wie bereits in Kapitel II.2.2 (S. 39 ff.) ausgeführt, der Erwerb audiovisueller Medienrechte sowohl auf der Grundlage von Kauf- als auch auf Basis von Lizenzverträgen vollzogen wird, sollen die sich aus Sicht des Erwerbers ergebenden Konfliktsituationen vom Typ des Kaufs sowie vom Typ der Lizenznahme nachfolgend unter der *Konfliktsituation vom Typ des Erwerbs* zusammengefaßt werden. Zur Begründung, warum hierbei von *Bewertungsanlässen mit der Änderung von Rechtsverhältnissen* gesprochen wird, vgl. Kapitel II.2.4 (S. 49 f.).

[3] Zur Idee des Konfliktwürfels vgl. REICHERTER, Fusionsentscheidung (2000), S. 122.

[4] Vgl. MATSCHKE, Entscheidungswert (1975), S. 31.

1. Die Grundlagen der Bewertung 55

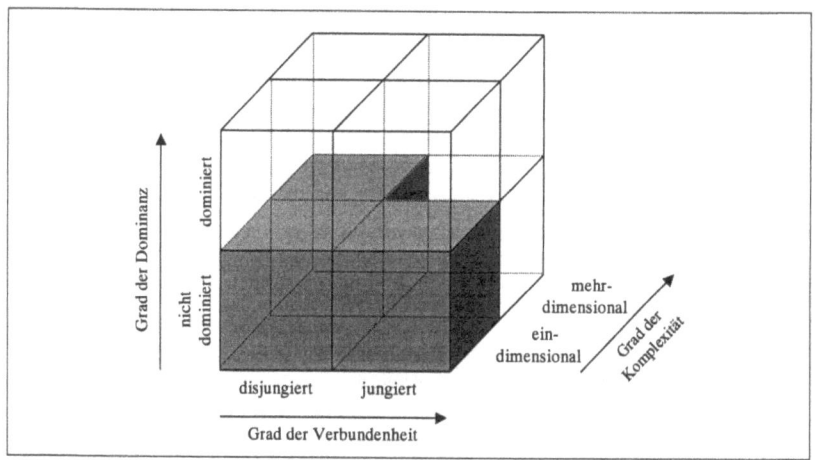

Abbildung 14:   *Der Konfliktwürfel für die Entscheidungssituation vom Typ des Erwerbs*

1.1.2 Die Konzeptionen der Bewertung

Im Zentrum der *objektiven Unternehmungsbewertung*,[1] die bis in die sechziger Jahre als herrschende Literaturmeinung[2] galt, stand die Ermittlung eines objektiven Wertes der Unternehmung. Die Bestimmung dieses Wertes sollte entpersonifiziert, also losgelöst von subjektiven Interessen, erfolgen. Der zu ermittelnde Wert haftet der Unternehmung – nach Ansicht der Vertreter dieser Konzeption – an und ist von einem „normalen" Unternehmer realisierbar.[3] Diese Theorie wollte dem Anspruch genügen, einen unparteiischen Wert zu bestimmen, um Interessengegensätze zwischen konfligierenden Parteien zu überwinden, ohne dabei jedoch Bezug auf die Interessen der Parteien zu nehmen. Aus diesen Gründen orientierten sich die Vertreter dieser Konzeption bei der Ermittlung des objektiven Wertes vornehmlich an vergangenen und gegenwärtigen Verhältnissen. Die Ermittlung des objektiven, substanzorientierten[4] Wertes liefert aufgrund der Abstraktion vom Bewertungssubjekt und von der jeweiligen Aufgabenstellung keine hinreichende Entscheidungsunterstützung.

---

[1] Vgl. zur objektiven Bewertungslehre u. a. *MATSCHKE*, Unternehmensbewertung (1990), S. 1165.

[2] Siehe z. B. *MELLEROWICZ*, Wert der Unternehmung (1952), *VIEL*, Unternehmungsbewertung (1955), *LACKMANN*, Unternehmungsbewertung (1962). Zu weiteren Vertretern vgl. die entsprechenden Nennungen in *MATSCHKE*, Arbitriumwert (1979), S. 20 - 29.

[3] Vgl. *MELLEROWICZ*, Wert der Unternehmung (1952), S. 60.

[4] Zur kritischen Betrachtung des Substanzwertes vgl. *MATSCHKE*, Substanzwert (1990).

Einen dazu konträren Standpunkt vertraten die Verfechter der *subjektiven Unternehmungsbewertungstheorie*,[1] deren Anschauung die objektive Unternehmungsbewertungslehre abzulösen suchte.[2] Die Ermittlung des subjektiven Wertes erfolgt unter Bezugnahme auf die Vorstellungen und Planungen eines konkreten Bewertungsinteressenten. Für jedes Bewertungssubjekt kann die Unternehmung insofern einen grundsätzlich verschiedenen, spezifischen Wert haben, der den Grenzpreis der Unternehmung aus Sicht des jeweiligen Bewertungssubjekts widerspiegelt.[3] Diese Konzeption der Unternehmungsbewertung ist charakterisiert durch die fundamentalen Grundsätze der Bewertung: das Prinzip der Gesamtbewertung, das Prinzip der Zukunftsbezogenheit und das Prinzip der Subjektivität.[4]

Die kontroversen Anschauungen objektiver und subjektiver Theorie wurden letztlich mit dem Konzept der *funktionalen Unternehmungsbewertung*[5] überwunden. Zentraler Punkt der seit Mitte der siebziger Jahre herrschenden Lehre ist die Zweckabhängigkeit[6] des Unternehmungswertes. Der Wert einer Unternehmung wird mit Bezugnahme auf die Vorstellungen und Planungen des konkreten Bewertungsinteressenten unter expliziter Berücksichtigung der verfolgten Aufgabenstellung der Unternehmungsbewertung ermittelt. „Die Unternehmung hat nicht bloß für jeden Bewertungsinteressenten einen spezifischen Wert, sondern kann auch je nach Aufgabenstellung einen durchaus unterschiedlichen Wert haben."[7] Die Bewertung erfolgt zweckabhängig; *der* Unternehmungswert und *das* Verfahren zu seiner Ermittlung existieren nicht. Die funktionale Bewertungstheorie stützt sich dabei gleichermaßen auf die Grundsätze der Gesamtbewertung, der Zukunftsbezogenheit sowie der Subjektivität, hier ergänzt durch den Grundsatz der Zweckabhängigkeit.

---

[1] Siehe zur subjektiven Unternehmungsbewertung u. a. MATSCHKE, Anlässe und Konzeptionen (1995), S. 973.

[2] Maßgeblichen Anteil am Erfolg der subjektiven Unternehmungsbewertung hatten BUSSE VON COLBE, KÄFER und schließlich MÜNSTERMANN; vgl. BUSSE VON COLBE, Zukunftserfolg (1957), MÜNSTERMANN, Wert und Bewertung (1966) sowie den Nachdruck der Aufsätze von KÄFER, Bewertung der Unternehmung (1996).

[3] In der Literatur ist die Notwendigkeit des Subjektbezugs im Rahmen von Bewertungen schon durch SCHMALENBACH erkannt worden; vgl. SCHMALENBACH, Werte von Unternehmungen (1917/1918), S. 4.

[4] Vgl. MÜNSTERMANN, Wert und Bewertung (1966), S. 18 - 28, MATSCHKE, Wertarten nach der Art ihrer Ermittlung (1995), S. 975.

[5] Zu den grundlegenden Arbeiten der funktionalen Unternehmungsbewertung, die auch unter der Bezeichnung „Kölner Funktionenlehre" bekannt ist, zählen u. a. MATSCHKE, Kompromiß (1969), MATSCHKE, Schiedsspruchwert (1971), MATSCHKE, Gesamtwert (1972), MATSCHKE, Entscheidungswert (1975), MATSCHKE, Argumentationswert (1976), SIEBEN, Entscheidungswert (1976), MATSCHKE, Arbitriumwert (1979) sowie die Beiträge der ersten Kölner BFuP-Tagung vom 18./19. November 1976 in GOETZKE/SIEBEN, Moderne Unternehmungsbewertung (1977).

[6] Vgl. zum Zweckadäquanzprinzip MOXTER, Unternehmensbewertung (1983), S. 5 - 8.

[7] MATSCHKE, Anlässe und Konzeptionen (1995), S. 973.

1. Die Grundlagen der Bewertung

1.1.3 Die Funktionen der Bewertung und ihre Wertarten

Nur, wenn von der jeweiligen Funktion der Unternehmungsbewertung ausgegangen wird, lassen sich Verfahrensregeln zur Bewertung sinnvoll ableiten.[1] Im Rahmen der Konzeption der funktionalen Unternehmungsbewertung wird in *Haupt- und Nebenfunktionen*[2] unterschieden, denen ein Wert dienen kann. Die folgenden Ausführungen beschränken sich auf die Darstellung der Hauptfunktionen, worunter die Entscheidung[3], die Vermittlung sowie die Argumentation fallen, und der mit ihnen verbundenen Wertarten.

Der *Entscheidungswert* der Unternehmung ist das Ergebnis einer Unternehmungsbewertung im Rahmen der *Entscheidungsfunktion*. „Der Entscheidungswert zeigt einem Entscheidungssubjekt bei gegebenem Ziel- oder Präferenzsystem und bei gegebenem Entscheidungsfeld an, unter welchen Bedingungen oder unter welchem Komplex von Bedingungen die Durchführung einer bestimmten vorgesehenen Handlung das ohne diese Handlung erreichbare Niveau der Zielerfüllung gerade noch nicht mindert."[4] Mit anderen Worten gilt der Entscheidungswert als äußerste Grenze der Konzessionsbereitschaft des Entscheidungssubjekts in einer bestimmten Konfliktsituation.

Der Entscheidungswert wird durch vier Merkmale[5] charakterisiert: Er wird hinsichtlich einer definierten Handlung ermittelt (*Merkmal der Handlungsbezogenheit*) und bezieht sich auf ein bestimmtes Entscheidungssubjekt sowie dessen Zielsystem (*Merkmal der Subjekt- und Zielsystembezogenheit*). Er ist eine kritische Größe (*Merkmal des Grenzwertes*), die ausschließlich für ein konkretes Entscheidungsfeld und für die daraus ableitbaren Alternativen gültig ist (*Merkmal der Entscheidungsfeldbezogenheit*).[6]

---

[1] Vgl. MATSCHKE, Unternehmungsbewertung in dominierten Konfliktsituationen (1981), S. 115.

[2] Als Nebenfunktionen der Unternehmungsbewertung gelten u. a. die Vertragsgestaltungsfunktion (a), die Steuerbemessungsfunktion (b) und die Kommunikationsfunktion (c). Siehe zu (a) SANFLEBER, Abfindungsklauseln (1990), SIEBEN/LUTZ, Abfindungsklauseln (1995), zu (b) SIELAFF, Steuerbemessungsfunktion (1977), MOXTER, Unternehmensbewertung (1983), S. 64 - 73 sowie zu (c) COENENBERG/SIEBEN, Unternehmungsbewertung (1976), Sp. 4063.

[3] HERING weist darauf hin, daß die Entscheidungsfunktion häufig als Beratungsfunktion bezeichnet wird, obwohl der Beratungszweck auch den anderen Funktionen innewohnt; vgl. HERING, Unternehmensbewertung (1999), S. 3.

[4] MATSCHKE, Gesamtwert (1972), S. 147. Der Entscheidungswert basiert somit auf den investitionstheoretischen Grundsätzen der Zielsetzungs- und Entscheidungsfeldbezogenheit; vgl. zur Verknüpfung von Unternehmungsbewertung und Investitionsrechnung MATSCHKE, Investitionsplanung (1993), S. 182 f. sowie zur erforderlichen investitionstheoretischen Fundierung von Unternehmungsbewertungen HERING, Unternehmensbewertung (1999), S. 11 - 90.

[5] Vgl. MATSCHKE, Gesamtwert (1972), S. 147, MATSCHKE, Ertragswert (1975), S. 26.

[6] Siehe hierzu auch SIEBEN/SCHILDBACH, Entscheidungstheorie (1994), S. 15 - 45, insbesondere S. 42 - 45.

Zielt die Unternehmungsbewertung auf die Änderung der Eigentumsverhältnisse und ist für die Einigung der Konfliktparteien lediglich die Höhe des Preises von Bedeutung, so entspricht der Entscheidungswert dem Grenzpreis einer Verhandlungspartei in dieser Konfliktsituation. Aus Sicht des präsumtiven Käufers ist der Entscheidungswert als Preisobergrenze genau der Preis, den er gerade noch zahlen kann, ohne durch den Kauf einen wirtschaftlichen Nachteil hinnehmen zu müssen.[1] In Verhandlungssituationen sollte dieser kritische Preis zweifelsohne mit Rücksicht auf die Stärke der eigenen Verhandlungsposition ein Wert hinter „vorgehaltener Hand" sein.[2]

Wird eine Unternehmungsbewertung im Rahmen der *Vermittlungsfunktion*[3] durchgeführt, ist das Ergebnis der *Arbitrium-, Vermittlungs- oder Schiedsspruchwert*. Dem Gutachter kommt hierbei die Rolle des unparteiischen Dritten zu. Mit dem Arbitriumwert soll ein für die konfligierenden Parteien zumutbarer Kompromiß hinsichtlich der Bedingungen über die Eigentumsänderungen gefunden werden, der die Interessen der Parteien angemessen berücksichtigt.[4] Der Arbitriumwert darf, um als zumutbar zu gelten, die Grenzen der Konzessionsbereitschaft der konfligierenden Parteien nicht verletzen (*Grundsatz der Rationalität des Handelns*).[5] Voraussetzung dafür ist die Existenz eines Einigungsbereichs: Der Entscheidungswert[6] des Käufers muß folglich über dem Entscheidungswert des Verkäufers liegen. Gemäß dem *Grundsatz der parteienbezogenen Angemessenheit* obliegt es dem Gutachter, den Arbitriumwert auf der Grundlage eines gewählten Gerechtigkeitspostulats innerhalb des sog. Arbitriumbereichs zu bestimmen.[7]

Das Ergebnis einer Bewertung in der *Argumentationsfunktion* wird *Argumentationswert*[8] genannt. Der Argumentationswert ist ein parteiischer Wert, dessen Bedeutung in der Beeinflussung des Verhandlungspartners liegt. Mit diesem taktischen Wert soll die eigene Verhandlungsposition verbessert und ein günstigeres Verhandlungsresultat erreicht werden. Argumentationswerte werden zumeist in Form von angeblichen Ent-

---

[1] Vgl. MATSCHKE, Kompromiß (1969), S. 59, MATSCHKE, Geldentwertung (1986), S. 549.

[2] Vgl. SIEBEN, Unternehmensstrategien (1988), S. 86, MATSCHKE, Wertarten nach ihrer Aufgabenstellung (1995), S. 980.

[3] Vgl. MATSCHKE, Schiedsspruchwert (1971), MATSCHKE, Arbitriumwert (1979), MOXTER, Unternehmensbewertung (1983), S. 22.

[4] Vgl. MATSCHKE, Kompromiß (1969), S. 57, MATSCHKE, Bewertung ertragsschwacher Unternehmungen (1984), S. 562.

[5] Vgl. MATSCHKE, Arbitriumwert (1979), S. 48 f.

[6] Dem Entscheidungswert kommt damit bei der Vermittlungsfunktion eine zentrale Rolle zu.

[7] Vgl. MATSCHKE, Schiedsspruchwert (1971), S. 519, MATSCHKE, Arbitriumwert (1979), S. 112.

[8] Siehe MATSCHKE, Argumentationswert (1976), MATSCHKE, Argumentationsfunktion (1977), MATSCHKE, Argumentationsbasis (1977).

1. Die Grundlagen der Bewertung 59

scheidungs- oder Arbitriumwerten in den Verhandlungsprozeß eingebracht.¹ Zweckdienliche Argumentationswerte setzen sowohl die Kenntnis des eigenen Entscheidungswertes² als auch eine Vermutung über den gegnerischen Entscheidungswert voraus. Förderlich kann ferner eine Vorstellung über das anzustrebende Verhandlungsresultat sein.³

1.1.4 Das Modell des Entscheidungswertes

Wie festgestellt wurde, ist der Entscheidungswert nicht nur das Ergebnis der Bewertung im Rahmen der Entscheidungsfunktion, sondern auch Grundlage und unverzichtbares Element der Vermittlungs- und der Argumentationsfunktion.⁴ Der Entscheidungswert repräsentiert den zentralen Wert der funktionalen Bewertungslehre. Um dem präsumtiven Erwerber ein Konzept zur Entscheidungsunterstützung⁵ zu

---

[1] Die Argumentationsfunktion wird aus Sicht der Wirtschaftsprüfer als nicht mit dem Berufsstand vereinbar angesehen. Im Unterschied zur Kölner Funktionenlehre wird dem Wirtschaftsprüfer im Rahmen der Unternehmungsbewertung, neben den Funktionen als Berater des Bewertungssubjekts (im Sinne der Entscheidungsfunktion) und als Schiedsgutachter (im Sinne der Vermittlungsfunktion), in erster Linie die Rolle eines neutralen Gutachters zugewiesen, der als zentrale Größe einen „objektivierten Wert" ermitteln soll; vgl. *INSTITUT DER WIRTSCHAFTSPRÜFER*, Durchführung von Unternehmensbewertungen (1983), S. 472 - 480. Dieser „objektivierte" Wert soll dem Wert der Unternehmung unter der Prämisse der Fortführung des bisherigen Unternehmungskonzepts entsprechen, der im wesentlichen mangels unzureichender Konkretisierung von noch nicht eingeleiteten zukünftigen Maßnahmen und personenbezogenen Wertfaktoren abstrahiert; vgl. *SIEPE*, Unternehmensbewertung (1998), S. 5 f., ferner *DÖRNER*, Unparteiischer Gutachter (1976), S. 507 - 516, *DÖRNER*, Funktionen des Wirtschaftsprüfers (1981), S. 203 - 208.

Einwände gegen die statische Orientierung des Modells des „objektivierten" Unternehmungswertes wurden insbesondere erhoben, weil die Bewertung eine Einbettung in die Planungen des Bewertungssubjekts verlangt. Aus der Planungsabhängigkeit folgt die Zukunftsbezogenheit; vgl. zur Kritik z. B. *LUTZ*, Konsens und Dissens (1981), S. 151 f., *SCHILDBACH*, Wirtschaftsprüfer (1981), *SCHILDBACH*, Verkäufer und Unternehmen (1995).

Ein neuerlicher Versuch zur Normierung der Verhaltensweisen und Bewertungsverfahren für den Berufsstand wurde inzwischen vorgelegt; vgl. *INSTITUT DER WIRTSCHAFTSPRÜFER*, Grundsätze (2000) sowie explizit zu den Änderungen *SIEPE/DÖRSCHELL/SCHULTE*, Der neue IDW-Standard (2000). Die Aussagefähigkeit des „objektivierten" Wertes wird in Anbetracht der unveränderten Vernachlässigung entscheidender Wertdeterminanten Ansatzpunkt fortwährender Kritik sein; vgl. insbesondere *HOMMEL/BRAUN/SCHMOTZ*, Neue Wege? (2001) sowie *FELDHOFF*, Der neue IDW-Standard (2000) und *HAYN*, Funktionale Wertkonzeptionen (2000).

[2] Auch die Bestimmung eines Argumentationswertes setzt somit die Kenntnis des eigenen Entscheidungswertes voraus.

[3] Vgl. *MATSCHKE*, Argumentationswert (1976), S. 521 f.

[4] Vgl. *SIEBEN*, Entscheidungswert (1976), S. 504.

[5] Entscheidungsunterstützung verlangt u. a. nach Berücksichtigung der in den Merkmalen des Entscheidungswertes verkörperten konkreten Ziele, Erwartungen und Handlungsmöglichkeiten des Entscheidungssubjekts unter realitätsnahen Annahmen; vgl. dazu schon *HAX*, Lineare Programmierung (1964), S. 430. Mit Beachtung dieser Erkenntnis in der funktionsorientierten Betrachtungsweise der Unternehmungsbewertung war die Suche nach *dem* wahren Unternehmungswert

geben, wird der Entscheidungswert nunmehr in den Mittelpunkt der Betrachtung rücken. Zur Ermittlung eines mehrdimensionalen Entscheidungswertes sei im folgenden das allgemeine Konzept nach MATSCHKE vorgestellt.[1]

Der Entscheidungswert – als Grenze der Konzessionsbereitschaft des Bewertungssubjekts in einer Konfliktsituation – wird mit Hilfe eines zweistufigen Modells bestimmt. Auf der ersten Stufe ist dabei das für die Konfliktpartei ohne Einigung erreichbare Nutzenniveau zu ermitteln. Das Ergebnis dieses ersten Schritts – der Ermittlung des Vergleichsmaßstabs – wird als *Basisprogramm*[2] bezeichnet. Die zweite Stufe des Modells beinhaltet die Bestimmung der aus Sicht der konfligierenden Partei vorzuziehenden, abzulehnenden oder als indifferent zu beurteilenden Extensionen der konfliktlösungsrelevanten Sachverhalte, weil bei der Einigung auf diese Ausprägungen ein gleich hohes, geringeres oder höheres Nutzenniveau aus Sicht des Bewertungssubjekts erreicht wird. Als Grenze der Konzessionsbereitschaft werden dabei diejenigen Extensionen der konfliktlösungsrelevanten Sachverhalte bezeichnet, deren Nutzenniveau im Falle einer Einigung darauf dem Nutzenniveau des Basisprogramms entspricht oder bei unstetiger Nutzenfunktion zum kleinstmöglich höheren Nutzenniveau führt. Das Ergebnis dieses zweiten Schritts wird als *Bewertungsprogramm*[3] bezeichnet, soweit sich ein Entscheidungswert ermitteln läßt.

---

sowie der Konflikt zwischen deduktiv und induktiv gewonnenen Grundsätzen ordnungsmäßiger Unternehmungsbewertung vermeintlich überwunden; vgl. zur Überwindung des besagten Konflikts *MOXTER*, Unternehmensbewertung (1983), S. 1.

Bedenklich erscheint die Anwendung der in Mode gekommenen finanzierungstheoretischen Bewertungsmodelle (z. B. die Varianten der „Discounted Cash Flow"-Methode und das Optionspreismodell), um ausgehend von idealistischer Informationseffizienz, Vollständigkeit und Vollkommenheit der Märkte den objektiven Tauschwert der Unternehmung als Marktpreis zu bestimmen; siehe hierzu beispielsweise *DRUKARCZYK/RICHTER*, Unternehmensbewertung (1995), *SERFLING/PAPE*, Discounted Cash Flow-Methode (1996), *BENDER/LORSON*, Discounted-Cashflow Verfahren (1997), *BÖCKING/NOWAK*, Discounted Cash Flow-Verfahren (1998), *RAMS*, Unternehmensbewertung mittels Realoptionen (1998), *DRUKARCZYK*, Unternehmensbewertung (2000) sowie zu Verfahren und Kritik *BALLWIESER*, Discounted Cash Flow-Verfahren (1998).

Abgesehen von den wirklichkeitsfernen Prämissen und deren inkonsistenter Kombination erscheint es bei der Analyse dieser Gleichgewichtsmodelle fraglich, woher die Individuen die Anregung zur Transaktion nehmen, wenn der Wert der Unternehmung genau dem Preis ent- und somit der Kauf keinen Vorteil verspricht. Zur kritischen Würdigung der lediglich innerhalb der Argumentationsfunktion anwendbaren finanzierungstheoretischen Bewertungsverfahren vgl. *SIEBEN*, Discounted Cash Flow-Verfahren (1995), S. 735 f., *SCHILDBACH*, Discounted Cash-flow-Verfahren (1998), *HERING*, Unternehmensbewertung (1999), S. 93 - 179, *HERING*, Konzeptionen der Unternehmensbewertung (2000), S. 450 f.

[1] Vgl. zu folgendem *MATSCHKE*, Entscheidungswert (1975), S. 387 - 390, *MATSCHKE*, Ermittlung mehrdimensionaler Entscheidungswerte (1993), S. 8 - 11. Hinsichtlich der graphischen Darstellung des Algorithmus zur Ermittlung eines Entscheidungswertes nach MATSCHKE wird verwiesen auf *REICHERTER*, Fusionsentscheidung (2000), S. 186.

[2] Vgl. *MATSCHKE*, Kompromiß (1969), S. 59.

[3] Vgl. *SIEBEN*, Bewertungsmodelle (1967), S. 133 f.

1. Die Grundlagen der Bewertung 61

Im ersten Schritt – der Ermittlung des Basisprogramms – wählt das Entscheidungssubjekt zwischen den Handlungsmöglichkeiten aus der Alternativenmenge $\mathcal{A} = \{a_1, ..., a_i, ..., a_k\}$, die ohne eine Einigung über die Veränderung der Eigentumsverhältnisse zur Verfügung steht. Für den präsumtiven Erwerber ist das Bewertungsobjekt nicht Bestandteil dieser Alternativenmenge. Durch das Entscheidungssubjekt wird entsprechend der erwarteten Ergebniskonstellation und seinen Präferenzen jeder Alternative $a_i \in \mathcal{A}$ ein bestimmter Nutzwert $N(a_i)$ zugeordnet. Verhält sich das Entscheidungssubjekt rational, wird es diejenige Handlungsmöglichkeit auswählen, die den größten Nutzwert verspricht. Infolgedessen gilt für die optimale Alternative a_{opt}, die als Basisprogramm bezeichnet wird: $N(a_{opt}) = \max\{N(a_i) \mid a_i \in \mathcal{A}\}$. Rationales Verhalten des Entscheidungssubjekts unterstellt, muß der Nutzwert des Basisprogramms nach einer Einigung mindestens wieder erreicht werden.

Grundlage einer solchen Einigung ist die Verständigung der konfligierenden Parteien auf die originären konfliktlösungsrelevanten Sachverhalte $S_1, ..., S_u$, welche die Ausprägungen $s_1, ..., s_u$ annehmen können.[1] Mögliche Einigungslösungen in der Konfliktsituation werden durch jede sich gegenseitig ausschließende Kombination $(s_1, ..., s_u)$ der Extensionen dieser Parameter dargestellt. Die Menge aller möglichen Konfliktlösungen ist definiert durch: $\mathcal{S} = \{(s_1, ..., s_u)\}$. Wenn sich die Konfliktparteien auf eine bestimmte Konfliktlösung $(s_1, ..., s_u) \in \mathcal{S}$ einigen, steht dem Entscheidungssubjekt die Alternativenmenge $\mathcal{B}(s_1, ..., s_u) = \{b_1, ..., b_j, ..., b_k\}$ von Handlungsmöglichkeiten $b_j(s_1, ..., s_u)$ zur Verfügung, denen es wiederum entsprechend der erwarteten Ergebniskonstellation und seinen Präferenzen einen bestimmten Nutzwert $N(b_j(s_1, ..., s_u))$ zuordnet. Verhält sich das Entscheidungssubjekt rational, wird es diejenige Handlungsmöglichkeit $b_j(s_1, ..., s_u)$ auswählen, die den größten Nutzwert erwarten läßt. Zwischen diesem Nutzwert $N(b_j(s_1, ..., s_u))$ der in dieser Konfliktsituation optimalen Alternative $b_{opt}(s_1, ..., s_u)$ und der Konfliktlösung $(s_1, ..., s_u)$ besteht gemäß der Gleichung $N(b_{opt}(s_1, ..., s_u)) = \max\{N(b_j(s_1, ..., s_u)) \mid b_j(s_1, ..., s_u) \in \mathcal{B}(s_1, ..., s_u)\}$ $=: f(s_1, ..., s_u)$ ein funktionaler Zusammenhang f. Durch den Vergleich der Höhe des Nutzwertes $N(b_{opt}(s_1, ..., s_u))$ mit dem Nutzwert des Basisprogramms $N(a_{opt})$ wird festgestellt, ob eine Konfliktlösung $(s_1, ..., s_u)$ für die konfligierende Partei annehmbar ist und somit als Einigungslösung in Frage kommt. Für das Entscheidungssubjekt akzeptabel sind alle Konfliktlösungen für die $N(b_{opt}(s_1, ..., s_u)) \geq N(a_{opt})$ gilt.

---

[1] Die Möglichkeit der Substitution originärer konfliktlösungsrelevanter Sachverhalte durch die derivativen soll hierbei unberücksichtigt bleiben.

Das Bewertungsprogramm $\mathcal{B}^*$ des Entscheidungssubjekts wird gebildet durch die hinsichtlich einer Konfliktlösung $(s_1, ..., s_u)$ nicht dominierten Handlungsmöglichkeiten $b_{opt}(s_1, ..., s_u)$, deren Nutzwert $N(b_{opt}(s_1, ..., s_u))$ dem Nutzwert des Basisprogramms $N(a_{opt})$ entspricht oder bei unstetiger Nutzenfunktion zum kleinstmöglich höheren Nutzwert führt: $\mathcal{B}^* := \{ b_{opt}(s_1, ..., s_u) \mid N(b_{opt}(s_1, ..., s_u)) = \min \{ N(b_{opt}(s_1', ..., s_u')) \mid N(b_{opt}(s_1', ..., s_u')) \geq N(a_{opt}) \land (s_1', ..., s_u') \in \mathcal{S}, b_{opt}(s_1', ..., s_u') \in \mathcal{B}(s_1, ..., s_u) \land a_{opt} \in \mathcal{A} \}\}$. Für den präsumtiven Erwerber ist das Bewertungsobjekt stets Bestandteil des Bewertungsprogramms. Der Entscheidungswert $\mathcal{W}$ des Bewertungsobjekts, der die Grenze der Konzessionsbereitschaft des Bewertungssubjekts in der Konfliktsituation angibt, ist diejenige Menge aller Konfliktlösungen $(s_1, ..., s_u)$, deren Nutzwert $N(b_{opt}(s_1, ..., s_u))$ gleich dem oder kleinstmöglich größer als der Nutzwert des Basisprogramms $N(a_{opt})$ ist: $\mathcal{W} := \{ (s_1, ..., s_u) \mid N(b_{opt}(s_1, ..., s_u)) = \min \{ N(b_{opt}(s_1', ..., s_u')) \mid N(b_{opt}(s_1', ..., s_u')) \geq N(a_{opt}) \land (s_1', ..., s_u') \in \mathcal{S}, b_{opt}(s_1', ..., s_u') \in \mathcal{B}(s_1, ..., s_u) \land a_{opt} \in \mathcal{A} \}\}$.

1. Die Grundlagen der Bewertung

1.2 Die medienrechtsspezifischen Grundlagen der Bewertung

1.2.1 Eine Synopse bewertungsrelevanter Besonderheiten für audiovisuelle Medienrechte

Mit der im vorangegangenen Kapitel III.1.1 erfolgten Darstellung der allgemeinen Grundlagen der (Unternehmungs-)Bewertung wurde ein begrifflich-konzeptioneller Rahmen erarbeitet und die theoretische Basis gelegt, die im weiteren Verlauf auf audiovisuelle Medienrechte hin konkretisiert werden soll. Bevor ein spezielles Modell zur Bewertung der Medienrechte entwickelt wird, müssen in den anschließenden Ausführungen die Probleme, die sich aus der Synthese von Methodenwissen und branchenspezifischen Besonderheiten ergeben, identifiziert und modelltheoretisch analysiert werden. Der für die weiteren Untersuchungen interessierende Wert ist hinsichtlich der geforderten Entscheidungsunterstützung der Entscheidungswert. Dieser wurde als Grenze der Konzessionsbereitschaft einer Partei in einer bestimmten Konfliktsituation definiert. Die Ermittlung des Entscheidungswertes erfolgt nunmehr ausschließlich aus Sicht eines präsumtiven Erwerbers. Der im folgenden zu bewertende Gegenstand – das *Bewertungsobjekt* – ist das konkret abgrenzbare audiovisuelle Medienrecht als Zusammenfassung der zur Verwertung von Programmbestandteilen erforderlichen Befugnisse und des gegebenenfalls notwendigen Trägermediums oder Sendesignals. *Bewertungssubjekte* sollen sowohl die privaten Rundfunkveranstalter als auch die öffentlich-rechtlichen Anbieter sein. Vor der modelltheoretischen Untersuchung alternativer Möglichkeiten zur Entscheidungswertermittlung werden, nach einer kurzen Zusammenfassung der bewertungsrelevanten Besonderheiten sowie der Darlegung der grundlegenden Prinzipien der Medienrechtsbewertung, die zugrunde gelegten Ziele der Bewertungssubjekte und deren Entscheidungsfelder analysiert.[1] Darüber hinaus erfolgt die Darstellung der bei der Ermittlung des Zukunftserfolgs audiovisueller Medienrechte zu beachtenden grundlegenden Prinzipien sowie der konfliktlösungsrelevanten Sachverhalte.

Im zweiten Kapitel wurden die Rahmenbedingungen für den Rundfunkbereich sowie die audiovisuellen Medienrechte charakterisiert. Da die Anwendung der modernen Erkenntnisse der Unternehmungsbewertung im Rahmen der Bewertung audiovisueller Medienrechte die Einhaltung branchenspezifischer Anforderungen gebietet, werden die in den nachfolgenden Betrachtungen zu beachtenden, wesentlichen bewertungsrelevanten Besonderheiten zusammenfassend synoptisch dargestellt. Hierzu werden diese den Kriterien Bewertungssubjekt, Bewertungsanlaß, Konfliktsituation, Zielsystem sowie Entscheidungsfeld zugeordnet und den korrespondierenden, gewöhnlich bei der Unternehmungsbewertung relevanten Ausprägungen gegenübergestellt.

---
[1] Vgl. auch *SIEBEN/LÖCHERBACH/MATSCHKE*, Bewertungstheorie (1974), Sp. 841.

Bewertungsobjekt	Unternehmung	audiovisuelles Medienrecht	
Bewertungssubjekt (Erwerber)	– überwiegend privat organisiert	– private Rundfunkanbieter	– öffentlich-rechtliche Rundfunkanbieter
Bewertungsanlaß im Zusammenhang mit der Änderung der Eigentums-/ Rechtsverhältnisse	– Kauf/Verkauf oder Fusion/Spaltung	– Kauf/Verkauf oder Lizenznahme/Lizenzvergabe	
mögliche Konfliktsituationen – Grad der Dominanz – Grad der Verbundenheit – Grad der Komplexität	– nicht dominiert/dominiert – jungiert/disjungiert – ein-/mehrdimensional	– nicht dominiert – jungiert/disjungiert – ein-/mehrdimensional	
Zielsystem			
– Sachziel	– u. a. abhängig von der jeweiligen Branche	– Erzeugung von Rezipientenkontakten/Bereitstellung und Übermittlung attraktiver Programme	– Erfüllung des Programmauftrags
– Formalziel	– i. d. R. Erwirtschaftung angemessener Gewinne/ Gewinnmaximierung	– Erwirtschaftung angemessener Gewinne/ Gewinnmaximierung	– Einhaltung der Prinzipien der Wirtschaftlichkeit und Sparsamkeit
– dominierendes Ziel	– Formalziel	– Formalziel	– Sachziel
Entscheidungsfeld			
– Art	– offen	– offen	
– weitere Ausprägungen			
– Selbstfinanzierung	– entgeltfinanziert	– werbe- oder entgeltfinanziert	– Mischfinanzierung (gebühren- und werbefinanziert)
– realwirtschaftliche Restriktionen	– individuell	– individuell (insbesondere Einbindung in die Programmplanung erforderlich)	
– Zeithorizont	– i. d. R. Annahme eines unendlichen Zeitraums	– befristet (weil meist vertraglich bedingte endliche „Lebensdauer")	
– Entgeltvereinbarung	– vielfältige Vereinbarungen möglich (Bewertungstheorie geht i. d. R. vom sofort fälligen Barpreis aus)	– vielfältige Vereinbarungen (Kaufpreis/Lizenzentgelt) möglich (denkbar auch Garantiezahlung mit anschließender Umsatzbeteiligung)	

Tabelle 5:   *Die Synopse wesentlicher bewertungsrelevanter Besonderheiten*

1.2.2 Die grundlegenden Prinzipien zur Bewertung audiovisueller Medienrechte

Als die der funktionalen Bewertungstheorie zugrundeliegenden bedeutenden Prinzipien wurden in Kapitel III.1.1.2 (S. 56) neben dem Grundsatz der Zweckabhängigkeit die Grundsätze der Gesamtbewertung, der Zukunftsbezogenheit und der Subjektivität genannt. Hinsichtlich des *Prinzips der Gesamtbewertung*[1] ist es erforderlich, die im Rahmen der Konfliktsituation nur gemeinsam erhältlichen audiovisuellen Medienrechte als wirtschaftliche Einheit zu betrachten. Bewertungsrelevant sind nicht die verschiedenen einzelnen Rechte, Verwertungsarten oder Sendungen, sondern die Gesamtheit der mit dem Bewertungsobjekt zu erwerbenden Rechte. Ist beispielsweise der Erwerb der Fernsehrechte und der Nebenrechte eines Films nur im Zusammenhang möglich, besteht im Falle einer isolierten Bewertung die Gefahr der Vernachlässigung positiver, aber auch negativer Kombinationseffekte innerhalb des als Einheit zu betrachtenden Bewertungsobjekts. Sollen mehrere Filme im Paket erworben werden, ist ebenso das Paket als Einheit zu bewerten, weil die Summe der Einzelwerte der Filme nicht mit dem Gesamtwert des Filmpakets identisch sein muß.[2] Es ist aber nicht ausgeschlossen, daß die Summe der Einzelwerte dem Gesamtwert des Filmpakets entspricht.[3]

Das *Prinzip der Zukunftsbezogenheit*[4] besagt bezüglich der Bewertung audiovisueller Medienrechte, daß für das Bewertungssubjekt nur der Nutzen bewertungsrelevant ist, den ihm das Recht in der Zukunft stiftet. „Für das Gewesene gibt der Kaufmann nichts."[5] Wird beispielsweise das Fernsehauswertungsrecht eines Films erworben, so sind die Erfolge der Vergangenheit aus einer gegebenenfalls erfolgten Filmtheaterauswertung lediglich als möglicher Indikator zukünftiger Erfolge zu betrachten. Aus der Zukunftsbezogenheit resultiert das Problem der Unsicherheit[6], weil dem Bewertungssubjekt im Bewertungszeitpunkt der genaue zukünftige Nutzen des Medienrechts und alle zukünftigen Handlungsalternativen und -konsequenzen nicht bekannt sind.

---

[1] In der Literatur auch als Prinzip der Bewertungseinheit zu finden; vgl. *SERFLING/PAPE*, Traditionelle Verfahren der Unternehmensbewertung (1995), S. 815. Siehe zum Prinzip der Gesamtbewertung *AULER*, Unternehmung als Wirtschaftseinheit (1926/1927), S. 42, *BALLWIESER/LEUTHIER*, Grundprinzipien der Unternehmensbewertung (1986), S. 548, *BAETGE/KRUMBHOLZ*, Unternehmensbewertung (1991), S. 26.

[2] Vgl. *MÜNSTERMANN*, Wert und Bewertung (1966), S. 18.

[3] Dies ist möglich, wenn z. B. eine Weiterveräußerung der einzelnen Filme geplant ist.

[4] Vgl. auch *BALLWIESER/LEUTHIER*, Grundprinzipien der Unternehmensbewertung (1986), S. 548.

[5] *MÜNSTERMANN*, Wert und Bewertung (1966), S. 21.

[6] Hierauf wird im Rahmen der nachfolgenden Ausführungen (insbesondere in den Kapiteln III.1.2.3.2 und III.1.2.4.2) eingegangen.

Die Bestimmung des Wertes audiovisueller Medienrechte erfordert gemäß dem *Prinzip der Subjektivität*[1] die Einbettung des Bewertungsobjekts in die Planungen des Rundfunkanbieters.[2] Signifikant ist somit die Zielsystem-, Entscheidungsfeld- und Handlungsbezogenheit des Wertes. Dementsprechend ist der Wert des Medienrechts durch die vom Fernsehveranstalter verfolgten Ziele, durch die aus dem Entscheidungsfeld des Veranstalters verfügbaren finanz- und realwirtschaftlichen Handlungsmöglichkeiten und -beschränkungen sowie durch die von der Unternehmung für die Rechte geplante Verwendung determiniert. Ferner ist Ausfluß des Subjektivitätsprinzips, daß die vom Bewertungssubjekt erwarteten individuellen positiven und negativen Verbundeffekte bei der Wertermittlung berücksichtigt werden müssen. Aufgrund unterschiedlicher Planungen, Synergiepotentiale[3] sowie Verwertungsmöglichkeiten und -beschränkungen[4] haben audiovisuelle Medienrechte für jedes Bewertungssubjekt einen individuellen Wert. Aus identischen Nutzenerwartungen verschiedener Bewertungssubjekte folgt keinesfalls ein identischer Wert des Medienrechts, wenn beispielsweise die den Subjekten alternativ zur Verfügung stehenden Kapitalverwendungsmöglichkeiten differieren.[5]

1.2.3 Die entscheidungstheoretischen Grundlagen zur Bewertung audiovisueller Medienrechte

1.2.3.1 Die Bewertungssubjekte und deren im Rahmen der Bewertung verfolgten Ziele

Der Entscheidungswert ist eine relative Größe, die einer *Subjekt-Objekt-Objekt*-Beziehung entspringt.[6] Der präsumtive Erwerber als *Subjekt* erhofft sich unter Berücksichtigung seines Ziel- und Präferenzsystems aus dem *Objekt*, dem Bewertungsgegenstand, einen bestimmten Nutzen. Der Entscheidungswert resultiert dabei aus dem Vergleich des Bewertungsobjekts mit den im Rahmen des Entscheidungsfeldes alternativ zur Verfügung stehenden *Objekten* hinsichtlich des Niveaus der Zielerfüllung.

---

[1] Vgl. auch *MOXTER*, Unternehmensbewertung (1983), S. 23.

[2] Der Subjektbezug, das das Fundament der modernen Bewertungstheorie der Kölner und Greifswalder Schule darstellt, bleibt bisher in der angelsächsischen Bewertungslehre weitestgehend unberücksichtigt; vgl. *OLBRICH*, Bedeutung des Börsenkurses (2000), S. 458 f.

[3] Siehe zu Synergie- oder Verbundeffekten *MOXTER*, Unternehmensbewertung (1983), S. 91 - 96, *WEBER*, Berücksichtigung von Synergieeffekten (1991), *OLBRICH*, Unternehmungswert (1999), S. 20 - 22.

[4] Bei Rundfunkveranstaltern werden die Verwertungsmöglichkeiten nachhaltig durch die zur Verfügung stehende Sendezeit beeinflußt.

[5] Vgl. *BALLWIESER/LEUTHIER*, Grundprinzipien der Unternehmensbewertung (1986), S. 549.

[6] Siehe hierzu *MATSCHKE*, Gesamtwert (1972), S. 147, *SIEBEN*, Unternehmensstrategien (1988), S. 87.

1. Die Grundlagen der Bewertung 67

Zur Bestimmung des Entscheidungswertes eines audiovisuellen Medienrechts bedarf es der Kenntnis des *Zielplans* des Bewertungssubjekts. Dieser enthält – wie bereits dargestellt – Informationen über die vom Bewertungssubjekt erstrebten Sachverhalte[1] (*Ergebnisdefinition*) sowie über die Intensität des Strebens nach diesen Sachverhalten (*Präferenzen*).[2] Wie in Kapitel II.1. (S. 15 - 18 und S. 22 - 24) ausgeführt wurde, unterscheiden sich die Zielsetzungen privatwirtschaftlicher und öffentlich-rechtlicher Rundfunkanbieter. Rundfunkanstalten haben demnach als Sachziel den gesetzlich kodifizierten Programmauftrag zu erfüllen. Die wirtschaftliche und sparsame Erfüllung des Programmauftrags stellt dabei das Formalziel dar. Bei der Betrachtung der Ziele privatwirtschaftlicher Rundfunkanbieter wurden die Gesellschaften in werbe- und entgeltfinanzierte Unternehmungen differenziert. Während die Erzeugung von Rezipientenkontakten für die werbetreibende Wirtschaft als Sachziel werbefinanzierter Sender anzusehen ist, steht dagegen bei entgeltfinanzierten Rundfunkanbietern die Bereitstellung und Übermittlung attraktiver Programme an die Zuschauer als Sach- oder Leistungsziel im Vordergrund. Die Erwirtschaftung angemessener Gewinne für die Gesellschafter oder die Gewinnmaximierung wurde als dominierendes Formalziel beider privater Anbieterformen unterstellt. Die gewonnenen Erkenntnisse sind in Abbildung 15 zusammengefaßt.[3] Für die weitere Untersuchung werden die dargestellten Zielsysteme – ausgehend von einer zu definierenden theoretischen Meßebene des Erfolgs – in geeignete einfache Zielsetzungen transformiert, welche anschließend in den Bewertungskalkül einfließen können.

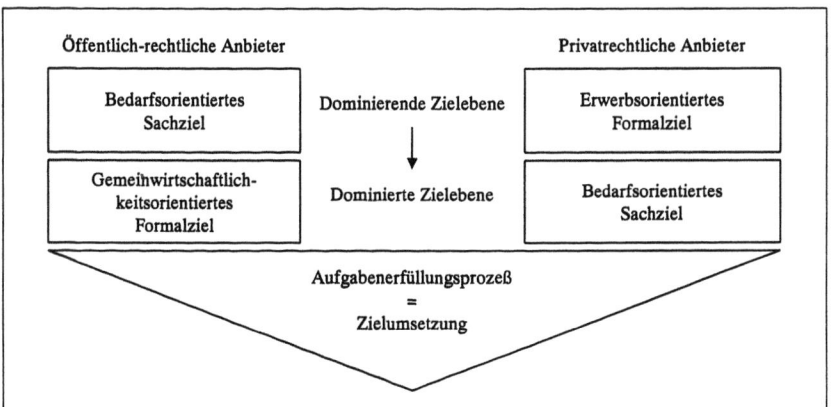

Abbildung 15:   *Die Zielpläne der Rundfunkanbieter*

---

[1] Als Ergebnis kann auch die Vermeidung bestimmter Sachverhalte definiert sein.
[2] Vgl. SIEBEN, Erfolgseinheiten (1968), S. 14, MATSCHKE, Entscheidungswert (1975), S. 80 - 113.
[3] In Anlehnung an STEIN, Rundfunkanstalten (2000), S. 140.

Die *Meßebene der Zielerfüllung* wird bei privatwirtschaftlichen Unternehmungen durch die *Ebene der Eigentümer* dargestellt. Diese Betrachtungsweise ist auf öffentlich-rechtliche Rundfunkanbieter, die als Anstalt des öffentlichen Rechts oder – im Falle der ARD – als Arbeitsgemeinschaft dieser Anstalten organisiert sind, nicht übertragbar. Zur Festlegung einer Meßebene ist für Rundfunkanstalten als fiktiver Eigner der Gebührenzahler denkbar. Dieser ist einerseits Rezipient des durch den Programmauftrag geprägten Fernsehprogramms und wird andererseits – durch den dargelegten Zwangscharakter der sog. Rundfunkgebühren – mit dem Grad der Zielerfüllung des Formalziels in Anbetracht der einzuhaltenden Prinzipien der Wirtschaftlichkeit und Sparsamkeit konfrontiert. Als theoretische Meßebene des Erfolgs sei deshalb für Rundfunkanstalten die *Ebene des Gebührenzahlers* angesehen.[1]

Nunmehr soll davon ausgegangen werden, daß sich das Interesse der Eigner privatwirtschaftlicher Anbieter vornehmlich auf finanzielle Vorteile oder auf einen finanziellen Nutzen richtet. Die Eigentümer des privatwirtschaftlichen Rundfunkanbieters streben nach einem Zufluß, der in Form von Zahlungen an den Eigner (Entnahmen oder Ausschüttungen) sowie Auszahlungsersparnissen des Eigners auftreten und gemessen werden kann.[2] Mit dem daraus resultierenden Vorteilsstrom wird dem Eigner die Möglichkeit gegeben, seine Konsumbedürfnisse zu befriedigen. Gewiß könnte gerade den Eignern von Rundfunkveranstaltern das Streben nach politischer oder anderer Einflußnahme unterstellt werden; es sei im folgenden aber angenommen, daß die restriktiven gesetzlichen Regelungen eine derartige Zielverwirklichung ausschließen.

In Kapitel II.1.2.1 (S. 16) wurde herausgearbeitet, daß die vom öffentlich-rechtlichen Rundfunk im Rahmen des Programmauftrags verfolgte Sozialisationsaufgabe auf die Übermittlung der Werte und Normen einer Gesellschaft zielt. Die dementsprechend notwendigen Programminhalte generieren vordergründig externe Erträge. Öffentlich-rechtliche Anbieter sind erforderlich, weil eine Befriedigung durch diese externen Erträge in der Regel *nicht* im Zielsystem der Gebührenzahler verankert ist. Es ist daher gerechtfertigt, davon auszugehen, daß aus Sicht der (rationalen) Gebührenzahler

---

[1] Vgl. die analoge Darstellung für die Ebene des Mitglieds als Meßebene des Erfolgs für Genossenschaften in REICHERTER, Fusionsentscheidung (2000), S. 172 f.

[2] Die Bewertung orientiert sich deshalb an Zahlungs- und nicht an Erfolgsströmen. Erfolgsgrößen tragen im Falle der Thesaurierung von Gewinnen nicht direkt zur Bedürfnisbefriedigung bei, weil thesaurierte Gewinne in der entsprechenden Periode nicht für Konsumzwecke zur Verfügung stehen. Die unbereinigte Berücksichtigung von Erfolgsgrößen führt zu Doppelzählungen, weil sowohl thesaurierte Gewinne als auch die daraus resultierenden künftigen Mehrgewinne erfaßt werden; vgl. BALLWIESER/LEUTHIER, Grundprinzipien der Unternehmensbewertung (1986), S. 549. Bei einem Ansatz von kalkulatorischen Zinsen auf die durch Thesaurierung entstandene Kapitalbindung kann sich die Bewertung alternativ an Erfolgsströmen orientieren; vgl. LÜCKE, Investitionsrechnungen (1955). Da bei der Verwendung von Erfolgsgrößen ausgiebige Nebenrechnungen erforderlich sind, werden gewöhnlich als Rechengröße zweckmäßigerweise die Zahlungen gewählt; vgl. HERING, Investitionstheorie (1995), S. 152. Zum sog. LÜCKE-Theorem auf dem unvollkommenen Kapitalmarkt siehe insbesondere HERING, Investitionstheorie (1995), S. 152 - 155.

1. Die Grundlagen der Bewertung

nicht die Erfüllung des Programmauftrags, sondern vielmehr das bereits für die Eigner der privaten Rundfunkveranstalter charakterisierte Ziel der Befriedigung ihrer Konsumwünsche maßgebend ist. Die Gebührenzahler sind vornehmlich an der Minimierung der zu zahlenden Gebühren oder an einer Maximierung gegebenenfalls möglicher Gebührenrückzahlungen interessiert. Neben der bestehenden unausweichlichen Verpflichtung zur Zahlung der Rundfunkgebühren soll im weiteren unterstellt werden, daß eine wirtschaftliche und sparsame Erfüllung auch dem Gebührenzahler zugute kommen kann, indem die Möglichkeit von Gebührenerstattungen[1] in den Modellen berücksichtigt wird.

Während die Eigner privater Rundfunkveranstalter die Maximierung der Einzahlungsüberschüsse anstreben, verfolgen die Gebührenzahler mit der Minimierung ihrer Auszahlungsüberschüsse ein adäquates Ziel. Den folgenden Ausführungen zur Bewertung audiovisueller Medienrechte wird daher sowohl für private als auch für öffentlich-rechtliche Rundfunkanbieter diese – in Geldeinheiten gemessene – einfache *finanzielle Zielsetzung* zugrunde gelegt. Um die Erfüllung des Programmauftrags bei Verfolgung dieser einfachen Zielsetzung nicht zu gefährden, wird die Annahme getroffen, daß aus der Sicht von Rundfunkanstalten nur solche Medienrechte betrachtet werden, die zur Erfüllung dieses Auftrags beitragen.[2] Hierunter fallen Sendungen, die einerseits eine Sozialisationsbotschaft beinhalten oder andererseits als attraktiver Senderahmen für diese Programmkategorien zu betrachten sind. Die audiovisuellen Medienrechte sollen annahmegemäß grundsätzlich den für öffentlich-rechtliche und private Rundfunkanbieter bestehenden gesetzlichen Vorschriften entsprechen und im Einklang mit eventuell gesetzten nichtfinanziellen strategischen Zielen stehen.

Durch die getroffene finanzielle Zielsetzung werden den Entscheidungsträgern als Ergebnis einer investitionstheoretisch gestützten Bewertung quantitative Informationen über die audiovisuellen Medienrechte zur Verfügung gestellt. Fundierte Entscheidungen über die Vorteilhaftigkeit eines Erwerbs von Medienrechten verlangen zusätzlich eine Analyse der qualitativen Aspekte. Eine Entscheidung über die Investition in audiovisuelle Medienrechte setzt somit die Betrachtung quantitativer und qualitativer Aspekte voraus. Der ermittelte Entscheidungswert stellt gleichwohl das wichtigste, aber nicht das alleinige ökonomische Kriterium dar. Mit Rücksicht auf die nichtfinanziellen Ziele des Bewertungssubjekts ist es denkbar, daß der präsumtive Erwerber ein höheres Entgelt akzeptiert, als den in Anbetracht der rein finanziellen Aspekte ermittelten Grenzpreis.[3]

---

[1] Unter Gebührenrückzahlung oder -erstattung wird hier hauptsächlich – neben der Möglichkeit einer tatsächlichen Erstattung – eine Verrechnung mit künftigen Gebührenzahlungen verstanden. Statt stetiger Gebührenerhöhungen sollen somit auch Gebührensenkungen möglich sein.

[2] Die Erfüllung des Sachziels der öffentlich-rechtlichen Anbieter wird somit als Bedingung berücksichtigt; vgl. auch die entsprechende Forderung in *SIEBEN/SCHNEIDER*, Überlegungen (1982), S. 244.

[3] Vgl. *MOXTER*, Unternehmensbewertung (1983), S. 75 f.

Zur Operationalisierung der finanziellen Zielsetzung lassen sich mit der Vermögens- und der Einkommensmaximierung zwei in der Regel nicht äquivalente (unmittelbar zahlungsstromorientierte) Varianten der Wohlstandsmaximierung unterscheiden.[1] Bei der *Vermögensmaximierung* wird unter der Restriktion eines fest vorgegebenen Entnahmestroms das Ziel verfolgt, eine entsprechend der Konsumpräferenz gewichtete Ausschüttung zu maximieren. Die Summe der gewichteten Ausschüttungen entspricht der Zielfunktion. Der für jeden Zeitpunkt vorzugebene Gewichtungsfaktor spiegelt dabei die subjektive Wertschätzung einer Ausschüttung in Relation zu den sonstigen Ausschüttungszeitpunkten wider. Als Spezialfälle der Vermögensmaximierung erweisen sich die Endwert- sowie die Barwertmaximierung. Hingegen wird bei der *Einkommensmaximierung* unter der Restriktion fest vorgegebener Ausschüttungen zu definierten Zeitpunkten dasjenige Investitions- und Finanzierungsprogramm gesucht, welches die Breite eines Entnahmestroms maximiert. Die Relation der zu ermittelnden Entnahmebeträge steht dabei schon vorab fest.

Für die Wahl zwischen den im allgemeinen nicht äquivalenten Zielsetzungen Vermögens- und Einkommensmaximierung sind die individuellen Präferenzen des Entscheidungssubjekts ausschlaggebend. Ist schon die Darstellung der erforderlichen Konsumnutzenfunktion eines einzelnen schwierig, vergrößern sich die Probleme bei einer Vielzahl von Eignern oder Gebührenzahlern. Die Wahl der „richtigen" Zielsetzung entzieht sich der Theorie der Bewertung, weil hier Werturteile über subjektive Präferenzen gefällt werden müßten.[2] Die Entscheidung zwischen Vermögens- und Einkommensmaximierung sei deshalb hier nicht weiter thematisiert. Wird durch entsprechend formulierte Restriktionen sichergestellt, daß die Entnahmen nicht zu einem Verlust der Unternehmungssubstanz führen dürfen, erweisen sich beide Alternativen als geeignete Zielsetzungen. Mit Rücksicht auf die Fluktuationen in der personellen Zusammensetzung der Gebührenzahler erscheint es gerechtfertigt, in den weiteren Darstellungen den öffentlich-rechtlichen Rundfunkanbietern das Ziel der Einkommensmaximierung zu unterstellen.[3] Im Rahmen der nachfolgenden Betrachtungen wird diese Zielsetzung vereinfachend auch für private Rundfunkveranstalter zugrunde gelegt.

1.2.3.2 Das Entscheidungsfeld des Bewertungssubjekts

Neben dem Zielplan des Bewertungs- und Entscheidungssubjekts determiniert auch das individuelle Entscheidungsfeld des Subjekts den Wert der audiovisuellen Me-

---

[1] Vgl. zu folgenden Ausführungen und weiterführend HERING, Investitionstheorie (1995), S. 10 f., HERING, Unternehmensbewertung (1999), S. 12 f.; siehe auch MATSCHKE, Investitionsplanung (1993), S. 59.

[2] Vgl. hierzu HERING, Investitionstheorie (1995), S. 11.

[3] Hierdurch soll den Gebührenzahlern die Einhaltung der Prinzipien der Wirtschaftlichkeit und Sparsamkeit unmittelbar zugute kommen.

1. Die Grundlagen der Bewertung 71

dienrechte.¹ Während der Zielplan Ausdruck des Wollens der konfligierenden Partei ist, gibt das Entscheidungsfeld Auskunft über den individuellen Möglichkeitsraum des Bewertungssubjekts.² Es umschreibt die dem Bewertungssubjekt zur Verfügung stehenden Handlungsmöglichkeiten und die Restriktionen, die es zu beachten hat. Das Entscheidungsfeld ist somit Ausdruck des Könnens der konfligierenden Partei.³

Auch das Entscheidungsfeld⁴ eines Rundfunkanbieters ist durch finanz- und realwirtschaftliche Handlungsmöglichkeiten und -beschränkungen geprägt. Der realwirtschaftliche Aktionsraum eines Rundfunkanbieters ergibt sich u. a. aus der derzeitigen Ausstattung mit Programmbestandteilen, anderen Gütern⁵ und Personal sowie der Gesamtheit der Möglichkeiten, weitere Programmbestandteile und andere Güter zu erwerben. Als wesentliche realwirtschaftliche Restriktion von privatwirtschaftlichen und öffentlich-rechtlichen Rundfunkanbietern ist die zur Verfügung stehende Sendezeit zu betrachten. Der finanzwirtschaftliche Aktionsraum der Unternehmung zeichnet sich hauptsächlich durch das Erfordernis einer permanenten Zahlungsfähigkeit aus. Weitere Ausprägungen von finanzwirtschaftlichen Handlungsmöglichkeiten und -beschränkungen sind z. B. die zur Verfügung stehenden liquiden Mittel, erwartete Gebühreneinnahmen, Geldanlage- und Kreditaufnahmemöglichkeiten sowie Kreditbeschränkungen.⁶ Ferner ist zu beachten, daß Kreditgeber i. d. R. bei steigendem Verschuldungsgrad erhöhte Sollzinsen verlangen. Interdependenzen, Ganzzahligkeitsforderungen und Ausschlußbedingungen bei Wahlproblemen können sowohl den finanz- als auch den realwirtschaftlichen Aktionsraum betreffen. Der dargestellte finanzwirtschaftliche Möglichkeitsraum macht deutlich, daß das Entscheidungsfeld in der Realität durch die Bedingungen eines *unvollkommenen Kapitalmarktes*⁷ gekennzeichnet ist. Der unvollkommene Kapitalmarkt ist im wesentlichen dadurch geprägt, daß Soll- und Habenszins voneinander abweichen und das Kapital knapp ist.⁸

In den folgenden Ausführungen wird die Bewertung audiovisueller Medienrechte auf dem unvollkommenen Kapitalmarkt sowohl für den Fall der Sicherheit (geschlossenes Entscheidungsfeld) als auch für den realitätsnahen Fall der Unsicherheit (of-

---

[1] Vgl. *MATSCHKE*, Gesamtwert (1972), S. 147.

[2] Vgl. *SIEBEN*, Unternehmensstrategien (1988), S. 86.

[3] Vgl. *SIEBEN/SCHILDBACH*, Entscheidungstheorie (1994), S. 15.

[4] Vgl. zum Entscheidungsfeld und den folgenden Ausführungen *HERING*, Unternehmensbewertung (1999), S. 14 - 16, *HERING*, Konzeptionen der Unternehmensbewertung (2000), S. 435.

[5] Unter diese Güter fallen sämtliche Vermögensgegenstände des Rundfunkanbieters, wie z. B. Kameras, Spezialtechnik und Gebäude.

[6] Siehe zu weiteren Beispielen *HERING*, Konzeptionen der Unternehmensbewertung (2000), S. 435.

[7] Der Fall des vollkommenen Kapitalmarkts soll deshalb in dieser Arbeit nicht berücksichtigt werden; vgl. hierzu *FISHER*, Theory of Interest (1930) sowie *HERING*, Investitionstheorie (1995), S. 13 - 66.

[8] Vgl. zu unvollkommenen Kapitalmärkten *HERING*, Investitionstheorie (1995), S. 67 - 70.

fenes Entscheidungsfeld) betrachtet. Alternative Bewertungsmodelle für Medienrechte werden zunächst für den unvollkommenen Kapitalmarkt bei Sicherheit dargestellt und analysiert. Aufbauend auf den Erkenntnissen der Sicherheitsbetrachtung wird gezeigt, wie die Unsicherheit bei der Entscheidungswertermittlung zweckmäßig berücksichtigt werden kann.

Auf unvollkommenen Märkten bedeutet *Sicherheit*,[1] daß das Entscheidungssubjekt auf die Berücksichtigung mehrwertiger Erwartungen verzichtet und nur mit einer bestimmten Datenkonstellation rechnet. Diese Quasi-Sicherheit ist auf dem unvollkommenen Kapitalmarkt von den individuellen Erwartungen des Bewertungssubjekts geprägt und wird deshalb nachfolgend als subjektiv definiert. Für das Bewertungssubjekt ist das Entscheidungsfeld geschlossen. Es geht in einer u. U. unsicheren Umwelt davon aus, alle Handlungsalternativen mit deren Zahlungskonsequenzen sowie darüber hinaus insbesondere die für die Verwertung des Medienrechts erforderliche Sendezeit vorauszusehen. Irrtümer sind nicht ausgeschlossen. In Ermangelung vollkommener Voraussicht des Entscheidungssubjekts wird bei (subjektiver) Sicherheit ein endlicher Planungshorizont t = n festgesetzt.[2]

In der Realität ist das Entscheidungsfeld bei der Bewertung audiovisueller Medienrechte jedoch durch seine Offenheit geprägt. In einem offenen Entscheidungsfeld[3] sind im Bewertungszeitpunkt weder alle Handlungsmöglichkeiten und -beschränkungen bekannt, noch können die Zahlungskonsequenzen sowie die Sendezeiten[4] der bekannten Handlungsmöglichkeiten eindeutig vorhergesagt werden. Der Zukunftserfolg und damit der Entscheidungswert der Medienrechte werden u. a. durch die ungewissen Änderungen im Zins- und Lohnniveau, mit fortschreitender Zeit eintretende, bisher noch unbekannte Finanzierungs- und Investitionsmöglichkeiten, die zur Ausstrahlung erforderliche Sendezeit sowie die unsicheren Zahlungskonsequenzen aus dem Medienrecht und anderen Investitionsmaßnahmen beeinflußt. Die vorliegende *Unsicherheit* ist durch folgende Merkmale gekennzeichnet:[5]

---

[1] Vgl. zu den nachfolgenden Ausführungen zum unvollkommenen Kapitalmarkt unter Sicherheit HERING, Investitionstheorie (1995), S. 67 - 69. Siehe zur Quasi-Sicherheit auch FRANKE/HAX, Finanzwirtschaft (1999), S. 236

[2] Vgl. JÄÄSKELÄINEN, Optimal Financing (1966), S. 51. Es wird im folgenden unterstellt, daß durch die pragmatische Festlegung des endlichen Planungshorizonts t = n keine zeitlichen Interdependenzen zwischen dem gewählten Planungszeitraum und den Perioden jenseits des Planungshorizonts zerschnitten werden.

[3] Vgl. zu den nachfolgenden Ausführungen zum unvollkommenen Kapitalmarkt unter Unsicherheit HERING, Unternehmensbewertung (1999), S. 15 f. Zum offenen Entscheidungsfeld siehe auch ADAM, Planung (1996), S. 15 - 25 und ROLLBERG, Unternehmensplanung (2001), S. 187 f.

[4] Beispielsweise ist die notwendige Sendezeit für Direktübertragungen von Etappen eines Radrennens oder Spielen eines Tennisturniers *ex ante* nicht eindeutig bestimmbar.

[5] Vgl. zu nachfolgenden Ausführungen HERING, Investitionstheorie (1995), S. 174 - 177.

1. Die Grundlagen der Bewertung

1. Die (Erfolgs-)Erwartungen sind mehrwertig.
2. Nicht alle Entscheidungsvariablen sind bekannt.
3. Der Zeitraum der Planung ist offen.

Eine „optimale" Lösung eines Bewertungsproblems ist bei Vorliegen von Unsicherheit *ex ante* nicht definiert. Die Lösung des Problems unter Unsicherheit kann allenfalls heuristisch erfolgen, wobei mit zweckmäßigen Verfahren nach „befriedigenden" oder „guten", aber nicht nach eindeutig „richtigen", optimalen Lösungen zu suchen ist. Es wird erforderlich, das offene Entscheidungsfeld künstlich durch plausible Annahmen sukzessiv einzuengen oder zu schließen. Die Abgrenzung des Planungszeitraums sollte pragmatisch durch eine sinnvolle Wahl des Planungshorizonts erfolgen.[1]

Die Bewertung audiovisueller Medienrechte bedarf der Schätzung der Erfolgserwartungen. Im Rahmen der Ausführungen unter Unsicherheit sei angenommen, daß die für die Bewertung der Medienrechte ausschlaggebenden Zukunftserfolge nur näherungsweise quantifizierbar sind. Für die Bewertung ist es hilfreich, wenn die zur Verfügung gestellten Erfolgserwartungen „durch eine sorgfältige Analyse der Wahrscheinlichkeit bestimmter"[2] Erfolgsdeterminanten auf eine Bandbreite eingeengt werden. Durch fundierte Schätzungen der Verteilung dieser Erfolgsgrößen innerhalb dieser Bandbreite ist eine zusätzliche Verminderung der Mehrwertigkeit möglich. Eine Einengung auf faktische Einwertigkeit ist dabei nicht anzustreben. Bevor die Möglichkeiten zur Berücksichtigung mehrwertiger Erfolgserwartungen beim Bewertungsvorgang dargestellt werden,[3] stehen die bei der Abgrenzung der Zukunftserfolge anzuwendenden grundlegenden Prinzipien im Zentrum der Ausführungen.

---

[1] Bei der Festsetzung eines endlichen Planungshorizonts besteht die Gefahr, daß zeitlich vertikale Interdependenzen zwischen dem gewählten Planungszeitraum und den Perioden jenseits des Planungshorizonts unberücksichtigt bleiben. Bei der Bestimmung des Planungshorizonts stehen die Planer der Unternehmung vor einem *Planungshorizontdilemma*: Zuverlässige Informationen sind i. d. R. nur für kurze Planungszeiträume zu erhalten; die Berücksichtigung zeitlicher Interdependenzen bedingt jedoch einen möglichst langen Planungszeitraum. Die Entscheidung über den Planungshorizont entwickelt sich zu einem eigenständigen Entscheidungsproblem, das hier nicht weiter diskutiert werden soll; vgl. *HERING*, Investitionstheorie (1995), S. 176, *ROLLBERG*, Simultane Planung (1999), S. 106.

[2] *MOXTER*, Unternehmensbewertung (1983), S. 117.

[3] Im Rahmen der vorliegenden Arbeit steht bei der Analyse der Bewertung audiovisueller Medienrechte bei Unsicherheit die Berücksichtigung mehrwertiger Erfolgserwartungen im Mittelpunkt. Wird unterstellt, daß Rundfunkunternehmungen ein Sicherheitsziel verfolgen, kann diesem – in Anbetracht des offenen Entscheidungsfeldes – durch Flexibilität und Diversifikation Rechnung getragen werden. Die Erhöhung der *Flexibilität* ist sowohl unter realwirtschaftlichen (z. B. Investitionen in flexibel einsetzbare Aufnahmetechnik, Organisation des Programmplanungsprozesses) als auch unter finanzwirtschaftlichen Aspekten (z. B. Einhaltung materieller und struktureller Liquidität) möglich. *Diversifikation* erfolgt, indem Aktivitäten breit auf zahlreiche möglichst einander unabhängige Bereiche (z. B. Spartenvielfalt, Angebot unterschiedlichster Sportarten in ei-

1.2.4 Der Zukunftserfolg und die mehrwertigen Erwartungen

1.2.4.1 Die grundlegenden Prinzipien zur Abgrenzung der Zukunftserfolge

Für den präsumtiven Erwerber sind im Rahmen der Bewertung alle durch das Bewertungsobjekt hervorgerufenen künftigen Erfolge von Bedeutung. Das Medienrecht stiftet dem Rundfunkveranstalter einen künftigen Nutzen und trägt damit zur Zielerfüllung bei. Die Ermittlung dieser für das Bewertungssubjekt relevanten Erfolge aus dem Bewertungsobjekt steht jedoch nicht im Mittelpunkt der Bewertungstheorie. Abgrenzung und Quantifizierung des durch die Medienrechte gestifteten Nutzens obliegen vielmehr den Fachleuten der Medienbranche. Die *Hauptaufgabe der Bewertung* ist die Transformation der aus fundierten Schätzungen ermittelten qualitativen und quantitativen Informationen über künftige Erfolge in einen Wert, der die mit der Bewertung verfolgte Funktion erfüllt.[1] Die Qualität eines durch bestimmte Modelle ermittelten Wertes für ein Medienrecht wird determiniert durch die Qualität der Informationen sowie der abgegrenzten und quantifizierten künftigen Erfolge, die für die Bewertung zur Verfügung gestellt werden. Durch die bei Medienrechten gegebenen hohen Risiken steigen die Anforderungen an die Prognose zukünftiger Erfolgsströme.[2] Sollen mit der Bewertung sinnvolle Ergebnisse erzielt werden, ist der aus dem Medienrecht resultierende Erfolg zweckentsprechend abzugrenzen und zu quantifizieren. Mit dem Gesamtertrags-, dem Zufluß- und dem Verbundberücksichtigungsprinzip werden wesentliche Grundsätze dargestellt, die bei der Abgrenzung der durch das Medienrecht induzierten künftigen Erfolge zu beachten sind.[3]

Prinzipiell ist für den präsumtiven Erwerber gemäß dem *Gesamtertragsprinzip*[4] unter dem künftigen Erfolg die *Summe aller Vorteile* zu verstehen, die ihm infolge des Erwerbs des Medienrechts zuflössen. Unter diese Vorteile fallen sowohl finanzielle als auch nichtfinanzielle Elemente. Neben zu verzeichnenden Einzahlungsüberschüssen kann beispielsweise der Erwerb eines Sportübertragungsrechts den Bekanntheitsgrad und das Ansehen eines Fernsehsenders beeinflussen.[5] Aufgrund mangelnder Quantifi-

---

nem Sportkanal) gestreut werden und damit ein Risikoausgleich realisierbar ist; vgl. HERING, Investitionstheorie (1995), S. 174 - 176.

[1] Aufgrund der in der Realität herrschenden und insbesondere im vorangegangenen Kapitel (S. 72 f.) näher betrachteten Unsicherheit über zukünftige entscheidungsrelevante Sachverhalte ist es *ex ante* nicht möglich, einen eindeutigen Wert zu ermitteln. Wird hier von der Ermittlung eines Wertes gesprochen, welcher der Entscheidungsunterstützung dienen soll, ist unter dem Begriff Entscheidungswert vielmehr eine Bandbreite möglicher Werte zu verstehen; vgl. HERING, Unternehmensbewertung (1999), S. 2 - 5.

[2] Zur Schwierigkeit der Prognose der Zukunftserfolge von Filmen siehe schon SEWERING, Bewertungsprobleme (1953), S. 651 f. und PRIESTER, Bewertung von Spielfilmen in der Bilanz (1972), S. 586.

[3] Vgl. zu den folgenden Ausführungen MOXTER, Unternehmensbewertung (1983), S. 75 - 84 und S. 91 - 96.

[4] Vgl. hierzu MOXTER, Unternehmensbewertung (1983), S. 75 - 78.

[5] Vgl. SCHÖNEBERGER, Ökonomische Grundfragen (1998), S. 5.

1. Die Grundlagen der Bewertung 75

zierungsmöglichkeiten erweist sich die Beurteilung der nichtfinanziellen Vorteile als besonders schwierig. Ausgehend vom individuellen Zielsystem des Bewertungssubjekts ist es erforderlich, alle interessierenden Sachverhalte zu identifizieren und deren Gewichtung zu bestimmen.[1] Hinsichtlich der zugrunde gelegten Entnahmezielsetzung des Bewertungssubjekts sollen im Rahmen der Ausführungen allein die monetären Vorteile als bewertungsrelevant gelten und zur Ermittlung des Entscheidungswertes herangezogen werden. Nochmals sei darauf hingewiesen, daß diese für einen Programmveranstalter vereinfachte Annahme aber keinesfalls dazu führen darf, nichtfinanzielle Vorteile zu vernachlässigen oder unberücksichtigt zu lassen. Vielmehr sollen durch den Entscheidungsträger neben dem Entscheidungswert, in dem lediglich finanzielle Vorteile berücksichtigt werden, auch die nichtfinanziellen Vorteile bei der Preisbestimmung abgewogen werden, denn grundsätzlich besteht der Zukunftserfolg aus den gesamten Vorteilserwartungen.[2]

Maßgeblich für die Bewertung audiovisueller Medienrechte ist entsprechend dem *Zuflußprinzip*[3] der Vorteilsstrom, der dem präsumtiven Erwerber mit dem Erwerb des Rechts zufließt. Die Eigner eines Rundfunkveranstalters sind gemäß der erläuterten Entnahmezielsetzung an einem finanziellen Zufluß in Form einer Entnahme, Auszahlung oder Ausschüttung interessiert, der ihnen zur Befriedigung ihrer Konsumwünsche zur Verfügung steht. Hierunter fallen auch Auszahlungsersparnisse, die durch Leistungen der Unternehmung an die Eigner hervorgerufen werden.[4] Diese Zielsetzung wurde auch für die Gebührenzahler unterstellt.

Der Einfluß des Medienrechts auf die Bedürfnisbefriedigung der Eigentümer ist über die dadurch ausgelösten Zahlungskonsequenzen meßbar.[5] Als Rechengröße zur Beurteilung des künftigen Nutzens des Medienrechts dienen somit *Zahlungsgrößen*. Ein- und Auszahlungen sind objektiv nachprüfbar, weil sie weder bilanziellen Bewertungseinflüssen noch Periodisierungsüberlegungen unterliegen. Die Beschränkung auf Geldzu- und -abflüsse als relevante finanzielle Größen vermeidet die Gefahr von Doppelzählungen.[6] Als Zahlungsgrößen kommen sowohl Einzahlungsüberschüsse als auch Auszahlungsersparnisse in Betracht. Erfolgsgrößen haben dabei nur einen Ein-

---

[1] Siehe hierzu das Erfolgsermittlungsmodell in *MATSCHKE*, Entscheidungswert (1975), S. 75 - 113.

[2] Vgl. auch *SERFLING/PAPE*, Traditionelle Verfahren der Unternehmensbewertung (1995), S. 815.

[3] Vgl. zum Zuflußprinzip *MOXTER*, Unternehmensbewertung (1983), S. 79 - 84. Siehe auch *HELBLING*, Unternehmensbewertung (1995), S. 93.

[4] Eventuell auftretende Auszahlungsersparnisse für den Eigner aus dem „Konsum" des durch den Rundfunkveranstalter erworbenen Medienrechts bleiben im folgenden jedoch unberücksichtigt.

[5] Dieser Zusammenhang ergibt sich, weil der Kapitalwert der Ausschüttungen an die Eigner der privaten Rundfunkunternehmung oder bei öffentlich-rechtlichen Rundfunkanbietern an die Gebührenzahler genau der Summe der Kapitalwerte der vorteilhaften Investitions- und Finanzierungsobjekte entspricht; vgl. *HERING*, Unternehmensbewertung (1999), S. 17 f.

[6] Vgl. hierzu das Beispiel von *MOXTER*, Unternehmensbewertung (1983), S. 79 f.

fluß auf die Bewertung, wenn sie die Höhe der Zahlungen beeinflussen.[1] Das Medienrecht wird im Rahmen der Bewertung als ein unsicherer künftiger Zahlungsstrom gedeutet.

Der relevante Zahlungsstrom, der dem audiovisuellen Medienrecht zuzurechnen ist, ergibt sich somit aus den kontinuierlich oder diskontinuierlichen auftretenden Einzahlungen und Auszahlungen.[2] Vor dem Hintergrund der beschriebenen Dichotomie des Rundfunkmarktes resultieren die Einzahlungen aus den Vertriebserlösen und/oder den Werbeerlösen. Die Vertriebserlöse umfassen die den Medienrechten zuzurechnenden Einzahlungen aus Entgelten von Rezipienten[3] sowie Einzahlungen aus einer Unterverwertung durch Lizenzerteilung. Im werbefinanzierten Fernsehen resultieren die dem Medienrecht zurechenbaren Einzahlungen in erster Linie aus der Ausstrahlung von Werbung.[4] Zurechenbar können beispielsweise die während der Sendung ausgestrahlten Werbespots sowie vor- und nachgelagerte Werbeblöcke sein. Darüber hinaus sind Synergieeffekte auf das umgebende Rahmenprogramm denkbar. Durch das Medienrecht hervorgerufene gesteigerte Einschaltquoten für vor oder nach dessen Ausstrahlung gesendete Programmobjekte erhöhen die dem Bewertungsobjekt zuzurechnenden Einzahlungen aus der Werbung. Weitere zahlungswirksame Vorteile können durch verminderte Auszahlungen aufgrund der Reduzierung der Werbemaßnahmen für das Programmumfeld entstehen.[5] Anzumerken bleibt, daß die Einzahlungen aus den Rundfunkgebühren zwar nicht einzelnen Medienrechten zuzurechnen sind, aber grundsätzlich das Entscheidungsfeld des öffentlich-rechtlichen Rundfunks beeinflussen.[6] Auszahlungen können sich beispielsweise aus notwendigen Nachbearbeitungen des Filmmaterials oder aus der technischen Abwicklung einer Sportübertragung ergeben.

---

[1] Die Höhe der Zahlungsgrößen wird z. B. beeinflußt durch erfolgsabhängige Steuerzahlungen; vgl. auch HERING, Investitionstheorie (1995), S. 9.

[2] Zur Vereinfachung wird in der Unternehmungsbewertung ebenso wie in der Investitionsrechnung ein hypothetischer diskontinuierlicher Zahlungsstrom unterstellt; vgl. auch MATSCHKE, Investitionsplanung (1993), S. 58.

[3] Der dem Medienrecht zurechenbare Zahlungsstrom bemißt sich bei einem durch Abonnemententgelte finanzierten Sender danach, inwieweit das Recht „zum Erhalt und Ausbau zahlungswirksamer Programmnachfrage geeignet ist." Quelle: NEUMANN, Pay-TV (1998), S. 162.

[4] Vgl. zur Planung von Einzahlungen aus der Spotwerbung HORSTMANN, Programmcontrolling (1997), S. 39.

[5] Vgl. HERZIG, Bilanzierung von Fernseh- und Sportübertragungsrechten (1998), S. 236 f.

[6] Es ist zu beachten, daß die Einzahlungen aus Rundfunkgebühren nicht durch den Erwerb einzelner Medienrechte hervorgerufen werden und somit nicht zum Zahlungsstrom dieser Programmobjekte hinzuzurechnen sind. Anderenfalls besteht die Gefahr, daß mit Hilfe der Rundfunkgebühr private Wettbewerber beim Erwerb von attraktiven Film- und Sportübertragungsrechten überboten werden; siehe zu dieser wettbewerbsbehindernden Verwendung der Rundfunkgebühr SCHELLHAAß, Rundfunkökonomie (2000), S. 532 f.

1. Die Grundlagen der Bewertung

Treten beim Erwerb eines Medienrechts Eingliederungseffekte auf, sind diese bei der Ermittlung des Zukunftserfolgs zu beachten. Der bewertungsrelevante Vorteilsstrom ergibt sich somit gemäß dem *Verbundberücksichtigungsprinzip*[1] aus der Differenz der zu verzeichnenden Erfolge des Rundfunkveranstalters mit und ohne dem zu bewertenden Medienrecht. Abgesehen von den schon beschriebenen Effekten auf das Rahmenprogramm ist beispielsweise beim Erwerb von Sportübertragungsrechten ein erhöhter Erfolg der Übertragung aufgrund der beim Sender beschäftigten und hinsichtlich der entsprechenden Sportart renommierten Sportreporter denkbar. Da die jeweiligen Verbundeffekte durch die Synthese von Rundfunkveranstalter und Medienrecht generiert werden, spiegelt das Verbundberücksichtigungsprinzip sowohl das Prinzip der Gesamtbewertung als auch das Prinzip der Subjektivität wider.

Neben diesem zu beachtenden Problem der Erfolgsabhängigkeit ist das Verbundberücksichtigungsprinzip außerdem im Falle einer jungierten Konfliktsituation relevant. Liegt eine solche verbundene Konfliktsituation vor, muß folglich berücksichtigt werden, daß der Entscheidungswert des einen Medienrechts jeweils in Abhängigkeit des Verhandlungsergebnisses um das andere Medienrecht zu bestimmen ist.[2]

Die Abgrenzung und Quantifizierung relevanter Zahlungen durch die in der Medienbranche agierenden Fachkräfte erfordern die Einhaltung der dargestellten Prinzipien. Die so ermittelten Informationen über Streuungen, Bandbreiten und Interdependenzen der künftigen Zahlungsüberschüsse bilden den Ausgangspunkt zur Medienrechtsbewertung. Die Aufgabe der Bewertung im Rahmen der Entscheidungsfunktion besteht darin, aus diesen Informationen einen Wert zu berechnen, welcher als Entscheidungsgrundlage dienen kann. Aus diesem Grunde wird anschließend auf die Möglichkeiten zur Berücksichtigung der Unsicherheit eingegangen.

1.2.4.2 Die Verfahren zur Berücksichtigung der Unsicherheit

Die Erfolgsschätzungen für Medienrechte sind unter Unsicherheit durch mehrwertige Erwartungen geprägt. Grundlage der Bewertung bilden die zur Verfügung gestellten Erfolgserwartungen, die (schon unter Anwendung subjektiver Komplexitätsreduktion[3]) auf subjektive Bandbreiten eingeengt und denen bestenfalls durch fundierte Schätzungen ermittelte Eintrittswahrscheinlichkeiten zugeordnet worden sind. Wie in Kapitel III.1.2.3.2 (S. 73) bereits festgestellt, ist unter diesen Bedingungen eine „opti-

---

[1] Siehe *MOXTER*, Unternehmensbewertung (1983), S. 91 - 96, der statt vom Erfolg vom Ertrag spricht.

[2] Vgl. *MATSCHKE*, Entscheidungswert (1975), S. 336 - 356.

[3] Bezüglich der im Vorfeld vollzogenen Komplexitätsreduktion sei insbesondere auf die diskontinuierliche Betrachtung eventuell kontinuierlich anfallender Zahlungsströme hingewiesen; vgl. *MATSCHKE*, Investitionsplanung (1993), S. 58.

male" Lösung des zielsetzungsdefekten[1] Bewertungsproblems *ex ante* nicht definiert. Heuristische Verfahren[2] zur Berücksichtigung der Mehrwertigkeit der Zukunftserwartungen des Bewertungssubjekts lassen sich in Unsicherheit verdichtende und Unsicherheit offenlegende Bewertungsmethoden unterteilen.

Bei *Unsicherheit verdichtenden Bewertungsmethoden* wird die Unsicherheit entweder auf der Ebene der Eingangsdaten oder auf der Ebene des Zielwertes komprimiert. Die Berücksichtigung des Unsicherheitsproblems auf der *Ebene der Eingangsdaten* kann einerseits durch die Verwendung von mit Sicherheitszu- oder -abschlägen korrigierten Planungsdaten oder andererseits durch die Einengung der für unsicher gehaltenen Parameter auf faktische Einwertigkeit erfolgen. Diese „Berichtigung" der Zahlungsgrößen[3] oder der Zinssätze[4] ermöglicht anschließend eine Bewertung mit deterministischen Modellen.[5] Der Nachteil dieser Methoden besteht jedoch darin, daß Planungsdaten willkürlich korrigiert, Parameterstreuungen nicht berücksichtigt sowie die Dynamik der Zustände im Zeitablauf nicht abgebildet werden und somit die Aussagefähigkeit des ermittelten (Punkt-)Wertes gering ist.[6] Die Komprimierung der Unsicherheit auf der *Ebene des Zielwertes* erfolgt hingegen dergestalt, daß die Informa-

---

[1] Zu Strukturdefekten bei Entscheidungsproblemen wird verwiesen auf Kapitel III.1.2.6 (S. 83 f.) sowie insbesondere auf ADAM, Planung (1996), S. 10 - 15.

[2] Siehe zu nachfolgenden Ausführungen zur Berücksichtigung der Unsicherheit die ausführliche Analyse von Planungsmethoden unter Unsicherheit in HERING, Investitionstheorie (1995), S. 173 - 221 sowie die zusammenfassenden Darstellungen in ROLLBERG, Simultane Planung (1999), S. 106 - 110 und ROLLBERG, Unternehmensplanung (2001), S. 189 - 193.

[3] Die Anpassung der Zahlungsgrößen findet z. B. im Rahmen der *Sicherheitsäquivalenzmethode* statt. Bei dieser Methode erfolgt eine Aggregation der in Bandbreiten oder als subjektive Wahrscheinlichkeitsverteilungen vorliegenden Zahlungsgrößen in sog. Sicherheitsäquivalente. Auf der Basis des BERNOULLI-Prinzips und mit der erforderlichen Kenntnis der Risikopräferenzen des Entscheidungssubjekts werden die unsicheren Zukunftserfolgsströme in einen sicheren Strom transformiert, den das Bewertungssubjekt als gleichwertig einschätzt. Mit anderen Worten, unter dem sicherheitsäquivalenten Erfolg wird derjenige sichere Erfolg verstanden, der dem Bewertungssubjekt genausoviel wert ist, wie die geschätzte unsichere Erfolgsbandbreite. Soll die Entscheidungswertfindung nicht zu einem intuitiven Abwägungsprozeß führen, sind – was enorme praktische Schwierigkeiten erwarten läßt – bei der Bestimmung der Sicherheitsäquivalente die Risikonutzenfunktionen aller Bewertungssubjekte zu berücksichtigen; siehe BALLWIESER, Wahl des Kalkulationszinsfußes (1981), S. 101 - 103, BALLWIESER, Unternehmensbewertung beim Management Buy-Out (1991), S. 88 - 93. Vgl. außerdem zur Methode und zur Kritik SIEGEL, Unsicherheitsberücksichtigung (1992), S. 23 f.

[4] Die Anpassung der Zinssätze erfolgt beispielsweise bei der *Risikozuschlagsmethode*. Hierbei werden zur Entscheidungswertermittlung die Erwartungswerte der Einzahlungsüberschüsse und willkürlich risikoangepaßte Zinssätze verwendet. Die Höhe des gewählten Zu- oder Abschlags zur Berücksichtigung des Risikos ist nicht rational begründbar. Vgl. zur Risikozuschlagsmethode und zur Kritik SIEBEN/SCHILDBACH, Bewertung ganzer Unternehmungen (1979), S. 460, SIEGEL, Unsicherheitsberücksichtigung (1992), S. 22 f., HERING, Investitionstheorie (1995), S. 183 - 196.

[5] Beide Vorgehensweisen werden auch aus Sicht der Wirtschaftsprüfer vorgeschlagen; vgl. INSTITUT DER WIRTSCHAFTSPRÜFER, Grundsätze (2000), S. 833.

[6] Siehe HERING, Investitionstheorie (1995), S. 178.

1. Die Grundlagen der Bewertung

tionen über die Bandbreiten und die Verteilung der mehrwertigen Eingangsgrößen des Bewertungsproblems ausdrücklich dazu genutzt werden, um hieraus einen einheitlichen Punktwert als Handlungsempfehlung zu bestimmen.[1] Bei allen vorgestellten Varianten der Unsicherheit verdichtenden Methoden wird unter Informationsverlust versucht, die mehrwertigen Erwartungen des komplexen Bewertungsproblems in einem Punktwert zu komprimieren, um somit die Unsicherheit künstlich „wegzurechnen". Dem Bewertungssubjekt wird schließlich ein einwertiger Entscheidungswert mit eher geringer Aussagekraft geliefert.[2]

Als Ergebnis der *Unsicherheit offenlegenden* (oder aufdeckenden) *Bewertungsmethoden* wird dem Entscheidungssubjekt der Entscheidungswert als Bandbreite oder als Verteilung zur Verfügung gestellt. Da bei Unsicherheit eine „optimale" Lösung des Bewertungsproblems *ex ante* nicht definiert ist, entsprechen Bandbreiten vielmehr der Natur des Entscheidungswertes. Zur Aufdeckung der Auswirkungen der Unsicherheit kann auf die Sensitivitäts-[3] und die Risikoanalyse[4] zurückgegriffen werden.[5]

Der Bewertungsvorgang beginnt im Anschluß an die Bereitstellung der durch Fachleute der Medienbranche geschätzten Erfolgserwartungen und endet im Rahmen der Entscheidungsfunktion mit der Ermittlung eines Entscheidungswertes. Dieser Wert soll dem Entscheidungssubjekt zur Entscheidungsunterstützung dienen. Die Abwägung zwischen Preis und Entscheidungswert, in welche die individuellen Risikoneigungen des Entscheidungssubjekts einfließen, schließt sich an den Bewertungsvor-

---

[1] Unter diese Methoden fallen beispielsweise die stochastische Optimierung und die unscharfe lineare Optimierung. Die *stochastische Optimierung* interpretiert die einzelnen Eingangsdaten des Bewertungsproblems als Zufallsvariable mit bekannten Wahrscheinlichkeitsverteilungen, um letztendlich die mehrwertigen Erwartungen zu einem Punktwert zu verdichten; vgl. ROLLBERG, Simultane Planung (1999), S. 107. Im Unterschied dazu erfolgt die Komprimierung der Unsicherheit im Rahmen der auf die Fuzzy Logic zurückzuführenden *unscharfen linearen Optimierung* lediglich unter Berücksichtigung der Bandbreiten der einzelnen Koeffizienten des Bewertungsproblems; vgl. HERING, Investitionstheorie (1995), S. 218 - 221. Siehe auch BUSCHER/ROLAND, Fuzzy Sets (1993) und BUSCHER, Unscharfe Daten (1999), S. 90 - 94.

[2] Für MOXTER sind einwertige Erfolgsprognosen nicht realitätsgerecht, eine Komprimierung der Daten auf einen Punktwert als Entscheidungswert hält MOXTER indessen für statthaft; siehe MOXTER, Unternehmensbewertung (1983), S. 117 und S. 156.

[3] Mit *Sensitivitätsanalysen* wird die Empfindlichkeit der Bewertungsergebnisse auf die Veränderung der Planungsdaten untersucht; vgl. weiterführend z. B. DINKELBACH, Sensitivitätsanalysen (1979) und HERING, Investitionstheorie (1995), S. 196 - 207.

[4] Die simulative und die analytische Methode der *Risikoanalyse* leiten aus den gegebenen Verteilungen der Planungsgrößen eine statistische Verteilung für den Zielwert ab; vgl. weiterführend u. a. HERTZ, Risk Analysis (1964), DIRUF, Risikoanalyse (1972), HERING, Investitionstheorie (1995), S. 207 - 211.

[5] Siehe zur Befürwortung der Unsicherheit offenlegenden Bewertungsmethoden beispielsweise COENENBERG, Monte-Carlo-Simulation (1970), S. 804, BALLWIESER, Unternehmensbewertung (1990), S. 161 f., SIEGEL, Unsicherheitsberücksichtigung (1992), S. 26, HALLER, Immaterielle Vermögenswerte (1998), S. 582, HERING, Unternehmensbewertung (1999), S. 26 f.

gang an und erfordert transparente Informationsgrundlagen.[1] Aufgrund der mangelnden Zweckmäßigkeit von Unsicherheit verdichtenden Methoden liegt die Verwendung von Unsicherheit offenlegenden Bewertungsmethoden nahe. Diese Methoden schaffen die notwendige „Transparenz hinsichtlich der subjektiv für möglich gehaltenen Entscheidungskonsequenzen [...] [und dienen somit] in anschaulicher und nachvollziehbarer Form"[2] als Entscheidungsgrundlage. Aufbauend auf den Erkenntnissen des Quasi-Sicherheitsfalls sollen sich die Ausführungen zur Bewertung audiovisueller Medienrechte bei Unsicherheit auf die Darstellung und Anwendung der Unsicherheit offenlegenden Bewertungsmethoden konzentrieren.

1.2.5 Eine Auswahl möglicher konfliktlösungsrelevanter Sachverhalte

Traditionell werden in der Unternehmungsbewertungstheorie meist eindimensionale Konfliktsituationen unterstellt, wobei aus Sicht des präsumtiven Erwerbers allein das zu zahlende Entgelt im Mittelpunkt der Analysen steht und die anderen Faktoren als Ceteris-paribus-Bedingungen betrachtet werden oder stillschweigend unberücksichtigt bleiben. Wird dieser Fall bei der Entscheidungswertermittlung angenommen, sollten die Vertreter der Konfliktparteien in der Verhandlungssituation zumindest Kenntnis darüber haben, welche weiteren Sachverhalte konfliktlösungsrelevant sein können und für welche Extensionen dieser Sachverhalte die jeweilige Grenze der Konzessionsbereitschaft ermittelt worden ist. Die Einigung zwischen konfligierenden Parteien hängt jedoch in einer realen Verhandlungssituation von einer Vielzahl von Faktoren ab.[3] Beispielhaft sollen im folgenden mögliche konfliktlösungsrelevante Sachverhalte für den Erwerb audiovisueller Medienrechte analysiert werden.[4]

Gegenstand des Fernsehlizenz- oder Senderechtsvertrags[5] sind das Filmwerk oder die Filmwerke, an deren Ausstrahlung der Fernsehveranstalter interessiert ist. Als ein konfliktlösungsrelevanter Sachverhalt ist somit im Rahmen dieses Vertrags der *Umfang der Rechte* anzusehen. Durch den Vertrag werden dem Fernsehveranstalter die ausschließlichen Nutzungsrechte (§ 31 Abs. 3 UrhG) am Vertragsgegenstand eingeräumt. Im Mittelpunkt steht dabei i. d. R. das Senderecht nach § 20 UrhG. Dieses

---

[1] Siehe auch HERING, Unternehmensbewertung (1999), S. 26.

[2] HERING, Investitionstheorie (1995), S. 181 (Hervorhebungen im Original).

[3] Vgl. hierzu die Erhebung in MATSCHKE, Entscheidungswert (1975), S. 39 - 54.

[4] In Anlehnung an das Vorgehen von REICHERTER, Fusionsentscheidung (2000), S. 176 - 183 wird stellvertretend auf die Musterverträge über Fernsehrechte in HERTIN/EHRHARDT, Senderechtsvertrag mit öffentlich-rechtlichen Rundfunkanstalten (1998), S. 1106 - 1110 und HERTIN/EHRHARDT, Senderechtsvertrag mit privaten Rundfunkveranstaltern (1998), S. 1119 - 1121 zurückgegriffen.

[5] Vgl. zu den nachfolgenden Ausführungen HERTIN/EHRHARDT, Senderechtsvertrag mit öffentlich-rechtlichen Rundfunkanstalten (1998) sowie HERTIN/EHRHARDT, Senderechtsvertrag mit privaten Rundfunkveranstaltern (1998). Zur weiterführenden rechtswissenschaftlichen Analyse siehe VON HARTLIEB, Film-, Fernseh- und Videorecht (1991), S. 549 - 551.

1. Die Grundlagen der Bewertung 81

kann die Befugnis zur terrestrischen Sendung und zur zeitgleichen Verbreitung über Satelliten und Kabelanlagen sowie ähnliche technische Einrichtungen umfassen. Es ist insofern darauf zu achten, ob das Senderecht alle aus Sicht des Fernsehsenders erforderlichen Verbreitungswege beinhaltet. Darüber hinaus werden die für Fernsehzwecke notwendigen Bearbeitungs- sowie die Vervielfältigungs- und Verbreitungsrechte im Vertrag geregelt. Dem Fernsehsender wird regelmäßig das Recht übertragen, den Film unter Wahrung des Urheberpersönlichkeitsrechts für das Fernsehen einzurichten und zu ändern sowie ferner auf entsprechende Wiedergabevorrichtungen aufzunehmen und mit Hilfe dieser Vorrichtungen gegebenenfalls wiederholt zu senden. Außerdem wird der Fernsehgesellschaft gewöhnlich die kostenfreie Nutzung innerhalb einer zeitlich begrenzten Programmvorschau gestattet. Der Fernsehveranstalter hat zu berücksichtigen, daß eine eventuell geplante Weiterveräußerung des Senderechts an Dritte grundsätzlich der Zustimmung des Lizenzgebers bedarf.

Der Lizenzvertrag verpflichtet den Lizenzgeber, dem Lizenznehmer (Fernsehveranstalter) die vereinbarten ausschließlichen Nutzungsrechte einzuräumen. Der Fernsehveranstalter erwirbt diese Rechte daraufhin generell zeitlich und territorial beschränkt. Als konfliktlösungsrelevant sind diesbezüglich die *Lizenzzeit* und das *Lizenzgebiet* einzuordnen. Während das Lizenzgebiet die mit dem Filmwerk erzielbare mögliche Reichweite eingrenzt, wird durch die Lizenzzeit das Zeitfenster definiert, in dem eine Sendung des Films möglich ist. Mit Beendigung der Lizenzzeit fallen die Rechte an den Lizenzgeber zurück.

Darüber hinaus muß die *Anzahl der Ausstrahlungen* des Filmwerks vertraglich festgelegt werden. Die Aufnahme dieses konfliktlösungsrelevanten Sachverhalts in den Fernsehlizenzvertrag umfaßt einerseits die Zahl der während der Lizenzzeit möglichen Sendungen und Wiederholungssendungen sowie andererseits die gegebenenfalls innerhalb der Laufzeit des Vertrags erforderlichen Mindestausstrahlungen. Erwirbt der Fernsehsender die Rechte für mehrere Ausstrahlungsmöglichkeiten, sind diese bei der Wertermittlung als Bewertungseinheit zu berücksichtigen, wobei der durch die wiederholte Ausstrahlung gestiftete Nutzen aufgrund des Aktualitätsbezugs gewöhnlich geringer ist als der, den eine vorangegangene Ausstrahlung stiftet.

Im Rahmen dieser exemplarischen, aber keineswegs umfassenden Erfassung konfliktlösungsrelevanter Sachverhalte soll ferner das Sende- oder *Lizenzentgelt* angeführt werden. Dieses Entgelt ist die Vergütung für die übertragenen Nutzungsrechte und kann, wie bereits in Kapitel II.2.2.1 (S. 40) dargestellt, z. B. hinsichtlich Zahlungsmodalitäten, Zahlungszeitpunkt und fakturierter Währung verschiedene Ausprägungen annehmen. Praktiziert werden u. a. auch Lizenzentgelte für Wiederholungssendungen, die sich, ausgehend vom vertraglich festgelegten Entgelt für die Erstsendung, am jeweiligen noch zu bestimmenden Sendeplatz der Wiederholung orientieren.[1] Um

---
[1] Siehe HERTIN/EHRHARDT, Senderechtsvertrag mit privaten Rundfunkveranstaltern (1998), S. 1120 und S. 1122.

ihre in der Verhandlung präsentierten Vorschläge zur Lizenzentgelthöhe abzustützen, steht es den Konfliktparteien frei, beispielsweise die Sachverhalte „Bewertungsverfahren", „zu erwartender Zukunftserfolg" oder „Kapitalisierungszinsfuß" argumentativ in die Konfliktsituation einzubringen.[1]

In Kapitel III.1.1.1 (S. 53) wurde ausgeführt, daß sich konfliktlösungsrelevante Sachverhalte dahingehend unterscheiden, ob sie mittelbar oder unmittelbar entscheidungsfeldverändernd wirken. Bis auf die Sachverhalte „Bewertungsverfahren", „Zukunftserfolg" und „Kapitalisierungszinsfuß" sind die o. g. Einigungsbedingungen den unmittelbar entscheidungsfeldverändernd wirkenden originären konfliktlösungsrelevanten Sachverhalten zuzuordnen. Die beispielhaft aufgeführten Variablen „Bewertungsverfahren", „Zukunftserfolg" und „Kapitalisierungszinsfuß" verändern das Entscheidungsfeld einer Konfliktpartei hingegen nur mittelbar. Sie dienen der Herleitung und argumentativen Abstützung des originären Sachverhalts Lizenzentgelt und sind den derivativen konfliktlösungsrelevanten Sachverhalten zu rubrizieren. Neben der Argumentationsfunktion derivativer Sachverhalte besteht die Möglichkeit, die originären Sachverhalte im Rahmen der Verhandlung durch die derivativen Sachverhalte zu substituieren, wenn mit der Einigung der Konfliktparteien auf konkrete Ausprägungen der derivativen Sachverhalte die Extensionen der originären Sachverhalte bestimmt werden. Ohne daß der Fernsehveranstalter notwendigerweise eine Verschlechterung der Verhandlungsposition befürchten muß, ist es ihm somit möglich, bei einzelnen derivativen Sachverhalten Verhandlungsbereitschaft zu offenbaren und nachzugeben; denn erst eine Verständigung über alle derivativen Sachverhalte determiniert den dazugehörigen originären Sachverhalt und somit das Entscheidungsfeld. Eine positive Konfliktlösung setzt schließlich nur die Einigung der Verhandlungsparteien über die Extensionen aller originären Sachverhalte voraus.[2]

Es bleibt zu beachten, daß den Parteien zu Verhandlungsbeginn weder alle möglichen konfliktlösungsrelevanten Sachverhalte noch die möglichen Ausprägungen hinsichtlich der letztendlich relevanten Einigungsbedingungen bekannt sind. Deshalb gilt es, die Menge der möglichen Konfliktlösungen im Laufe der Verhandlungen erst zu entdecken. Um als Fernsehveranstalter eine rationale Verhandlungsführung und eine aktive Einflußnahme auf den Ablauf des Konfliktlösungsprozesses um die audiovisuellen Medienrechte zu gewährleisten, sollten vor Beginn der Verhandlungen Hypothesen über die relevanten Einigungsbedingungen und deren mögliche Extensionen aufgestellt und daraufhin entsprechende Entscheidungswerte ermittelt werden.[3] Ein

---

[1] Vgl. zur Argumentationsfunktion dieser Sachverhalte MATSCHKE, Entscheidungswert (1975), S. 57 f.

[2] Vgl. MATSCHKE, Entscheidungswert (1975), S. 57 - 74, TILLMANN, Grundstückskontaminationen (1998), S. 157 - 159, REICHERTER, Fusionsentscheidung (2000), S. 181 - 183.

[3] Vgl. hierzu MATSCHKE, Ermittlung mehrdimensionaler Entscheidungswerte (1993), S. 11 f.; siehe auch TILLMANN, Grundstückskontaminationen (1998), S. 141 und S. 157.

1. Die Grundlagen der Bewertung

erforderlicher branchenspezifischer Lösungsansatz zur Ermittlung der Konzessionsgrenze wird nachfolgend entwickelt.

1.2.6 Die Notwendigkeit zur Heuristik, die Modellanforderungen und die weitere Vorgehensweise

In Kapitel III.1.2.3.2 (S. 72 f.) wurde bereits dargelegt, daß das in der Realität vorliegende Entscheidungsfeld bei der Bewertung audiovisueller Medienrechte durch seine Offenheit geprägt ist und der tatsächliche Wert der audiovisuellen Medienrechte aufgrund der gegebenen Unsicherheit *ex ante* nicht bestimmt werden kann. Das Problem der Bewertung audiovisueller Medienrechte stellt sich für die Bewertungssubjekte, die Rundfunkveranstalter, in der Realität als schlechtstrukturiertes Problem[1] dar. Die Ursachen dafür sind in *vier möglichen Defekten* zu finden:

1. Die Medienrechtsbewertung ist ein *zielsetzungsdefektes* Problem: Einerseits stehen verschiedene Zielvorgaben, z. B. bei öffentlich-rechtlichen Rundfunkanbietern mit Programmauftrag und Wirtschaftlichkeitsprinzip oder bei privaten Veranstaltern allein schon die divergierenden Ziele mehrerer Eigner, in einem Konkurrenzverhältnis zueinander; andererseits ist beispielsweise bei privaten Anbietern nicht zweifelsfrei bekannt, welche Zielsetzung durch die Eigentümer verfolgt wird. Möglicherweise streben diese nach politischer Einflußnahme anstatt nach Befriedigung ihrer Konsumbedürfnisse.

2. Darüber hinaus ist die Medienrechtsbewertung ein *wirkungsdefektes* Problem: Einerseits ist die Art und Anzahl der für die Bewertung relevanten Variablen und Restriktionen nicht vorhersehbar; andererseits kann Unklarheit über die Interdependenzen bestehen, die zwischen den Ausprägungen der relevanten Merkmale sowie dem Niveau der jeweiligen Variablen vorhanden sind. So ist u. a. der Einfluß des durch die Konkurrenz ausgestrahlten Parallelprogramms oder die Auswirkung des Ausscheidens einer nationalen Sportgröße auf die Einschaltquote von Sportübertragungen nicht genau bestimmbar.

---

[1] Die Ausführungen zu strukturdefekten Problemstellungen erfolgen in Anlehnung an *ADAM*, Schlechtstrukturierte Entscheidungssituationen (1983). Vgl. auch *ADAM*, Heuristische Planung (1989), *ADAM*, Planung (1996), S. 10 - 15, *HERING*, Unternehmensbewertung (1999), S. 4 f. und *OLBRICH*, Unternehmungswert (1999), S. 81 f., *ROLLBERG*, Unternehmensplanung (2001), S. 3. Siehe ferner *BRÖSEL*, Programmplanung (2001), S. 389.

3. Die Medienrechtsbewertung ist ferner ein *bewertungsdefektes* Problem: Im offenen Entscheidungsfeld lassen sich die relevanten Größen nur unvollkommen oder gar nicht quantifizieren. Künftige Größen, wie beispielsweise die zu erwartenden Einschaltquoten, Zinssätze oder der Erfolg von alternativen Programmbestandteilen, lassen sich nicht genau antizipieren.

4. Schlußendlich ist die Medienrechtsbewertung ein *lösungsdefektes* Problem: Für die Lösung des Problems existiert kein effizientes Verfahren, selbst wenn alle Zusammenhänge und Daten vorlägen. Aufgrund der Komplexität eines dafür erforderlichen unternehmensweiten Totalmodells wäre die optimale Lösung nicht mit ökonomisch vertretbarem Aufwand bestimmbar.

Die dargestellten Defekte verlangen zur Lösung des Bewertungsproblems umfangreiche heuristische Komplexreduktionen, weil selbst theoretisch *ex ante* kein eindeutig „richtiger" Wert des audiovisuellen Medienrechts ermittelt werden kann und somit die Ermittlung eines „sinnvollen" Entscheidungswertes im Sinne einer Bandbreite verschiedener möglicher Werte im Mittelpunkt steht. Durch plausible Annahmen und Entscheidungen wird versucht, das offene Entscheidungsfeld künstlich und sukzessiv einzuengen. Unter diese Methoden, welche die Ergebnisse des Bewertungsmodells unmittelbar beeinflussen, fallen beispielsweise die getroffene Wahl der einfachen finanziellen Zielsetzung und die pragmatische Bestimmung eines Planungshorizonts.[1] Während somit die ersten drei Defekte durch getroffene Annahmen und Zielsetzungen sowie der Problemlösung vorlagerte Verfahren eingegrenzt werden, steht letztendlich der Lösungsdefekt im Mittelpunkt der Untersuchungen. Hierbei soll ein Modell zur Bewertung audiovisueller Medienrechte entwickelt werden, das folgenden *(Modell-)Anforderungen*[2] genügt:

---

[1] Siehe *HERING*, Unternehmensbewertung (1999), S. 5, *ROLLBERG*, Unternehmensplanung (2001), S. 9 f.

[2] Vgl. zu den ersten beiden Modellanforderungen die Merkmale des Entscheidungswertes; siehe dazu Kapitel III.1.1.3 (S. 57) sowie *MATSCHKE*, Gesamtwert (1972), S. 147 und *MATSCHKE*, Ertragswert (1975), S. 26. Zur vierten und fünften Anforderung an das Modell siehe *LEUTHIER*, Interdependenzproblem (1988), S. 4.

Während die ersten drei Anforderungen hauptsächlich die *hinreichende Genauigkeit* (theoretische Exaktheit) des Modells bezwecken, streben die Anordnungen 4 bis 6 demgegenüber nach der *erforderlicher Praktikabilität* (praktische Anwendbarkeit); siehe hierzu das Ziel der Arbeit im ersten Kapitel (S. 6).

1. Die Grundlagen der Bewertung

Modellanforderung 1: Subjekt- und Zielsystembezogenheit

Für die Konfliktsituation vom Typ des Erwerbs (Merkmal der Handlungsbezogenheit) soll unter expliziter Beachtung der Grundsätze der Gesamtbewertung, der Zukunftsbezogenheit und der Subjektivität ein Entscheidungswert ermittelt werden, der die in Kapitel III.1.2.3.1 (S. 69 f.) operationalisierten Ziele der präsumtiven Erwerber berücksichtigt (Merkmal der Subjekt- und Zielsystembezogenheit).

Modellanforderung 2: Entscheidungsfeldbezogenheit und Grenzwertermittlung

Der mit dem Modell zu ermittelnde Wert des Medienrechts soll als Grenze der Verhandlungsbereitschaft (Merkmal des Grenzwertes) ausschließlich für das konkrete Entscheidungsfeld des Bewertungssubjekts und für die daraus ableitbaren Alternativen gültig sein (Merkmal der Entscheidungsfeldbezogenheit). Das Modell erfordert somit einen branchenorientierten Brückenschlag zwischen Bewertung des audiovisuellen Medienrechts und Programmplanung.

Modellanforderung 3: Möglichkeit der Verknüpfung mit Unsicherheit offenlegenden Methoden

Damit der zu ermittelnde Wert des audiovisuellen Medienrechts in anschaulicher Form als Entscheidungsgrundlage dient, sollen die Auswirkungen der in der Realität herrschenden Unsicherheit durch Verknüpfung geeigneter Verfahren mit diesem Modell transparent offengelegt werden können.

Modellanforderung 4: Vertretbarer Informationsbeschaffungs- und -verarbeitungsaufwand

Der Aufwand für die Beschaffung und die Verarbeitung der erforderlichen Informationen ist in ökonomisch vertretbaren Grenzen zu halten.

Modellanforderung 5: Rechenbarkeit der Kalküle

Die Lösbarkeit des Modells soll gegeben sein.

Modellanforderung 6: Möglichkeit dezentraler Entscheidungsunterstützung

Da die Planung von Fernsehprogrammen hohe Aktualität und Flexibilität[1] erfordert, soll das Modell zur Bewertung audiovisueller Medienrechte entscheidungsunterstützend bei dezentraler Entscheidungsorganisation wirken.

---

[1] Vgl. BERTHOUD, Programm (2001), S. 343 f.

Nach den allgemeinen Ausführungen zur Bewertungstheorie und der branchenspezifisch fundierten Grundlagenanalyse zur Entscheidungswertermittlung werden nunmehr, im Anschluß an eine Untersuchung bestehender Ansätze zur Medienrechtsbewertung, die total- sowie die partialanalytische Bewertung audiovisueller Medienrechte eingehend diskutiert und vor dem Hintergrund der oben formulierten Modellanforderungen kritisch gewürdigt. Dazu sei sowohl im Rahmen der total- als auch der partialanalytischen Betrachtung folgende *Vorgehensweise* gewählt:

1. Einführend wird die Entscheidungswertermittlung auf Basis einfacher Modelle unter der Annahme quasi-sicherer Erwartungen in unterschiedlichen Konfliktsituationen dargestellt.

2. Die bestehenden realwirtschaftlichen Interdependenzen bei Rundfunkanbietern erfordern die Einbindung der Entscheidungswertermittlung in die Fernsehprogrammplanung. Deshalb werden – weiterhin unter der Annahme von Quasi-Sicherheit – Instrumente zur Programmplanung vorgestellt, welche die herausgearbeiteten branchenspezifischen Besonderheiten im Entscheidungsfeld berücksichtigen. In Ermangelung des umfassenden Einsatzes betriebswirtschaftlicher Steuerungselemente bei öffentlich-rechtlichen Veranstaltern sollen die Modelle insbesondere für Rundfunkanstalten entwickelt werden. Nachfolgend wird geprüft, inwieweit der Ansatz auf private Rundfunkanbieter übertragbar ist.

3. Im Anschluß an die Darstellung der modellgestützten Programmplanungsmöglichkeiten wird die Entscheidungswertermittlung mit diesen Modellen verknüpft.

4. Aufbauend auf den bisher unter Quasi-Sicherheit gewonnenen Erkenntnissen sind dann Möglichkeiten einer Berücksichtigung von mehrwertigen Erwartungen aufzuzeigen.

5. Total- sowie partialanalytische Betrachtung enden jeweils mit einer kritischen Würdigung hinsichtlich der oben formulierten Modellanforderungen.

In Anbetracht der dabei analysierten Defekte wird basierend auf der approximativen Dekomposition ein heuristischer Lösungsansatz für die realen Bedingungen des offenen Entscheidungsfeldes entwickelt, der eine wirtschaftliche Fernsehprogrammplanung unterstützt und eine Einbindung der Bewertung audiovisueller Medienrechte zuläßt. Abschließend wird auch das heuristische Modell zur Programmplanung und Medienrechtsbewertung hinsichtlich der benannten Modellanforderungen kritisch gewürdigt. Die gewählte Vorgehensweise bis zur Entwicklung des heuristischen Modells wird in Abbildung 16 dargestellt.

1. Die Grundlagen der Bewertung

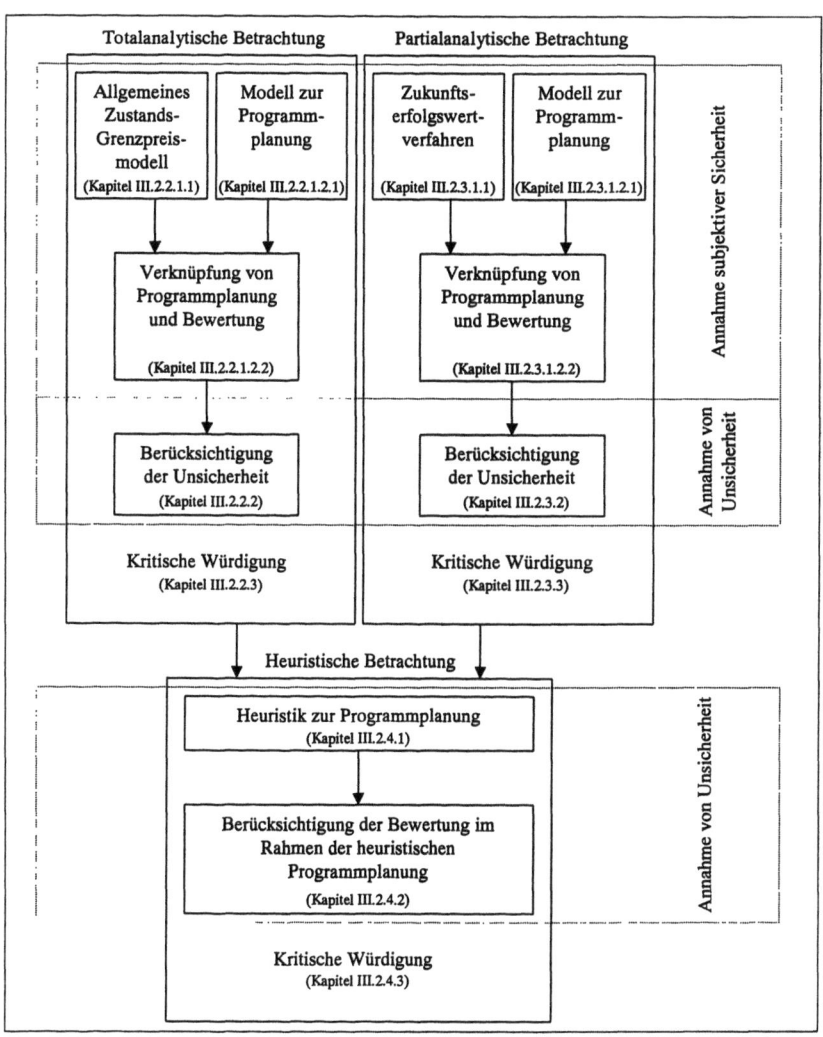

Abbildung 16:   *Die Vorgehensweise bis zur Entwicklung des heuristischen Modells*

2. Die modelltheoretische Analyse

2.1 Eine Analyse von zwei ausgewählten Bewertungsansätzen aus der Literatur zur Medienökonomie

Zur Bewertung audiovisueller Medienrechte kann im Rahmen der wirtschaftswissenschaftlichen Literatur bisher nur auf wenige Ansätze zurückgegriffen werden.[1] Im folgenden seien beispielhaft die von HEINRICH und von KRUSE vorgeschlagenen Verfahren skizziert und hinsichtlich der vorab in Kapitel III.1.2.6 (S. 84 f.) formulierten Modellanforderungen kritisch gewürdigt.

HEINRICH versucht, die „Grenze für den Nachfragepreis"[2] PD für Verwertungsrechte im werbefinanzierten Fernsehen unter Berücksichtigung des Tausenderkontaktpreises[3] TKP, der faktisch möglichen Werbezeit während der Ausstrahlung der Sendung WZ und der erwarteten Reichweite R^* wie folgt zu bestimmen:[4]

$$PD \leq R^* \cdot \frac{TKP}{1.000} \cdot WZ.$$

Wird z. B. bei einem Film von 90 Minuten Dauer eine Reichweite von 5 Mio. Zuschauern erwartet, ergibt sich bei einer möglichen Werbezeit von 10 % der Nettospielzeit des Films und einem Tausenderkontaktpreis von 50 GE je Minute folgende Grenze der Konzessionsbereitschaft:[5]

$$PD \leq 5.000.000 \text{ Zuschauer} \cdot \frac{50}{1.000 \text{ Zuschauer} \cdot \text{Minute}} \cdot 9 \text{ Minuten} = 2.250.000 \text{ GE}.$$

Der vorgeschlagene statische Ansatz vernachlässigt – abgesehen von der Abstraktion von der Zeit – die finanz- und realwirtschaftlichen Handlungsmöglichkeiten und -beschränkungen der Rundfunkanbieter. Der maximal zahlbare Preis wird somit beispielsweise *unabhängig* von den zur Verfügung stehenden liquiden Mitteln und Fi-

---

[1] Ferner wird verwiesen auf die Literatur zur Bewertung von Marken; siehe hierzu und m. w. N. SATTLER, Markenwertbestimmung (1999). Zur Bestimmung eines „langfristigen monetären" Markenwertes schlägt SATTLER ein Indikatorenmodell vor, dessen Parameter auf einer empirischen Studie beruhen.

[2] HEINRICH, Medienökonomie, Bd. 2 (1999), S. 186.

[3] Mit dem sog. Tausenderkontaktpreis wird die Zahlungsbereitschaft der werbetreibenden Wirtschaft für eine Werbeminute und für eintausend Rezipienten angegeben; vgl. HEINRICH, Medienökonomie, Bd. 2 (1999), S. 278. Der Tausenderkontaktpreis ist u. a. abhängig von der Sendezeit, der Zielgruppe des Programmangebots und dem ausstrahlenden Sender.

[4] Vgl. zu diesem Ansatz HEINRICH, Medienökonomie, Bd. 2 (1999), S. 186.

[5] Vgl. zum Zahlenbeispiel HEINRICH, Medienökonomie, Bd. 2 (1999), S. 186.

2. Die modelltheoretische Analyse 89

nanzierungsmöglichkeiten, von der noch nicht belegten Sendezeit sowie von den Auswirkungen auf das Programmumfeld bestimmt. Unklar bleibt ferner, ob als Rechengrundlage Zahlungs- oder Erfolgsgrößen verwendet werden. Das Verfahren mißachtet daher u. a. die Grundsätze der Entscheidungsfeldbezogenheit und der Gesamtbewertung sowie das Verbundberücksichtigungsprinzip. Zwar ist es denkbar, den sich durch einen vertretbaren Informationsbeschaffungs- und -verarbeitungsaufwand sowie leichte Rechenbarkeit auszeichnenden Ansatz mit Verfahren zur Offenlegung der in der Realität herrschenden Unsicherheit zu verknüpfen; aufgrund der skizzierten Mängel ist er jedoch zur Entscheidungswertermittlung ungeeignet und sollte deshalb weder Grundlage zentraler noch dezentraler Entscheidungen sein.

Einen Schritt weiter geht KRUSE in seinem Verfahren zur Ermittlung „der Zahlungsbereitschaft eines Fernsehveranstalters"[1] für die Fernsehrechte eines Sportereignisses.[2] Die Zahlungsbereitschaft ZB ist nach KRUSE „derjenige Betrag, den dieser [Fernsehveranstalter] *maximal* zu zahlen bereit wäre."[3] Sie wird somit von KRUSE als Entscheidungsgrenze definiert und setzt sich unter Beachtung der sog. softwarespezifischen Kosten SK und des Opportunitätswertes der Sendezeit OW aus den durch die unmittelbare Nutzung des Rechts erwarteten Erlösen E, den Erlösen aus der Vergabe der Zweitrechte EZ sowie dem strategischen Wert der Sendung LÜ zusammen:

$$ZB \leq E + EZ + LÜ - SK - OW.$$

Nach KRUSE ergeben sich die Erlöse E bei werbefinanzierten Sendern aus den Nettoerlösen der während der Sportsendungen ausgestrahlten Werbung, bei einzelentgeltfinanzierten Programmen aus den sendespezifischen direkten Erlösen sowie bei abonnemententgeltfinanzierten Fernsehsendern aus dem monetär bewerteten Beitrag der Sendung zur Attraktivität des Gesamtprogramms für potentielle und tatsächliche Abonnenten. Für gebührenfinanzierte Sender wird die Ansicht vertreten, daß die Erlöse durch eine pekuniäre Bewertung der Sportsendung hinsichtlich der Zuschauerpräferenzen und der Programmziele ermittelt werden sollten.

Die Erlöse aus der Zweitverwertung betreffen die Weiterveräußerung von Rechten für Berichte, Übertragungen und Kurzberichte sowie andere im Zusammenhang mit dem zu bewertenden Senderecht stehende Erlöse.[4]

---

[1] KRUSE, Wirtschaftliche Wirkungen (1991), S. 69.

[2] Siehe zu diesem Ansatz KRUSE, Wirtschaftliche Wirkungen (1991), S. 69 f. Das Verfahren von KRUSE bildet die Grundlage für die Betrachtung des Erwerbs von Sportrechten aus institutionenökonomischer Sicht bei WALTER, Erwerb von Sportsenderechten (1999).

[3] KRUSE, Wirtschaftliche Wirkungen (1991), S. 69 (Hervorhebung im Original).

[4] Siehe KRUSE, Wirtschaftliche Wirkungen (1991), S. 69.

Die wesentlichen Erweiterungen im Vergleich zum Verfahren von HEINRICH erfährt der Ansatz von KRUSE durch die Berücksichtigung der softwarespezifischen Kosten SK, des Opportunitätswertes der Sendezeit OW und des strategischen Wertes der Sendung LÜ. Unter die softwarespezifischen Kosten SK fallen alle Ausgaben des Fernsehsenders für Produktion, Moderation und ähnliches. Der Opportunitätswert der Sendezeit OW bezeichnet die entgangenen Erlöse für nichtgesendete Programme. Den strategischen Wert einer Sendung LÜ sieht KRUSE einerseits im Anreiz des präsumtiven Rezipienten, die zum Empfang des Senders notwendige technische Ausrüstung zu erwerben und andererseits in dem der Sendung innewohnenden (pekuniär zu messenden) Signal, das den Rezipienten von der Qualität des Fernsehprogramms überzeugt.

Zwar werden bei der Ermittlung der Zahlungsbereitschaft die dem Fernsehsender mit dem beabsichtigten Erwerb zufließenden Erlöse und entstehenden Auszahlungen sowie der Opportunitätswert der Sendezeit im Ansatz berücksichtigt, weitere real- und finanzwirtschaftliche Handlungsbeschränkungen und -möglichkeiten des Rundfunkveranstalters bleiben jedoch außer Betracht. KRUSE läßt für sein ebenfalls statisches Verfahren außer Zweifel, daß Zahlungsgrößen als Rechengrundlage dienen. Dabei erscheint es aber problematisch, daß eine *pekuniäre Bewertung* sowohl für das der Sendung innewohnende Signal, welches den Rezipienten von der Qualität des Fernsehprogramms überzeugt, als auch, bei gebührenfinanzierten Sendern, für die erwarteten Erlöse aus der Sendung hinsichtlich der Zuschauerpräferenzen und der Programmziele erfolgen muß. Da sich derartige Quantifizierungsversuche nicht formalisieren lassen, soll in diesem Rahmen auch kein Urteil über die Rechenbarkeit oder eine mögliche Verknüpfung des Ansatzes mit geeigneten Verfahren zur Unsicherheitsberücksichtigung gefällt werden.

Darüber hinaus sind die Methoden zur Ermittlung des Opportunitätswertes der Sendezeit und des strategischen Wertes der Sendung fraglich. Die Einbeziehung eines strategischen Wertes in die Berechnung erinnert an die Methoden der qualitativ ausgerichteten strategischen Unternehmungsbewertung.[1] Bei diesen Verfahren wird dem Ertragswert ein strategischer Wert zugeschlagen, um die mit dem Kauf erworbenen zusätzlichen Handlungsmöglichkeiten im Sinne von Realoptionen zu berücksichtigen. Da ohnehin alle Bewertungsobjekte als Realoptionen im Sinne von zustandsbedingten Zahlungsströmen betrachtet werden können, ist eine Aufspaltung des Grenzpreises in einen Grundwert und in einen Optionswert zwar möglich, aber methodisch nicht erforderlich. Vielmehr besteht bei Modellen der strategischen Bewertung die Gefahr, daß quantitative Größen mit inkommensurablen qualitativen Größen vermengt werden. Aufgrund der sich hieraus ergebenden großen Manipulationsspielräume sowie der weiterhin vorhandenen Vernachlässigung der Verbundberücksichtigung

---

[1] Siehe BARTHEL, Zuschlagsorientierte Bewertungsverfahren (1996), S. 1355 - 1358, PEEMÖLLER/ KELLER/RÖDL, Strategische Unternehmensbewertung (1996), S. 78 f.

2. Die modelltheoretische Analyse 91

bietet das von KRUSE vorgeschlagene Verfahren kein Fundament für eine rationale Entscheidungsfindung.[1]

2.2 Die totalanalytische Bewertung audiovisueller Medienrechte

2.2.1 Die Ermittlung des Entscheidungswertes der Medienrechte bei Sicherheit auf Basis von Totalmodellen

2.2.1.1 Die Entscheidungswertermittlung auf Basis eines einfachen Totalmodells

2.2.1.1.1 Das allgemeine Zustands-Grenzpreismodell

Basierend auf dem Grundkonzept des Entscheidungswertes nach MATSCHKE formuliert HERING zur Bewertung von Zahlungsströmen ein allgemeines Zustands-Grenzpreismodell.[2] Dabei werden Basis- und Bewertungsprogramm auf der Grundlage der mehrperiodigen, simultanen Planungsansätze von WEINGARTNER und HAX[3] ermittelt.[4] Unter Anwendung des ZGPM soll nun aus der Sicht eines präsumtiven Erwer-

---

[1] Siehe die kritische Würdigung strategischer Unternehmungsbewertungsmethoden durch HERING, Unternehmensbewertung (1999), S. 169 - 179.

[2] Vgl. HERING, Unternehmensbewertung (1999), S. 29 - 34 und S. 188 f., HERING, ZGPM (2000), S. 363 - 370, HERING, Konzeptionen der Unternehmensbewertung (2000), S. 437 - 439. Die deterministische Variante dieses Modells ermöglicht als „Zeitpunkt-Grenzpreismodell" die Bewertung (quasi-)sicherer Zahlungsströme. Werden verallgemeinernd die Zeitpunkte als Zustände interpretiert, geht das ursprüngliche Modell in ein strukturgleiches allgemeines Zustands-Grenzpreismodell (ZGPM) über, das sich zur Bewertung unsicherer Zahlungsströme eignet. Zur Anwendung des ZGPM siehe auch OLBRICH, Kauf der Mantelgesellschaft (2001), S. 1329 - 1331.

[3] Vgl. WEINGARTNER, Mathematical Programming (1963), HAX, Lineare Programmierung (1964).

[4] HERING greift dazu auf die Totalmodelle zur Grenzpreisbestimmung von LAUX/FRANKE sowie von JAENSCH und MATSCHKE zurück: LAUX und FRANKE schlagen zur Ermittlung des Grenzpreises von Unternehmungen basierend auf den simultanen Planungsansätzen von WEINGARTNER und HAX ein einziges gemischt-ganzzahliges Totalmodell vor. Darin wird der gesuchte Preis der Unternehmung fortlaufend variiert, bis aus Sicht des Bewertungssubjekts der Kauf (oder der Verkauf) des Bewertungsobjekts unvorteilhaft wird; vgl. *LAUX/FRANKE*, Problem der Bewertung (1969).

JAENSCH und MATSCHKE hingegen entwickelten Modelle, in denen der Grenzpreis mit Hilfe des bereits beschriebenen zweistufigen Konzepts (vgl. Kapitel III.1.1.4, S. 59 ff.) berechnet wird. Als erster Schritt wird als sog. *Basisprogramm* das Investitions- und Finanzierungsprogramm ermittelt, welches den Zielfunktionsbeitrag maximiert, ohne daß es zu einer Änderung der Eigentumsverhältnisse kommt. Im zweiten Schritt wird (im Falle der Kaufsituation) das Bewertungsobjekt in das Investitionsprogramm des präsumtiven Käufers aufgenommen. Hierbei erfolgt die Bestimmung eines maximal zahlbaren Kaufpreises als Entscheidungswert des präsumtiven Käufers, bei dem der Zielfunktionsbeitrag des Basisprogramms mindestens wieder zu erreichen ist. Ergebnis dieses Schritts ist das sog. *Bewertungsprogramm*. Dabei werden die mehrperiodigen Investitions- und Finanzierungsobjekte hinsichtlich einer einzigen amalgamierten Erfolgsziffer geordnet; vgl. *JAENSCH*, Unternehmungsbewertung (1966), *MATSCHKE*, Gesamtwert (1972), S. 153 - 155, *MATSCHKE*, Entscheidungswert (1975), S. 253 - 257. Siehe auch *SIEBEN*, Bewertungsmodelle (1967).

bers ein einfaches Totalmodell[1] zur Bewertung audiovisueller Medienrechte unter der Annahme (quasi-)sicherer Erwartungen erstellt werden.

Die bewertende Unternehmung hat dabei die Möglichkeit, ein audiovisuelles Medienrecht mit dem Zahlungsstrom $g_{MR} = (0, g_{MR1}, g_{MR2}, ..., g_{MRt}, ..., g_{MRn})$ mit g_{MRt} als Zahlungsüberschuß im Zeitpunkt t zu erwerben. Im Falle eines Erwerbs zahlt das Bewertungssubjekt dafür in $t = 0$ den Preis P, der hierbei den einzigen konfliktlösungsrelevanten Sachverhalt darstellt. Es handelt sich also um eine eindimensionale Konfliktsituation vom Typ des Erwerbs.

Für das Bewertungssubjekt gelten die folgenden modellspezifischen Annahmen: Der Planungszeitraum beträgt n Perioden.[2] Der Unternehmung stehen in der Ausgangssituation insgesamt m Investitions- und Finanzierungsobjekte k zur Verfügung. Hierzu zählen auch in jeder Periode Kreditaufnahmemöglichkeiten, die unbeschränkte Kassenhaltung[3] und verfügbare verzinsliche Geldanlagen. Die Zahlungsreihe des Objekts k sei dabei $h_k := (h_{k0}, h_{k1}, ..., h_{kt}, ..., h_{kn})$ mit h_{kt} als Zahlungsüberschuß im Zeitpunkt t. Wie oft das Objekt k realisiert wird, gibt dabei die Entscheidungsvariable y_k an. Eventuell sind für bestimmte y_k bestehende Obergrenzen y_k^{max} zu beachten. Vordisponierte Zahlungen (z. B. aus dem laufenden Geschäftsbetrieb, bestehenden Darlehensverpflichtungen, Gebühreneinnahmen) sind in einem festen Zahlungssaldo b_t zu berücksichtigen, welcher unabhängig von den zu beurteilenden Objekten k ist sowie positiv, negativ oder null sein kann. Nichtfinanziellen Restriktionen unterliegt das Bewertungssubjekt nicht.

Es sei ferner angenommen, daß der präsumtive Erwerber bei Einkommensmaximierung einen möglichst breiten Entnahmestrom EN zu Konsumzwecken anstrebt.[4] In jeder Periode t soll eine Ausschüttung $\overline{w}_t \cdot EN$ erfolgen, wobei über den Gewichtungsfaktor $\overline{w}_t$ eine gewünschte zeitliche Struktur berücksichtigt werden kann. EN ist dabei ebenso wie die Variable y_k auf nichtnegative Werte beschränkt. Zur Gewähr-

---

[1] Die folgenden Ausführungen erfolgen in Anlehnung an HERING, Unternehmensbewertung (1999), S. 31 - 34. Als sog. *Totalmodell* wird dabei ein auf zentraler Ebene zu lösendes „totales Partialmodell" betrachtet, welches zwar möglichst viele Problemstellungen der Unternehmung in sich integriert, aber gleichzeitig mindestens genauso viele Problemstellungen ausklammert; siehe ROLLBERG, Unternehmensplanung (2001), S. 117. „Ein alle betrieblichen Zusammenhänge erschöpfend abbildendes Totalmodell gibt es auf Grund der beschränkten menschlichen Informationsgewinnungs- und -verarbeitungskapazität nicht und wird es auch niemals geben." Quelle: ROLLBERG, Unternehmensplanung (2001), S. 4.

[2] Der Zeitpunkt t = 0 soll annahmegemäß den Bewertungs-, den Entscheidungs- und den Erwerbszeitpunkt darstellen.

[3] Die Berücksichtigung der Kassenhaltung kann durch die Zahlungsreihe (−1, 1) erfolgen.

[4] Vgl. zur Formulierung des Basis- und Bewertungsprogramms im Falle der Zielsetzung Vermögensmaximierung HERING, Unternehmensbewertung (1999), S. 42 f.

2. Die modelltheoretische Analyse 93

leistung der Fortführung der Unternehmung über den Planungshorizont hinaus kann entweder eine fiktive Auszahlung im Saldo b_n als hinreichend hohes Endvermögen oder eine entsprechend hohe Entnahmegewichtung $\overline{w}_n$ angesetzt werden.

In jeder Periode t sollen die Rückflüsse aus den Investitions- und Finanzierungsobjekten sowie der Saldo b_t ausreichen, um die Ausschüttung in Höhe von $\overline{w}_t \cdot EN$ zu ermöglichen. Mit anderen Worten, das finanzielle Gleichgewicht muß in jeder Periode durch die Einhaltung von Liquiditätsnebenbedingungen gewahrt werden. Weitere Restriktionen bestehen nicht. Der lineare Optimierungsansatz zur Ermittlung des *Basisprogramms* lautet unter Berücksichtigung der Rahmenbedingungen wie folgt:

max. Entn; Entn := EN

$$-\sum_{k=1}^{m} h_{kt} \cdot y_k + \overline{w}_t \cdot EN \leq b_t \quad \forall\, t \in \{0, 1, ..., n\}$$

$$y_k \leq y_k^{max} \quad \forall\, k \in \{1, 2, ..., m\}[1]$$

$$y_k \geq 0 \quad \forall\, k \in \{1, 2, ..., m\}$$

$$EN \geq 0.$$

Das Optimierungsproblem kann mit Hilfe des Simplexalgorithmus gelöst werden.[2] Ergebnis ist das Basisprogramm, das bei Durchführung der in ihm enthaltenen Investitions- und Finanzierungsmaßnahmen zum maximalen Zielfunktionswert $Entn^{max} := EN^*$ führt. Der Erwerb des Medienrechts ist nur dann ökonomisch vertretbar, wenn das Bewertungssubjekt mindestens wieder den Zielwert EN^* erreicht, der sich aus dem Basisprogramm ergibt. Gesucht wird nunmehr als Entscheidungswert die Preisobergrenze aus Sicht des potentiellen Erwerbers. Dieser entspricht dem maximal zahlbaren Preis P^*, den die bewertende Unternehmung für den aus dem Medienrecht resultierenden Zahlungsstrom g_{MR} in t = 0 gerade noch akzeptieren kann, wobei es sich nicht schlechter stellen darf als bei Durchführung des im ersten Schritt ermittelten Basisprogramms. In das Entscheidungsfeld wird deshalb im zweiten Schritt die Mindestvorgabe für den Entnahmestrom EN und der Zahlungsstrom aus

---

[1] Für alle y_k mit $y_k^{max} = \infty$ entfällt diese Nebenbedingung. Gegebenenfalls ist darüber hinaus die Ganzzahligkeitsbedingung für nur vollständig realisierbare y_k mit $y_k \in Z_{\geq 0}$ zu beachten.

[2] Siehe beispielsweise zur linearen Optimierung DANTZIG, Lineare Programmierung (1966), MÜLLER-MERBACH, Operations Research (1973), WITTE/DEPPE/BORN, Lineare Programmierung (1975), NEUMANN/MORLOCK, Operations Research (1993), S. 52 - 68. Vgl. auch BRÖSEL, Transportprobleme (2000), S. 235 f.

dem Medienrecht[1] aufgenommen. Zur Ermittlung des *Bewertungsprogramms* ergibt sich folgender Ansatz, mit dem der Grenzpreis P^* zu bestimmen ist:

max. MR; MR := P^*

$$-\sum_{k=1}^{m} h_{k0} \cdot y_k + \overline{w_0} \cdot EN + P^* \leq b_0$$

$$-\sum_{k=1}^{m} h_{kt} \cdot y_k + \overline{w_t} \cdot EN \leq b_t + g_{MRt} \quad \forall\, t \in \{1, 2, ..., n\}$$

$$-EN \leq -EN^*$$

$$y_k \leq y_k^{max} \quad \forall\, k \in \{1, 2, ..., m\}[2]$$

$$y_k \geq 0 \quad \forall\, k \in \{1, 2, ..., m\}$$

$$EN \geq 0$$

$$P^* \geq 0.$$

Mit Hilfe des Simplexalgorithmus kann der lineare Optimierungsansatz wiederum gelöst und der Entscheidungswert P^* ermittelt werden. Das Bewertungsobjekt ist im optimalen Investitions- und Finanzierungsprogramm enthalten. Durch den Einsatz der linearen Optimierung werden die im Zeitablauf wirkenden finanzwirtschaftlichen Interdependenzen bei der Ermittlung von Entscheidungswert sowie von Basis- und Bewertungsprogramm berücksichtigt.

2.2.1.1.2 Die eindimensionale, disjungierte Konfliktsituation vom Typ des Erwerbs

Zur Veranschaulichung wird nun die Vorgehensweise der Entscheidungswertermittlung auf Basis des vorgestellten einfachen Totalmodells an einem transparenten Beispiel mit mehrperiodigem Planungszeitraum (n = 4) erläutert. Bewertungssubjekt soll ein privater Fernsehveranstalter sein, der im Zeitpunkt t = 0 vor der Entscheidung steht, für die Perioden t = 1 bis 4 die Übertragungsrechte an einem Tennisturnier zu erwerben. Für das Bewertungsobjekt „Tennisturnierübertragung" (ÜR) wurde der Zahlungsstrom (0, 60, 40, 20, 30) ermittelt. Der Fernsehsender hat außerdem die Möglichkeit, die Erstverwertungsrechte einer Trickfilmproduktion für die kommenden vier Jahre zu erwerben. Die Zahlungsreihe der Trickfilmproduktion (TFP) beträgt einschließlich des dafür zu zahlenden Preises (−100, 30, 40, 50, 55). Angenommen sei, daß der Fernsehsender über ausreichend Sendeplatz verfügt, eine Überschneidung

---

[1] Durch Aufnahme der Zahlungsreihe aus dem Medienrecht in die rechte Seite des Optimierungsproblems wird für das Bewertungsobjekt die Ganzzahligkeitsforderung berücksichtigt.

[2] Für alle y_k mit $y_k^{max} = \infty$ entfällt wiederum diese Nebenbedingung. Ferner sei für entsprechende y_k die Beachtung der Ganzzahligkeitsbedingung $y_k \in Z_{\geq 0}$ erforderlich.

2. Die modelltheoretische Analyse 95

der Sendezeiten von Tennisübertragung und Trickfilmen nicht eintritt sowie die Zahlungsströme unabhängig von der Ausstrahlungszeit realisiert werden können.[1] Als ewiger Einzahlungsüberschuß aus der Innenfinanzierung (IF) des Fernsehsenders werden in jedem Zeitpunkt 30 GE erzielt. Im Entscheidungszeitpunkt besitzt der Sender zusätzlich 100 GE als Eigenmittel (EM). Weitere finanzielle Mittel stehen unbegrenzt zu einem kurzfristigen Sollzins von 10 % p. a. zur Verfügung (KA_t). Finanzinvestitionen (GA_t) können in beliebiger Höhe zu einem Habenzins von 5 % p. a. getätigt werden.

Das Bewertungssubjekt strebt seinerseits einen uniformen Einkommensstrom an, der in jeder Periode die Entnahme EN vorsieht. Die letzte Ausschüttung $\overline{w}_n \cdot EN$ soll zusätzlich zur normalen Ausschüttung EN den Barwert einer ewigen Rente enthalten, um das Einkommen EN auch außerhalb des Planungszeitraums zu erhalten. Für t > n wird im Beispiel der pauschal geschätzte Kalkulationszinsfuß in Höhe von i = 5 % p. a. berücksichtigt. Unter Anwendung der kaufmännischen Kapitalisierungsformel ergibt sich:[2]

$$\overline{w}_n \cdot EN = EN + \frac{EN}{i} \Rightarrow \overline{w}_n = 1 + \frac{1}{i} = 1 + \frac{1}{0{,}05} = 21.$$

Gesucht wird nunmehr der maximal zahlbare Preis P^* für die Übertragungsrechte des Tennisturniers. In Tabelle 6 sind die Daten dieses Beispiels der *eindimensionalen, disjungierten Konfliktsituation vom Typ des Erwerbs* nochmals zusammengefaßt.[3]

---

[1] Die Restriktion einer mindestens zu füllenden Sendezeit ist ebenfalls nicht gegeben.

[2] Vgl. HERING, Unternehmensbewertung (1999), S. 32.

[3] Um vertikale Interdependenzen zwischen dem gewählten Planungszeitraum und den Perioden jenseits des Planungshorizonts nicht zu zerschneiden, wurde der ewige Zahlungsüberschuß aus der Innenfinanzierung ebenfalls über den Faktor 21 im Zeitpunkt t = 4 berücksichtigt. Die nach dem Zeitpunkt t > n = 4 aus der Innenfinanzierung zu erwartenden Zahlungsüberschüsse sind somit auch mit Hilfe des pauschal geschätzten Kalkulationszinsfußes in Höhe von i = 5 % p. a. im Bewertungsbeispiel erfaßt. In den nachfolgenden Beispielen wird auf diese künstliche Einengung des Entscheidungsfeldes zurückgegriffen.

III. Die Bewertung audiovisueller Medienrechte

t	TFP	GA$_0$	...	KA$_0$	...	EM	IF	ÜR
0	-100	-1		1		100	30	P?
1	30	1,05	usw.	-1,1	usw.		30	60
2	40		...		...		30	40
3	50						30	20
4	55						630	30
Grenze	1	∞	∞	∞	∞	1	1	1

Tabelle 6:   Die Daten des Beispiels der eindimensionalen, disjungierten Konfliktsituation vom Typ des Erwerbs

Zur Bestimmung des Basisprogramms ist die Lösung des folgenden linearen Optimierungsansatzes mit Hilfe des Simplexalgorithmus zu berechnen:
max. Entn; Entn := EN

$$100 \cdot TFP + 1 \cdot GA_0 - 1 \cdot KA_0 + 1 \cdot EN \leq 130$$
$$-30 \cdot TFP + 1 \cdot GA_1 - 1,05 \cdot GA_0 - 1 \cdot KA_1 + 1,1 \cdot KA_0 + 1 \cdot EN \leq 30$$
$$-40 \cdot TFP + 1 \cdot GA_2 - 1,05 \cdot GA_1 - 1 \cdot KA_2 + 1,1 \cdot KA_1 + 1 \cdot EN \leq 30$$
$$-50 \cdot TFP + 1 \cdot GA_3 - 1,05 \cdot GA_2 - 1 \cdot KA_3 + 1,1 \cdot KA_2 + 1 \cdot EN \leq 30$$
$$-55 \cdot TFP - 1,05 \cdot GA_3 + 1,1 \cdot KA_3 + 21 \cdot EN \leq 630$$
$$GA_t, KA_t, EN \geq 0 \qquad \forall\, t$$
$$TFP \in \{0;\, 1\}^1.$$

Dem Endtableau des Simplexalgorithmus ist das Basisprogramm zu entnehmen. Aus dem Basisprogramm entspringt ein uniformer Einkommensstrom der Breite EN* = 37,2832. Das Guthaben zum Ende des Planungszeitraums über 745,6631 GE ist bei einem Zinssatz von 5 % Ursprung einer ewigen Rente in Höhe von EN*. Die Trickfilmproduktion ist zu erwerben. Dabei wird auf die Innenfinanzierung, auf die Eigenmittel und als Grenzobjekt in t = 0 auf einen einperiodigen Kredit zurückgegriffen. Grenzobjekte der Folgeperioden sind jeweils einperiodige Geldanlagen.[2] Der vollständige Finanzplan (VOFI) des Basisprogramms ist in Tabelle 7 dargestellt.

---

[1] Durch diese Restriktion wird sowohl die Einhaltung der Ganzzahligkeitsbedingung TFP ∈ $Z_{\geq 0}$ als auch der Variablenobergrenze TFP ≤ 1 gewährleistet.

[2] Die endogenen Grenzzinsfüße i_t des Basisprogramms für die jeweiligen Perioden t betragen nachrichtlich $i_t := (i_1; i_2; i_3; i_4) = (0,1; 0,05; 0,05; 0,05)$. Auf die Bedeutung der endogenen Grenzzinsfüße wird in Kapitel III.2.3.1.1.1 (S. 133 ff.) eingegangen.

2. Die modelltheoretische Analyse

Zeitpunkt	t = 0	t = 1	t = 2	t = 3	t = 4
EM	100				
IF	30	30	30	30	630
TFP	−100	30	40	50	55
Kreditaufnahme	7,2832				
Geldanlage		−14,7053	−48,1575	−93,2822	−745,6631
Rückzahlung		−8,0115	15,4407	50,5654	97,9463
Entnahme	−37,2832	−37,2832	−37,2832	−37,2832	−37,2832
Guthaben	−7,2832	14,7053	48,1575	93,2822	745,6631

Tabelle 7: Der VOFI des ermittelten Basisprogramms für das Beispiel der eindimensionalen, disjungierten Konfliktsituation vom Typ des Erwerbs

Bei Aufnahme der Übertragungsrechte (ÜR) in das Bewertungsprogramm muß die Breite des uniformen Entnahmestroms des Basisprogramms mindestens erreicht werden. Der unter dieser Bedingung vom Erwerber maximal zahlbare Preis P^* ermittelt sich sodann aus dem folgenden linearen Ansatz:

max. ÜR; ÜR := P^*

$$100 \cdot TFP + 1 \cdot GA_0 - 1 \cdot KA_0 + 1 \cdot EN + P^* \leq 130$$
$$-30 \cdot TFP + 1 \cdot GA_1 - 1{,}05 \cdot GA_0 - 1 \cdot KA_1 + 1{,}1 \cdot KA_0 + 1 \cdot EN \leq 90$$
$$-40 \cdot TFP + 1 \cdot GA_2 - 1{,}05 \cdot GA_1 - 1 \cdot KA_2 + 1{,}1 \cdot KA_1 + 1 \cdot EN \leq 70$$
$$-50 \cdot TFP + 1 \cdot GA_3 - 1{,}05 \cdot GA_2 - 1 \cdot KA_3 + 1{,}1 \cdot KA_2 + 1 \cdot EN \leq 50$$
$$-55 \cdot TFP - 1{,}05 \cdot GA_3 + 1{,}1 \cdot KA_3 + 21 \cdot EN \leq 660$$
$$EN \geq 37{,}2832$$
$$GA_t, KA_t, P^* \geq 0 \quad \forall\, t$$
$$TFP \in \{0;\ 1\}.$$

Der Grenzpreis P^* für die Übertragungsrechte beträgt 126,4411 GE. Die Anschaffung der Trickfilmproduktion wird auch im Bewertungsprogramm verwirklicht. Neben der Innenfinanzierung und den Eigenmitteln sind die Investitionen im Zeitpunkt t = 0 und t = 1 mit einperiodigen Kreditaufnahmen zu finanzieren. Im Unterschied zum Basisprogramm erfolgen die Geldanlagen im Bewertungsprogramm erst ab Zeitpunkt t = 2.[1] Der vollständige Finanzplan des Bewertungsprogramms ist der Tabelle 8 zu entnehmen.

---

[1] Die endogenen Grenzzinsfüße haben sich gegenüber dem Basisprogramm verändert und entsprechen der Zinsreihe $(0{,}1;\,0{,}1;\,0{,}05;\,0{,}05)$.

Zeitpunkt	t = 0	t = 1	t = 2	t = 3	t = 4
EM	100				
IF	30	30	30	30	630
TFP	–100	30	40	50	55
ÜR	–126,4411	60	40	20	30
Kreditaufnahme	133,7243	64,3799			
Geldanlage			–1,8990	–64,7108	–745,6631
Rückzahlung		–147,0967	–70,8178	1,9940	67,9463
Entnahme	–37,2832	–37,2832	–37,2832	–37,2832	–37,2832
Guthaben	–133,7243	–64,3799	1,8990	64,7108	745,6631

Tabelle 8:   *Der VOFI des ermittelten Bewertungsprogramms für das Beispiel der eindimensionalen, disjungierten Konfliktsituation vom Typ des Erwerbs*

2.2.1.1.3 Die eindimensionale, jungierte Konfliktsituation vom Typ „Erwerb-Erwerb"

In der vorangehenden Betrachtung wurde nur ein Medienrecht bewertet. Eine parallele Bewertung mehrerer Objekte im Entscheidungszeitpunkt durch das Bewertungssubjekt wurde bisher ausgeschlossen. Nunmehr soll angenommen werden, daß das Entscheidungssubjekt gleichzeitig mit verschiedenen Verhandlungspartnern in Kontakt steht. Die Untersuchung beschränkt sich dabei auf die Situation, in der die Unternehmung am Erwerb von zwei unterschiedlichen Medienrechten interessiert ist, wobei zwischen den Bewertungsobjekten keine erfolgswirksamen Beziehungen bestehen.[1] Die mögliche Einigung soll in diesen Verhandlungen lediglich preismotiviert sein. In der vorliegenden *eindimensionalen, jungierten Konfliktsituation vom Typ „Erwerb-Erwerb"* ist folglich der Preis der einzig konfliktlösungsrelevante Sachverhalt.[2]

Es sei auf die in Tabelle 6 (S. 96) dargestellte Entscheidungssituation zurückgegriffen, wobei abweichend angenommen wird, daß der Preis für die Rechte an der Trickfilmproduktion P_{TFP} noch nicht vereinbart wurde.[3] Für das Entscheidungssubjekt ist

---

[1] Zwischen den Bewertungsobjekten besteht somit keine Erfolgs- oder Ertragsabhängigkeit; vgl. dazu MOXTER, Unternehmensbewertung (1983), S. 91 - 96.

[2] MATSCHKE analysiert die jungierten Situationen vom Typ „Kauf-Kauf" und vom Typ „Verkauf-Verkauf"; vgl. MATSCHKE, Entscheidungswert (1975), S. 336 - 356. HERING untersucht die jungierte Konfliktsituation vom Typ „Verkauf-Kauf"; vgl. HERING, Unternehmensbewertung (1999), S. 68 - 74.

[3] MATSCHKE unterlegt seine Untersuchungsergebnisse zur Konfliktsituation vom Typ „Kauf-Kauf" mit der beispielhaften Bewertung von zwei identischen Objekten mit uniformen Einzahlungsüberschüssen; vgl. MATSCHKE, Entscheidungswert (1975), S. 340 - 343. Nunmehr sollen die Erkennt-

2. Die modelltheoretische Analyse 99

es deshalb erforderlich, neben dem Entscheidungswert für die Übertragungsrechte des Tennisturniers $P^*_{ÜR}$ auch den Grenzpreis für die Trickfilmproduktionsrechte P^*_{TFP} zu bestimmen. Die Entscheidungswerte in jungierten Konfliktsituationen[1] sind interdependent. Der Grenzpreis der Übertragungsrechte $P^*_{ÜR}$ ist abhängig vom maximalen Zielfunktionswert des zugehörigen Basisprogramms. Dieser wird wiederum durch den für die Trickfilmproduktionsrechte vereinbarten Preis P_{TFP} beeinflußt. Ebenso läßt sich die Beziehung zwischen dem Grenzpreis der Trickfilmproduktion P^*_{TFP} und dem Preis der Übertragungsrechte $P_{ÜR}$ beschreiben. Für die Grenzpreise, die von den im Entscheidungsfeld noch offenen Gestaltungsmöglichkeiten abhängig sind, gilt dementsprechend:

$$P^*_{ÜR} = f(P_{TFP}) \wedge P^*_{TFP} = f(P_{ÜR}).$$

Während in einer disjungierten Situation die Preise aller anderen Objekte Ceteris-paribus-Bedingungen sind, ist in der jungierten Konfliktsituation der Grenzpreis des einen Objekts – und damit Basis- und Bewertungsprogramm – in Abhängigkeit vom ausgehandelten Preis des anderen Objekts zu bestimmen. Aufgrund des auftretenden Lösungsdefekts bietet es sich an, den vorliegenden parametrischen Optimierungsansatz heuristisch zu lösen, indem der Grenzpreis unter systematisch zu variierenden Ceteris-paribus-Bedingungen wiederholt berechnet wird.[2]

Bezogen auf das Beispiel ist der angenommene Preis der Rechte an der Trickfilmproduktion P_{TFP} schrittweise zu erhöhen und der maximale Zielfunktionswert EN^* des dazugehörigen Basisprogramms zu ermitteln. Für den entsprechenden Zielfunktionswert des Basisprogramms wird jeweils der korrespondierende Grenzpreis für die Übertragungsrechte des Tennisturniers $P^*_{ÜR}$ berechnet. Dabei ist sowohl im Basis- als auch im Bewertungsprogramm zu berücksichtigen, daß für die Trickfilmproduktion TFP die Ganzzahligkeitsbedingung gilt. In der Tabelle 9 sind die Zielfunktionswerte EN^* und die korrespondierenden Grenzpreise für die Übertragungsrechte $P^*_{ÜR}$ sowie die endogenen Grenzzinsfüße[3] für Basis- i^{Ba}_t und Bewertungsprogramm i^{Be}_t in Abhängigkeit von P_{TFP} dargestellt.

---

nisse unter Rückgriff auf das ZGPM am Beispiel von zwei voneinander verschiedenen Objekten mit periodenindividuellen Einzahlungsüberschüssen dargestellt werden.

[1] Vgl. zu den folgenden Ausführungen zur jungierten Konfliktsituation MATSCHKE, Entscheidungswert (1975), S. 336 - 343.

[2] Siehe zum beschriebenen Vorgehen auch HERING, Unternehmensbewertung (1999), S. 69.

[3] Beim Übergang vom Basis- zum Bewertungsprogramm werden durch die Aufnahme des Bewertungsobjekts Umschichtungseffekte im Investitions- und Finanzierungsprogramm ausgelöst. Im Beispiel unterscheiden sich deshalb fortwährend die endogenen Grenzzinsfüße von Basis- und Bewertungsprogramm. Die jeweilige Ermittlung des Grenzpreises ist demzufolge auf eine Totalbetrachtung angewiesen. Wie noch darzustellen sein wird, ist mit der Zukunftserfolgswertmetho-

III. Die Bewertung audiovisueller Medienrechte

P_{TFP}	i_t^{Ba} in %	EN^*	$P_{ÜR}^*$	i_t^{Be} in %
0	(5; 5; 5; 5)	42,0616	133,2253	(10; 5; 5; 5)
10	(5; 5; 5; 5)	41,5854	132,7924	(10; 5; 5; 5)
20	(5; 5; 5; 5)	41,1092	132,3595	(10; 5; 5; 5)
29,5287	(5; 5; 5; 5)	40,6554	131,9470	(10; 5; 5; 5)
29,5288	(5; 5; 5; 5)	40,6554	131,9473	(10; 10; 5; 5)
30	(5; 5; 5; 5)	40,6330	131,9081	(10; 10; 5; 5)
40	(5; 5; 5; 5)	40,1568	131,0817	(10; 10; 5; 5)
50	(5; 5; 5; 5)	39,6806	130,4484	(10; 10; 5; 5)
60	(5; 5; 5; 5)	39,2044	129,4288	(10; 10; 5; 5)
70	(5; 5; 5; 5)	38,7282	128,6023	(10; 10; 5; 5)
80	(5; 5; 5; 5)	38,2521	127,7759	(10; 10; 5; 5)
90	(5; 5; 5; 5)	37,7759	126,9494	(10; 10; 5; 5)
92,3353	(5; 5; 5; 5)	37,6647	126,7565	(10; 10; 5; 5)
92,3354	(10; 5; 5; 5)	37,6646	126,7565	(10; 10; 5; 5)
100	(10; 5; 5; 5)	37,2832	126,4411	(10; 10; 5; 5)
101,9072	(10; 5; 5; 5)	37,1882	126,3628	(10; 10; 5; 5)
101,9073	(10; 5; 5; 5)	37,1882	126,3628	(10; 10; 10; 5)
110	(10; 5; 5; 5)	36,7854	125,7271	(10; 10; 10; 5)
114,7722	(10; 5; 5; 5)	36,5479	125,3525	(10; 10; 10; 5)
114,7723	(10; 10; 5; 5)	36,5479	125,3525	(10; 10; 10; 5)
120	(10; 10; 5; 5)	36,2765	125,1485	(10; 10; 10; 5)
130	(10; 10; 5; 5)	35,7574	124,7585	(10; 10; 10; 5)
140	(10; 10; 5; 5)	35,2383	124,3685	(10; 10; 10; 5)
140,3542	(10; 10; 5; 5)	35,2199	124,3548	(10; 10; 10; 5)
140,3543	(10; 10; 5; 5)	35,2199	124,3547	(10; 5; 5; 5)
145	(10; 10; 5; 5)	34,9788	129,1997	(10; 5; 5; 5)
146,9940	(10; 10; 5; 5)	34,8753	131,2793	(10; 5; 5; 5)
146,9941	(10; 10; 10; 5)	34,8753	131,2794	(10; 5; 5; 5)
149,0931	(10; 10; 10; 5)	34,7619	133,5571	(10; 5; 5; 5)
149,0932	(5; 5; 5; 5)	34,7619	133,5571	(10; 5; 5; 5)
150	(5; 5; 5; 5)	34,7619	133,5571	(10; 5; 5; 5)
160	(5; 5; 5; 5)	34,7619	133,5571	(10; 5; 5; 5)
170	(5; 5; 5; 5)	34,7619	133,5571	(10; 5; 5; 5)
180	(5; 5; 5; 5)	34,7619	133,5571	(10; 5; 5; 5)
190	(5; 5; 5; 5)	34,7619	133,5571	(10; 5; 5; 5)
200	(5; 5; 5; 5)	34,7619	133,5571	(10; 5; 5; 5)

Tabelle 9: Der jungierte Grenzpreis der Übertragungsrechte[1]

de im Falle von Strukturverschiebungen zwischen Basis- und Bewertungsprogramm lediglich eine Intervallabschätzung des Grenzpreises möglich; vgl. HERING, Unternehmensbewertung (1999), S. 34 - 41.

[1] Aus Gründen der Übersichtlichkeit beschränkt sich die tabellarische Darstellung der Zwischen- und Endergebnisse auf vier Nachkommastellen. Grau unterlegt ist in der Tabelle die bereits

2. Die modelltheoretische Analyse 101

Der Basisprogrammerfolg EN* ist beim Preis $P_{TFP} = 0$ am größten. Die Breite des Entnahmestroms EN* – als Zielfunktionswert des Basisprogramms – reduziert sich bei steigendem Preis P_{TFP} für die Trickfilmproduktion so lange, bis dieses Objekt bei einem Preis $P_{TFP} > 149{,}0931$ aus dem Basisprogramm verdrängt wird. Bei Preisen $P_{TFP} > 149{,}0931$ ist der Erwerb der Produktion – unabhängig vom Verhandlungsergebnis um die Übertragungsrechte – unvorteilhaft.[1]

Bis zu einem Preis $P_{TFP} \leq 140{,}3542$ reduziert sich sowohl der Basisprogrammerfolg EN* als auch der korrespondierende Entscheidungswert $P^*_{ÜR}$, weil das Übertragungsrecht zum entsprechenden Grenzpreis neben der Trickfilmproduktion erworben werden kann. Die Reduzierung des Basisprogrammerfolgs ist abhängig von den endogenen Grenzzinsfüßen des Basisprogramms und der Entnahmestruktur. Bei einer Erhöhung des Preises für die Trickfilmproduktion beispielsweise von 0 auf 10 ergibt sich die Reduzierung von EN* unter Berücksichtigung von $\left(i_1^{Ba}; i_2^{Ba}; i_3^{Ba}; i_4^{Ba}\right) =$ (0,05; 0,05; 0,05; 0,05) wie folgt:

$$\Delta EN^*\left(P_{TFP}(0 \to 10)\right) = \frac{(0-10)}{1 + \dfrac{1}{1{,}05} + \dfrac{1}{1{,}05^2} + \dfrac{1}{1{,}05^3} + \dfrac{21}{1{,}05^4}} = -0{,}4762.$$

Wird der Preis für die Trickfilmproduktion jedoch beispielsweise von 90 auf 100 erhöht, ist bei der Berechnung von ΔEN^* zu beachten, daß die Struktur der endogenen Grenzzinsfüße des Basisprogramms bis zum Preis $P_{TFP} = 92{,}3353$ mit $\left(i_1^{Ba}; i_2^{Ba}; i_3^{Ba}; i_4^{Ba}\right) =$ (0,05; 0,05; 0,05; 0,05) konstant bleibt und ab dem Preis $P_{TFP} < 92{,}3353$ mit $\left(i_1^{Ba}; i_2^{Ba}; i_3^{Ba}; i_4^{Ba}\right) =$ (0,1; 0,05; 0,05; 0,05) gegeben ist. Bei dieser Erhöhung des Preises für die Trickfilmproduktion um 10 erfordert die Berechnung der Reduzierung von EN* die Berücksichtigung der Preisbereiche mit unterschiedlicher Zinsstruktur:

---

bekannte Situation aus dem Beispiel des Kapitels III.2.2.1.1.2 (S. 94 - 98). Darüber hinaus werden die Veränderungen der endogenen Grenzzinsfüße dargestellt und mit Pfeilen gekennzeichnet, die sich – unabhängig von den Strukturverschiebungen beim Übergang vom Basis- zum Bewertungsprogramm – *innerhalb* des Basis- sowie des Bewertungsprogramms aufgrund einer Erhöhung des Preises für die Trickfilmproduktion ergeben.

[1] Dieser Preis entspricht gleichzeitig dem Grenzpreis der Trickfilmproduktion unter der Annahme, daß im Falle einer disjungierten Konfliktsituation nur die Trickfilmproduktion bewertet werden muß und die Übertragungsrechte sich nicht im Entscheidungsfeld befinden. Für die Bestimmung dieses Preises kann ein fiktives Basisprogramm ermittelt werden, wofür die Innenfinanzierung IF, die Eigenmittel EM sowie die Geldanlage- GA_t und Kreditaufnahmemöglichkeiten KA_t zur Verfügung stehen. Der daraus resultierende maximale Zielfunktionsbeitrag EN* beträgt 34,7619. Der entsprechende Grenzpreis von 149,0931 führt zur Aufnahme der Trickfilmproduktion in das fiktive Bewertungsprogramm. Diese Ausführungen beziehen sich auch auf die Ermittlung des vergleichbaren Wertes für die Übertragungsrechte; vgl. Tabelle 10 (S. 104).

102　　　　　　　　　　　　　　　*III. Die Bewertung audiovisueller Medienrechte*

$$\Delta \text{EN}^*\left(P_{TFP}(90 \to 100)\right) = \Delta \text{EN}^*\left(P_{TFP}(90 \to 92{,}3353)\right) + \Delta \text{EN}^*\left(P_{TFP}(92{,}3353 \to 100)\right)$$

$$= \frac{(90 - 92{,}3353)}{1 + \dfrac{1}{1{,}05} + \dfrac{1}{1{,}05^2} + \dfrac{1}{1{,}05^3} + \dfrac{21}{1{,}05^4}}$$

$$+ \frac{(92{,}3353 - 100)}{1 + \dfrac{1}{1{,}1} + \dfrac{1}{1{,}1 \cdot 1{,}05} + \dfrac{1}{1{,}1 \cdot 1{,}05^2} + \dfrac{21}{1{,}1 \cdot 1{,}05^3}}$$

$$= -0{,}4927.$$

Bis zum Preis $P_{TFP} \leq 140{,}3542$ verringert sich bei einer Verminderung des Basisprogrammerfolgs ΔEN^* der korrespondierende Entscheidungswert $P^*_{\text{ÜR}}$ entsprechend. Die Reduzierung des Grenzpreises berechnet sich in Abhängigkeit von der Entnahmestruktur, der Veränderung der Breite des Entnahmestroms und der Erhöhung des Preises für die Trickfilmproduktion unter Berücksichtigung der Grenzzinsfüße des korrespondierenden Bewertungsprogramms. Bei der oben dargestellten Preiserhöhung für die Trickfilmproduktion von 0 auf 10 läßt sich mit $\left(i_1^{Be}; i_2^{Be}; i_3^{Be}; i_4^{Be}\right) = (0{,}1; 0{,}05; 0{,}05; 0{,}05)$ und $\Delta \text{EN}^*\left(P_{TFP}(0 \to 10)\right) = -0{,}4762$ folgende Verminderung für den Grenzpreis des Übertragungsrechts $\Delta P^*_{\text{ÜR}}$ darstellen:

$$\Delta P^*_{\text{ÜR}}\left(P_{TFP}(0 \to 10)\right) = (0 - 10) + 0{,}4762 + \frac{0{,}4762}{1{,}1} + \frac{0{,}4762}{1{,}1 \cdot 1{,}05} + \frac{0{,}4762}{1{,}1 \cdot 1{,}05^2} + \frac{21 \cdot 0{,}4762}{1{,}1 \cdot 1{,}05^3}$$

$$= -0{,}4329.$$

Entsprechend ergibt sich bei der ebenfalls dargestellten Erhöhung des Preises für die Trickfilmproduktion von 90 auf 100 – unter Beachtung der Verminderung des Basisprogrammerfolgs $\Delta \text{EN}^*\left(P_{TFP}(90 \to 100)\right) = -0{,}4927$ sowie der relevanten mit $\left(i_1^{Be}; i_2^{Be}; i_3^{Be}; i_4^{Be}\right) = (0{,}1; 0{,}1; 0{,}05; 0{,}05)$ gegebenen endogenen Grenzzinsfüße des Bewertungsprogramms – als Verminderung des Grenzpreises des Übertragungsrechts:

$$\Delta P^*_{\text{ÜR}}\left(P_{TFP}(90 \to 100)\right) = (90 - 100) + 0{,}4927 + \frac{0{,}4927}{1{,}1} + \frac{0{,}4927}{1{,}1^2}$$

$$+ \frac{0{,}4927}{1{,}1^2 \cdot 1{,}05} + \frac{21 \cdot 0{,}4927}{1{,}1^2 \cdot 1{,}05^2}$$

$$= -0{,}5083.$$

Darüber hinaus ist bei einer Preiserhöhung für die Trickfilmproduktion beispielsweise von 20 auf 30 zu berücksichtigen, daß sich die Struktur der endogenen Grenzzinsfüße des Bewertungsprogramms ändert. Während innerhalb dieser Preisspanne ($20 \leq P_{TFP} \leq 30$) für Preise $20 \leq P_{TFP} \leq 29{,}5287$ die endogenen Grenzzinsfüße mit

2. Die modelltheoretische Analyse 103

$\left(i_1^{Be}; i_2^{Be}; i_3^{Be}; i_4^{Be}\right)$ = (0,1; 0,05; 0,05; 0,05) gegeben sind, betragen diese im Preisbereich 29,5287 < P_{TFP} ≤ 30 indessen $\left(i_1^{Be}; i_2^{Be}; i_3^{Be}; i_4^{Be}\right)$ = (0,1; 0,1; 0,05; 0,05). Als Veränderung des Grenzpreises des Übertragungsrechts $\Delta P_{\ddot{U}R}^*$ ergibt sich – unter Berücksichtigung der Reduzierung des Basisprogrammerfolgs $\Delta EN^* = -0,4538$ bei einer Erhöhung des Preises P_{TFP} von 20 auf 29,5287 und $\Delta EN^* = -0,0224$ für die Erhöhung des Preises P_{TFP} über 29,5287 hinaus auf 30 sowie der entsprechenden endogenen Grenzzinsfüße – folgender Wert:

$$\Delta P_{\ddot{U}R}^* \left(P_{TFP}(20 \to 30)\right) = \Delta P_{\ddot{U}R}^* \left(P_{TFP}(20 \to 29{,}5287)\right) + \Delta P_{\ddot{U}R}^* \left(P_{TFP}(29{,}5287 \to 30)\right)$$

$$= (20 - 29{,}5287) + 0{,}4538 + \frac{0{,}4538}{1{,}1} + \frac{0{,}4538}{1{,}1 \cdot 1{,}05} + \frac{0{,}4538}{1{,}1 \cdot 1{,}05^2}$$

$$+ \frac{21 \cdot 0{,}4538}{1{,}1 \cdot 1{,}05^3} + (29{,}5287 - 30) + 0{,}0224 + \frac{0{,}0224}{1{,}1} + \frac{0{,}0224}{1{,}1^2}$$

$$+ \frac{0{,}0224}{1{,}1^2 \cdot 1{,}05} + \frac{21 \cdot 0{,}0224}{1{,}1^2 \cdot 1{,}05^2}$$

$$= -0{,}4514.$$

Im Preisintervall 140,3543 < P_{TFP} ≤ 149,0931 verdrängt das Übertragungsrecht die Trickfilmproduktion aus dem Basisprogramm. Mit anderen Worten, der Erwerb der Übertragungsrechte ist zum entsprechenden Grenzpreis nur bei Verzicht auf die Trickfilmproduktion sinnvoll. Der Entscheidungswert $P_{\ddot{U}R}^*$ steigt in diesem Bereich mit zunehmendem Preis P_{TFP} und entsprechend abnehmendem Entnahmestrom EN^*.

Zur Berechnung des Entscheidungswertes der Trickfilmproduktion gilt der fiktive Preis der Übertragungsrechte als zu variierende Größe. Der Tabelle 10 sind P_{TFP}^* und EN^* in Abhängigkeit von $P_{\ddot{U}R}$ sowie die endogenen Grenzzinsfüße für Basis- i_t^{Ba} und Bewertungsprogramm i_t^{Be} zu entnehmen.[1]

---

[1] Hierbei ist die erforderliche Ganzzahligkeitsbedingung für die Übertragungsrechte ÜR zu berücksichtigen.

$P_{ÜR}^*$	i_t^{Ba} in %	EN^*	P_{TFP}^*	i_t^{Be} in %
0	(5; 5; 5; 5)	41,2087	150,3612	(10; 5; 5; 5)
10	(5; 5; 5; 5)	40,7325	149,9283	(10; 5; 5; 5)
11,6176	(5; 5; 5; 5)	40,6554	149,8583	∈ (10; 5; 5; 5)
11,6177	(5; 5; 5; 5)	40,6554	149,8583	(10; 10; 5; 5)
20	(5; 5; 5; 5)	40,2563	149,1655	(10; 10; 5; 5)
30	(5; 5; 5; 5)	39,7801	148,3391	(10; 10; 5; 5)
40	(5; 5; 5; 5)	39,3039	147,5126	(10; 10; 5; 5)
50	(5; 5; 5; 5)	38,8277	146,6862	(10; 10; 5; 5)
60	(5; 5; 5; 5)	38,3515	145,8598	(10; 10; 5; 5)
70	(5; 5; 5; 5)	37,8753	145,0333	(10; 10; 5; 5)
80	(5; 5; 5; 5)	37,3991	144,2069	(10; 10; 5; 5)
84,4294	(5; 5; 5; 5)	37,1882	143,8408	∈ (10; 10; 5; 5)
84,4295	(5; 5; 5; 5)	37,1882	143,8408	(10; 10; 10; 5)
90	(5; 5; 5; 5)	36,9229	143,1811	(10; 10; 10; 5)
93,2309	∈ (5; 5; 5; 5)	36,7691	142,7985	(10; 10; 10; 5)
93,2310	(10; 5; 5; 5)	36,7691	142,7985	(10; 10; 10; 5)
100	(10; 5; 5; 5)	36,4322	142,2669	(10; 10; 10; 5)
110	(10; 5; 5; 5)	35,9344	141,4816	(10; 10; 10; 5)
120	(10; 5; 5; 5)	35,4367	140,6963	(10; 10; 10; 5)
124,3546	(10; 5; 5; 5)	35,2200	140,3543	∈ (10; 10; 10; 5)
124,3547	(10; 5; 5; 5)	35,2199	140,3543	(10; 10; 5; 5)
130	(10; 5; 5; 5)	34,9390	145,7674	(10; 10; 5; 5)
131,2792	(10; 5; 5; 5)	34,8753	146,9940	∈ (10; 10; 5; 5)
131,2793	(10; 5; 5; 5)	34,8753	146,9941	(10; 10; 10; 5)
133,5571	∈ (10; 5; 5; 5)	34,7619	149,0931	(10; 10; 10; 5)
133,5572	(5; 5; 5; 5)	34,7619	149,0931	(10; 10; 10; 5)
140	(5; 5; 5; 5)	34,7619	149,0931	(10; 10; 10; 5)
150	(5; 5; 5; 5)	34,7619	149,0931	(10; 10; 10; 5)
160	(5; 5; 5; 5)	34,7619	149,0931	(10; 10; 10; 5)
170	(5; 5; 5; 5)	34,7619	149,0931	(10; 10; 10; 5)
180	(5; 5; 5; 5)	34,7619	149,0931	(10; 10; 10; 5)
190	(5; 5; 5; 5)	34,7619	149,0931	(10; 10; 10; 5)
200	(5; 5; 5; 5)	34,7619	149,0931	(10; 10; 10; 5)

Tabelle 10: Der jungierte Grenzpreis für die Rechte an der Trickfilmproduktion

Die Breite des Entnahmestroms EN^* vermindert sich mit einem steigenden Preis für die Übertragungsrechte bis diese bei einem Preis $P_{ÜR} > 133,5571$ nicht in das Basisprogramm aufgenommen werden. Im Preisintervall $0 \leq P_{ÜR} \leq 124,3546$ reduziert sich – bei Erhöhung des Preises für die Übertragungsrechte $P_{ÜR}$ – der Entscheidungswert für die Trickfilmproduktion P_{TFP}^*, weil die Trickfilmproduktion zum Grenzpreis

2. Die modelltheoretische Analyse

zusätzlich zu den Übertragungsrechten erworben werden kann. Dagegen steigt im Intervall $124{,}3547 \leq P_{\text{ÜR}} \leq 133{,}5571$ der Entscheidungswert für die Trickfilmproduktion P^*_{TFP}, weil die Unternehmung die Trickfilmproduktion nur zum entsprechenden Grenzpreis erwerben kann, wenn es auf die Übertragungsrechte verzichtet.

Zur Veranschaulichung der jungierten Konfliktsituation können die Tableaus des Beispiels in einem $\left[P^*_{\text{TFP}}(P_{\text{ÜR}}), P^*_{\text{ÜR}}(P_{\text{TFP}})\right]$-Koordinatensystem graphisch dargestellt werden.[1]

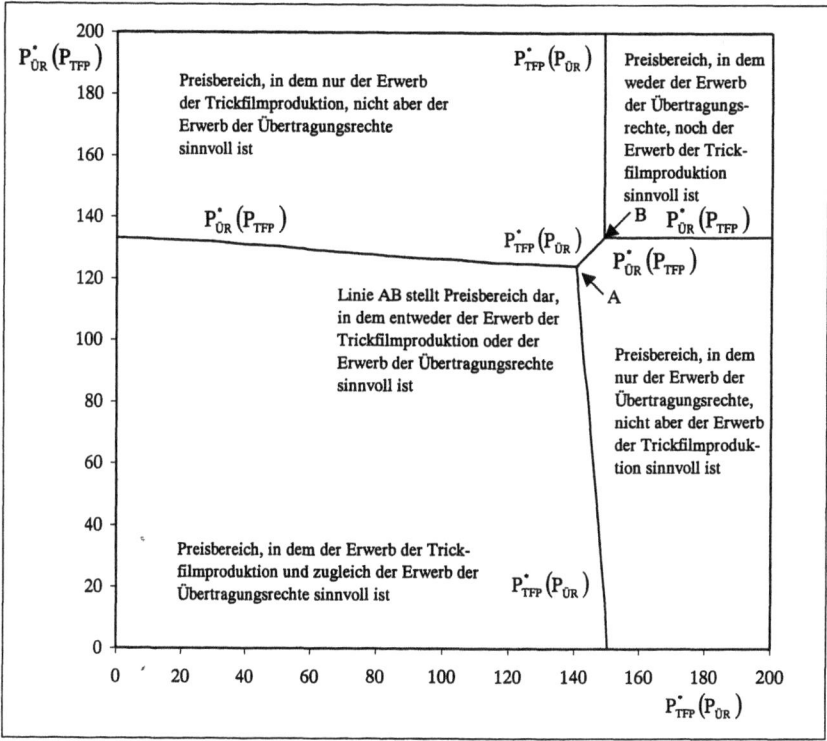

Abbildung 17:   *Die Entscheidungswerte in der jungierten Konfliktsituation*

In der Abbildung 17 sind fünf verschiedene Preisbereiche zu erkennen, die hinsichtlich ihrer Entscheidungsunterstützung erläutert werden. Jedes vorliegende Preispaar ($P_{\text{ÜR}}$; P_{TFP}) ist einem dieser Preisbereiche zuzuordnen.

---

[1] Vgl. zu dieser graphischen Darstellungsmethode MATSCHKE, Entscheidungswert (1975), S. 343.

In jungierten Konfliktsituationen ist es fehlerhaft, wenn der Entscheidungswert für beide Medienrechte kumulativ ermittelt und anschließend willkürlich auf die Objekte verteilt wird. Die Berechnung eines gemeinsamen Grenzpreises für beide Medienrechte bildete die Situation nicht sachgerecht ab. Im Beispiel ergäbe sich ein gemeinsamer Grenzpreis $P^*_{TFP/ÜR} = 273{,}1888$. Sollte für die Trickfilmproduktion ein Preis $P_{TFP} = 130$ vereinbart werden, läge das Entscheidungssubjekt mit der Annahme, daß für die Übertragungsrechte noch ein Preis $P_{ÜR} = 143{,}1888$ geboten werden kann, falsch. Mit anderen Worten, $P_{ÜR}$ ist größer als der jungierte Grenzpreis $P^*_{ÜR}(P_{TFP} = 130) = 124{,}7585$. Die Preiskombination $(P_{ÜR}; P_{TFP}) = (143{,}1888; 130)$ liegt im Preisbereich, in dem allein der Erwerb der Trickfilmproduktion sinnvoll ist. Ein Erwerb der Übertragungsrechte könnte zu einem Preis $P_{ÜR} = 143{,}1888$ nicht akzeptiert werden, weil sich das Bewertungssubjekt sonst schlechter stellt als bei Unterlassung dieser Handlung.

Am Beispiel der jungierten Konfliktsituation mit zwei Bewertungsobjekten wurde gezeigt, daß der Grenzpreis des einen Bewertungsobjekts jeweils in Abhängigkeit vom ausgehandelten Preis des anderen Objekts zu bestimmen ist. Die Ermittlung eines gemeinsamen Grenzpreises der Objekte und dessen mehr oder weniger willkürliche Aufteilung führt zu einer fehlerhaften Darstellung der Entscheidungssituation. Liegt eine jungierte Konfliktsituation mit mehr als zwei Bewertungsobjekten vor, stößt jedoch nicht nur die graphische Darstellung an ihre Grenzen: Zur Komplexreduktion sollten die Berechnungen sowohl auf bedeutende Bewertungsobjekte als auch auf potentielle Preisbereiche eingegrenzt werden.[1]

In Kapitel II.2.3 (S. 46 f.) wurde bereits nachgewiesen, daß zur Beantwortung der Frage, welcher Preis aus Sicht der Rundfunkanbieter für die Übereignung audiovisueller Medienrechte ökonomisch angemessen ist, die Bewertungsmodelle in die Programmplanung des Rundfunkanbieters einzubinden sind. Diese Verknüpfung erfordert vorab die Formulierung eines hierfür geeigneten Programmplanungsmodells. Nachfolgend wird sich deshalb eines für öffentlich-rechtliche Rundfunkanbieter entwickelten Totalmodells zur Fernsehprogrammplanung bedient. Vor der Kombination dieses Verfahrens mit der Medienrechtsbewertung wird geprüft, inwieweit das Modell auf private Fernsehveranstalter übertragbar ist.

---

[1] Vgl. auch *HERING*, Unternehmensbewertung (1999), S. 74.

2. Die modelltheoretische Analyse

2.2.1.2 Die totalanalytische Entscheidungswertermittlung im Rahmen der Programmplanung

2.2.1.2.1 Die Programmplanung anhand eines Totalmodells

Zur möglichst wirklichkeitsnahen Abbildung der bestehenden Rahmenbedingungen und Interdependenzen wird auf einen *gemischt-ganzzahligen linearen Optimierungsansatz* zurückgegriffen. Dieses Modell[1] gestattet eine simultane Investitions-, Finanzierungs-, Produktions- und Programmplanung[2], welche die branchenspezifischen Besonderheiten im Entscheidungsfeld berücksichtigt. Für die planende Fernsehanstalt gelten dabei die folgenden modellspezifischen Annahmen: Geplant wird über einen Zeitraum von n Perioden. Als Planungsvorgabe ist ein Programmschema gegeben, welches die zur Erfüllung des Programmauftrags erforderlichen Programmsparten enthält, denen nach Wochentagen gegliederte spartenspezifische Sendeplätze s zugeordnet sind.[3] Schon bei der Erstellung des Programmschemas ist zu beachten, daß dieses einen wesentlichen Einfluß auf die wirtschaftliche Aufgabenerfüllung hat. Publikumswirksamen Sparten sind Sendeplätze zuzuordnen, in denen Werbung erlaubt ist.[4] Für die Planung des Fernsehprogramms stehen in der Ausgangssituation die Programmobjekte j (Sendungen, Serien, Magazine usw.) zur Verfügung. Mit den Programmobjekten werden aus finanzwirtschaftlicher Sicht Zahlungsströme erworben; bei der Beurteilung von Investitionen in diese Programmobjekte wird deshalb auf Zahlungsgrößen zurückgegriffen.[5]

---

[1] Die Ausführungen zur Anwendung des Totalmodells im Rahmen der Programmplanung erfolgen in enger Anlehnung an BRÖSEL, Programmplanung (2001), S. 381 - 384. Siehe allgemein zur Unternehmungsplanung mit einem zentralistischen Totalmodell ROLLBERG, Unternehmensplanung (2001), S. 109 - 131.

Eine weitere Möglichkeit zur Totalplanung besteht in der Anwendung der von KOOPMANS entwickelten *linearen Aktivitätsanalyse*; vgl. KOOPMANS, Activities (1959). Zur beispielhaften Anwendung dieses Verfahrens im Rahmen der Produktionsprogrammplanung wird verwiesen auf KLINGELHÖFER, Entsorgung und Produktion (2000), S. 417 - 509.

[2] Vgl. zu den Grundlagen der Investitions- und Finanzplanung mit Hilfe der linearen Optimierung WEINGARTNER, Mathematical Programming (1963), HAX, Lineare Programmierung (1964). Eine Übersicht und weitere Literaturhinweise zu den sog. produktionstheoretischen Modellen der simultanen Investitions- und Produktionsplanung geben GÖTZE/BLOECH, Investitionsrechnung (1995), S. 274 - 298.

[3] Zum Beispiel Sparte Sport: s = 1 jeden zweiten Montag von 18 bis 20 Uhr und s = 2 freitags von 16 bis 18 Uhr. Eine Sparte kann durchaus mit mehreren spartenspezifischen Sendeplätzen versehen sein.

[4] Sparten, die als „Publikumsmagneten" bezeichnet werden, in werbefreien Zeiten auszustrahlen, widerspricht dem Gemeinwirtschaftlichkeitsprinzip. Rundfunkgebühren wirken dabei wettbewerbsbehindernd; vgl. SCHELLHAAß, Rundfunkökonomie (2000), S. 532 f. Lösungsmöglichkeiten wären die Ausdehnung und die Verlagerung der Werbezeiten. Dies steht aber u. a. dem komplementären Status öffentlich-rechtlicher Programmanbieter im dualen Rundfunksystem entgegen.

[5] Vgl. dazu MATSCHKE, Investitionsplanung (1993), S. 18 - 21.

Da die Programmobjekte in Anbetracht des Programmauftrags einem gewissen Mindeststandard genügen sollten,[1] kommt die planende Anstalt nicht umhin, qualitative Maßstäbe bei einer Vorauswahl anzusetzen. Für diese Einbeziehung qualitativer Aspekte kann z. B. auf die *Nutzwertanalyse*[2] zurückgegriffen werden. Dieses Verfahren erfordert keine Monetarisierung der einzubeziehenden Größen. Mit Hilfe eines Nutzwertprofils ist die Bewertung des jeweiligen Programmobjekts bezüglich der qualitativen Kriterien graphisch darstellbar. Die gewählten spartenspezifischen Aspekte sollten möglichst überschneidungsfrei und voneinander unabhängig sein. Hinsichtlich des Anspruchs eines gewissen Mindeststandards ist eine zweidimensionale Beurteilung (z. B. „Kriterium erfüllt"/„Kriterium nicht erfüllt") prinzipiell ausreichend. Abbildung 18 zeigt beispielhaft ein Nutzwertprofil, das je nach Programmsparte angepaßt oder erweitert werden muß.[3] Bei der Auswahl der Kriterien ist zu beachten, daß die Hinzunahme zusätzlicher, weniger wichtiger Kriterien oder die Nichtberücksichtigung wesentlicher Aspekte die Einschätzung der Programmobjekte beeinflussen kann. Die planende Fernsehanstalt sollte darüber hinaus vor Erstellung des Nutzwertprofils festlegen, welche Kriterien mindestens und wie viele Kriterien insgesamt durch die jeweiligen Programmobjekte erfüllt werden müssen.[4]

Mit Hilfe der Nutzwertanalyse erfolgt eine Vorauswahl der Programmobjekte bezüglich qualitativer Kriterien. Danach ist eine Wirtschaftlichkeitsbetrachtung auf Basis ausschließlich quantitativer Aspekte möglich. Durch diese Trennung werden eine Vermengung der qualitativen mit der quantitativen Bewertung und der Versuch, einen aggregierten Punktwert für den vermeintlichen „Gesamtnutzen" zu ermitteln,[5] umgangen. Die Verdichtung inkommensurabler Größen zu einwertigen Ergebnissen führt nur zu Scheingenauigkeit und Informationsverlust. Die zusammengefaßte Abwägung quantitativer und qualitativer Argumente ist eine sich Schematisierungsversuchen weitgehend entziehende, nicht formalisierbare Entscheidung.[6]

---

[1] Die Erfüllung bestimmter Qualitätskriterien stellt zur Ausführung des Programmauftrags eine notwendige Bedingung dar; vgl. SIEBEN/SIEBEN/HOLLAND, Analyse (1999), S. 15.

[2] Vgl. zur Nutzwertanalyse OSSADNIK, Investitionsentscheidungen (1988), S. 64 - 67, MATSCHKE, Umweltwirtschaft (1996), S. 372 - 374, HERING/MATSCHKE, Organisationsmodelle (1997), S. 362, BRÖSEL/HERING/MATSCHKE, Wirtschaftlichkeitsanalyse (1999), S. 192 f.

[3] Die entscheidungsrelevanten qualitativen Kriterien (z. B. eine weitgehende Vermeidung von Gewalt) sind einzelfallspezifisch und sollen deshalb an dieser Stelle nicht weiter erläutert werden. Vgl. zu den im dargestellten Nutzwertprofil verwendeten qualitativen Erfolgskriterien BREITBART, Nutzen-Kosten-Analysen (1983), S. 134. Zu weiteren möglichen Qualitätskriterien siehe beispielsweise TEBERT, Qualität (2000), S. 87 - 92.

[4] Mithin lassen sich für den planenden Fernsehveranstalter im wesentlichen folgende Problemstellungen bei der Nutzwertanalyse klassifizieren: Welche Kriterien sind für die jeweilige Programmsparte auszuwählen? Sind diese Kriterien unabhängig voneinander? Wie sind die Beurteilungsstufen „Kriterium erfüllt"/„Kriterium nicht erfüllt" gegeneinander abzugrenzen?

[5] Siehe zu einem derartigen Vorgehen z. B. das Modell von KRUSE, Wirtschaftliche Wirkungen (1991), S. 69 f.

[6] Vgl. insbesondere BRÖSEL/HERING/MATSCHKE, Wirtschaftlichkeitsanalyse (1999), S. 192 f.

2. Die modelltheoretische Analyse 109

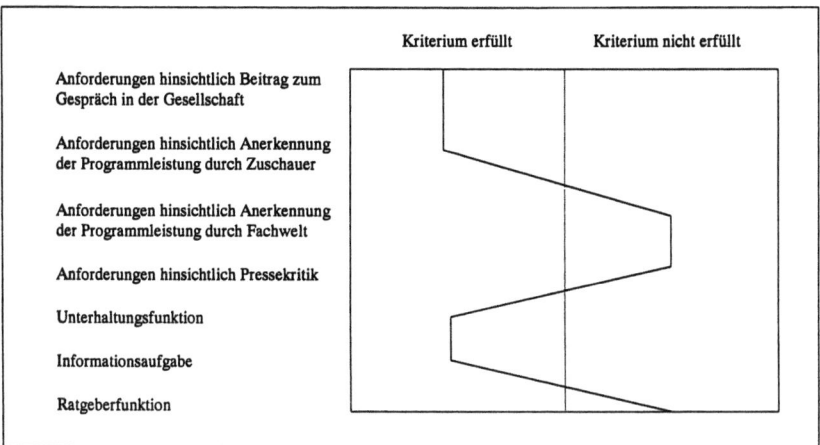

Abbildung 18:   *Das Nutzwertprofil als Ergebnis der Nutzwertanalyse*

Bei der Definition der *Zielfunktion* sind die einzuhaltenden Prinzipien der Wirtschaftlichkeit und Sparsamkeit zu beachten. Da aufgrund des beschriebenen Zwangscharakters der Rundfunkgebühren eine unwirtschaftliche Verwendung derselben durch spätere Erhöhungen den Gebührenzahlern aufgebürdet werden, sei vereinfachend angenommen, daß Einsparungen den Gebührenzahlern durch Gebührenerstattungen zugute kommen. Bei Einkommensmaximierung soll die Rundfunkunternehmung nach einem möglichst breiten Entnahmestrom streben, der die Gebührenerstattungen[1] beschreibt:

$$\max. \text{Entn}; \text{Entn} := \text{EN}.$$

Folgende *Restriktionen* sind zu beachten: Jedes Programmobjekt j kann einer Programmsparte zugeordnet werden und unterschiedliche spartenspezifische Sendeplätze s belegen; die Programmobjekte j beanspruchen dabei je Periode t eine Sendedauer FL_{jt}. Durch das Programmschema ist bereits berücksichtigt, daß die Sendezeit nicht beliebig ausgedehnt werden kann und somit die Summe aus dem maximalen Zeitangebot der spartenspezifischen Sendeplätze $\sum_s SZ_{st}^{max}$ durch die in der Periode t zur Verfügung stehende Gesamtsendezeit GZ_t beschränkt wird. In diesem Zusammenhang darf in keiner Periode t das Zeitangebot der spartenspezifischen Sendeplätze SZ_{st}^{max} überschritten werden. Die Entscheidungsvariable x_{js} gibt an, ob das Objekt j

---

[1] Siehe hierzu die Ausführungen in Kapitel III.1.2.3.1 (S. 69).

auf dem spartenspezifischen Sendeplatz s realisiert wird, wobei jedes Objekt j nur einmal und vollständig gesendet werden darf:[1]

$$\sum_j FL_{jt} \cdot x_{js} \leq SZ_{st}^{max} \qquad \forall\, t \in \{1, ..., n\}, s$$

$$x_{js} \in \{0;1\} \qquad \forall\, j, s\,[2]$$

$$\sum_s x_{js} \leq 1 \qquad \forall\, j.$$

Um Lücken im Fernsehprogramm zu vermeiden, sollten im Entscheidungszeitpunkt für die Perioden $t = 1$ bis T_a (mit einem festzulegenden $T_a \geq 1$) alle Sendeplätze s mindestens für eine Sendezeit SZ_{st}^{min} (wobei $SZ_{st}^{min} \leq SZ_{st}^{max}$) mit Programmen ausgefüllt sein:[3]

$$\sum_j FL_{jt} \cdot x_{js} \geq SZ_{st}^{min} \qquad \forall\, t \in \{1, ..., T_a\}, s.$$

---

[1] Durch diese Bedingung ergeben sich gleichzeitig Nichtnegativität, Ganzzahligkeit (Unteilbarkeit) und die Variablenobergrenze. Die Wiederholung einer Sendung kann durch die Einräumung von weiterer Sendezeit FL in einer beliebigen Periode t oder durch Gestaltung eines zusätzlichen Objekts j berücksichtigt werden.

[2] Die hier als Bedingung vorgegebenen Unteilbarkeiten können – ebenso wie Projektinterdependenzen und die später formulierte Bedingung des Wahlproblems – sowohl in der total- als auch in der partialanalytischen Programmplanung zu erheblichen Komplikationen führen; vgl. HERING, Investitionstheorie (1995), S. 112 - 126. Für Fernsehveranstalter besteht deshalb die Möglichkeit, den vorliegenden Ansatz insofern zu relaxieren, als für x_{js} lediglich die Bedingung $0 \leq x_{js} \leq 1$ eingehalten werden muß. Bezüglich der im Ergebnis des relaxierten Ansatzes nur teilweise zu realisierenden Programmobjekte bestehen z. B. folgende pragmatische Möglichkeiten: Der Erwerb des Programmobjekts kann unterlassen werden, soweit adäquates Archivmaterial zur Verfügung steht. Im Rahmen eines hinsichtlich der Sendezeiten flexiblen Programmschemas kann darüber hinaus – eine Einigung der Programmsparten untereinander vorausgesetzt – auf ein Grenzobjekt zugunsten eines anderen vollständig zu realisierenden Grenzobjekts verzichtet werden. Ferner kann eine bewußte Verminderung der Ober- und Untergrenzen der Sendezeitenrestriktionen, die bei einem entsprechenden Archivbestand des Fernsehveranstalters oder bei der Berücksichtigung von Wiederholungen möglich ist, die ganzheitliche Realisierung zusätzlicher Grenzobjekte erlauben. Insbesondere unter Unsicherheit ist davon auszugehen, daß das Ganzzahligkeitsproblem durch die Auswirkungen der mehrwertigen Erwartungen stark überlagert wird; deshalb und auch im Hinblick auf die sich durch Ganzzahligkeitsbedingungen ergebenden rechentechnischen Komplikationen, sollte in der praktischen Anwendung auf einen relaxierten Ansatz zurückgegriffen werden. Zur Relativierung der Ganzzahligkeit siehe auch HERING, Investitionstheorie (1995), S. 157 - 160. Zur linearen Optimierung mit Ganzzahligkeitsbedingungen vgl. z. B. NEUMANN/MORLOCK, Operations Research (1993), S. 380 - 535.

[3] Hierdurch wird das Argument von BREITBART ausgeräumt, daß unter wirtschaftlicher Betrachtung Investitionen in anspruchsvolle Programme für eine kleine Anzahl von Zuschauern nicht durchgeführt werden, vgl. BREITBART, Nutzen-Kosten-Analysen (1983), S. 133. Die Differenz zwischen SZ^{min} und SZ^{max} kann durch Sendebestandteile aus dem Archiv ergänzt werden.

2. Die modelltheoretische Analyse 111

Zur Sicherstellung des finanzwirtschaftlichen Gleichgewichts und der Zahlungsfähigkeit der Rundfunkanstalt[1] ist in jeder Periode t die Einhaltung der Liquiditätsbedingung erforderlich. Die Zahlungsreihe[2] des Objekts j in Abhängigkeit von der spartenspezifischen Sendezeit s sei $g_{js} := \left(g_{js0}, g_{js1}, ..., g_{jst}, ..., g_{jsn}\right)$ mit g_{jst} als Zahlungsüberschuß im Zeitpunkt t.[3] Zur Diskussion stehen außerdem in der Ausgangssituation die Investitions- und Finanzierungsobjekte k, zu denen Infrastrukturinvestitionen sowie in jeder Periode auch Kreditaufnahmemöglichkeiten, die unbeschränkte Kassenhaltung und verfügbare verzinsliche Geldanlagen gehören. Die Zahlungsreihe des Objekts k ist dabei $h_k := \left(h_{k0}, h_{k1}, ..., h_{kt}, ..., h_{kn}\right)$ mit h_{kt} als Zahlungsüberschuß im Zeitpunkt t. Wie oft das Objekt k realisiert wird, gibt dabei die Entscheidungsvariable y_k an. Eventuell sind für bestimmte y_k bestehende Obergrenzen y_k^{max} sowie die Nichtnegativität zu beachten. Vordisponierte Zahlungen (z. B. aus dem Gebührenaufkommen, dem laufenden Geschäftsbetrieb, bestehenden Darlehensverpflichtungen) sind in einem festen Zahlungssaldo b_t zu berücksichtigen, welcher unabhängig von den zu beurteilenden Objekten k und j ist sowie positiv, negativ oder null sein kann.

In jeder Periode t soll eine Gebührenrückzahlung EN erfolgen, wobei über einen Gewichtungsfaktor $\overline{w_t}$ eine gewünschte zeitliche Struktur erwogen werden kann. Zur Ermöglichung der Fortführung der Unternehmung über den Planungshorizont[4] hinaus kann unter Beachtung zukünftiger Gebühreneinzahlungen im Modell eine fiktive Auszahlung im Saldo b_n als hinreichend hohes Endvermögen angesetzt werden:

$$-\sum_j \sum_s g_{jst} \cdot x_{js} - \sum_k h_{kt} \cdot y_k + \overline{w_t} \cdot EN \leq b_t \quad \forall t \in \{0, 1, ..., n\}$$
$$y_k \geq 0 \wedge y_k \leq y_k^{max} \quad \forall k.$$

---

[1] Vgl. WEBER, Rechnungswesen (1983), S. 48.

[2] Mehrperiodige Zahlungsreihen sind auch bei einzelnen Objekten nicht ungewöhnlich. Fallen einerseits bei Eigenproduktionen Auszahlungen über mehrere Perioden hinweg an, können andererseits Objekte aus mehreren Teilen, aus vertraglich festgelegter Erst- und Zweitausstrahlung oder aus einem Filmpaket bestehen, was wiederum Einzahlungen in mehreren Perioden aus der Werbung hervorrufen kann.

[3] Da Programme in werbefreie Zeiträume fallen können oder zur Erfüllung des Programmauftrags Sparten für Minderheiten in das Programm aufgenommen werden müssen, lösen bei öffentlich-rechtlichen Rundfunkanbietern eine Vielzahl von Objekten j eine Zahlungsreihe g_{js} aus, die überwiegend aus Auszahlungen besteht. Durch die vorab formulierte Restriktion wird gefordert, daß auch diese Objekte in das Programm aufgenommen werden. Um die Ausgewogenheit der Programminhalte zu garantieren, ist die Aufnahme weiterer Bedingungen in das Modell möglich.

[4] Vgl. zum rundfunkspezifischen Verständnis der Unternehmenserhaltung SCHNEIDER, Möglichkeiten und Grenzen (1996), S. 4.

Für erforderliche Infrastrukturinvestitionen in alternative Objekte k_{alt} soll gelten:

$$y_{k_{alt}} \in \{0;1\} \qquad \forall\, k_{alt}$$
$$\sum_{k_{alt}} y_{k_{alt}} = 1.$$

Unter die Programmobjekte j fallen z. B. Eigen-, Auftrags- oder Gemeinschaftsproduktionen, Programmübernahmen, Übertragungsrechte sowie Sendelizenzen. Dabei nehmen die Programmobjekte j in der Periode t unterschiedliche Produktionsverfahren z der Rundfunkanstalt[1] mit einer Verweilzeit von VZ_{jzt} in Anspruch. Die Gesamtzeit der je Periode t in den Produktionsverfahren z zur Verfügung stehenden Kapazität ist mit KAP_{zt}^{max} gegeben. Die Zahlungskonsequenzen aus dem Produktionsprozeß sind in der Zahlungsreihe des Objekts j zu berücksichtigen. Für die unter zeitlichen Aspekten zur Verfügung stehenden Produktionskapazitäten muß somit gelten:

$$\sum_j \sum_s VZ_{jzt} \cdot x_{js} \leq KAP_{zt}^{max} \qquad \forall\, t \in \{1,...,n\}, z.$$

Ist ein gewisser Auslastungsgrad der eigenen Produktionskapazitäten bis zur Periode $t = T_b$ (bei $T_b \geq 1$) erwünscht, kann dieser durch folgende Restriktionen gewährleistet werden:

$$\sum_j \sum_s VZ_{jzt} \cdot x_{js} \geq KAP_{zt}^{min} \qquad \forall\, t \in \{1,...,T_b\}, z.$$

Die Quotenregelung zugunsten europäischer Produktionen gemäß § 6 RStV wird eingehalten, wenn die Sendezeit FL der unter § 6 RStV fallenden und in Europa produzierten Programmbestandteile j_{eu} innerhalb der Perioden $t = 1$ bis T_c (mit $T_c \geq 1$) eine erforderliche Zeitgrenze KR überschreitet:

$$\sum_{j_{eu}} \sum_s \sum_{t=1}^{T_c} FL_{j_{eu}t} \cdot x_{j_{eu}s} \geq KR.$$

Wahlprobleme bei sich ausschließenden Objekten j_{zg} (z. B. zeitgleiche Direktübertragungen) erfordern außerdem:

$$\sum_{j_{zg}} x_{j_{zg}s} \leq 1 \qquad \forall\, s.$$

---

[1] Beispielsweise könnten die Produktionsverfahren in die Bereiche Synchronisation, Schnitt, Aufnahme usw. unterteilt werden. Ebenso ist es möglich, z. B. begrenzt verfügbare Spezialtechnik zu berücksichtigen.

2. Die modelltheoretische Analyse

Mit dem vorgestellten gemischt-ganzzahligen linearen Optimierungsansatz werden die Rahmenbedingungen und Interdependenzen relativ wirklichkeitsnah abgebildet. Die Integration weiterer linear abbildbarer Restriktionen[1] in das Modell ist denkbar.[2] Mit Hilfe des Simplexalgorithmus ist der maximale Zielfunktionswert zu ermitteln. Aus dem Endtableau können die zu realisierenden Investitionen in die Programmbestandteile und Sendungen entnommen werden. Das Modell unterstützt unter Berücksichtigung des Programmauftrags die Programmplanung und verbindet diese mit der Investitions-, Finanzierungs- und Produktionsplanung.

Das Modell soll nun an *zwei Zahlenbeispielen* veranschaulicht werden. Zur Gewährleistung der Überschaubarkeit sind die Beispielsituationen durch stark begrenzte Entscheidungsfelder mit wenigen Entscheidungsmöglichkeiten gekennzeichnet. Die planenden Fernsehveranstalter verfügen in den Beispielen lediglich über einen spartenspezifischen Sendeplatz.[3] Beiden Situationen werden jeweils folgende Annahmen zugrunde gelegt:

Geplant wird über einen Zeitraum von drei Perioden (n = 3). Zur Programmplanung stehen dem jeweiligen Entscheidungssubjekt im Zeitpunkt t = 0 drei nur vollständig ausstrahlbare Programmobjekte F_1, F_2 und F_3 aus europäischer Produktion zur Auswahl. Für diese Objekte j sind jeweils die den Preis beinhaltenden Zahlungsreihen g_{jt} und die in den jeweiligen Perioden t beanspruchten Sendezeiten FL_{jt} bekannt.[4] Die Programmobjekte sind sendebereit und nehmen somit keine Produktionskapazitäten in Anspruch. Der Fernsehsender verfüge über keine eigenen Produktionsmöglichkeiten und kein Archivmaterial. In jedem Zeitpunkt wird ein fester Zahlungssaldo in Höhe von 40 GE erwartet.[5] Unbegrenzt stehen weitere finanzielle Mittel zu einem kurzfristigen Sollzins von 10 % p. a. zur Verfügung (KA_t). Finanzinvestitionen (GA_t) sind zu einem Habenzins von 5 % p. a. möglich. Interdependenzen zwischen den Programmobjekten sowie andere Restriktionen bestehen nicht. Es wird unterstellt, daß die jeweiligen Fernsehveranstalter nach einem möglichst breiten uniformen Gebührenerstattungsstrom[6] streben. Die letzte Ausschüttung $\overline{w}_n \cdot EN$ soll wiederum zusätzlich zur normalen Ausschüttung EN den Barwert einer ewigen Rente bei i = 5 % p. a. enthalten: $\overline{w}_n = 21$.

---

[1] In Betracht kommen beispielsweise sich ausschließende Investitions- und Finanzierungsalternativen.

[2] Vgl. z. B. zur Berücksichtigung zweier Projekte, die nicht unabhängig voneinander sind, *HAX*, Lineare Programmierung (1964), S. 442 f.

[3] Aus diesem Grund kann nachfolgend auf den Index s verzichtet werden.

[4] Diese Angaben werden in der nachfolgenden Tabelle 11 dargestellt.

[5] Hierbei handelt es sich um einen verfügbaren Innenfinanzierungsüberschuß, der u. a. aus Gebühreneinzahlungen resultieren kann und annahmegemäß in Form einer ewigen Rente vorliegt.

[6] Siehe hierzu die Ausführungen in Kapitel III.1.2.3.1 (S. 69).

In der *ersten Beispielsituation*[1] handelt es sich um einen Fernsehveranstalter mit nur einer Programmsparte, in der die Ausstrahlung von Spotwerbung gesetzlich zugelassen ist. Angenommen wird dabei, daß die Sendezeit für die Sparte in jeder Periode auf 60 ZE beschränkt ist. In Tabelle 11 sind die Daten des ersten Beispiels zusammenfassend dargestellt.[2]

	t	F_1^I	F_2^I	F_3^I	GA_0	...	KA_0	...	IF
g_{jt}	0	−100	−200	−210	−1		1		40
	1	50	90	100	1,05	usw.	−1,1	usw.	40
	2	50	100	100		...		...	40
	3	50	80	100					840
FL_{jt}	1	30	30	60					
	2	30	30	60					
	3	30	30	60					
Grenze		1	1	1	∞	∞	∞	∞	1

Tabelle 11:   *Die Daten zum ersten Beispiel zur Programmplanung*

Unter Anwendung des vorab formulierten Programmplanungsmodells ist für dieses Beispiel der folgende lineare Ansatz zu lösen:

max. Entn; Entn := EN

$$100 \cdot F_1^I + 200 \cdot F_2^I + 210 \cdot F_3^I + 1 \cdot GA_0 - 1 \cdot KA_0 + 1 \cdot EN \leq 40$$
$$-50 \cdot F_1^I - 90 \cdot F_2^I - 100 \cdot F_3^I + 1 \cdot GA_1 - 1,05 \cdot GA_0 - 1 \cdot KA_1 + 1,1 \cdot KA_0 + 1 \cdot EN \leq 40$$
$$-50 \cdot F_1^I - 100 \cdot F_2^I - 100 \cdot F_3^I + 1 \cdot GA_2 - 1,05 \cdot GA_1 - 1 \cdot KA_2 + 1,1 \cdot KA_1 + 1 \cdot EN \leq 40$$
$$-50 \cdot F_1^I - 80 \cdot F_2^I - 100 \cdot F_3^I - 1,05 \cdot GA_2 + 1,1 \cdot KA_2 + 21 \cdot EN \leq 840$$
$$30 \cdot F_1^I + 30 \cdot F_2^I + 60 \cdot F_3^I \leq 60^3$$
$$GA_t, KA_t, EN \geq 0 \quad \forall t$$
$$F_1^I, F_2^I, F_3^I \in \{0;1\}.$$

Es erweist sich als optimal, nur die Programmobjekte F_1^I und F_2^I zu erwerben und in das Fernsehprogramm aufzunehmen. In jeder Periode wird dabei neben der Innen-

---

[1] Die Programmobjekte des ersten Beispiels werden nachfolgend mit dem hochgestellten Index I versehen.

[2] Unter der Annahme eines als ewige Rente auftretenden Zahlungsüberschusses aus der Innenfinanzierung wurde im Zeitpunkt t = 3 der bereits berechnete Faktor 21 berücksichtigt. Die Programmobjekte beanspruchen in allen drei Perioden Sendezeit, weil es sich beispielsweise um Serien und/oder Wiederholungen handelt, deren Ausstrahlung vertraglich vereinbart wurde.

[3] Redundanzbedingt bedarf es im vorliegenden Beispiel dieser Restriktion lediglich einmal.

2. Die modelltheoretische Analyse 115

finanzierung auf die zu einem Sollzins von 10 % p. a. verfügbaren kurzfristigen Kredite zurückgegriffen. Auf das Objekt F_3^I muß angesichts der in allen Perioden auf 60 ZE begrenzten Sendezeit des spartenspezifischen Sendeplatzes verzichtet werden. Durch die Programmobjekte F_1^I und F_2^I, die in jeder der Planungsperioden jeweils 30 ZE beanspruchen, wird die Sendezeit ausgefüllt. Als Gebührenrückzahlung ist ein uniformer Strom der Breite $EN^* = 42{,}6419$ erzielbar. Tabelle 12 zeigt den entsprechenden vollständigen Finanzplan.

Zeitpunkt	t = 0	t = 1	t = 2	t = 3
IF	40	40	40	840
F_1^I	-100	50	50	50
F_2^I	-200	90	100	80
Kreditaufnahme	302,6419	195,5481	67,7448	
Geldanlage				-852,8388
Rückzahlung		-332,9062	-215,1029	-74,5193
Gebührenerstattung	-42,6419	-42,6419	-42,6419	-42,6419
Guthaben	-302,6419	-195,5481	-67,7448	852,8388

Tabelle 12:   *Der VOFI zum ersten Beispiel zur Programmplanung*

Der Fernsehveranstalter, der in der *zweiten Beispielsituation*[1] betrachtet wird, verfügt ebenfalls nur über eine Programmsparte. Während der Sendezeit dieser Sparte ist jedoch die Ausstrahlung von Spotwerbung gesetzlich untersagt. Für diese Sparte sei angenommen, daß die Sendezeit in jeder Periode mindestens 60 ZE betragen muß. Die Daten dieses Beispiels sind in Tabelle 13 zusammenfassend dargestellt.[2]

	t	F_1^{II}	F_2^{II}	F_3^{II}	GA_0	...	KA_0	...	IF
	0	-100	-200	-500	-1		1		40
g_{jt}	1	-10	-15	-10	1,05	usw.	-1,1	usw.	40
	2	-5	-15	-20	...		...		40
	3	-5	-15	-50					840
	1	30	30	30					
FL_{jt}	2	30	30	30					
	3	30	30	30					
Grenze		1	1	1	∞	∞	∞	∞	1

Tabelle 13:   *Die Daten zum zweiten Beispiel zur Programmplanung*

---

[1] Die Programmobjekte des zweiten Beispiels werden nachfolgend mit dem hochgestellten Index II gekennzeichnet.

[2] Unter der Annahme eines als ewige Rente auftretenden Zahlungsüberschusses aus der Innenfinanzierung wurde im Zeitpunkt t = 3 der bereits berechnete Faktor 21 berücksichtigt. Als Programmobjekte liegen wiederum Serien und/oder Erst- und Wiederholungssendungen vor.

Mit Rückgriff auf das formulierte Programmplanungsmodell ergibt sich der folgende lineare Ansatz, der in dieser zweiten Beispielsituation zu lösen ist:

max. Entn; Entn := EN

$$100 \cdot F_1^{II} + 200 \cdot F_2^{II} + 500 \cdot F_3^{II} + 1 \cdot GA_0 - 1 \cdot KA_0 + 1 \cdot EN \leq 40$$
$$10 \cdot F_1^{II} + 15 \cdot F_2^{II} + 10 \cdot F_3^{II} + 1 \cdot GA_1 - 1,05 \cdot GA_0 - 1 \cdot KA_1 + 1,1 \cdot KA_0 + 1 \cdot EN \leq 40$$
$$5 \cdot F_1^{II} + 15 \cdot F_2^{II} + 20 \cdot F_3^{II} + 1 \cdot GA_2 - 1,05 \cdot GA_1 - 1 \cdot KA_2 + 1,1 \cdot KA_1 + 1 \cdot EN \leq 40$$
$$5 \cdot F_1^{II} + 15 \cdot F_2^{II} + 50 \cdot F_3^{II} - 1,05 \cdot GA_2 + 1,1 \cdot KA_2 + 21 \cdot EN \leq 840$$
$$30 \cdot F_1^{II} + 30 \cdot F_2^{II} + 30 \cdot F_3^{II} \geq 60^1$$
$$GA_t, KA_t, EN \geq 0 \quad \forall\, t$$
$$F_1^{II}, F_2^{II}, F_3^{II} \in \{0; 1\}.$$

Im zweiten Beispiel erweist es sich als optimal, die Programmobjekte F_1^{II} und F_2^{II} zu erwerben und in das Fernsehprogramm aufzunehmen. Neben der Innenfinanzierung wird in jeder Periode auf die kurzfristigen Kredite zurückgegriffen, die mit einem Sollzins von 10 % p. a. zur Verfügung stehen. Auf das Objekt F_3^{II} wird verzichtet, weil mit den Programmobjekten F_1^{II} und F_2^{II} die erforderliche Sendezeit des spartenspezifischen Sendeplatzes mit 60 ZE in allen Perioden ausgefüllt ist. Als Gebührenrückzahlung wird ein uniformer Strom der Breite $EN^* = 20,8632$ erwartet. Der vollständige Finanzplan des zweiten Beispiels ist in Tabelle 14 abgebildet.

Zeitpunkt	t = 0	t = 1	t = 2	t = 3
IF	40	40	40	840
F_1^{II}	-100	-10	-5	-5
F_2^{II}	-200	-15	-15	-15
Kreditaufnahme	280,8632	314,8127	347,1572	
Geldanlage				-417,2639
Rückzahlung		-308,9495	-346,2940	-381,8729
Gebührenerstattung	-20,8632	-20,8632	-20,8632	-20,8632
Guthaben	-280,8632	-314,8127	-347,1572	417,2639

Tabelle 14:   *Der VOFI zum zweiten Beispiel zur Programmplanung*

Während sich die Erläuterungen zum Totalmodell der Programmplanung bisher lediglich auf die öffentlich-rechtlichen Fernsehveranstalter bezogen, bleibt nunmehr zu prüfen, inwieweit und mit welchen Modifikationen dieses Modell auf die privaten

---

1 Redundanzbedingt bedarf es auch im zweiten Beispiel dieser Restriktion nur einmal.

2. Die modelltheoretische Analyse 117

Fernsehveranstalter übertragbar ist. Dabei wird das Modell nicht neu entwickelt, sondern lediglich auf die notwendigen Veränderungen hingewiesen.

Ausgangspunkt der Programmplanung privater Anbieter ist ebenfalls das Programmschema. Dieses unterscheidet sich jedoch von dem der öffentlich-rechtlichen Fernsehveranstalter insofern, als die privaten Anbieter nicht der Erfüllung des Programmauftrags unterliegen, sondern das Programmschema hinsichtlich ihrer Programmphilosophie erstellen.[1] Zwar müssen private Programmveranstalter aufgrund der im Unterschied zu Rundfunkanstalten milderen Werbezeitrestriktionen nicht den publikumswirksamen Sparten jene Sendeplätze zuordnen, in denen Werbung erlaubt ist, jedoch hat das Programmschema auch hier einen wesentlichen Einfluß auf die Wirtschaftlichkeit des Rundfunkanbieters.

Programmbestandteile müssen bei privaten Rundfunkveranstaltern nicht den Anforderungen im Sinne des Programmauftrags, sondern lediglich einem – beispielsweise durch die §§ 3, 26 RStV vorgegebenen – gesetzlichen Mindeststandard und der bei privaten Anbietern geltenden Programmphilosophie entsprechen. Somit kommt auch ein privater Fernsehanbieter nicht umhin, im Rahmen einer Vorauswahl der Programmobjekte qualitative Maßstäbe anzusetzen. Hierfür kann ebenfalls auf die Nutzwertanalyse zurückgegriffen werden. Die im Vergleich zu öffentlich-rechtlichen Anbietern abweichenden qualitativen Kriterien erfordern eine entsprechend angepaßte Auswahl der für die Nutzwertanalyse relevanten Aspekte.

Da angenommen wurde, daß die Eigner der privaten Rundfunkanbieter bei Einkommensmaximierung nach einem möglichst breiten Entnahmestrom zu Konsumzwecken streben, ergibt sich hinsichtlich der im Modell definierten Zielfunktion keine Veränderung. EN beschreibt nunmehr die zu maximierende Breite des Entnahmestroms, der die Ausschüttungen an die Eigner beschreibt.

Auch die im Modell vorhandenen Restriktionen können ohne Änderung übernommen werden. Es ist jedoch zu beachten, daß die im festen Zahlungssaldo b_t zu berücksichtigenden vordisponierten Zahlungen keine Einzahlungen aus dem Gebührenaufkommen enthalten. Zusätzliche linear abbildbare Restriktionen können bei Bedarf durch die privaten Anbietern in das Modell integriert werden. Die Übertragung des ursprünglich für öffentlich-rechtliche Anbieter entwickelten Totalmodells zur Fernsehprogrammplanung auf private Fernsehveranstalter ist mit einigen Modifikationen, aber ohne aufwendige Umformulierungen möglich.

---

[1] Das Programmschema wird als Ergebnis strategischer Vorabentscheidungen vorausgesetzt; siehe Kapitel II.2.3 (S. 48 f.).

2.2.1.2.2 Die Verknüpfung der Bewertung mit dem totalanalytischen Modell zur Programmplanung

Es sei angenommen, daß der programmplanende Fernsehveranstalter die Möglichkeit hat, ein zusätzliches audiovisuelles Medienrecht zu erwerben und in das Fernsehprogramm aufzunehmen. Es wird unterstellt, daß dieses Bewertungsobjekt die Mindeststandards hinsichtlich der gesetzlich kodifizierten grundsätzlichen Vorschriften, des bei öffentlich-rechtlichen Anbietern vorgegebenen Programmauftrags oder der bei privaten Anbietern geltenden Programmphilosophie erfüllt.[1] Verhält sich der Fernsehveranstalter rational, wird er das Medienrecht nur erwerben, wenn der Wert des Rechts mindestens dem zu zahlenden Preis entspricht.[2] Der erwogene Erwerb erfordert eine entsprechende Bewertung.

Das ohne Einigung durch das Bewertungssubjekt erreichbare Nutzenniveau läßt sich dabei mit dem vorab vorgestellten Programmplanungsansatz ermitteln. Das Modell zur simultanen Investitions-, Finanzierungs-, Produktions- und (Fernseh-)Programmplanung ermittelt als Vergleichsmaßstab das Basisprogramm mit dem maximalen Zielfunktionswert $\text{Entn}^{max} := \text{EN}^*$. Zusammengefaßt ergibt sich der folgende lineare Optimierungsansatz zur Ermittlung des Basisprogramms:

max. Entn; Entn := EN

$$\sum_j FL_{jt} \cdot x_{js} \leq SZ_{st}^{max} \quad \forall\, t \in \{1, ..., n\}, s$$

$$\sum_j FL_{jt} \cdot x_{js} \geq SZ_{st}^{min} \quad \forall\, t \in \{1, ..., T_a\}, s$$

$$-\sum_j \sum_s g_{jst} \cdot x_{js} - \sum_k h_{kt} \cdot y_k + \overline{w_t} \cdot EN \leq b_t \quad \forall\, t \in \{0,1,...,n\}$$

$$\sum_j \sum_s VZ_{jzt} \cdot x_{js} \leq KAP_{zt}^{max} \quad \forall\, t \in \{1, ..., n\}, z$$

$$\sum_j \sum_s VZ_{jzt} \cdot x_{js} \geq KAP_{zt}^{min} \quad \forall\, t \in \{1, ..., T_b\}, z$$

$$\sum_{j_{eu}} \sum_s \sum_{t=1}^{T_c} FL_{j_{eu}t} \cdot x_{j_{eu}s} \geq KR$$

$$x_{js} \in \{0;1\} \quad \forall\, j, s$$

$$\sum_s x_{js} \leq 1 \quad \forall\, j$$

$$\sum_{j_{zg}} x_{j_{zg}s} \leq 1 \quad \forall\, s$$

---

[1] Ebenso wie für alle anderen Programmbestandteile ist für das Bewertungssubjekt eine entsprechende Nutzwertanalyse erforderlich.

[2] Hierbei sei eine eindimensionale Konfliktsituation mit dem konfliktlösungsrelevanten Sachverhalt „Höhe des Preises" unterstellt.

2. Die modelltheoretische Analyse

$$y_{k_{alt}} \in \{0;1\} \quad \forall k_{alt}$$

$$\sum_{k_{alt}} y_{k_{alt}} = 1$$

$$y_k \geq 0 \wedge y_k \leq y_k^{max} \quad \forall k.$$

Mit dem Erwerb des zu bewertenden Medienrechts und dessen Integration in das Fernsehprogramm muß aus Sicht des präsumtiven Erwerbers mindestens wieder der durch das Basisprogramm erreichte Zielfunktionswert realisiert werden. Um diese Bedingung zu erfüllen, wird als Entscheidungswert der in $t = 0$ maximal zahlbare Preis P^* unter den Restriktionen des ursprünglichen Entscheidungsfeldes gesucht.

Zu bewerten sei das Medienrecht MR, das einer Programmsparte zugeordnet werden und v unterschiedliche spartenspezifische Sendeplätze s_r belegen kann. Dabei beansprucht es je Periode t eine Sendedauer $FL_{MR\,s_r\,t}$ des Zeitangebots der spartenspezifischen Sendeplätze $SZ_{s_r\,t}$.[1] Das Bewertungssubjekt erhält im Falle des Medienrechtserwerbs einen von der jeweiligen spartenspezifischen Sendezeit s_r abhängigen Zahlungsstrom $g_{MR\,s_r} = (0, g_{MR\,s_r\,1}, g_{MR\,s_r\,2}, ..., g_{MR\,s_r\,t}, ..., g_{MR\,s_r\,n})$ mit $g_{MR\,s_r\,t}$ als Zahlungsüberschuß im Zeitpunkt t. Ferner ist die Inanspruchnahme von Produktionskapazitäten denkbar. In der Periode t erfordert das Medienrecht somit das Produktionsverfahren z mit einer Verweilzeit $VZ_{MR\,z\,t}$ der entsprechenden Produktionskapazität $KAP_{z\,t}$. Für jeden möglichen spartenspezifischen Sendeplatz s_r muß ein sendeplatzspezifischer Grenzpreis $P^*_{s_r}$ berechnet werden. Der dazu erforderliche lineare Ansatz zur Ermittlung des jeweiligen Bewertungsprogramms lautet wie folgt:

$$\max. MR; MR := P^*_{s_r}$$

$$\sum_j FL_{jt} \cdot x_{js} \leq SZ_{s\,t}^{max} \quad \forall t \in \{1, ..., n\}, s \neq s_r$$

$$\sum_j FL_{jt} \cdot x_{js} \geq SZ_{s\,t}^{min} \quad \forall t \in \{1, ..., T_a\}, s \neq s_r$$

$$\sum_j FL_{jt} \cdot x_{js_r} \leq SZ_{s_r\,t}^{max} - FL_{MR\,s_r\,t} \quad \forall t \in \{1, ..., n\}$$

$$\sum_j FL_{jt} \cdot x_{js_r} \geq SZ_{s_r\,t}^{min} - FL_{MR\,s_r\,t} \quad \forall t \in \{1, ..., T_a\}$$

$$-\sum_j \sum_s g_{js0} \cdot x_{js} - \sum_k h_{k0} \cdot y_k + \overline{w_t} \cdot EN + P^*_{s_r} \leq b_0$$

---

[1] Ein Programmobjekt beansprucht durchaus in Abhängigkeit vom Sendeplatz unterschiedliche Sendelängen: beispielsweise kann die Ausstrahlung eines Films im Nachmittagsprogramm eine Kürzung der Originalversion um bestimmte („jugendgefährdende") Szenen nach sich ziehen.

$$-\sum_j\sum_s g_{jst} \cdot x_{js} - \sum_k h_{kt} \cdot y_k + \overline{w_t} \cdot EN \leq b_t + g_{MR\,s_r\,t} \quad \forall\, t \in \{1,...,n\}$$

$$\sum_j\sum_s VZ_{jzt} \cdot x_{js} \leq KAP_{zt}^{max} - VZ_{MR\,zt} \quad \forall\, t \in \{1,...,n\}, z$$

$$\sum_j\sum_s VZ_{jzt} \cdot x_{js} \geq KAP_{zt}^{min} - VZ_{MR\,zt} \quad \forall\, t \in \{1,...,T_b\}, z$$

$$\sum_{j_{eu}}\sum_s \sum_{t=1}^{T_c} FL_{j_{eu}t} \cdot x_{j_{eu}s} \geq KR\,^1$$

$$x_{js} \in \{0;1\} \quad \forall\, j, s$$

$$\sum_s x_{js} \leq 1 \quad \forall\, j$$

$$\sum_{j_{zg}} x_{j_{zg}s} \leq 1 \quad \forall\, s$$

$$y_{k_{alt}} \in \{0;1\} \quad \forall\, k_{alt}$$

$$\sum_{k_{alt}} y_{k_{alt}} = 1$$

$$y_k \geq 0 \,\wedge\, y_k \leq y_k^{max} \quad \forall\, k$$

$$-EN \leq -EN^*$$

$$P_{s_r}^* \geq 0.$$

Wenn sich das zu bewertende Medienrecht MR und ein Objekt j beispielsweise aufgrund ausschließlich zeitgleicher Ausstrahlungsmöglichkeit gegenseitig ausschließen, ist die entsprechende Variable x_{js} aus dem jeweiligen Modell zu nehmen.

Die von den spartenspezifischen Sendezeiten s_r determinierten Zahlungsströme erwirken unterschiedliche Preisgrenzen $P_{s_r}^*$. Sind v alternative spartenspezifische Sendeplätze s_r für das Medienrecht denkbar, so ist die Menge der möglichen spartenspezifischen Sendeplätze für das Medienrecht definiert durch $\mathcal{S}^{MR} = \{s_1,...,s_r,...,s_v\}$. Für jede Alternative $s_r \in \mathcal{S}^{MR}$ ist der dargestellte lineare Optimierungsansatz mit Hilfe des Simplexalgorithmus zu lösen und ein entsprechender sendeplatzspezifischer Grenzpreis $P_{s_r}^* := P^*(s_r)$ zu ermitteln. Der von der Rundfunkanstalt maximal zu zahlende Preis für das Medienrecht in der Konfliktsituation entspricht dem größten sendeplatzspezifischen Grenzpreis und ist somit definiert durch $P_{MR}^* = \max\{P^*(s_r)|s_r \in \mathcal{S}^{MR}\}$. Bei Einsatz dieses Modells zur Entscheidungswertermittlung werden die im Zeitablauf wirkenden Interdependenzen und Restriktionen berücksichtigt.

---

[1] Zählt das zu bewertende Programmobjekt zu den nach § 6 RStV geförderten Programminhalten, ist KR um $\sum_t FL_{MR\,s_r\,t}$ zu reduzieren.

2. Die modelltheoretische Analyse

Dieses Vorgehen soll unter Rückgriff auf die *beiden Beispielsituationen* des Kapitels III.2.2.1.2.1 (S. 113 - 116) veranschaulicht werden. Beide Situationen seien dadurch erweitert, daß als Programmbestandteil jeweils ein zusätzliches, die erforderlichen qualitativen Mindestanforderungen erfüllendes Medienrecht MR erworben werden kann.

Im *ersten Beispiel*, deren Datenbasis der Tabelle 11 (S. 114) zu entnehmen ist, steht ein Medienrecht MR^1 zur Disposition, das im Fall des Erwerbs auf dem auszufüllenden Sendeplatz einen Zahlungsstrom $g_{MR^1} = (0, 80, 60, 50)$ beisteuert und dabei je Periode eine Sendezeit FL_{MR^1} von 30 ZE in Anspruch nimmt. Gesucht ist der durch den Fernsehsender für das Medienrecht maximal zahlbare Preis $P^*_{MR^1}$. Das für dieses Beispiel aus der Programmplanung bekannte Ergebnis kann als Basisprogramm genutzt werden.[1] Mit dem optimalen Investitions- und Finanzierungsprogramm ohne Einigung war zur Gebührenrückzahlung ein uniformer Strom der Breite $EN^* = 42,6419$ erzielbar. Nach Aufnahme des Medienrechts in das Programm muß auch vom Bewertungsprogramm eine Rückzahlung in genau dieser Höhe dauerhaft erreicht werden. Der Entscheidungswert $P^*_{MR^1}$ ergibt sich aus dem folgenden linearen Optimierungsansatz, in dem das Bewertungsobjekt auf der rechten Seite integriert wurde:

$$\max. \ MR; MR := P^*_{MR^1}$$

$$100 \cdot F_1^I + 200 \cdot F_2^I + 210 \cdot F_3^I + 1 \cdot GA_0 - 1 \cdot KA_0 + 1 \cdot EN + P^*_{MR^1} \leq 40$$
$$-50 \cdot F_1^I - 90 \cdot F_2^I - 100 \cdot F_3^I + 1 \cdot GA_1 - 1{,}05 \cdot GA_0 - 1 \cdot KA_1 + 1{,}1 \cdot KA_0 + 1 \cdot EN \leq 120$$
$$-50 \cdot F_1^I - 100 \cdot F_2^I - 100 \cdot F_3^I + 1 \cdot GA_2 - 1{,}05 \cdot GA_1 - 1 \cdot KA_2 + 1{,}1 \cdot KA_1 + 1 \cdot EN \leq 100$$
$$-50 \cdot F_1^I - 80 \cdot F_2^I - 100 \cdot F_3^I - 1{,}05 \cdot GA_2 + 1{,}1 \cdot KA_2 + 21 \cdot EN \leq 890$$
$$30 \cdot F_1^I + 30 \cdot F_2^I + 60 \cdot F_3^I \leq 30^2$$
$$EN \geq 42{,}6419$$
$$GA_t, KA_t, P^*_{MR^1} \geq 0 \qquad \forall t$$
$$F_1^I, F_2^I, F_3^I \in \{0; 1\}.$$

Die optimale Lösung liefert den Grenzpreis $P^*_{MR^1} = 135{,}54$.[3] Neben dem Bewertungsobjekt ist im Bewertungsprogramm des Fernsehveranstalters das Programmobjekt

---

[1] Siehe hierzu den VOFI der Tabelle 12 (S. 115).

[2] Von den drei identischen Restriktionen sind im Beispiel wiederum zwei redundant.

[3] Nachrichtlich: Gerundet auf fünf Nachkommastellen ergibt sich $P^*_{MR^1} = 135{,}53719$.

F_2^I enthalten. Wie im Basisprogramm wird sich in jeder Periode der zu einem Sollzins von 10 % p. a. zur Verfügung stehenden kurzfristigen Kredite und der Innenfinanzierung bedient. Infolge der Sendezeitrestriktionen wird neben dem Programmobjekt F_3^I auch auf das Objekt F_1^I verzichtet. Der vollständige Finanzplan des Bewertungsprogramms ist in Tabelle 15 dargestellt.

Zeitpunkt	t = 0	t = 1	t = 2	t = 3
IF	40	40	40	840
MR^I	−135,5372	80	60	50
F_2^I	−200	90	100	80
Kreditaufnahme	338,1791	204,6390	67,7448	
Geldanlage				−852,8388
Rückzahlung		−371,9971	−225,1029	−74,5193
Gebührenerstattung	−42,6419	−42,6419	−42,6419	−42,6419
Guthaben	−338,1791	−204,6390	−67,7448	852,8388

Tabelle 15:   *Der VOFI des Bewertungsprogramms für das erste Beispiel zur Bewertung im Rahmen der Programmplanung*

Nunmehr sei auf das *zweite Beispiel* zur Programmplanung zurückgegriffen. Bewertungssubjekt sei der Fernsehveranstalter, für den die Ausstrahlung von Spotwerbung in seiner Programmsparte gesetzlich untersagt ist. Die Datenbasis der Tabelle 13 (S. 115) ist um ein Medienrecht MR^{II} als Bewertungsobjekt erweitert, das je Periode eine Sendezeit $FL_{MR^{II}}$ von 30 ZE beansprucht und dabei einen Zahlungsstrom $g_{MR^{II}}$ = (0, −5, −5, −5) generiert. Auch dieser Fernsehveranstalter sucht nach dem maximal zahlbaren Preis für das Medienrecht $P_{MR^{II}}^*$ und kann dafür ebenfalls auf das aus der Programmplanung bekannte Ergebnis als Basisprogramm zurückgreifen, aus dem ein uniformer Gebührenrückzahlungsstrom der Breite EN^* = 20,8632 erzielbar war.[1] Diese Rückzahlung muß auch nach Aufnahme des zu bewertenden Medienrechts in das Programm in gleicher Höhe dauerhaft zu erreichen sein. Zur Ermittlung des Entscheidungswertes $P_{MR^{II}}^*$ ist der folgende lineare Optimierungsansatz zu lösen:

max. MR; MR := $P_{MR^{II}}^*$

$100 \cdot F_1^{II} + 200 \cdot F_2^{II} + 500 \cdot F_3^{II} + 1 \cdot GA_0 - 1 \cdot KA_0 + 1 \cdot EN + P_{MR^{II}}^*$ ≤ 40

$10 \cdot F_1^{II} + 15 \cdot F_2^{II} + 10 \cdot F_3^{II} + 1 \cdot GA_1 - 1,05 \cdot GA_0 - 1 \cdot KA_1 + 1,1 \cdot KA_0 + 1 \cdot EN$ ≤ 35

$5 \cdot F_1^{II} + 15 \cdot F_2^{II} + 20 \cdot F_3^{II} + 1 \cdot GA_2 - 1,05 \cdot GA_1 - 1 \cdot KA_2 + 1,1 \cdot KA_1 + 1 \cdot EN$ ≤ 35

$5 \cdot F_1^{II} + 15 \cdot F_2^{II} + 50 \cdot F_3^{II} - 1,05 \cdot GA_2 + 1,1 \cdot KA_2 + 21 \cdot EN$ ≤ 835

---

[1] Vgl. hierzu den VOFI der Tabelle 14 (S. 116).

2. Die modelltheoretische Analyse 123

$$30 \cdot F_1^{II} + 30 \cdot F_2^{II} + 30 \cdot F_3^{II} \geq 30^1$$
$$EN \geq 20{,}8632$$
$$GA_t, KA_t, P^*_{MR^{II}} \geq 0 \quad \forall\, t$$
$$F_1^{II}, F_2^{II}, F_3^{II} \in \{0;\,1\}.$$

Überraschenderweise läßt sich mit dem Totalmodell feststellen, daß die Konzessionsgrenze des Bewertungssubjekts für das zu bewertende Medienrecht MR^{II}, aus dem ein vermeintlicher Zahlungsstrom $g_{MR^{II}} = (0, -5, -5, -5)$ resultiert, bei $P^*_{MR^{II}} = 224{,}87$ liegt.[2] Dem Fernsehveranstalter ist es möglich, diesen Preis für das audiovisuelle Medienrecht zu zahlen, ohne daß er mit dessen Erwerb einen wirtschaftlichen Nachteil hinnehmen muß. Im Bewertungsprogramm ist neben dem Bewertungsobjekt das Programmobjekt F_1^{II} enthalten. Da mit diesen beiden Programmbestandteilen der vorhandene Sendeplatzbedarf befriedigt ist, muß neben dem Objekt F_3^{II} nun auch auf das Objekt F_2^{II} verzichtet werden. Im Bewertungsprogramm werden in jeder Periode die Innenfinanzierung und die zu einem Sollzins von 10 % p. a. zur Verfügung stehenden kurzfristigen Kredite genutzt. Tabelle 16 zeigt den vollständigen Finanzplan des Bewertungsprogramms für das zweite Beispiel.

Zeitpunkt	t = 0	t = 1	t = 2	t = 3
IF	40	40	40	840
F_1^{II}	−100	−10	−5	−5
MR^{II}	−224,8685	−5	−5	−5
Kreditaufnahme	305,7317	332,1681	356,2481	
Geldanlage				−417,2639
Rückzahlung		−336,3049	−365,3849	−391,8729
Gebührenerstattung	−20,8632	−20,8632	−20,8632	−20,8632
Guthaben	−305,7317	−332,1681	−356,2481	417,2639

Tabelle 16:   *Der VOFI des Bewertungsprogramms für das zweite Beispiel zur Bewertung im Rahmen der Programmplanung*

War die Lösung des in Kapitel III.2.2.1.1.1 dargestellten allgemeinen ZGPM noch vorstellbar, erlangt das Modell durch die zusätzliche Aufnahme der nichtfinanziellen Interdependenzen bei einem Fernsehveranstalter mit mehreren Programmsparten schon unter der Annahme von Quasi-Sicherheit eine Komplexität, deren praktische Umsetzung (noch) Schwierigkeiten bereitet oder deren Lösung gar aussichtslos erscheint. Aus planungsökonomischen Gründen wäre deshalb eine adäquate dezentrale

---

[1] Von den drei identischen Restriktionen sind im Beispiel wiederum zwei redundant.

[2] Nachrichtlich: Gerundet auf fünf Nachkommastellen ergibt sich $P^*_{MR^{II}} = 224{,}86852$.

Partialplanung der zentralen Totalplanung vorzuziehen. Vor den Ausführungen zur partialanalytischen Bewertung audiovisueller Medienrechte werden nachfolgend Möglichkeiten der Berücksichtigung von Unsicherheit im Rahmen der Totalmodelle dargestellt und die totalanalytische Bewertung kritisch gewürdigt.

2.2.2 Die Berücksichtigung von Unsicherheit

Die Zukunftserwartungen des Bewertungssubjekts sind unter Unsicherheit durch Mehrwertigkeit geprägt. Wie in Kapitel III.1.2.4.2 (S. 77 ff.) dargelegt, können diese mehrwertigen Erwartungen bei der Bewertung audiovisueller Medienrechte durch Unsicherheit verdichtende und durch Unsicherheit offenlegende Methoden berücksichtigt werden. Da es Ziel der Bewertung ist, dem Entscheidungssubjekt anschauliche und transparente Entscheidungsgrundlagen vorzulegen, sind die Unsicherheit offenlegenden oder aufdeckenden Methoden, worunter die Sensitivitäts- und die Risikoanalyse fallen, den Unsicherheit verdichtenden Methoden vorzuziehen. Im Rahmen der totalanalytischen Betrachtung soll die Sensitivitätsanalyse im Mittelpunkt stehen, während die Risikoanalyse innerhalb der partialanalytischen Ausführungen in Kapitel III.2.3.2 (S. 167 ff.) veranschaulicht wird.

Die *Sensitivitätsanalyse*[1], mit der die Empfindlichkeit der Bewertungsergebnisse auf die Veränderung der Planungsdaten untersucht wird, läßt sich in zwei Arten unterscheiden:

1. Ist die Frage zu beantworten, innerhalb welcher Grenzen die Koeffizienten des Totalmodells schwanken dürfen, ohne daß sich die Struktur der optimalen Lösung des Modells ändert, wird von der Sensitivitätsanalyse der ersten Art gesprochen.

2. Die Sensitivitätsanalyse der zweiten Art soll hingegen die Frage beantworten, welche neue optimale Lösung sich aufgrund der Änderung eines oder mehrerer Koeffizienten ergibt.

Mit der Beantwortung der ersten Frage liefert die *Sensitivitätsanalyse der ersten Art* Informationen über die Stabilität der optimalen Lösung, wobei nach den kritischen Werten für die unsicheren Parameter des linearen Problems gesucht wird. Um den einfachsten Fall einer Sensitivitätsanalyse der ersten Art handelt es sich, wenn die Schwankungsbreite eines einzelnen Koeffizienten zu ermitteln ist. Hierzu wird von der Konstanz aller übrigen Daten, also der Ceteris-paribus-Prämisse, ausgegangen. Soweit nicht die Tableaukoeffizienten von Basisvariablen betroffen sind, lassen sich

---

1 Siehe zu nachfolgenden Ausführungen *MÜLLER-MERBACH*, Operations Research (1973), S. 150 - 153, *DINKELBACH*, Sensitivitätsanalysen (1979) sowie insbesondere *HERING*, Investitionstheorie (1995), S. 196 - 207.

2. Die modelltheoretische Analyse

derartige isolierte Schwankungsbreiten recht einfach berechnen. Sind jedoch die Tableaukoeffizienten von Basisvariablen Gegenstand der Untersuchung im Rahmen der Ermittlung isolierter Schwankungsbreiten oder handelt es sich gar um eine mehrparametrische Sensitivitätsanalyse der ersten Art, bereitet die Berechnung größere Schwierigkeiten und wird außerdem schnell unübersichtlich.[1] Da reale Bewertungsprobleme sich dadurch auszeichnen, daß grundsätzlich mehr als ein Koeffizient unsicher ist, erweist sich die Sensitivitätsanalyse der ersten Art für das vorliegende Problem als unzureichendes Lösungsverfahren.[2]

Die *Sensitivitätsanalyse der zweiten Art* zielt hingegen auf die Ermittlung des Streubereichs der optimalen Lösung und gibt Auskunft darüber, wie sich alternative Datenkonstellationen auf die Struktur der Optimallösung auswirken. Hierfür bestehen grundsätzlich zwei verschiedene Möglichkeiten: Einerseits läßt sich der sich durch die geänderte Datenbasis ergebende lineare Optimierungsansatz mit Hilfe des Simplexalgorithmus von Beginn an neu lösen; andererseits kann die optimale Lösung ausgehend vom bisherigen Optimaltableau ermittelt werden.[3]

Die Sensitivitätsanalyse der zweiten Art wird nunmehr im Totalmodell an einem einfachen Beispiel dargestellt. Da sich die Entscheidungswertermittlung durch die mehrwertige Struktur der Erwartungen zu komplexen Problemstellungen ausweitet, wird es aus Praktikabilitätsgründen als vertretbar angesehen, sich bei der Abschätzung der zukünftigen Erfolge auf eine Handvoll von Möglichkeiten – beispielsweise eine realistische, eine pessimistische und eine optimistische Variante – zu beschränken und die dazugehörigen Entscheidungswerte zu ermitteln.[4] Eine derartige Vorgehensweise entspricht einer einfachen Sensitivitätsanalyse der zweiten Art, weil hierbei der Einfluß modifizierter Eingangsdaten auf die Problemlösung dargestellt wird.

Als Ausgangspunkt der Betrachtung soll das Zahlenbeispiel des Kapitels III.2.2.1.1.2 (S. 94 - 98) dienen, das der eindimensionalen, disjungierten Konfliktsituation vom Typ des Erwerbs zuzuordnen ist. Die in Tabelle 6 (S. 96) zur Verfügung gestellten Daten stellen dabei die realistische Variante dar. Für das Basisprogramm wurde nach entsprechender Lösung des linearen Optimierungsansatzes ein uniformer Einkommensstrom der Breite $EN^*_{real} = 37,2832$ GE ermittelt.[5] Dieser Einkommensstrom wird nach Aufnahme der Übertragungsrechte des Tennisturniers (ÜR) in das Bewertungsprogramm mindestens wieder erreicht, wenn der Preis für die Rechte den Wert von

---

[1] Vgl. auch *ELLINGER/BEUERMANN/LEISTEN*, Operations Research (1998), S. 120.

[2] Siehe *HERING*, Investitionstheorie (1995), S. 197 f.

[3] Vgl. z. B. *KREKÓ*, Lineare Optimierung (1973), S. 233. Siehe zu einem Lösungsalgorithmus, der ohne Einführung von künstlichen Variablen auskommt, sowie zum dafür erforderlichen theoretischen Fundament *HERING*, Investitionstheorie (1995), S. 199 - 202.

[4] Vgl. *MATSCHKE*, Wertarten nach der Art ihrer Ermittlung (1995), S. 975.

[5] Vgl. den in Tabelle 7 (S. 97) dargestellten VOFI des Basisprogramms.

126,4411 GE nicht übersteigt. Der Grenzpreis der Übertragungsrechte beträgt für die *realistische Eingangsdatenvariante* somit P^*_{real} = 126,4411 GE.[1]

Nunmehr sei angenommen, daß darüber hinaus zwei weitere Konstellationen der Eingangsdaten durch die Fachleute der Medienbranche zur Verfügung gestellt werden, die ebenfalls auf fundierten Schätzungen beruhen. Hierbei handelt es sich um eine pessimistische und eine optimistische Eingangsdatenvariante. Die Planer der Unternehmung dürfen dabei nicht nur für die Übertragungsrechte eine entsprechend positive oder negative Entwicklung der Erfolge unterstellen, sondern sie müssen sämtliche Eingangsdaten konsistent anpassen. Mit anderen Worten, die Zahlungsreihen aller Objekte des Modells sind unter Berücksichtigung einheitlicher Annahmen zu ermitteln. Korrelieren etwa die Erfolge der Trickfilmproduktion und der Übertragungsrechte im Beispiel positiv miteinander, ist es unplausibel, wenn unter der Annahme verminderter Einzahlungsüberschüsse der Tennisturnierübertragung die Zahlungsreihe der Trickfilmausstrahlung gemäß realistischer Variante zur Entscheidungswertermittlung herangezogen wird.

In der *pessimistischen Variante* wird durch den privaten Fernsehveranstalter für das Bewertungsobjekt „Tennisturnierübertragung" (ÜR) in den Perioden t = 0 bis 4 der Zahlungsstrom (0, 50, 35, 15, 20) erwartet. Die Zahlungsreihe aus der zusätzlich möglichen Investition in die Trickfilmproduktion (TFP) beträgt einschließlich des dafür zu zahlenden Preises (-100, 25, 30, 40, 50). Als Einzahlungsüberschuß aus der Innenfinanzierung (IF) des Fernsehsenders werden 30 GE in t = 0 sowie in jedem darauffolgendem Zeitpunkt 20 GE erwartet.[2] Im Entscheidungszeitpunkt besitzt der Sender, der ansonsten über ein zur (sog. realistischen) Ausgangssituation unverändertes Entscheidungsfeld verfügt, 100 GE als Eigenmittel (EM). Die zur Ermittlung des maximal zahlbaren Preises P^*_{pes} vorliegenden Daten der pessimistischen Variante sind in Tabelle 17 zusammengefaßt.

t	TFP	GA_0	...	KA_0	...	EM	IF	ÜR
0	-100	-1		1		100	30	P?
1	25	1,05	usw.	-1,1	usw.		20	50
2	30		...		...		20	35
3	40						20	15
4	50						420	20
Grenze	1	∞	∞	∞	∞	1	1	1

Tabelle 17: Die Modelleingangsdaten der pessimistischen Variante

---

[1] Siehe zur Berechnung die Ausführungen in Kapitel III.2.2.1.1.2; vgl. insbesondere den in Tabelle 8 (S. 98) abgebildeten VOFI.

[2] Der als ewige Rente angenommene Zahlungsüberschuß aus der Innenfinanzierung wird hierbei im Zeitpunkt t = 4 wieder durch den Faktor 21 berücksichtigt.

2. Die modelltheoretische Analyse 127

Zur Berechnung des maximal zahlbaren Preises P^*_{pes} für die Tennisturnierübertragungsrechte ist als erster Schritt das Basisprogramm anzupassen und der daraus resultierende maximale Zielfunktionswert EN^*_{pes} zu bestimmen. Die Lösung[1] des Basisprogramms ergibt, daß in der pessimistischen Variante ein uniformer Strom der Breite EN^*_{pes} = 26,5100 GE erzielbar ist. Auch nach Aufnahme der Übertragungsrechte in das Programm muß ein Einkommensstrom mindestens in dieser Höhe dauerhaft möglich sein. Nach Formulierung und Berechnung des Bewertungsprogramms läßt sich der entsprechende Grenzpreis der Übertragungsrechte für die pessimistische Eingangsdatenvariante in Höhe von P^*_{pes} = 102,2529 GE ermitteln.

Wird zur Berechnung des Entscheidungswertes P^*_{opt} der *optimistischen Variante* auf die Datenkonstellation der Tabelle 18 zurückgegriffen, ergibt sich – bei Annahme eines sonst unveränderten Entscheidungsfeldes – ein möglicher Basisprogrammerfolg in Höhe von EN^*_{opt} = 47,6278 GE. Gemäß Berechnung des zur Ermittlung des Bewertungsprogramms erforderlichen linearen Optimierungsansatzes liegt für die Übertragungsrechte letztendlich ein „optimistischer" Entscheidungswert P^*_{opt} in Höhe von 154,5904 GE vor.

t	TFP	GA_0	...	KA_0	...	EM	IF	ÜR
0	−100	−1		1		100	30	P?
1	35	1,05	usw.	−1,1	usw.	40	70	
2	45					40	50	
3	55		...	...		40	30	
4	60					840	35	
Grenze	1	∞	∞	∞	∞	1	1	1

Tabelle 18:   *Die Modelleingangsdaten der optimistischen Variante*

Dem Entscheidungsträger können nach Durchführung dieser einfachen Sensitivitätsanalyse der zweiten Art im Totalmodell mit P^*_{real} = 126,4411 GE, P^*_{pes} = 102,2529 GE und P^*_{opt} = 154,5904 GE gleich drei Werte zur Entscheidungsunterstützung zur Verfügung gestellt werden.[2] Diesem obliegt es daraufhin, unter Einfluß seiner individuel-

---

[1] Die Lösung erfolgt entweder durch völlige Neuberechnung des linearen Optimierungsansatzes mit Hilfe des Simplexalgorithmus oder ausgehend vom bisherigen Basisprogramm-Optimaltableau mit dem von HERING dargestellten Lösungsalgorithmus; siehe *HERING*, Investitionstheorie (1995), S. 199 - 202.

[2] Ferner besteht die Möglichkeit, für jede dieser drei sich gegenseitig ausschließenden Grundsituationen (Szenarien) eine eigene Szenarioanalyse durchzuführen und diese getrennt voneinander zu analysieren; vgl. *MATSCHKE*, Arbitriumwert (1979), S. 121 f., *SIEBEN/SCHILDBACH*, Bewertung ganzer Unternehmungen (1979), S. 460 f., *HERING*, Unternehmensbewertung (1999), S. 79. Hierbei können den Eingangsdaten eines jeden Szenarios entsprechende Schwankungsbreiten un-

len Risikoneigung und der zusätzlichen Analyse qualitativer Aspekte, eine Abwägung zwischen Preis und der in Abbildung 19 aufgezeigten möglichen Bandbreite des Entscheidungswertes durchzuführen.[1] Liegt bei einem überschaubaren Totalmodell eine Vielzahl weiterer Datensätze vor, besteht die Möglichkeit, die optimale Lösung für jeden Datensatz zu berechnen, zu dokumentieren und anschließend statistisch auszuwerten. Dabei ermittelte Häufigkeitsverteilungen stellen wertvolle quantitative Informationen zur Entscheidungsfindung unter Unsicherheit dar.[2]

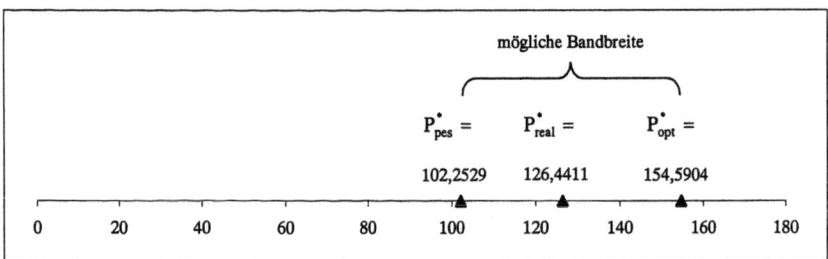

Abbildung 19:   *Die mögliche Bandbreite des Entscheidungswertes*

Die in Abbildung 19 dargestellte, den auf Basis der sog. realistischen Eingangsdatenvariante ermittelten Entscheidungswert beinhaltende, mögliche Bandbreite des Entscheidungswertes ist zur Entscheidungsunterstützung bei mehrwertigen Erwartungen einem verdichteten einwertigen Entscheidungswert überlegen. Bei der Anwendung der Sensitivitätsanalyse der zweiten Art bleibt zu beachten, daß mit der Bandbreite allein die Ergebnisse der subjektiv für möglich gehaltenen Datensituationen dargestellt, aber dem Entscheidungsträger keine Entscheidungen abgenommen werden.[3] Darüber hinaus wurde im Beispiel angenommen, daß mehrwertige Erwartungen lediglich hinsichtlich der Zahlungskonsequenzen bekannter Objekte vorliegen. Unsicherheit besteht in der Realität beispielsweise auch bezüglich der zur Verfügung stehenden Sendezeit, der notwendigen Sendezeit sowie der Existenz und der unterschiedlichen Ausprägungen weiterer real- sowie finanzwirtschaftlicher Restriktionen. Wie bereits dargelegt führt deren Berücksichtigung im Totalmodell jedoch schon unter Quasi-Sicherheit zu einer erheblichen Komplexität. Fordert der Entscheidungsträger neben der ihm vorgelegten möglichen Bandbreite des Entscheidungswertes zusätzliche anschau-

---

terstellt werden; vgl. HERING, Investitionstheorie (1995), S. 228. Zur Szenariotechnik siehe beispielsweise SCHERM, Szenario-Technik (1992) und GÖTZE, Szenario-Technik (1993). In Anbetracht der Vielzahl von alternativ möglichen spartenspezifischen Sendeplätzen für ein zu bewertendes Programmobjekt (siehe Kapitel III.2.2.1.2.1, S. 107) sollte die Szenarioanalyse auf möglichst wahrscheinliche und somit gleichermaßen plausible Datensituationen beschränkt werden.

[1] Vgl. HERING, Unternehmensbewertung (1999), S. 24.
[2] Vgl. HERING, Investitionstheorie (1995), S. 205 f.
[3] Vgl. HERING, Investitionstheorie (1995), S. 206.

liche Informationen, wie z. B. Häufigkeitsverteilungen, sind ein erhöhter Rechenaufwand und eine entsprechend zur Verfügung gestellte Vielzahl von sorgfältig ermittelten und plausiblen Eingangsdaten notwendig. Zur Berücksichtigung der Unsicherheit erscheint eine Verminderung von Komplexität und Rechenaufwand dringend erforderlich.

2.2.3 Eine kritische Würdigung der Totalmodelle im Hinblick auf die Bewertung audiovisueller Medienrechte

Nach der Betrachtung des allgemeinen ZGPM als einfachen Totalmodells zur Bewertung audiovisueller Medienrechte, dessen Einbindung in die totalanalytische Programmplanung und der anschließenden Darstellung der möglichen Unsicherheitsberücksichtigung in Totalmodellen sollen diese – vor dem Hintergrund der in Kapitel III.1.2.6 (S. 84 f.) formulierten Anforderungen an ein Modell zur Bewertung audiovisueller Medienrechte – kritisch gewürdigt werden.

Modellanforderung 1: Subjekt- und Zielsystembezogenheit

Auf einem unvollständigen Kapitalmarkt kann durch das dargestellte allgemeine ZGPM der Entscheidungswert audiovisueller Medienrechte unter expliziter Beachtung der Grundsätze der Gesamtbewertung, der Zukunftsbezogenheit und der Subjektivität als Grenzpreis berechnet werden. Der mit diesem zweistufigen zahlungsstromorientierten Totalmodell ermittelte Wert ist durch die vom Prinzip der Subjektivität geforderte Zielsystem-, Entscheidungsfeld- und Handlungsbezogenheit gekennzeichnet. Mit Hilfe einer entsprechenden Formulierung der Zielfunktion ist unter Berücksichtigung des Zielsystems des Bewertungssubjekts die Wahl zwischen den Zielen Vermögens- und Einkommensmaximierung möglich. Die in Kapitel III.1.2.3.1 operationalisierten Ziele der präsumtiven Erwerber werden somit im Modell beachtet. Folglich erfüllt das formulierte Totalmodell die *erste Modellanforderung*.

Modellanforderung 2: Entscheidungsfeldbezogenheit und Grenzwertermittlung

Im beschriebenen mehrperiodigen Modell können ferner die alternativen Investitions- und alle Finanzierungsmöglichkeiten sowie die finanziellen Objektinterdependenzen des Entscheidungsfeldes simultan erfaßt und relativ wirklichkeitsnah abgebildet werden. Die Gewährleistung der Zahlungsfähigkeit ist durch die Liquiditätsrestriktionen zu jedem betrachteten Zeitpunkt t gesichert.[1] Durch die vollzogene Verknüpfung zwischen der totalanalytischen Programmplanung und dem Bewertungsmodell ist es

---

[1] Es ist zu berücksichtigen, daß die Liquidität des Fernsehveranstalters aufgrund der zeitpunktbezogenen Betrachtungsweise des Modells nicht permanent, sondern jeweils nur am Periodenanfang und am Periodenende sichergestellt ist; vgl. zum Ausmaß dieses Problems ROLLBERG, Simultane Planung (1999), S. 104.

möglich, die branchenspezifischen Interdependenzen zwischen audiovisuellem Medienrecht und Fernsehprogramm in das Bewertungskalkül einzubeziehen und die Grenze der Verhandlungsbereitschaft zu ermitteln. Eine Integration weiterer linear abbildbarer Restriktionen in das Modell ist theoretisch durchführbar.[1] Die *zweite Modellanforderung* wird durch das vorgestellte Totalmodell ebenfalls erfüllt.

Modellanforderung 3: Möglichkeit der Verknüpfung mit Unsicherheit offenlegenden Methoden

Während der Entscheidungswert unter der Annahme von Quasi-Sicherheit nach Berechnung durch das ZGPM[2] eine einwertige Größe darstellt, erfordert die in der Realität herrschende Unsicherheit nach einer Verknüpfung von adäquaten Unsicherheit aufdeckenden Verfahren mit dem vorgestellten Totalmodell. In Kapitel III.2.2.2 wurde am Beispiel der Sensitivitätsanalyse der zweiten Art eine Möglichkeit gezeigt, wie das Modell mit dem entsprechenden Verfahren kombiniert werden kann, um den Entscheidungsträgern als Ergebnis des Bewertungsprozesses in Form von möglichen Bandbreiten oder Häufigkeitsverteilungen des Entscheidungswertes wichtige quantitative Informationen zur Entscheidungsunterstützung zukommen zu lassen. Da somit Möglichkeiten gegeben sind, die Auswirkungen der Unsicherheit im Rahmen der Anwendung des Totalmodells transparent darzustellen, genügt das Totalmodell auch der *dritten Modellanforderung*.

Modellanforderung 4: Vertretbarer Informationsbeschaffungs- und -verarbeitungsaufwand

Um die Interdependenzen und deren Auswirkungen auf den Grenzpreis im Totalmodell möglichst realitätsnah abzubilden und genau zu berücksichtigen, ist eine enorme Anzahl von Restriktionen zu formulieren. Zur Berechnung des gesuchten Entscheidungswertes muß das Simultanmodell anschließend mit den entsprechenden Daten „gefüttert" werden. Im Rahmen der Datenbeschaffung sind sowohl alle zu disponierenden Objekte als auch alle den Planungszeitraum mit ihren Zahlungskonsequenzen beeinflussenden, bereits getätigten Investitions- und Finanzierungsobjekte dem Modell zur Verfügung zu stellen. Vor diesem Hintergrund ist das Totalmodell zur Bewertung audiovisueller Medienrechte hinsichtlich des Informationsbeschaffungs- und -verarbeitungsaufwandes in der praktischen Anwendung durch erhebliche Schwächen gekennzeichnet,[3] zumal die mehrwertigen Erwartungen die benötigte Datenmenge noch vergrößert. Aufgrund des dadurch zumeist nicht vertretbaren Aufwands kann der *vierten Modellanforderung* nur bei einfachen Modellen entsprochen werden.

---

[1] Vgl. MATSCHKE, Investitionsplanung (1993), S. 288.

[2] In der deterministischen Variante des Modells werden die Zustände als Zeitpunkte definiert.

[3] Vgl. hierzu und zur vermeintlich hierauf beruhenden mangelnden Akzeptanz in der Praxis BALLWIESER/LEUTHIER, Grundprinzipien der Unternehmensbewertung (1986), S. 607. Siehe ferner LEUTHIER, Interdependenzproblem (1988), S. 123 - 125.

2. Die modelltheoretische Analyse

Modellanforderung 5: Rechenbarkeit der Kalküle

Auch oder gerade wenn sämtliche für die Lösung des formulierten Modells erforderlichen Daten und Informationen beschafft und verarbeitet werden konnten, erreichen wirklichkeitsnah formulierte Totalmodelle schon unter der Annahme von Quasi-Sicherheit schnell eine enorme Komplexität. Die anschließende rechentechnische Lösung des Optimierungsproblems[1] bereitet deshalb (noch) Schwierigkeiten, die vor allem durch die zahlreichen einzuhaltenden Ganzzahligkeitsbedingungen hervorgerufen werden.[2] Wird außerdem von einem offenen Entscheidungsfeld ausgegangen, erhöht sich der Rechenaufwand zusätzlich. Bis die zur Problemlösung erforderlichen Rechnerkapazitäten und Lösungstechniken zur Verfügung stehen, kann auch die *fünfte Modellanforderung* nur durch einfache Totalmodelle eingehalten werden.

Modellanforderung 6: Möglichkeit dezentraler Entscheidungsunterstützung

Totalmodelle sind grundsätzlich für Unternehmungen mit zentralen Entscheidungsinstanzen konzipiert, deren Leitungsorgan sich jegliche Entscheidungskompetenz vorbehält.[3] Bei Abstraktion von dezentraler Entscheidungsorganisation können die Fernsehveranstalter jedoch der erforderlichen Aktualität und Flexibilität sowie der entsprechenden *sechsten Modellanforderung* nicht gerecht werden. Darüber hinaus ist zu beachten, daß bei der Formulierung des Totalmodells angenommen wird, daß zum Planungs- oder Bewertungszeitpunkt auch sämtliche Entscheidungen über alternative Investitions- und Finanzierungsmöglichkeiten anstehen.[4] Demgegenüber sind solche Entscheidungen in der Realität jedoch kontinuierlich zu treffen, was eine fortwährende Aufstellung und Lösung des Totalmodells erforderte.

---

[1] Vgl. *MATSCHKE*, Investitionsplanung (1993), S. 289. Zu methodischen Grenzen der Modelle siehe *FRESE*, Produktionssteuerung (2001), S. 297, der deren Einsatz jedoch keineswegs ausschließt.

[2] Siehe *ROLLBERG*, Simultane Planung (1999), S. 106. Die Weiterentwicklung der Lösungstechniken ist somit unerläßliche Voraussetzung der praktischen Anwendung komplexer Totalmodelle; vgl. *LEUTHIER*, Interdependenzproblem (1988), S. 111 f.

[3] Vgl. *LEUTHIER*, Interdependenzproblem (1988), S. 127 - 130.

[4] Vgl. *LEUTHIER*, Interdependenzproblem (1988), S. 198.

Insgesamt läßt sich feststellen, daß es mit einem einfachen Totalmodell möglich ist, den Entscheidungswert audiovisueller Medienrechte unter Beachtung der Grundsätze der Gesamtbewertung, der Zukunftsbezogenheit und der Subjektivität zu berechnen. Darüber hinaus wird im Modell simultan Entscheidungsunterstützung für die im Entscheidungsfeld berücksichtigten, weiteren Investitions- und Finanzierungsmaßnahmen gegeben.[1] Die mit der möglichst realitätsnahen Abbildung des Entscheidungsfeldes auftretenden Schwierigkeiten hinsichtlich der in Kapitel III.1.2.6 geforderten vierten (vertretbarer Informationsbeschaffungs- und -verarbeitungsaufwand) und fünften Modellanforderung (Rechenbarkeit der Kalküle) machen allerdings eine Komplexitätsreduktion des Bewertungskalküls erforderlich.[2] Da ferner der sechsten Modellanforderung (Möglichkeit dezentraler Entscheidungsunterstützung) nicht entsprochen werden kann, wären dem zentralen Totalmodell aus planungsökonomischen Gründen adäquate dezentrale Partialmodelle vorzuziehen. In den nachfolgenden Ausführungen wird deshalb mit dem Zukunftserfolgswertverfahren ein Partialmodell zur Ermittlung des Entscheidungswertes vorgestellt, analysiert und anschließend wiederum kritisch gewürdigt.

---

[1] Siehe *LEUTHIER*, Interdependenzproblem (1988), S. 62.

[2] Siehe als Überblick zu den Problemen der Totalmodelle und m. w. N. *BALLWIESER*, Unternehmensbewertung (1990), S. 28 - 31. Vgl. auch *ROLLBERG*, Unternehmensplanung (2001), S. 129 - 131.

2. Die modelltheoretische Analyse

2.3 Die partialanalytische Bewertung audiovisueller Medienrechte

2.3.1 Die Ermittlung des Entscheidungswertes der Medienrechte bei Sicherheit auf Basis von Partialmodellen

2.3.1.1 Die Entscheidungswertermittlung auf Basis eines einfachen Partialmodells

2.3.1.1.1 Das Zukunftserfolgswertverfahren

Um der Notwendigkeit einer Reduktion der Komplexität des Bewertungskalküls zu entsprechen, sollen nachfolgend die Möglichkeiten und Grenzen des Verfahrens des Zukunftserfolgswertes, eines Partialmodells, betrachtet werden. Im Partialmodell fungieren als Rechengröße nicht die Ausschüttungen an Eigner oder Gebührenzahler, sondern einzelne Zahlungsreihen. Das *Dualitätstheorem der linearen Optimierung*[1] ermöglicht es, daß durch audiovisuelle Medienrechte induzierte Zahlungsströme in Unternehmungen dezentral beurteilt werden können und gleichzeitig die für die Eigner oder Gebührenzahler getroffene Zielsetzung verfolgt wird. Bei Verwendung der investitionstheoretisch korrekten Steuerungszinsfüße in Partialmodellen bleiben die Interessen der Eigner oder Gebührenzahler gewahrt.[2]

Während der Terminus des Entscheidungswertes den Zweck des Bewertungskalküls hervorhebt, stellt der Zukunftserfolgswert begrifflich auf die spezielle Wertermittlungsmethode ab.[3] Im Unterschied zum Totalmodell, in dem der Nutzen des Basisprogramms mit dem des Bewertungsprogramms verglichen wird, erfolgt beim Zukunftserfolgswertverfahren eine Gegenüberstellung des Bewertungsobjekts mit dem vorteilhaftesten Alternativinvestitionsprogramm. Die Ermittlung des Entscheidungswertes mit dem Zukunftserfolgswertverfahren hat dabei mit dem Prinzip der Subjektivität, dem Prinzip der Gesamtbewertung und dem Prinzip der Zukunftsbezogenheit die drei fundamentalen Grundsätze der Bewertung zu berücksichtigen.

Der *Zukunftserfolgswert* als Variante des Gegenwartswertkalküls entspricht dem Barwert der mit den Kalkulationszinsfüßen abgezinsten künftigen Erfolge des Bewertungsobjekts im Sinne von Einzahlungsüberschüssen. Die Kalkulationszinsfüße dienen als Vergleichsmaßstab und resultieren aus der besten alternativen Kapitalverwendungsmöglichkeit des Entscheidungssubjekts. Im bereits betrachteten Totalmodell ergibt sich diese Opportunität aus dem Basisprogramm. Als Kalkulationszinsfüße auf dem unvollkommenen Kapitalmarkt kommen somit für das Zukunftserfolgswertver-

---

[1] Siehe zur Dualitätstheorie u. a. DANTZIG, Lineare Programmierung (1966), S. 148 ff., KREKÓ, Lineare Optimierung (1973), S. 213 ff., WITTE/DEPPE/BORN, Lineare Programmierung (1975), S. 119 - 147, DINKELBACH, Operations Research (1992), S. 13 - 19, NEUMANN/MORLOCK, Operations Research (1993), S. 76 - 86, HERING, Investitionstheorie (1995), S. 78 - 83.

[2] Vgl. HERING, Unternehmensbewertung (1999), S. 19 und zum Beweis für den vorliegenden Zusammenhang HERING, Investitionstheorie (1995), S. 90.

[3] Vgl. MATSCHKE, Entscheidungswert (1975), S. 23 f.

fahren die als theoretisch richtigen Lenkpreise zu interpretierenden endogenen Grenzzinsfüße des Basisprogramms zur Berechnung des Zukunftserfolgswertes in Betracht.[1] Die hinsichtlich des Kalkulationszinses verbreitete Forderung nach dem internen Zins des günstigsten Vergleichsobjekts[2] ist lediglich für den Spezialfall einperiodiger Grenzobjekte zu vertreten.[3] Die Kalkulationszinsfüße werden auf dem unvollkommenen Kapitalmarkt durch das Entscheidungsfeld und durch die individuellen Konsumpräferenzen der Bewertungssubjekte determiniert.[4]

Audiovisuelle Medienrechte werden gewöhnlich nur für einen bestimmten Zeitraum erworben, weshalb von einer befristeten Lebensdauer des Bewertungsobjekts ausgegangen werden kann. Der beim Zukunftserfolgswertverfahren zu betrachtende Planungshorizont ist deshalb auf n Perioden begrenzt. Erwartet die bewertende Unternehmung aus einem audiovisuellen Medienrecht als Zukunftserfolg den Zahlungsstrom $g_{MR} = (0, g_{MR1}, g_{MR2}, ..., g_{MRt}, ..., g_{MRn})$ mit g_{MRt} als Zahlungsüberschuß im Zeitpunkt t, ergibt sich unter Berücksichtigung der endogenen Grenzzinsfüße des Basisprogramms i_t^{Ba} und unter Vernachlässigung nichtfinanzieller Restriktionen der Zukunftserfolgswert ZEW_{MR}^{Ba} gemäß folgender Formel der sog. „vereinfachten" Bewertung:[5]

$$ZEW_{MR}^{Ba} = \sum_{t=1}^{n} \frac{g_{MRt}}{\prod_{\tau=1}^{t}\left(1+i_\tau^{Ba}\right)} .$$

Die Kenntnis der Grenzzinsfüße einer jeden Periode ist also die Grundlage der dezentralen Anwendung des Partialmodells „Zukunftserfolgswertverfahren". Die Ermittlung der für die einzelnen Perioden gültigen endogenen Grenzzinsfüße erfordert allerdings die Berechnung des Basisprogramms als optimales Investitions- und Finanzierungsprogramm ohne Einigung. Da die Steuerungszinsfüße erst durch die optimale

---

[1] Gemäß dem Marginalprinzip sind die Grenzobjekte des besten alternativen Portefeuilles als Vergleichsobjekte heranzuziehen; vgl. hierzu *MOXTER*, Unternehmensbewertung (1983), S. 141 sowie ausführlich *HERING*, Unternehmensbewertung (1999), S. 34 - 41. Zur Wahl des Kalkulationszinses in der Praxis der Unternehmungsbewertung siehe die empirische Analyse in *PRIETZE/WALKER*, Kapitalisierungszinsfuß (1995), S. 205 - 211.

[2] Vgl. beispielsweise *MÜNSTERMANN*, Wert und Bewertung (1966), S. 151.

[3] Siehe hierzu *HERING*, Unternehmensbewertung (1999), S. 38 f.

[4] Vgl. *HERING*, Investitionstheorie (1995), S. 12 und nachdrücklich *MATSCHKE/HERING*, Unendliche Probleme (1999), S. 921.

[5] Vgl. hierzu die Ausführungen zur „vereinfachten" Bewertung sowie die Formel (21) in *LAUX/FRANKE*, Problem der Bewertung (1969), S. 210 - 214.

2. Die modelltheoretische Analyse

Lösung des Totalmodells selbst definiert werden, wird vom *Dilemma der wertmäßigen Kosten oder der Lenkpreistheorie*[1] gesprochen.

Der Zukunftserfolgswert ZEW_{MR}^{Ba} entspricht aus Sicht des Bewertungssubjekts nur dann dem individuellen Grenzpreis P_{MR}^* für das Medienrecht in t = 0, wenn die endogenen Grenzzinsfüße des Basisprogramms denen des Bewertungsprogramms entsprechen. Ergeben sich durch die Aufnahme des Bewertungsobjekts in das Bewertungsprogramm Umstrukturierungen beim Übergang vom Basis- zum Bewertungsprogramm, berechnet sich der Grenzpreis aus dem mit den endogenen Grenzzinsfüßen des Bewertungsprogramms i_t^{Be} abgezinsten Zukunftserfolgen des Medienrechts ZEW_{MR}^{Be} zuzüglich der Kapitalwertänderung ΔC^{Um}, die aus den Umstrukturierungen resultiert.[2] Der Grenzpreis P_{MR}^* läßt sich allgemein wie folgt darstellen:

$$P_{MR}^* = ZEW_{MR}^{Be} + \Delta C^{Um}.$$

Die Grenzpreisermittlung erfolgt unter Berücksichtigung der endogenen Grenzzinsfüße des Bewertungsprogramms i_t^{Be} und erfordert neben der Kenntnis des Zahlungsstroms des Medienrechts g_{MR}, des festen Zahlungssaldos b_t, der für die Objekte k bestehenden Obergrenzen y_k^{max} sowie des Gewichtungsfaktors $\overline{w}_t$ für den Entnahmestrom Angaben über den maximalen Zielfunktionswert des Basisprogramms EN^* und die Höhe aller nichtnegativen Kapitalwerte C_k^{Be} der Objekte k im Bewertungsprogramm. Hieraus ergibt sich nachfolgende Formel[3] der sog. „komplexen" Bewertung zur Ermittlung des Grenzpreises für das audiovisuelle Medienrecht P_{MR}^*:[4]

---

[1] Siehe HIRSHLEIFER, Investment Decision (1958), S. 340, HAX, Lineare Programmierung (1964), HERING, Investitionstheorie (1995), S. 69 - 75, ROLLBERG, Unternehmensplanung (2001), S. 136 - 143 und allgemein zu Lenkpreisen MATSCHKE, Lenkungspreise (1993).

[2] Vgl. zu den Grenzen des Partialmodells hinsichtlich der Umstrukturierungen HERING, Unternehmensbewertung (1999), S. 34 - 41.

[3] Grundlage für diese Formel ist das allgemeine einfache Totalmodell des Kapitels III.2.2.1.1.1 (S. 91 ff.).

[4] Vgl. LAUX/FRANKE, Problem der Bewertung (1969), S. 214 - 218, hier Formel (30) sowie HERING, Unternehmensbewertung (1999), S. 35 f.

Nachrichtlich: Für die Beziehung zwischen den endogenen Grenzzinsfüßen i_τ^{Be} $\forall \tau \in \{1, ..., t\}$ und den Abzinsungsfaktoren $\rho_t = \dfrac{d_t}{d_0}$ $\forall t \in \{1, ..., n\}$ auf den Zeitpunkt t = 0 gilt der Zusammenhang: $\rho_t = \dfrac{1}{\prod_{\tau=1}^{t}(1+i_\tau^{Be})}$; vgl. HERING, Investitionstheorie (1995), S. 82 f., ROLLBERG, Unternehmensplanung (2001), S. 178 f.

$$P_{MR}^* = \underbrace{\sum_{t=1}^{n} \frac{g_{MR\,t}}{\prod_{\tau=1}^{t}\left(1+i_\tau^{Be}\right)}}_{\substack{\text{mit den endogenen Grenzzinsfüßen}\\\text{des Bewertungsprogramms abgezinster}\\\text{Zukunftserfolg des Medienrechts}}} + \underbrace{\sum_{t=0}^{n} \frac{b_t}{\prod_{\tau=0}^{t}\left(1+i_\tau^{Be}\right)} + \sum_{\substack{C_t^{Ba}>0}} y_k^{max} \cdot C_k^{Be} - \sum_{t=0}^{n} \frac{\overline{w}_t \cdot EN^*}{\prod_{\tau=0}^{t}\left(1+i_\tau^{Be}\right)}}_{\substack{\text{Kapitalwertänderung durch Umstrukturierung beim}\\\text{Übergang vom Basis- zum Bewertungsprogramm}}}.$$

$$\underbrace{\phantom{\sum_{t=1}^{n} \frac{g_{MR\,t}}{\prod_{\tau=1}^{t}\left(1+i_\tau^{Be}\right)}}}_{\text{Kapitalwert des Bewertungsprogramms (ohne das Bewertungsobjekt)}} \qquad \underbrace{}_{\text{Kapitalwert des Basisprogramms}}$$

Kann nicht von einer Stabilität der Grenzzinsfüße ausgegangen werden, läßt sich das Bewertungsproblem nur durch ein Totalmodell lösen, selbst wenn die Schätzung der endogenen Grenzzinsfüße möglich ist.[1] Werden durch den Erwerb eines Medienrechts Änderungen der Grenzobjekte und Grenzzinsfüße ausgelöst, erweist sich das Partialmodell – bereits schon im Sicherheitsfall – lediglich brauchbar zur Eingrenzung eines Preisintervalls[2], in dem der Entscheidungswert P_{MR}^* liegen muß:

$$ZEW_{MR}^{Be} \leq P_{MR}^* \leq ZEW_{MR}^{Ba}.$$

Die Gültigkeit dieser Aussage und die Berechnung des Grenzpreises mit der Formel der „komplexen" Bewertung sollen nunmehr unter Rückgriff auf das Zahlenbeispiel des Kapitels III.2.2.1.1.2 (S. 94 - 98) veranschaulicht werden. Für das Bewertungsobjekt „Tennisturnierübertragung" (ÜR) ist der Zahlungsstrom (0, 60, 40, 20, 30) gegeben. Die endogenen Grenzzinsfüße des Basisprogramms i_t^{Ba} für die jeweiligen Perioden t betragen $i_t^{Ba} := \left(i_1^{Ba}; i_2^{Ba}; i_3^{Ba}; i_4^{Ba}\right)$ = (10 %; 5 %; 5 %; 5 %). Mit Aufnahme der Übertragung in das Bewertungsprogramm kommt es zu Umstrukturierungen bezüglich der Grenzobjekte und der Grenzzinsfüße. Im ZGPM ergeben sich die endogenen Grenzzinsfüße des Bewertungsprogramms i_t^{Be} für die entsprechenden Perioden t mit (10 %; 10 %; 5 %; 5 %) als Kuppelprodukt der optimalen Lösung. Mit der Formel der „vereinfachten" Bewertung ergibt sich unter Berücksichtigung der endogenen Grenzzinsfüße des Basisprogramms i_t^{Ba} als Zukunftserfolgswert der Übertragungsrechte $ZEW_{ÜR}^{Ba}$:

$$ZEW_{ÜR}^{Ba} = \frac{60}{1,1} + \frac{40}{1,1 \cdot 1,05} + \frac{20}{1,1 \cdot 1,05 \cdot 1,05} + \frac{30}{1,1 \cdot 1,05 \cdot 1,05 \cdot 1,05} = 129,2281.$$

---

[1] Vgl. zum Versagen der Marginalanalyse bei der Grenzpreisermittlung beispielsweise LAUX/ FRANKE, Problem der Bewertung (1969), S. 206 f., MOXTER, Unternehmensbewertung (1983), S. 143, LEUTHIER, Interdependenzproblem (1988), S. 140 f.

[2] Vgl. dazu den Beweis mit Hilfe eines zweistufigen Ansatzes in HERING, Unternehmensbewertung (1999), S. 39 - 41.

2. Die modelltheoretische Analyse

Erfolgt die Berechnung des Zukunftserfolgs $ZEW_{ÜR}^{Be}$ anhand der endogenen Grenzzinsfüße des Bewertungsprogramms i_t^{Be}, errechnet sich:

$$ZEW_{ÜR}^{Be} = \frac{60}{1,1} + \frac{40}{1,1 \cdot 1,1} + \frac{20}{1,1 \cdot 1,1 \cdot 1,05} + \frac{30}{1,1 \cdot 1,1 \cdot 1,05 \cdot 1,05} = 125,8335.$$

Mit dem Totalmodell wurde der tatsächliche Grenzpreis P* für die Übertragungsrechte in Höhe von 126,4411 GE ermittelt. Dieser liegt im mit dem Zukunftserfolgswertverfahren bestimmten Intervall: $ZEW_{ÜR}^{Be} = 125,8335 < P^* = 126,4411 < ZEW_{ÜR}^{Ba} = 129,2281$. Wird die Formel der „komplexen" Bewertung zur Entscheidungswertermittlung herangezogen ergibt sich:

$$P^* = 125,8335$$

$$+130 + \frac{30}{1,1} + \frac{30}{1,1 \cdot 1,1} + \frac{30}{1,1 \cdot 1,1 \cdot 1,05} + \frac{630}{1,1 \cdot 1,1 \cdot 1,05 \cdot 1,05}$$

$$-100 + \frac{30}{1,1} + \frac{40}{1,1 \cdot 1,1} + \frac{50}{1,1 \cdot 1,1 \cdot 1,05} + \frac{55}{1,1 \cdot 1,1 \cdot 1,05 \cdot 1,05}$$

$$-\left(37,2832 + \frac{37,2832}{1,1} + \frac{37,2832}{1,1 \cdot 1,1} + \frac{37,2832}{1,1 \cdot 1,1 \cdot 1,05} + \frac{37,2832 + 745,6631}{1,1 \cdot 1,1 \cdot 1,05 \cdot 1,05}\right)$$

$$P^* = 125,8335 + 0,6076$$

$$P^* = 126,4411.$$

Der durch die Methode der „komplexen" Bewertung ermittelte Grenzpreis P* in Höhe von 126,4411 GE ist zwar identisch mit dem Ergebnis der Entscheidungswertermittlung auf Basis des ZGPM, erfordert aber vorab die Lösung des Totalmodells. Das „Partialmodell" ist deshalb per definitionem kein solches mehr und erweist sich obendrein als redundant.

Soll das Bewertungskalkül des Zukunftserfolgswertes zur Entscheidungsunterstützung dienen, ist eine entsprechende Sensibilisierung des bewertenden Entscheidungssubjekts hinsichtlich der aufgezeigten Grenzen des Verfahrens unentbehrlich. Bei der Analyse der folgenden Beispiele einer eindimensionalen sowie einer mehrdimensionalen, disjungierten Konfliktsituation vom Typ des Erwerbs soll die Gültigkeit des Zukunftserfolgswertverfahrens unterstellt werden: Es wird angenommen, daß einerseits die endogenen Grenzzinsfüße des Basisprogramms bekannt sind oder durch das Bewertungssubjekt zutreffend geschätzt werden können und andererseits die Grenzzinsfüße von Basis- und Bewertungsprogramm identisch sind: $i_t = i_t^{Ba} = i_t^{Be}$. Es gilt somit $ZEW_{MR}^{Be} = P_{MR}^* = ZEW_{MR}^{Ba}$ und demnach die dargestellte Formel der „vereinfachten" Bewertung zur Ermittlung des Entscheidungswertes für das Medienrecht P^*_{MR}. Darüber hinaus werden nichtfinanzielle Restriktionen weiterhin vernachlässigt.

2.3.1.1.2 Die eindimensionale, disjungierte Konfliktsituation vom Typ des Erwerbs

Im Mittelpunkt der nachstehenden Ausführungen zur Entscheidungswertermittlung mit dem Zukunftserfolgswertverfahren als Partialmodell stehen zwei unterschiedliche *eindimensionale, disjungierte Konfliktsituationen vom Typ des Erwerbs*. Dabei wird die traditionell[1] unterstellte Variante, in der allein die Höhe eines in t = 0 zahlbaren (Lizenz-)Entgelts konfliktlösungsrelevant ist, der Konstellation gegenübergestellt, in welcher ein garantiertes in t = 0 zahlbares Lizenzentgelt mit einer bei Medienrechten durchaus gebräuchlichen Erlösbeteiligung kombiniert wird. Wenn die „Erlöse"[2] die gezahlte Garantiesumme nicht decken, steht dem Lizenznehmer auf das in t = 0 gezahlte Lizenzentgelt kein Rückforderungsrecht zu. Dieser ist lediglich berechtigt, alle Erlöse mit der Garantie so lange zu verrechnen und einzubehalten, bis die gezahlte Garantiesumme erreicht ist.[3] Vereinfachend soll für die weitere Betrachtung angenommen werden, daß dabei die Höhe des garantierten Lizenzentgelts, als Vorschußzahlung auf die an den Lizenzgeber zu zahlende Erlösbeteiligung, der einzige für eine Einigung zwischen den konfligierenden Parteien relevante Sachverhalt ist.[4] Mit der Analyse, die von den bereits aufgezeigten Schwächen der Formel der „vereinfachten" Bewertung abstrahiert, sollen die Grenzen der „vereinfachten" Bewertung bei deren Anwendung zur Ermittlung des maximal zahlbaren garantierten Vorschusses aufgezeigt werden.

Es sei unterstellt, daß ein Rundfunkveranstalter als Bewertungssubjekt von einem Filmproduzenten das Auswertungsrecht MR für ein Filmwerk erwerben kann. Der Rundfunkveranstalter geht bei einem Planungshorizont n von einem Zahlungsstrom $g_{MR} = (0, g_{MR1}, g_{MR2}, ..., g_{MRt}, ..., g_{MRn})$ aus dem Bewertungsobjekt MR mit g_{MRt} als Zahlungsüberschuß im Zeitpunkt t aus. Die vom Fernsehveranstalter erwarteten endogenen Grenzzinsfüße betragen i_t. Die Rundfunkunternehmung unterliegt keinen nichtfinanziellen Restriktionen. Folgende Möglichkeiten gilt es zu betrachten:

Die *erste Variante* unterstellt, daß sich die Parteien lediglich über das gegenwärtig zahlbare Lizenzentgelt als konfliktlösungsrelevanten Sachverhalt zu einigen haben.

---

[1] Neben der Standard-Entgeltform des sofort fälligen Barkaufpreises werden bei der Übertragung von Eigentumsrechten in der Praxis vielfältige Entgeltvereinbarungen getroffen. Vgl. zu Möglichkeiten der Bestimmung der dem Barkaufpreis äquivalenten Entgeltmodifikationen sowie deren steuerlicher Optimierung die Ausführungen von *DIRRIGL*, Entgeltvereinbarungen (1989).

[2] Der Terminus der Erlöse bezieht sich hier auf Einzahlungsüberschüsse.

[3] Vgl. zum Verfahren *HEINZ*, Zur betriebswirtschaftlichen Seite des Films (1953), S. 57 - 59.

[4] Vgl. *PRIESTER*, Bewertung von Spielfilmen in der Bilanz (1972), S. 582.

2. Die modelltheoretische Analyse 139

Für den präsumtiven Erwerber, der sich in keiner anderen Verhandlungssituation befindet, kann der Entscheidungswert P_{MR}^* aufgrund einer unterstellten Stabilität der endogenen Grenzzinsfüße uneingeschränkt mit der Formel der „vereinfachten" Bewertung berechnet werden:

$$P_{MR}^* = \sum_{t=1}^{n} \frac{g_{MR\,t}}{\prod_{\tau=1}^{t}(1+i_\tau)}.$$

In der *zweiten Variante* soll das Bewertungssubjekt beim Erwerb des i. d. R. zeitlich und räumlich beschränkten Auswertungsrechts des Films MR im Zeitpunkt t = 0 einen nicht rückzahlbaren Vorschuß[1] V leisten. Ferner ist der Filmproduzent während des gesamten Auswertungszeitraums mit einem konstanten Prozentsatz e am Erlös[2] beteiligt. Die Erlösbeteiligung wird dabei zunächst mit der Garantiezahlung V verrechnet, die somit einer unwiderruflichen Vorauszahlung auf die Produzentenanteile entspricht.[3] Die Höhe der Garantiezahlung V soll dabei den einzigen konfliktlösungsrelevanten Sachverhalt darstellen. Da der Rundfunkveranstalter in keinen weiteren Verhandlungen steht, handelt es sich um eine eindimensionale, disjungierte Konfliktsituation vom Typ des Erwerbs.

Hinsichtlich der Höhe des zu vereinbarenden Vorschusses V kann es zu folgenden Situationen kommen: Einigen sich die konfligierenden Parteien auf einen Vorschuß $V \geq e \cdot \sum_{t=1}^{n} g_{MR\,t}$, sind sämtliche aus dem Medienrecht resultierenden Einzahlungsüberschüsse $g_{MR\,t}$ dem Rundfunkveranstalter zuzurechnen. Demgegenüber besteht die Möglichkeit, daß die Vertragspartner einen Vorschuß $V < e \cdot \sum_{t=1}^{n} g_{MR\,t}$ vereinbaren. In dieser Situation erhält der Rundfunkveranstalter grundsätzlich den eigenen Anteil an den Einzahlungsüberschüssen $[(1-e) \cdot g_{MR\,t}]$ sowie so lange den Anteil des Filmproduzenten $(e \cdot g_{MR\,t})$, bis die Summe dieser Anteile die Höhe des gezahlten Vorschusses im Zeitpunkt T erreicht: $e \cdot \sum_{t=1}^{T} g_{MR\,t} = V$. Ist in diesem Zeitpunkt T jedoch $e \cdot g_{MR\,T} > V - e \cdot \sum_{t=1}^{T-1} g_{MR\,t}$, gilt $e \cdot g_{MR\,T} = g_{MR\,T}^{RV} + g_{MR\,T}^{FP}$; wobei dem Rundfunkveranstalter in T neben $[(1-e) \cdot g_{MR\,T}]$ der Betrag $g_{MR\,T}^{RV} = V - e \cdot \sum_{t=1}^{T-1} g_{MR\,t}$ zusteht. Ab-

---

[1] Im folgenden auch als Garantie- oder Vorauszahlung bezeichnet.

[2] Als Erlöse sollen vereinfachend weiterhin die aus dem Medienrecht resultierenden Einzahlungsüberschüsse gelten.

[3] Vgl. *MEYER*, Bewertung von Spielfilmen in der Bilanz (1973), S. 91.

gesehen von einem eventuell verbleibenden $g_{MR\,T}^{FP}$ in T erhält der Filmproduzenten ab dem Zeitpunkt T+1 den Einzahlungsüberschuß $(e \cdot g_{MR\,t})$. Werden alle ab dem Zeitpunkt T an den Filmproduzenten abzuführenden Einzahlungsüberschüsse mit a_t definiert, gilt $g_{MR\,T}^{FP} + \sum_{t=T+1}^{n} e \cdot g_{MR\,t} = \sum_{t=T}^{n} a_t$, wobei zwischen $\sum_{t=T}^{n} a_t$ und dem Vorschuß V ein funktionaler Zusammenhang f besteht: $\sum_{t=T}^{n} a_t = f(V)$. Ein Spezialfall dieser Situation ist der vollständige Verzicht auf einen Vorschuß: V = 0. Hierbei fließt von den Einzahlungsüberschüssen aus dem Medienrecht im Zeitpunkt t dem Rundfunkveranstalter jeweils der Betrag $[(1-e) \cdot g_{MR\,t}]$ und dem Filmproduzenten der Betrag $(e \cdot g_{MR\,t})$ zu. Mithin gilt für den Spezialfall:

$$T = 1 \Leftrightarrow \sum_{t=1}^{n} e \cdot g_{MR\,t} = \sum_{t=1}^{n} a_t.$$

Grundsätzlich ist der Erwerb der audiovisuellen Medienrechte in dieser (zweiten) Verhandlungsvariante wirtschaftlich nicht nachteilig, wenn aus Sicht des Erwerbers der mit der Transaktion realisierte Kapitalwert C_{MR} nicht negativ ist. Der Kapitalwert C_{MR} ist definiert als Summe aller mit den Kalkulationszinsfüßen auf den Zeitpunkt t = 0 abgezinsten Einzahlungsüberschüsse, die dem Rundfunkveranstalter zustehen. Für den Kapitalwert C_{MR} soll gelten:

$$C_{MR} = -V + \sum_{t=1}^{n} \frac{(1-e) \cdot g_{MR\,t}}{\prod_{\tau=1}^{t}(1+i_\tau)} + \sum_{t=1}^{n} \frac{e \cdot g_{MR\,t}}{\prod_{\tau=1}^{t}(1+i_\tau)} - \sum_{t=T}^{n} \frac{a_t}{\prod_{\tau=1}^{t}(1+i_\tau)}.$$

Da die Vorteilhaftigkeit $C_{MR} \geq 0$ erfordert, ermittelt sich die maximal zahlbare Vorauszahlung V unter der Bedingung $C_{MR} = 0$ aus:

$$V = \sum_{t=1}^{n} \frac{(1-e) \cdot g_{MR\,t}}{\prod_{\tau=1}^{t}(1+i_\tau)} + \sum_{t=1}^{n} \frac{e \cdot g_{MR\,t}}{\prod_{\tau=1}^{t}(1+i_\tau)} - \sum_{t=T}^{n} \frac{a_t}{\prod_{\tau=1}^{t}(1+i_\tau)}.$$

Entspricht der Vorschuß V der Summe des Filmproduzentenanteils an den Einzahlungsüberschüssen oder ist V größer als diese Summe: $V \geq e \cdot \sum_{t=1}^{n} g_{MR\,t}$, sind keine weiteren Zahlungen an den Produzenten abzuführen. Somit gilt: $a_t = 0 | \forall t$. In Anwendung der folgenden Formel entspricht deshalb der Entscheidungswert der berechneten Voraus- oder Garantiezahlung V:

2. Die modelltheoretische Analyse

$$V = \begin{cases} \sum_{t=1}^{n} \dfrac{(1-e) \cdot g_{MR\,t}}{\prod_{\tau=1}^{t}(1+i_\tau)} + \sum_{t=1}^{n} \dfrac{e \cdot g_{MR\,t}}{\prod_{\tau=1}^{t}(1+i_\tau)} = \sum_{t=1}^{n} \dfrac{g_{MR\,t}}{\prod_{\tau=1}^{t}(1+i_\tau)} & \forall\, V \geq e \cdot \sum_{t=1}^{n} g_{MR\,t} \\[2ex] \sum_{t=1}^{n} \dfrac{(1-e) \cdot g_{MR\,t}}{\prod_{\tau=1}^{t}(1+i_\tau)} + \sum_{t=1}^{n} \dfrac{e \cdot g_{MR\,t}}{\prod_{\tau=1}^{t}(1+i_\tau)} - \sum_{t=T}^{n} \dfrac{a_t}{\prod_{\tau=1}^{t}(1+i_\tau)} & \forall\, V < e \cdot \sum_{t=1}^{n} g_{MR\,t} \end{cases}$$

Da $\sum_{t=T}^{n} a_t = f$ (V), ist die Methode der „vereinfachten" Bewertung nur für $V \geq e \cdot \sum_{t=1}^{n} g_{MR\,t}$ uneingeschränkt gültig. Eine mit der Formel $V = \sum_{t=1}^{n} \dfrac{g_{MR\,t}}{\prod_{\tau=1}^{t}(1+i_\tau)}$ berechnete Vorauszahlung entspricht deshalb so lange dem maximal zahlbaren Vorschuß, wie die notwendige Bedingung $V \geq e \cdot \sum_{t=1}^{n} g_{MR\,t}$ eingehalten wird. Ist der ermittelte Vorschuß allerdings kleiner als die Summe der dem Produzenten zustehenden Einzahlungsüberschüsse, entspricht das aus der „vereinfachten" Bewertung resultierende Ergebnis für V nicht dem maximal zahlbaren Vorschuß und ist zu verwerfen. Zusammenfassend bleibt festzustellen, daß der Einsatz des Verfahrens der „vereinfachten" Bewertung zur Berechnung des Grenzvorschusses als Entscheidungswert in einer Verhandlungssituation, in der bei einer vereinbarten Erlösbeteiligung die Höhe der garantierten Vorauszahlung konfliktlösungsrelevant ist, nur bedingt möglich ist.[1]

Die dargestellten Einschränkungen bei der Anwendung des Zukunftserfolgswertverfahrens zur Ermittlung der maximal zahlbaren Vorauszahlung auf eine vereinbarte Erlösbeteiligung werden nunmehr an einem einfachen Beispiel erläutert. Der präsumtive Erwerber erwartet aus dem zweijährigen Auswertungsrecht an einem Film MR einen Zahlungsstrom von (0, 200, 200). Das Bewertungssubjekt unterliegt keinen nichtfinanziellen Restriktionen. Die geschätzten endogenen Grenzzinsfüße aus dem alternativen Basisprogramm betragen in jeder Periode 10 % p. a. Ist gemäß der ersten Variante ausschließlich das in t = 0 zahlbare Lizenzentgelt konfliktlösungsrelevant, ermittelt sich der Grenzpreis P^*_{MR} des Entscheidungssubjekts für MR wie folgt:

$$P^*_{MR} = \frac{200}{1{,}1} + \frac{200}{1{,}1 \cdot 1{,}1} = 347{,}11.$$

---

[1] Ziel der Betrachtungen war die Darlegung weiterer Einschränkungen des Zukunftserfolgswertverfahrens bei der Verwendung der Formel der „vereinfachten" Bewertung. Die Berechnung des maximal zahlbaren Vorschusses außerhalb der analysierten Grenze sowie die simultane Bestimmung von V und e bleiben Ansatzpunkte weiterer Forschungen.

Wird eine Beteiligung des Produzenten am Zahlungsstrom in Höhe des konstanten Prozentsatzes e = 50 % vereinbart, ergibt sich unter Rückgriff auf dasselbe Zahlenbeispiel eine „Grenzvorauszahlung" V durch:

$$V = \frac{200}{1,1} + \frac{200}{1,1 \cdot 1,1} = 347,11.$$

Da die Summe der dem Produzenten zustehenden Einzahlungsüberschüsse mit $e \cdot \sum_{t=1}^{n} g_{MR\,t} = 0,5 \cdot 200 + 0,5 \cdot 200 = 200$ unter dem für die Vorauszahlung berechneten Wert liegt, entspricht die ermittelte Vorauszahlung V = 347,11 dem maximal zahlbaren Vorschuß. Für das gegebene Zahlenbeispiel ergibt eine Sensitivitätsanalyse, daß gemäß $V \geq e \cdot \sum_{t=1}^{n} g_{MR\,t}$ die Berechnung des maximal zahlbaren Vorschusses V mit der Formel der „vereinfachten" Bewertung bis zu einer Erlösbeteiligung $e \leq 86,78 \%$ erfolgen kann:

$$e \leq \frac{V}{\sum_{t=1}^{n} g_{MR\,t}} = \frac{347,11}{400} \approx 86,78\%.$$

Für den gegebenen erwarteten Zahlungsstrom soll nun exemplarisch der durch den Rundfunkveranstalter maximal zahlbare Vorschuß bei einer vereinbarten Erlösbeteiligung e = 90 % berechnet werden:

$$V = \sum_{t=1}^{n} \frac{(1-e) \cdot g_{MR\,t}}{\prod_{\tau=1}^{t}(1+i_\tau)} + \sum_{t=1}^{n} \frac{e \cdot g_{MR\,t}}{\prod_{\tau=1}^{t}(1+i_\tau)} - \sum_{t=T}^{n} \frac{a_t}{\prod_{\tau=1}^{t}(1+i_\tau)} \quad \text{da } V < e \cdot \sum_{t=1}^{n} g_{MR\,t}$$

$$V = \frac{200}{1,1} + \frac{200}{1,1 \cdot 1,1} - \frac{(200+200) \cdot 0,9 - V}{1,1 \cdot 1,1} = \frac{200}{1,1} + \frac{200}{1,1 \cdot 1,1} - \frac{360}{1,1 \cdot 1,1} + \frac{V}{1,1 \cdot 1,1}$$

$$V = \frac{\frac{200}{1,1} + \frac{200}{1,1 \cdot 1,1} - \frac{360}{1,1 \cdot 1,1}}{1 - \frac{1}{1,1 \cdot 1,1}} = 285,71.$$

Der maximal zahlbare Vorschuß beträgt für das gegebene Beispiel V = 285,71 und ist nicht mehr mit dem herkömmlichen Verfahren der „vereinfachten" Bewertung lösbar. Der Filmproduzent, dem von den Einzahlungsüberschüssen 360 GE zustehen, erhält in t = 2 vom Rundfunkveranstalter die noch ausstehende Erlösbeteiligung in Höhe von a_2 = 74,29. In Tabelle 19 ist dieses Ergebnis zusammengefaßt.

2. Die modelltheoretische Analyse

Zeitpunkt	t = 0	t = 1	t = 2 = T	kumuliert
$g_{MR\,t}$	0	200	200	400
V	285,71	0	0	285,71
$(1-0,9) \cdot g_{MR\,t}$	0	20	20	40
$0,9 \cdot g_{MR\,t}$		180	180	360
davon $a_T = g_{MR\,T}^{FP}$	0	0	74,29	74,29
davon $g_{MR\,T}^{RV}$	0	0	105,71	105,71
Zahlungsstrom des Filmproduzenten	+ 285,71	0	+ 74,29	360
Zahlungsstrom des Rundfunkveranstalters	− 285,71	+ 200	+ 125,71	40
Barwert des Zahlungsstromes des Rundfunkveranstalters bei i = 0,1	− 285,71	+ 181,82	+ 103,89	0

Tabelle 19:   *Die Ergebnisübersicht für das Beispiel zur Vorschußberechnung bei einer vereinbarten Erlösbeteiligung e = 90 %*

2.3.1.1.3 Die mehrdimensionale, disjungierte Konfliktsituation vom Typ des Erwerbs

Wie bereits in Kapitel III.1.2.5 (S. 81 f.) dargestellt, erweist sich – abgesehen von der möglichen Vereinbarung einer Erlösbeteiligung – der sofort fällige Barpreis als Entgelt bei der Transaktion von audiovisuellen Medienrechten meist nur als eine von vielen Einigungsbedingungen. Damit es zur Übereignung eines Medienrechts kommt, ist es für die konfligierenden Parteien erforderlich, sich über die Extensionen der als originäre konfliktlösungsrelevante Sachverhalte bezeichneten Bedingungen zu verständigen. Traditionell und in den bisherigen Betrachtungen wird unterstellt, daß der Preis (oder die entsprechende Gestaltung der Entgeltzahlung) allein konfliktlösungsrelevant ist. Existieren neben dem Preis weitere Sachverhalte, die einer Verständigung hinsichtlich ihrer Ausprägungen bedürfen, wird von einer mehrdimensionalen Konfliktsituation gesprochen.[1] Müssen sich die konfligierenden Parteien in dieser Situation auf u konfliktlösungsrelevante Sachverhalte einigen, werden bezüglich des u-ten Sachverhalts bedingte Konzessionsgrenzen ermittelt, indem für die (u−1) übrigen Sachverhalte bestimmte Konstellationen vorgegeben werden.[2]

---

[1] Vgl. zu den Grundlagen des mehrdimensionalen Entscheidungswertes MATSCHKE, Entscheidungswert (1975), S. 356 - 386, MATSCHKE, Arbitriumwert (1979), S. 81 f., MATSCHKE, Ermittlung mehrdimensionaler Entscheidungswerte (1993). In der jüngeren Literatur werden die Ideen von MATSCHKE aufgegriffen und finden in unterschiedlichen Situationen Anwendung; siehe beispielsweise HERING, Unternehmensbewertung (1999), S. 74 - 76, OLBRICH, Unternehmungswert (1999), S. 177 - 182, REICHERTER, Fusionsentscheidung (2000), S. 233 - 243.

[2] Vgl. MATSCHKE, Ermittlung mehrdimensionaler Entscheidungswerte (1993), S. 17.

Nunmehr soll zur Verdeutlichung die grundsätzliche Vorgehensweise zur Ermittlung des mehrdimensionalen Entscheidungswertes am Beispiel audiovisueller Medienrechte aus Sicht des präsumtiven Erwerbers dargestellt werden. Ein entgeltfinanzierter Fernsehsender als Entscheidungssubjekt befindet sich dabei in Verhandlungen um die Übertragungsrechte für ein jährlich stattfindendes Drei-Länder-Fußballturnier. Die Übertragungsrechte werden für drei Jahre vergeben. In der vorliegenden Verhandlungssituation muß sich über folgende Dimensionen verständigt werden: der kardinalskalierte Parameter „Höhe des sofort zahlbaren Preises" P sowie die ordinalskalierten Parameter „Umfang der übertragenen Rechte" U und „Ausschluß der Ausstrahlung des Turniers im werbe- und gebührenfinanzierten Fernsehen" A. Zur Ermittlung des dreidimensionalen Entscheidungswertes des Übertragungsrechts gilt es – in einem ersten Schritt – die möglichen Ausprägungen der ordinalskalierten Parameter zu ermitteln. Daraufhin sind – in einem zweiten Schritt – die kombinatorischen Möglichkeiten der Ausprägungen dieser Parameter zu erfassen. Letztlich ist – in einem dritten Schritt – für jede in Betracht kommende Kombination ein bedingter Grenzpreis zu berechnen. Die Höhe des Grenzpreises wird dabei determiniert durch die Extensionen, welche die anderen entscheidungsrelevanten Sachverhalte annehmen.[1] Der so ermittelte Entscheidungswert ist mehrdimensional. Da das Bewertungssubjekt in keinen Verhandlungen um weitere Medienrechte steht, handelt es sich hierbei um eine *mehrdimensionale, disjungierte Konfliktsituation vom Typ des Erwerbs*.

Hinsichtlich des „Umfangs der übertragenen Rechte" sind für das Entscheidungssubjekt der gemeinsame Erwerb der Übertragungsrechte für das entgeltfinanzierte Fernsehen und der Nebenrechte des Fußballturniers $U_{\text{ÜM}}$ sowie der ausschließliche Erwerb der entsprechenden Übertragungsrechte für das entgeltfinanzierte Fernsehen $U_{\text{Ü}}$ relevant. An einem Erwerb der Übertragungsrechte für das werbe- und gebührenfinanzierte Fernsehen oder der alleinigen Anschaffung der Nebenrechte ist der Sender, der über ausreichend freie Sendezeit verfügt,[2] nicht interessiert. Er ist allerdings bestrebt, mit dem Veranstalter einen Ausschluß der Vergabe der Übertragungsrechte des Turniers an das werbe- und das gebührenfinanzierte Fernsehen der drei teilnehmenden Länder D, Ö und S vertraglich zu vereinbaren. Denkbar sei dabei jede kombinatorische Möglichkeit, wobei beispielsweise die Vereinbarung A_{DS} auf den Ausschluß der Übertragung im werbe- und gebührenfinanzierten Fernsehen der Länder D und S hinweisen soll. Die möglichen Kombinationen der Ausprägungen der ordinalskalierten konfliktlösungsrelevanten Sachverhalte werden in Tabelle 20 dargestellt.

---

[1] Hierbei sei angenommen, daß die unterschiedlichen Extensionen der ordinalskalierten, nichtpreislichen Sachverhalte quantifizierbar sind und sich als entsprechende Zahlungskonsequenz im erwarteten Zukunftserfolg des Bewertungsobjekts widerspiegeln.

[2] Die Restriktion einer mindestens zu füllenden Sendezeit ist ebenfalls nicht gegeben.

2. Die modelltheoretische Analyse

Ausprägung des Sachverhalts „Ausschluß der Ausstrahlung des Turniers im werbe- und gebührenfinanzierten Fernsehen" A			Ausprägung des Sachverhalts „Umfang der übertragenen Rechte" U	
Ausschluß der Übertragung im werbe- und gebührenfinanzierten Fernsehen vereinbart für			Erwerb der Übertragungsrechte für das entgeltfinanzierte Fernsehen und der Nebenrechte $U_{ÜM}$	Erwerb der Übertragungsrechte für das entgeltfinanzierte Fernsehen $U_{Ü}$
Land D	Land Ö	Land S	Bezeichnung der Kombination K_x	Bezeichnung der Kombination K_x
$A_{DÖS}$ x	x	x	K_1	K_9
$A_{DÖ}$ x	x		K_2	K_{10}
A_{DS} x		x	K_3	K_{11}
A_D x			K_4	K_{12}
$A_{ÖS}$	x	x	K_5	K_{13}
A_S		x	K_6	K_{14}
$A_Ö$	x		K_7	K_{15}
A_-			K_8	K_{16}

Tabelle 20:   *Die möglichen Kombinationen der ordinalskalierten konfliktlösungsrelevanten Sachverhalte*

Ausgehend vom Entscheidungsfeld des Bewertungssubjekts sei bei einem Planungshorizont n = 3 für alle Perioden ein konstanter endogener Grenzzinsfuß i_t in Höhe von 9 % p. a. gegeben. Eingebettet in die Planungen des Entscheidungssubjekts wurden in Abhängigkeit der Parameter „Umfang der übertragenen Rechte" und „Ausschluß der Ausstrahlung des Turniers im werbe- und gebührenfinanzierten Fernsehen" für die nächsten drei Jahre die in Tabelle 21 dargestellten konstanten jährlichen Einzahlungsüberschüsse als Zukunftserfolg $ZE(K_x)$ ermittelt.[1] Der bedingte Grenzpreis für die entsprechende Kombination $P^*_{MR}(K_x)$ ergibt sich mit dem Verfahren des Zukunftserfolgswertes unter Verwendung des Rentenbarwertfaktors für eine endlich nachschüssige Rente.[2] Die Formel zur Berechnung der bedingten Grenzpreise lautet somit:

$$P^*_{MR}(K_x) = ZE(K_x) \cdot \frac{(1+i)^n - 1}{i \cdot (1+i)^n} = ZE(K_x) \cdot \frac{1{,}09^3 - 1}{0{,}09 \cdot 1{,}09^3} \approx ZE(K_x) \cdot 2{,}53129467.$$

---

[1] Aus Gründen der Vereinfachung wird hier unterstellt, daß die zahlungswirksamen Auswirkungen der nichtpreislichen Sachverhalte zeitinvariant sind.

[2] Vgl. MATSCHKE, Investitionsplanung (1993), S. 175.

In der Tabelle 21 werden die bedingten Grenzpreise $P_{MR}^*(K_x)$ des präsumtiven Erwerbers den – hier nicht hergeleiteten – entsprechenden Grenzpreisen des als präsumtiver Veräußerer fungierenden Fußballturnierveranstalters $P_V^*(K_x)$ gegenübergestellt.

K_x	A	U	$ZE(K_x)$	$P_{MR}^*(K_x)$	$P_V^*(K_x)$
K_1	$A_{DÖS}$	$U_{ÜM}$	1.600.000,00	4.050.071,47	4.583.750,00
K_2	$A_{DÖ}$	$U_{ÜM}$	1.550.000,00	3.923.506,73	4.322.500,00
K_3	A_{DS}	$U_{ÜM}$	1.450.000,00	3.670.377,27	4.146.750,00
K_4	A_D	$U_{ÜM}$	1.510.000,00	3.822.254,95	4.121.250,00
K_5	$A_{ÖS}$	$U_{ÜM}$	1.200.000,00	3.037.553,60	2.631.500,00
K_6	A_S	$U_{ÜM}$	1.090.000,00	2.759.111,19	2.500.875,00
K_7	$A_Ö$	$U_{ÜM}$	1.070.000,00	2.708.485,29	2.527.950,00
K_8	A_-	$U_{ÜM}$	1.040.000,00	2.632.546,45	2.460.500,00
K_9	$A_{DÖS}$	$U_Ü$	1.000.000,00	2.531.294,67	3.325.000,00
K_{10}	$A_{DÖ}$	$U_Ü$	900.000,00	2.278.165,20	2.850.000,00
K_{11}	A_{DS}	$U_Ü$	850.000,00	2.151.600,47	2.565.000,00
K_{12}	A_D	$U_Ü$	780.000,00	1.974.409,84	2.375.000,00
K_{13}	$A_{ÖS}$	$U_Ü$	300.000,00	759.388,40	570.000,00
K_{14}	A_S	$U_Ü$	140.000,00	354.381,25	272.500,00
K_{15}	$A_Ö$	$U_Ü$	100.000,00	253.129,47	361.000,00
K_{16}	A_-	$U_Ü$	40.000,00	101.251,79	190.000,00

Tabelle 21: *Die bedingten Grenzpreise des präsumtiven Erwerbers und des Fußballturnierveranstalters*

Die mehrdimensionalen Entscheidungswerte des präsumtiven Erwerbers und des Turnierveranstalters sind in der Abbildung 20 graphisch dargestellt. In Anbetracht der Ordinalskalierung der Sachverhalte „Umfang der übertragenen Rechte" und „Ausschluß der Ausstrahlung des Turniers im werbe- und gebührenfinanzierten Fernsehen" dienen die Verbindungslinien zwischen den einzelnen Punkten dabei lediglich der Veranschaulichung möglicher Einigungsbereiche.

Aus der graphischen Darstellung der Verhandlungssituation wird deutlich, daß der größte Handlungsspielraum[1] hinsichtlich der Entgelthöhe bei der Kombination K_5 zu

---

[1] Die Einigungslösungen dieser Kombination (K_5) erweisen sich bei einem Preis P_5, mit $P_V^*(K_5) \leq P_5 \leq P_{MR}^*(K_5)$, als paretooptimal. Zur Paretooptimalität möglicher Konfliktlösungen siehe u. a.

2. Die modelltheoretische Analyse 147

verzeichnen ist und eine Einigung zwischen den konfligierenden Parteien außerdem nur für die Kombinationen K_6, K_7, K_8, K_{13} und K_{14} erzielt werden kann. Bei allen anderen Kombinationen der nichtpreislichen Sachverhalte liegt der vom Veräußerer mindestens zu fordernde Geldbetrag dagegen über dem Grenzpreis des präsumtiven Erwerbers.

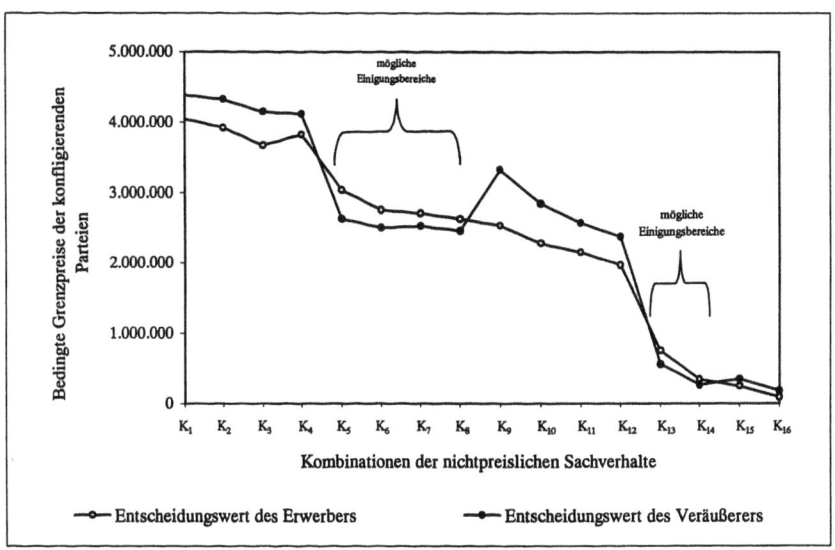

Abbildung 20:   *Die graphische Darstellung der Verhandlungssituation*

Unabhängig davon, daß der Veräußerer dem Erwerber seine höchstsensiblen Entscheidungsgrenzen schwerlich offenbaren wird, erweist sich der Verhandlungsprozeß in mehrdimensionalen Konfliktsituationen, wie bereits in Kapitel III.1.2.5 (S. 82 f.) ausgeführt, für den Erwerber selbst hinsichtlich seiner eigenen Entscheidungswerte und der aus seiner Sicht zumutbaren Konfliktlösungsmengen als Entdeckungsprozeß. Sollen die vor Verhandlungsbeginn ermittelten mehrdimensionalen Entscheidungswerte in der Verhandlung zur Beurteilung der eventuell vom Veräußerer unterbreiteten Einigungsvorschläge und zur Entscheidungsunterstützung dienen, müssen die getroffenen Hypothesen über die relevanten Einigungsbedingungen und deren Extensionen möglichst realitätsnah sein. Grundsätzlich ist davon auszugehen, daß sich die Ermittlung der zumutbaren Konfliktlösungsmengen und des Entscheidungswertes in der Realität verhandlungsbegleitend vollzieht.[1]

MATSCHKE, Arbitriumwert (1979), S. 92 - 109 sowie HINTZE, Paretooptimale Vertragsgestaltung (1992) und TILLMANN, Grundstückskontaminationen (1998), S. 160 f.

[1] Vgl. hierzu ausführlich MATSCHKE, Ermittlung mehrdimensionaler Entscheidungswerte (1993), S. 11 f.; siehe auch die Ausführungen in Kapitel III.1.2.5 (S. 80 ff.).

2.3.1.2 Die partialanalytische Entscheidungswertermittlung im Rahmen der Programmplanung

2.3.1.2.1 Die Programmplanung anhand eines Partialmodells

Stehen öffentlich-rechtlichen Rundfunkveranstaltern verschiedene Programmbestandteile j zur Auswahl, welche den Anforderungen des Programmauftrags gerecht werden, sind innerhalb der einzelnen aus dem vorgegebenen Programmschema entnommenen Programmsparten diejenigen Objekte j auszuwählen, die einer wirtschaftlichen und sparsamen Aufgabenerfüllung entsprechen.[1] Um im Rahmen der Programmplanung dezentral zwischen Programmalternativen zu entscheiden, kann im Sinne des Minimumprinzips unter Berücksichtigung der periodenspezifischen Steuerungszinsfüße i_t auf die *Kapitalwertmethode*[2] zurückgegriffen werden. Da die Investitionsalternativen vergleichbar sein müssen, sollten nur Programmbestandteile innerhalb einer Sparte gegenübergestellt werden, die in der bereits dargestellten Vorauswahl mit Hilfe der Nutzwertanalyse die Mindestkriterien erfüllt haben. Die Realisation von Objekten mit ausschließlich positivem Kapitalwert entspräche nicht dem Programmauftrag. Vielmehr sind die Objekte innerhalb der spartenspezifischen Programmplätze nach ihrem Kapitalwert zu ordnen. Realisiert werden dann die Objekte, die bei Ausfüllung der Programmzeit der jeweiligen Programmplätze den Gesamtkapitalwert maximieren. In Sparten für ein Minderheitenpublikum oder auf Programmplätzen mit Werbeverbot ist dies gleichbedeutend mit der Minimierung des Gesamtauszahlungskapitalwertes, sofern nichtfinanzielle Restriktionen bei der Kapitalwertberechnung keine Berücksichtigung finden. Werden die Objekte j innerhalb eines spartenspezifischen Sendeplatzes nach der Höhe des Kapitalwertes geordnet, muß berücksichtigt werden, daß sich dieselben Objekte j innerhalb unterschiedlicher spartenspezifischer Sendeplätze s ausschließen.

Wäre für die Fernsehveranstalter allein die Restriktion der Kapitalknappheit zu beachten, ist der Kapitalwert C_{js} des Objekts j auf dem Sendeplatz s als Summe aller auf den heutigen Zeitpunkt abgezinsten Zahlungen g ein hinreichendes Vergleichskriterium:

$$C_{js} = g_{js0} + \sum_{t=1}^{n} \frac{g_{jst}}{\prod_{\tau=1}^{t}(1+i_\tau)}.$$

---

[1] Die Ausführungen zur Programmplanung anhand eines Partialmodells erfolgen in enger Anlehnung an BRÖSEL, Programmplanung (2001), S. 384 - 386.

[2] Zur weiteren beispielhaften Anwendung des Kapitalwertkriteriums im öffentlichen Sektor vgl. z. B. BRÖSEL, Kommunale Finanzierung (1999), S. 268 f. und BRÖSEL/HERING/MATSCHKE, Wirtschaftlichkeitsanalyse (1999).

2. Die modelltheoretische Analyse 149

Die Berücksichtigung der endogenen Grenzzinsfüße i_t als Lenkpreise[1] im Kapitalwertmodell setzt auf dem unvollkommenen Kapitalmarkt die Kenntnis des optimalen Investitions- und Finanzierungsprogramms voraus. Auch hier wirkt das bereits im Rahmen der Ausführungen des Kapitels III.2.3.1.1.1 (S. 134 f.) betrachtete *Dilemma der Lenkpreistheorie*, welches besagt, daß die Lösung des Totalmodells äquivalent mit der Ermittlung der für das Kapitalwertmodell benötigten Steuerungszinsen ist.[2] Vereinfachend kann die Spannweite des Intervalls der endogenen Grenzzinsfüße i_t eingeschränkt werden, wenn z. B. für die Fernsehanstalt in jeder Periode t die Möglichkeit einer uneingeschränkten Geldanlage zu einem Habenzins $i_{Ht} \geq 0$ und einer unbegrenzten Kreditaufnahme zu einem Sollzins $i_{St} \geq i_{Ht}$ besteht. Hieraus ergibt sich das geschlossene Intervall: $i_{Ht} \leq i_t \leq i_{St}$.[3]

Die Vernachlässigung der im Totalmodell abgebildeten nichtfinanziellen Interdependenzen[4] wird allerdings zu Ergebnissen führen, die für die Programmplanung ungeeignet sind. Die Berücksichtigung zusätzlicher Restriktionen sei hier hinsichtlich der begrenzten Sendezeit betrachtet. Zusätzliche Restriktionen erfordern die Beachtung zusätzlicher Lenkpreise. Das Kapitalwertmodell ist zu modifizieren. Zur Darstellung der erforderlichen Modifizierung sei auf eine vereinfachte Variante des in Kapitel III.2.2.1.2.1 (S. 109 - 113) formulierten simultanen Programmplanungsmodells zurückgegriffen. Hierbei wird davon ausgegangen, daß lediglich ein spartenspezifischer Sendeplatz s und als nichtfinanzielle Restriktionen nur die nach oben beschränkte Sendezeit SZ_t^{max} sowie die erforderliche Mindestsendezeit SZ_t^{min} zu beachten sind. Das zur Ermittlung des maximalen Entnahmestroms EN zu lösende, von der Ganzzahligkeit[5] abstrahierende *primale Problem* läßt sich somit wie folgt definieren:

---

[1] Zur Betrachtung der Lenkungseigenschaft endogener Zinssätze vgl. *WEINGARTNER*, Mathematical Programming (1963) und *HAX*, Lineare Programmierung (1964).

[2] Vgl. *HERING*, Investitionstheorie (1995), S. 2.

[3] Vgl. *HERING*, Investitionstheorie (1995), S. 136 f.

[4] Vgl. ausführlich zu den nachfolgenden Ausführungen der Kapitalwertkorrektur unter Berücksichtigung zusätzlicher Restriktionen *HERING*, Investitionstheorie (1995), S. 107 - 112.

[5] Siehe zur gemischt-*ganzzahligen* Optimierung die grundlegenden Ausführungen von *BURKARD*, Ganzzahlige Optimierung (1972) und *MÜLLER-MERBACH*, Operations Research (1973), S. 366 - 412. Zu den Problemen der Ganzzahligkeit und den daraus resultierenden Einschränkungen der Lenkpreistheorie vgl. insbesondere *HERING*, Investitionstheorie (1995), S. 112 - 126 m. w. N.
Zu den Möglichkeiten der Relativierung des Ganzzahligkeitsproblems vgl. *HERING*, Investitionstheorie (1995), S. 157 - 160, der letztendlich den Partialmodellen auch im Ganzzahligkeitsfall ausreichend heuristisches Potential zuschreibt; siehe ebenso *LAUX/FRANKE*, Ganzzahligkeitsbedingungen (1970), S. 526 f.

max.Entn; Entn := EN

$$-\sum_j g_{jt} \cdot x_j - \sum_k h_{kt} \cdot y_k + \overline{w_t} \cdot EN \leq b_t \qquad \forall\, t \in \{0,1,...,n\}$$

$$\sum_j FL_{jt} \cdot x_j \leq SZ_t^{max} \qquad \forall\, t \in \{1,...,n\}$$

$$-\sum_j FL_{jt} \cdot x_j \leq -SZ_t^{min} \qquad \forall\, t \in \{1,...,n\}$$

$$x_j \leq 1 \qquad \forall\, j$$

$$y_k \leq y_k^{max} \qquad \forall\, k$$

$$x_j \geq 0 \qquad \forall\, j$$

$$y_k \geq 0 \qquad \forall\, k.$$

Dieses lineare Optimierungsproblem ist wiederum durch den auf der GAUßschen Elimination beruhenden Simplexalgorithmus lösbar.[1] Hierzu ist es erforderlich, als nichtnegative Schlupfvariablen L_t für die Liquiditätsrestriktionen, q_t^{max} für die obere und q_t^{min} für die unteren Zeitrestriktionen sowie rx_j und ry_k für die Schrankenrestriktionen zu definieren:

$$-\sum_j g_{jt} \cdot x_j - \sum_k h_{kt} \cdot y_k + \overline{w_t} \cdot EN + L_t = b_t \qquad \forall\, t \in \{0,1,...,n\}$$

$$\sum_j FL_{jt} \cdot x_j + q_t^{max} = SZ_t^{max} \qquad \forall\, t \in \{1,...,n\}$$

$$-\sum_j FL_{jt} \cdot x_j + q_t^{min} = -SZ_t^{min} \qquad \forall\, t \in \{1,...,n\}$$

$$x_j + rx_j = 1 \qquad \forall\, j$$

$$y_k + ry_k = y_k^{max} \qquad \forall\, k.$$

Zu jedem primalen Optimierungsproblem existiert ein eng verwandtes *Dualproblem*,[2] aus dem wichtige Informationen über die Lösung des Primalproblems gewonnen werden können.[3] Innerhalb des Dualproblems werden den primalen Liquiditätsrestriktionen (Schlupfvariablen L_t) die duale Strukturvariable d_t, den primalen Zeitrestriktionen (Schlupfvariablen q_t^{max} und q_t^{min}) die dualen Strukturvariablen δ_t^{max} und δ_t^{min} sowie den primalen Schrankenrestriktionen (Schlupfvariablen rx_j und ry_k) die dualen

---

[1] Siehe z. B. DANTZIG, Lineare Programmierung (1966), KREKÓ, Lineare Optimierung (1973), MÜLLER-MERBACH, Operations Research (1973), WITTE/DEPPE/BORN, Lineare Programmierung (1975).

[2] Vgl. GALE/KUHN/TUCKER, Linear Programming (1951), ELLINGER/BEUERMANN/LEISTEN, Operations Research (1998), S. 59 - 66.

[3] Siehe WEINGARTNER, Mathematical Programming (1963), S. 24 ff.

2. Die modelltheoretische Analyse 151

Strukturvariablen u_j und v_k zugeordnet.[1] Das Dualproblem zu vorliegendem Ansatz lautet somit:

$$\min Z; Z := \sum_{t=0}^{n} b_t \cdot d_t + \sum_j u_j + \sum_k y_k^{max} \cdot v_k + \sum_{t=1}^{n} SZ_t^{max} \cdot \delta_t^{max} - \sum_{t=1}^{n} SZ_t^{min} \cdot \delta_t^{min}$$

$$-\sum_{t=0}^{n} g_{jt} \cdot d_t + u_j + \sum_{t=1}^{n} FL_{jt} \cdot \delta_t^{max} - \sum_{t=1}^{n} FL_{jt} \cdot \delta_t^{min} \geq 0 \quad \forall j$$

$$-\sum_{t=0}^{n} h_{kt} \cdot d_t + v_k \geq 0 \quad \forall k$$

$$\sum_{t=0}^{n} \overline{w_t} \cdot d_t \geq 1$$

$$d_t \geq 0 \quad \forall t \in \{0, 1, ..., n\}$$

$$u_j \geq 0 \quad \forall j$$

$$v_k \geq 0 \quad \forall k$$

$$\delta_t^{max}, \delta_t^{max} \geq 0 \quad \forall t \in \{1, ..., n\}.$$

Den primalen Objektvariablen x_j und y_k entsprechen nunmehr duale Objektrestriktionen, die zur Lösung des linearen Dualproblems der dualen Schlupfvariablen μ_j und λ_k bedürfen. Ferner gehöre dabei zur primalen Entnahmevariable EN eine Dualrestriktion mit der dualen Schlupfvariable ε:

$$-\sum_{t=0}^{n} g_{jt} \cdot d_t + u_j + \sum_{t=1}^{n} FL_{jt} \cdot \delta_t^{max} - \sum_{t=1}^{n} FL_{jt} \cdot \delta_t^{min} - \mu_j = 0 \quad \forall j$$

$$-\sum_{t=0}^{n} h_{kt} \cdot d_t + v_k - \lambda_k = 0 \quad \forall k$$

$$\sum_{t=0}^{n} \overline{w_t} \cdot d_t - \varepsilon = 1.$$

Existiert für eines der beiden zueinander dualen Probleme eine optimale Lösung, dann besitzt gemäß dem *Dualitätstheorem der linearen Optimierung*[2] auch das andere Problem einen optimalen Zielfunktionswert. Diese Lösungen sind im Beispielansatz genau dann optimal und zulässig, wenn alle Struktur- und Schlupfvariablen nichtnegativ sowie folgende *Komplementaritätsbeziehungen*[3] gleichzeitig gegeben sind:

---

[1] Vgl. zur Überführung auch das Beispiel in HERING, Investitionstheorie (1995), S. 77 - 83.

[2] Vgl. WEINGARTNER, Mathematical Programming (1963), S. 24 ff., HERING, Endogene Grenzinsfüße (1992), S. 26 ff.

[3] Siehe u. a. in DANTZIG, Lineare Programmierung (1966), S. 148 ff. und KREKÓ, Lineare Optimierung (1973), S. 213 ff.

$x_j \cdot \mu_j = 0 \quad \forall j, \quad rx_j \cdot u_j = 0 \quad \forall j, \quad y_k \cdot \lambda_k = 0 \quad \forall k, \quad ry_k \cdot v_k = 0 \quad \forall k, \quad L_t \cdot d_t = 0$
$\forall t \in \{0,1,...,n\}, \quad q_t^{max} \cdot \delta_t^{max} = 0 \quad \forall t \in \{1,...,n\}, \quad q_t^{min} \cdot \delta_t^{min} = 0 \quad \forall t \in \{1,...,n\}$
und $EN \cdot \varepsilon = 0$.[1]

Mithin läßt sich die zum Objekt j gehörende Dualrestriktion wie folgt darstellen:[2]

$$-\sum_{t=0}^{n} g_{jt} \cdot d_t + u_j + \sum_{t=1}^{n} FL_{jt} \cdot \delta_t^{max} - \sum_{t=1}^{n} FL_{jt} \cdot \delta_t^{min} - \mu_j \quad = \quad 0$$

$$\Leftrightarrow \quad \underbrace{\underbrace{\sum_{t=0}^{n} g_{jt} \cdot \frac{d_t}{d_0}}_{\rho_t} - \underbrace{\sum_{t=1}^{n} FL_{jt} \cdot \frac{\delta_t^{max}}{d_0}}_{\substack{\text{Kapitalwertkorrektur} \\ \text{aufgrund der nach} \\ \text{oben begrenzten} \\ \text{Sendezeit}}} + \underbrace{\sum_{t=1}^{n} FL_{jt} \cdot \frac{\delta_t^{min}}{d_0}}_{\substack{\text{Kapitalwertkorrektur} \\ \text{aufgrund der} \\ \text{mindestens auszu-} \\ \text{füllenden Sendezeit}}} + \frac{\mu_j}{d_0}}_{C_j^{korr}} \quad = \quad \frac{u_j}{d_0}.$$

Für einen Fernsehsender mit mehreren spartenspezifischen Sendezeiten s ergibt sich demnach für das Objekt j ein „korrigierter" Kapitalwert C_{js}^{korr}, der – unter Berücksichtigung des durch die Dualvariablen δ_{st} gegebenen „Knappheitspreises" der Spartensendezeit s der Periode t und der Dualvariable der Liquiditätsbedingung d_0 im Zeitpunkt $t = 0$ – mit nachfolgender Formel zu berechnen ist:

$$C_{js}^{korr} = C_{js} - \sum_{t} FL_{jst} \cdot \frac{\delta_{st}^{max}}{d_0} + \sum_{t} FL_{jst} \cdot \frac{\delta_{st}^{min}}{d_0}.$$

Je nachdem, ob für eine Sparte gewöhnlich die obere oder die untere Zeitrestriktion „greift", kann die Formel des „korrigierten" Kapitalwertes angepaßt werden. Für Programmsparten, in denen Werbung möglich ist und das „vereinfachte" Kapitalwertkalkül zu positiven Ergebnissen führt, ist der „Knappheitspreis" $\delta_{st}^{min} = 0$, weshalb für den „korrigierten" Kapitalwert gilt:[3]

$$C_{js}^{korr} = C_{js} - \sum_{t} FL_{jst} \cdot \frac{\delta_{st}^{max}}{d_0}.$$

---

[1] Vgl. hierzu HERING, Investitionstheorie (1995), S. 79, S. 93 und S. 109. Siehe zu den Prämissen eines ökonomisch sinnvoll formulierten Optimierungsproblems HERING, Investitionstheorie (1995), S. 79 f.

[2] Vgl. auch HERING, Investitionstheorie (1995), S. 110 f.

[3] Vgl. BRÖSEL, Programmplanung (2001), S. 385 f.

2. Die modelltheoretische Analyse 153

Beträgt der „Knappheitspreis" $\delta_{st}^{max} = 0$, weil in der Programmsparte beispielsweise Werbung gesetzlich nicht erlaubt ist oder die Zahlungsbereitschaft der werbetreibenden Wirtschaft zu gering ist, berechnet die Sparte den „korrigierten" Kapitalwert mit nachfolgender Formel:

$$C_{js}^{korr} = C_{js} + \sum_{t} FL_{jst} \cdot \frac{\delta_{st}^{min}}{d_0}.$$

Die Dualvariablen d_t der Liquidität und δ_{st} der Zeitrestriktionen ergeben sich aus dem mit dem Primalproblem der linearen Optimierung eng verwandten Dualproblem. Diese Variablen lassen sich aber erst nach Lösung eines dieser Probleme aus dem optimalen Simplextableau entnehmen. Auch hier greift somit das Dilemma der Lenkpreistheorie: Die „Knappheitspreise" der zusätzlichen Restriktionen sind der planenden Fernsehanstalt nur bei Kenntnis des optimalen Programms vertraut. Überdies wird die Anschaulichkeit des Partialmodells geschmälert. Während die Steuerungszinsen z. B. durch Intervallbildung eingeschränkt werden können, ist die Einbeziehung der „Schattenpreise" weiterer knapper Faktoren in das Kalkül des Kapitalwertes weitaus schwieriger.

Das Scheitern des „vereinfachten" Kapitalwertkriteriums bei zu beachtenden nichtfinanziellen Restriktionen und das entsprechend vorgestellte Modell des „korrigierten" Kapitalwertes sollen nun an zwei einfachen Beispielen veranschaulicht werden.

Für das *erste Beispiel* sei auf die Datensituation der Tabelle 11 (S. 114) zurückgegriffen, in der ein Fernsehveranstalter das Programm für eine Programmsparte planen muß, in der die Ausstrahlung von Spotwerbung gesetzlich erlaubt ist. Werden im Totalmodell die redundanten Sendezeitrestriktionen der Perioden t = 2 und t = 3 berücksichtigt, liefert der Simplexalgorithmus nach sieben Iterationen das in Tabelle 22 dargestellte Optimaltableau.

BV	Strukturvariablen				Schlupfvariablen						
	F_3^I	GA_0	GA_1	GA_2	L_0	L_1	L_2	L_3	q_1^{max}	$rx(F_2^I)$	RS
ZF	0,5402	0,0025	0,0022	0,002	0,05401566	0,04911	0,04464	0,04058	0,04382939	0,0122	42,6419382
KA_0	−9,4598	−0,9975	0,0022	0,002	−0,946	0,0491	0,0446	0,0406	3,3772	100,0122	302,6419
KA_1	−9,8657	−0,0448	−0,9953	0,0043	−0,9866	−0,8969	0,0937	0,0852	2,092	70,0256	195,5481
KA_2	−10,3121	−0,0469	−0,0426	−0,9933	−1,0312	−0,9375	−0,8522	0,1343	0,6784	27,0403	67,7448
F_1^I		2							0,0333	−1	1
$rx(F_1^I)$	−2						−0,0333			1	0
F_2^I										1	1
$rx(F_3^I)$	1										1

Tabelle 22:   *Das Optimaltableau für das erste Beispiel zur Programmplanung*

Zur Lösung des ursprünglichen, linearen Optimierungsproblems mit dem Simplexalgorithmus wird das Ursprungsungleichungssystem durch die Einfügung von Schlupfvariablen in ein Gleichungssystem umgewandelt. Dazu wurden im vorliegenden Anwendungsfall die nichtnegativen Schlupfvariablen L_t für die Liquiditäts-, q_t^{max} für die (hier obere) Zeit- und rx_j für die Schrankenrestriktionen definiert. Die den Schlupfvariablen L_t zugeordneten dualen Strukturvariablen d_t können aus der Zielfunktionszeile des Optimaltableaus entnommen werden. Basierend auf diesen Dualwerten lassen sich die für das Beispiel gültigen endogenen Grenzzinsfüße i_t berechnen, die in jeder Periode 10 % betragen:

$$i_t = \frac{d_{t-1}}{d_t} - 1$$

$$i_1 = \frac{0,05401566}{0,04911} - 1 = i_2 = \frac{0,04911}{0,04464} - 1 = i_3 = \frac{0,04464}{0,04058} - 1 = 10\%.$$

Auf der Grundlage des „vereinfachten" Kapitalwertkriteriums ergeben sich mit den ermittelten endogenen Grenzzinsfüßen für alle zur Verfügung stehenden Programmobjekte F_1^I, F_2^I und F_3^I positive Kapitalwerte C_{F^I}:

$$C_{F^I} = g_{F0} + \sum_{t=1}^{n} \frac{g_{Ft}}{\prod_{\tau=1}^{t}(1+i_\tau)}$$

$$C_{F_1^I} = -100 + \frac{50}{1,1} + \frac{50}{1,1 \cdot 1,1} + \frac{50}{1,1 \cdot 1,1 \cdot 1,1} \approx 24,34$$

$$C_{F_2^I} = -200 + \frac{90}{1,1} + \frac{100}{1,1 \cdot 1,1} + \frac{80}{1,1 \cdot 1,1 \cdot 1,1} \approx 24,57$$

$$C_{F_3^I} = -210 + \frac{100}{1,1} + \frac{100}{1,1 \cdot 1,1} + \frac{100}{1,1 \cdot 1,1 \cdot 1,1} \approx 38,69.$$

Aus diesem Ergebnis sollte nicht der voreilige Schluß gezogen werden, alle drei Objekte zu erwerben. Auch die Festlegung einer auf diesen Werten basierenden Rangordnung sowie die anschließende Realisierung der höchsten Werte bis zur Ausfüllung der zur Verfügung stehenden Sendezeit sind zu unterlassen. In diesem Fall würde allein das Programmobjekt F_3^I realisiert werden. Die wirkende Zusatzrestriktion der begrenzten Sendezeit erfordert die Berechnung „korrigierter" Kapitalwerte. Der „Schattenpreis" des in der Periode t = 1 knappen Faktors Sendezeit δ_1^{max} ist als Dualwert der korrespondierenden Schlupfvariable q_1^{max} aus der Zielfunktionszeile des Optimaltableaus zu entnehmen. Nach Division des Opportunitätssatzes δ_1^{max} durch die Dualvariable der Liquiditätsbedingung d_0 im Zeitpunkt t = 0 ergibt sich der ent-

2. Die modelltheoretische Analyse

sprechende (negative) Kapitalwertbeitrag einer Zeiteinheit.[1] Für die drei Programmobjekte ergeben sich bei einem positiven Lenkpreis $\delta_1^{max} = 0{,}04382939$ der Zeitrestriktion und unter Berücksichtigung von $d_0 = 0{,}05401566$ folgende „korrigierte" Kapitalwerte $C_{F^I}^{korr}$:

$$C_{F^I}^{korr} = C_{F^I} - \sum_t FL_{Ft} \cdot \frac{\delta_t^{max}}{d_0}$$

$$C_{F_1^I}^{korr} = -100 + \frac{50}{1{,}1} + \frac{50}{1{,}1 \cdot 1{,}1} + \frac{50}{1{,}1 \cdot 1{,}1 \cdot 1{,}1} - 30 \cdot \frac{0{,}04382939}{0{,}05401566} = 0$$

$$C_{F_2^I}^{korr} = -200 + \frac{90}{1{,}1} + \frac{100}{1{,}1 \cdot 1{,}1} + \frac{80}{1{,}1 \cdot 1{,}1 \cdot 1{,}1} - 30 \cdot \frac{0{,}04382939}{0{,}05401566} \approx 0{,}23$$

$$C_{F_3^I}^{korr} = -210 + \frac{100}{1{,}1} + \frac{100}{1{,}1 \cdot 1{,}1} + \frac{100}{1{,}1 \cdot 1{,}1 \cdot 1{,}1} - 60 \cdot \frac{0{,}04382939}{0{,}05401566} \approx -10.$$

Entsprechend der nach den „korrigierten" Kapitalwerten zu erstellenden Reihenfolge sind die Programmobjekte auf die Sendezeit zu verteilen. Demnach sind das Objekt F_2^I und das Grenzobjekt F_1^I zu realisieren. Das Modell des „korrigierten" Kapitalwertes führt im ersten Beispiel zum selben Ergebnis wie das Totalmodell und erweist sich als geeignetes Kriterium zur Entscheidungsunterstützung im Rahmen der Programmplanung.

In der *zweiten Beispielsituation*, deren Datenbasis der Tabelle 13 (S. 115) zu entnehmen ist, plant ein Fernsehveranstalter das Programm für eine Sparte, in der die Ausstrahlung von Spotwerbung nicht erlaubt ist. Nach sechs Simplexschritten ergibt sich auf Basis des formulierten Totalmodells das nachfolgend abgebildete Optimaltableau.

BV	Strukturvariablen				Schlupfvariablen				$rx(F_1^{II})$	q_1^{min}	RS
	F_3^{II}	GA_0	GA_1	GA_2	L_0	L_1	L_2	L_3			
ZF	17,6028	0,0025	0,0022	0,002	0,05401566	0,04911	0,04464	0,04058	6,4993	0,42726891	20,8631955
KA_0	−282,3972	−0,9975	0,0022	0,002	−0,946	0,0491	0,0446	0,0406	−93,5007	−6,2394	280,8632
KA_1	−288,0342	−0,0448	−0,9953	0,0043	−0,9866	−0,8969	0,0937	0,0852	−101,3514	6,9361	314,8127
KA_2	−304,2348	−0,0469	−0,0426	−0,9933	−1,0312	−0,9375	−0,8522	0,1343	−114,987	−7,7024	347,1572
F_2^{II}	1								−1	−0,0333	1
$rx(F_2^{II})$	−1								1	0,0333	0
$rx(F_3^{II})$	1										
F_1^{II}										1	1

Tabelle 23: Das Optimaltableau für das zweite Beispiel zur Programmplanung

---

[1] Siehe zur Interpretation von „Schattenpreisen" nichtfinanzieller Restriktionen auch HERING, Investitionstheorie (1995), S. 111 f.

Das Ursprungsungleichungssystem wurde zur Lösung wiederum mit dem Simplexalgorithmus in ein Gleichungssystem umgewandelt. Für die Restriktion der mindestens zu füllenden Sendezeit wurde die nichtnegative Schlupfvariable q_t^{min} definiert. Die endogenen Grenzzinsfüße lassen sich auch für dieses zweite Beispiel mit den Dualvariablen der Liquiditätsbedingungen ermitteln und betragen in jeder Periode 10 %. Unter Berücksichtigung der Dualvariable der Liquiditätsbedingung $d_0 = 0,05401566$ und des „Schattenpreises" aus der Restriktion der mindestens zu füllenden Sendezeit $\delta_1^{min} = 0,42726891$ können für die drei Programmobjekte des zweiten Beispiels folgende „korrigierte" Kapitalwerte $C_{F^{II}}^{korr}$ berechnet werden:

$$C_{F^{II}}^{korr} = g_{F0} + \sum_{t=1}^{n} \frac{g_{Ft}}{\prod_{\tau=1}^{t}(1+i_\tau)} + \sum_t FL_{Ft} \cdot \frac{\delta_t^{min}}{d_0}$$

$$C_{F_1^{II}}^{korr} = -100 - \frac{10}{1,1} - \frac{5}{1,1 \cdot 1,1} - \frac{5}{1,1 \cdot 1,1 \cdot 1,1} + 30 \cdot \frac{0,42726891}{0,05401566} \approx 120,32$$

$$C_{F_2^{II}}^{korr} = -200 - \frac{15}{1,1} - \frac{15}{1,1 \cdot 1,1} - \frac{15}{1,1 \cdot 1,1 \cdot 1,1} + 30 \cdot \frac{0,42726891}{0,05401566} = 0$$

$$C_{F_3^{II}}^{korr} = -500 - \frac{10}{1,1} - \frac{20}{1,1 \cdot 1,1} - \frac{50}{1,1 \cdot 1,1 \cdot 1,1} + 30 \cdot \frac{0,42726891}{0,05401566} \approx -325,88.$$

Werden die Programmobjekte gemäß ihren „korrigierten" Kapitalwerten auf die Sendezeit verteilt, stellt sich heraus, daß das Objekt F_1^{II} und das Grenzobjekt F_2^{II} zu realisieren sind. Das Modell des „korrigierten" Kapitalwertes, das auch im zweiten Beispiel zu dem Ergebnis des Totalmodells führt, erweist sich ebenso für Programmsparten, in denen keine Werbung erlaubt ist, als geeignetes Kriterium zur Entscheidungsunterstützung bei der Programmplanung.

Eine pragmatische Möglichkeit zur Berücksichtigung der Sendezeit ist der Vergleich der *Kapitalwerte je Programmminute* oder je Zeiteinheit. Diese Methode ist aber nur als grober Anhaltspunkt geeignet, weil sie fundamentale Schwächen aufweist: Zeitliche Interdependenzen werden weder zwischen den Objekten innerhalb der Perioden noch bei der Verteilung der Sendezeit eines Objekts auf verschiedenen Perioden berücksichtigt.[1]

---

[1] Stehen z. B. zwei Programmobjekte F_4 und F_5 mit den identischen Zahlungsreihen (−100,0; 60,0; 60,0) zur Auswahl, wobei F_4 in der ersten Periode 30 ZE und in der zweiten Periode 70 ZE sowie F_5 in beiden Perioden jeweils 50 ZE Sendezeit in Anspruch nimmt, ergibt sich insgesamt derselbe Kapitalwert je Programmminute oder je Zeiteinheit, welcher auf die zeitliche Verteilung keine Rücksicht nimmt.

Ebenso ist die Zuordnung des Programmobjekts F_6 nicht möglich, wenn es beispielsweise in drei aufeinanderfolgenden Perioden jeweils 30 ZE Sendezeit erfordert und auf zwei unterschiedlichen spartenspezifischen Sendeplätzen ausgestrahlt werden kann, wobei sich – bei Annahme eines Kal-

2. Die modelltheoretische Analyse

Bisher bezogen sich die Darstellungen zur partialanalytischen Programmplanung auf öffentlich-rechtliche Rundfunkveranstalter. Nun soll die *Übertragbarkeit des Modells auf private Programmanbieter* dargelegt werden. Das abgebildete Partialmodell ermöglicht die dezentrale Programmplanung innerhalb der einzelnen Programmsparten. Diese Programmsparten ergeben sich aus dem Programmschema, das hier ebenso wie beim Totalmodell die Basis der Programmplanung bildet. Wie bereits in Kapitel III.2.2.1.2.1 (S. 116 f.) ausgeführt, liegt auch bei privaten Anbietern ein Programmschema vor, das sich allerdings grundsätzlich bezüglich seiner Ausrichtung von dem der öffentlich-rechtlichen Anbieter unterscheidet. Bevor bei privaten Rundfunkveranstaltern ebenfalls auf das „korrigierte" Kapitalwertkriterium zurückgegriffen werden kann, soll wiederum mittels Nutzwertanalyse überprüft werden, ob die Programmbestandteile den qualitativen Mindestkriterien, die sich für private Sender aus der Programmphilosophie oder beispielsweise durch die in §§ 3, 26 RStV kodifizierten Anforderungen ergeben, entsprechen.

Durch das Dualitätstheorem der linearen Optimierung wird bei Anwendung des vorgestellten Partialmodells sowohl für öffentlich-rechtliche als auch für private Rundfunkveranstalter gewährleistet, daß unter Verwendung der investitionstheoretisch korrekten „Knappheitspreise" des Kapitals und der Sendezeit die Interessen der Gebührenzahler und Eigner hinsichtlich der getroffenen Zielsetzung gewahrt bleiben. Dabei kann es auch für private Rundfunkveranstalter erforderlich sein, Programmbestandteile, die keine Einzahlungsüberschüsse generieren, in das Fernsehprogramm aufzunehmen. Das gilt beispielsweise für die Sparte Nachrichten, die für ein Vollprogramm erforderlich ist, aber gemäß § 44 Abs. 5 RStV bei einer Sendezeit von weniger als 30 Minuten nicht durch Werbung unterbrochen werden darf. Insgesamt kann also festgehalten werden, daß das zur Fernsehprogrammplanung vorgestellte Partialmodell des „korrigierten" Kapitalwertes auf private Veranstalter übertragbar ist.

2.3.1.2.2 Die Verknüpfung der Bewertung mit dem partialanalytischen Modell zur Programmplanung

Bei Betrachtung der partialanalytischen Bewertung von Medienrechten im Rahmen der Programmplanung sollen vorerst die in Kapitel III.2.3.1.1.1 (S. 135 f.) verdeutlichten Probleme bei der Bewertung mit dem Zukunftserfolgswertverfahren auf dem unvollkommenen Kapitalmarkt vernachlässigt werden. Demnach gelingt die Medienrechtsbewertung mit der „vereinfachten" Methode nur, wenn sich die Umstrukturierungen von Basis- zu Bewertungsprogramm lediglich auf die Grenzobjekte beschränken und somit das Basis- und das Bewertungsprogramm strukturell nicht voneinander abweichen.[1] Die Berücksichtigung zusätzlicher nichtfinanzieller Restrik-

---

kulationszinsfußes von 10 % p. a. – einerseits die Zahlungsreihe (−50,0; 30,0; 30,0; 30,0) und andererseits die Zahlungsreihe (−50,0; 20,0; 40,0; 31,1) realisieren läßt. Auf beiden Sendeplätzen ergibt sich ein Kapitalwert von 0,27 GE je ZE, der zeitliche Interdependenzen nicht berücksichtigt.

[1] Vgl. *HERING*, ZGPM (2000), S. 365.

tionen bei der Bewertung audiovisueller Medienrechte im Rahmen der Anwendung der Methode des Zukunftserfolgswertes ist deshalb der erste Schwerpunkt nachfolgender Betrachtungen. Anschließend soll untersucht werden, inwieweit nichtfinanzielle Restriktionen weitere Einschränkungen bei der Anwendung der Zukunftserfolgswertmethode nach sich ziehen, wenn die Aufnahme des Bewertungsobjekts zu einem Basiswechsel führt, der die nichtfinanziellen „Knappheitspreise" der optimalen Lösung ändert.

Zu bewerten sei das audiovisuelle Medienrecht MR, für das als Zukunftserfolg auf dem in Betracht kommenden Sendeplatz s_r der Zahlungsstrom $g_{MR\,s_r} = (0, g_{MR\,s_r,1},$ $g_{MR\,s_r,2}, ..., g_{MR\,s_r,t}, ..., g_{MR\,s_r,n})$ mit $g_{MR\,s_r,t}$ als Zahlungsüberschuß im Zeitpunkt t gegeben ist. Wird nunmehr von strukturellen Änderungen zwischen Basis- und Bewertungsprogramm sowie von nichtfinanziellen Interdependenzen abstrahiert, ergibt sich der Zukunftserfolgswert $ZEW_{MR\,s_r}$ des Objekts MR für den entsprechenden spartenspezifischen Sendeplatz s_r, in Kenntnis der endogenen Grenzzinsfüße i_τ, aus der Summe aller auf den heutigen Zeitpunkt abgezinsten Zahlungen $g_{MR\,s_r,t}$:

$$ZEW_{MR\,s_r} = \sum_{t=1}^{n} \frac{g_{MR\,s_r,t}}{\prod_{\tau=1}^{t}(1+i_\tau)}.$$

Stehen für die Verwertung des audiovisuellen Medienrechts mit der Menge $\mathcal{S}^{MR} = \{s_1, ..., s_r, ..., s_v\}$ v unterschiedliche alternative spartenspezifische Sendeplätze s_r zur Verfügung, ist für jede Alternative $s_r \in \mathcal{S}^{MR}$ der entsprechende Zukunftserfolgswert $ZEW_{MR\,s_r} := ZEW(s_r)$ zu berechnen. Der Grenzpreis P^*_{MR} für das Medienrecht entspricht in der Konfliktsituation dem größten sendeplatzspezifischen Zukunftserfolgswert und ist durch $P^*_{MR} = \max \{ ZEW(s_r) | s_r \in \mathcal{S}^{MR} \}$ definiert.

Ohne Berücksichtigung der Restriktion beschränkter Sendezeit resultiert aus der Formel dieses „vereinfachten" Zukunftserfolgswertverfahrens ein vermeintlicher Grenzpreis, der – allein die finanzwirtschaftlichen „Knappheitspreise" beachtend – nicht zur Entscheidungsunterstützung dienen sollte. Dies soll anhand von zwei bekannten Beispielsituationen nachgewiesen werden.

Bezogen auf das *erste Zahlenbeispiel*[1] zur Bewertung im Rahmen der totalanalytischen Programmplanung des Kapitels III.2.2.1.2.2 (S. 121 f.) ergibt sich für das

---

[1] Vgl. hierzu die Datenbasis in Tabelle 11 (S. 114) sowie die VOFIs von Basis- und Bewertungsprogramm in den Tabellen 12 (S. 115) und 15 (S. 122).

2. Die modelltheoretische Analyse 159

audiovisuelle Medienrecht MR^I – unter der Annahme unbegrenzt zur Verfügung stehender Sendezeit – ein Zukunftserfolgswert ZEW_{MR^I} in Höhe von 159,88 GE:

$$ZEW_{MR^I} = \frac{80}{1,1} + \frac{60}{1,1 \cdot 1,1} + \frac{50}{1,1 \cdot 1,1 \cdot 1,1} \approx 159,88.$$

Für das audiovisuelle Medienrecht MR^{II} aus dem *zweiten Beispiel* zur Bewertung im Rahmen der totalanalytischen Programmplanung des Kapitels III.2.2.1.2.2 (S. 122 f.) ergibt sich,[1] bei Vernachlässigung der Restriktion einer mindestens zu füllenden Sendezeit, ein Zukunftserfolgswert $ZEW_{MR^{II}}$ in Höhe von –12,43 GE:

$$ZEW_{MR^{II}} = -\frac{5}{1,1} - \frac{5}{1,1 \cdot 1,1} - \frac{5}{1,1 \cdot 1,1 \cdot 1,1} \approx -12,43.$$

Ebenso wie beim Modell des „korrigierten" Kapitalwertes[2] ist die Abbildung der nichtfinanziellen Interdependenzen auch beim Zukunftserfolgswertverfahren durch entsprechende Modifikationen erforderlich. Verdeutlicht an der Sendezeitrestriktion ergibt sich der *„korrigierte" Zukunftserfolgswert* $ZEW_{MR\,s_r}^{korr}$ unter Berücksichtigung der Dualvariablen der jeweiligen zeitlichen Sendeplatzrestriktion $\delta_{s_r,t}$ und der Dualvariable der Liquiditätsbedingung d_0 im Zeitpunkt t = 0 durch folgende Gleichung:

$$ZEW_{MR\,s_r}^{korr} = ZEW_{MR\,s_r} - \sum_t FL_{j s_r, t} \cdot \frac{\delta_{s_r, t}^{max}}{d_0} + \sum_t FL_{j s_r, t} \cdot \frac{\delta_{s_r, t}^{min}}{d_0}.$$

Sind die nach oben begrenzte und die mindestens zu füllende Sendezeit die einzigen nichtfinanziellen Restriktionen und beschränken sich die Umstrukturierungen von Basis- zu Bewertungsprogramm auf die Grenzobjekte, ist die Ermittlung des Grenzpreises mit der Formel des „korrigierten" Zukunftserfolgswertes unter Rückgriff auf die Dualvariablen d_t der Liquidität und $\delta_{s,t}$ der Zeitrestriktionen des optimalen Simplextableaus des Basisprogramms möglich:

$$ZEW_{MR\,s_r}^{korr} = \sum_{t=1}^{n} \frac{g_{MR\,s_r,t}}{\prod_{\tau=1}^{t} \frac{d_{\tau-1}}{d_\tau}} - \sum_t FL_{j s_r, t} \cdot \frac{\delta_{s_r, t}^{max}}{d_0} + \sum_t FL_{j s_r, t} \cdot \frac{\delta_{s_r, t}^{min}}{d_0}.$$

---

[1] Siehe die entsprechende Datenbasis in Tabelle 13 (S. 115) sowie die VOFIs von Basis- und Bewertungsprogramm in den Tabellen 14 (S. 116) und 16 (S. 123).

[2] Vgl. hierzu die entsprechende Herleitung der Formel des „korrigierten" Kapitalwertes in Kapitel III.2.3.1.2.1 (S. 149 - 153).

Zu berücksichtigen ist wiederum, daß das Bewertungssubjekt dem Medienrecht v unterschiedliche alternative spartenspezifische Sendeplätze s_r, die der Menge $\mathcal{S}^{MR}$ = $\{s_1, ..., s_r, ..., s_v\}$ entsprechen, zuordnen kann. Für jede Alternative $s_r^{MR} \in \mathcal{S}^{MR}$ ist der dazugehörige „korrigierte" Zukunftserfolgswert $ZEW_{MR\,s_r}^{korr} := ZEW^{korr}(s_r)$ zu ermitteln. Der in der Konfliktsituation maximal für das Medienrecht zu zahlende Preis P_{MR}^* entspricht dem größten sendeplatzspezifischen Zukunftserfolgswert und ist definiert durch $P_{MR}^* = \max\{ZEW^{korr}(s_r) | s_r \in \mathcal{S}^{MR}\}$.

Für das *erste Zahlenbeispiel* zur Bewertung im Rahmen der totalanalytischen Programmplanung des Kapitels III.2.2.1.2.2 (S. 121 f.) läßt sich mit dem Verfahren des „korrigierten" Zukunftserfolgswertes für das Medienrecht MR^I ein Ergebnis berechnen, das dem mit $P_{MR^I}^* = 135{,}53719$ vorliegenden Grenzpreis der totalanalytischen Bewertung entspricht:

$$ZEW_{MR^I}^{korr} = \sum_{t=1}^{n} \frac{g_{MR^I\,t}}{\prod_{\tau=1}^{t} d_{\tau-1}} - \sum_t FL_{MR^I\,t} \cdot \frac{\delta_t^{max}}{d_0} + \sum_t FL_{MR^I\,t} \cdot \frac{\delta_t^{min}}{d_0}$$

$$ZEW_{MR^I}^{korr} = \frac{80}{1{,}1} + \frac{60}{1{,}1 \cdot 1{,}1} + \frac{50}{1{,}1 \cdot 1{,}1 \cdot 1{,}1} - 30 \cdot \frac{0{,}04382939}{0{,}05401566} + 30 \cdot \frac{0}{0{,}05401566}$$

$$ZEW_{MR^I}^{korr} \approx 135{,}53719.$$

Mit dem Verfahren des „korrigierten" Zukunftserfolgswertes errechnet sich auch für das audiovisuelle Medienrecht MR^{II} des *zweiten Beispiels* zur Bewertung im Rahmen der totalanalytischen Programmplanung des Kapitels III.2.2.1.2.2 (S. 122 f.) „ungefähr" das Ergebnis, welches bereits mit dem korrespondierenden Totalmodell als Grenzpreis in Höhe von $P_{MR^{II}}^* = 224{,}86852$ ermittelt wurde:

$$ZEW_{MR^{II}}^{korr} = \sum_{t=1}^{n} \frac{g_{MR^{II}\,t}}{\prod_{\tau=1}^{t} d_{\tau-1}} - \sum_t FL_{MR^{II}\,t} \cdot \frac{\delta_t^{max}}{d_0} + \sum_t FL_{MR^{II}\,t} \cdot \frac{\delta_t^{min}}{d_0}$$

$$ZEW_{MR^{II}}^{korr} = -\frac{5}{1{,}1} - \frac{5}{1{,}1 \cdot 1{,}1} - \frac{5}{1{,}1 \cdot 1{,}1 \cdot 1{,}1} - 30 \cdot \frac{0}{0{,}05401566} + 30 \cdot \frac{0{,}42726891}{0{,}05401566}$$

$$ZEW_{MR^{II}}^{korr} \approx 224{,}86854.$$

Trotz der (annähernd) übereinstimmenden Rechenergebnisse, die sich in den beiden Beispielsituationen jeweils mit dem ZGPM als Totalmodell und mit dem „korrigierten" Zukunftserfolgswertverfahren als Partialmodell ergeben, soll überprüft werden, ob es sich im zweiten Beispiel um eine Rundungsdifferenz oder um die Auswirkun-

2. Die modelltheoretische Analyse 161

gen des zu beobachtenden Basiswechsels hinsichtlich der nichtfinanziellen „Knappheitspreise" handelt.[1] In Rückgriff[2] auf die Dualitätstheorie der linearen Optimierung wird deshalb untersucht, zu welchen weiteren Einschränkungen nichtfinanzielle Restriktionen bei der Anwendung der Zukunftserfolgswertmethode führen, wenn aus der Aufnahme des zu bewertenden Medienrechts in das Bewertungsprogramm ein Basiswechsel resultiert, der (auch) die nichtfinanziellen „Knappheitspreise" der optimalen Lösung tangiert.[3] Erfolgte die Bestimmung des Basisprogramms durch das in Kapitel III.2.3.1.2.1 (S. 149 f.) formulierte vereinfachte Primalproblem, ergibt sich für einen Fernsehsender, der ausschließlich über einen spartenspezifischen Sendeplatz s verfügt und als nichtfinanzielle Restriktion nur die nach oben beschränkte Sendezeit SZ_t^{max} beachten muß, folgendes primales Problem[4] als Ansatz zur Bestimmung des Bewertungsprogramms sowie zur Ermittlung des für ein audiovisuelles Medienrecht MR in t = 0 maximal zahlbaren Preises P^*:

---

[1] Diese Basiswechsel sind in beiden Beispielsituationen zu beobachten:

Im *ersten Beispiel* kommt es zu folgendem Basiswechsel: Im Basisprogramm erweist sich, gemäß der Berechnung des „korrigierten" Kapitalwertes in Kapitel III.2.3.1.2.1 (S. 153 - 155), das Objekt F_1^I als Grenzobjekt hinsichtlich der beschränkten Sendezeit: $C_{F_1^I}^{korr\,(Ba)} = 0$. Dieses Objekt ist jedoch im Bewertungsprogramm nicht mehr enthalten. Als neues, die beschränkte Sendezeit betreffendes Grenzobjekt des Bewertungsprogramms zeigt sich unter Berücksichtigung des aus dem Optimaltableau des Bewertungsprogramms entnommenen Lenkpreises $\delta_1^{max} = 0{,}8189331$ der Zeitrestriktion und der Dualvariable der Liquiditätsbedingung $d_0 = 1$ das Objekt F_2^I. Die Berechnung des „korrigierten" Kapitalwertes ergibt:

$$C_{F_2^I}^{korr\,(Bew)} = -200 + \frac{90}{1{,}1} + \frac{100}{1{,}1 \cdot 1{,}1} + \frac{80}{1{,}1 \cdot 1{,}1 \cdot 1{,}1} - 30 \cdot \frac{0{,}8189331}{1} = 0\,.$$

Im Basisprogramm des *zweiten Beispiels* (siehe S. 161 f.) erwies sich das anschließend nicht mehr im Bewertungsprogramm enthaltene Objekt F_2^{II} als entsprechendes Grenzobjekt: $C_{F_2^{II}}^{korr\,(Ba)} = 0$.

Die Berechnung des „korrigierten" Kapitalwertes bestätigt unter Rückgriff auf den aus dem Optimaltableau des Bewertungsprogramms entnommenen Lenkpreis $\delta_1^{min} = 3{,}8993238$ der Zeitrestriktion und der Dualvariable der Liquiditätsbedingung $d_0 = 1$, daß das Objekt F_1^{II} im Bewertungsprogramm das neue Grenzobjekt bezüglich der mindestens auszufüllenden Sendezeit ist:

$$C_{F_1^{II}}^{korr\,(Bew)} = -100 - \frac{10}{1{,}1} - \frac{5}{1{,}1 \cdot 1{,}1} - \frac{5}{1{,}1 \cdot 1{,}1 \cdot 1{,}1} + 30 \cdot \frac{3{,}8993238}{1} = 0\,.$$

Nachrichtlich: Die Grenzzinsfüße ändern sich in beiden Beispielen beim Übergang vom Basis- zum Bewertungsprogramm nicht.

[2] Siehe schon die Ausführungen in Kapitel III.2.3.1.2.1 (S. 149 ff.).

[3] Das nachfolgende Vorgehen erfolgt in enger Anlehnung an HERING, Unternehmensbewertung (1999), S. 34 - 36.

[4] Das primale Problem abstrahiert aus Vereinfachungsgründen wiederum von der Ganzzahligkeit; siehe zu entsprechenden Literaturverweisen die Nennungen in Kapitel III.2.3.1.2.1 (S. 149).

max. MR; MR := P^*

$$-\sum_j g_{j0} \cdot x_j - \sum_k h_{k0} \cdot y_k + \overline{w_0} \cdot EN + P^* \leq b_0$$

$$-\sum_j g_{jt} \cdot x_j - \sum_k h_{kt} \cdot y_k + \overline{w_t} \cdot EN \leq b_t + g_{MR\,t} \qquad \forall\, t \in \{1,...,n\}$$

$$\sum_j FL_{jt} \cdot x_j \leq SZ_t^{max} - FL_{MR\,t} \qquad \forall\, t \in \{1,...,n\}$$

$$x_j \leq 1 \qquad \forall\, j$$

$$y_k \leq y_k^{max} \qquad \forall\, k$$

$$x_j \geq 0 \qquad \forall\, j$$

$$y_k \geq 0 \qquad \forall\, k$$

$$-EN \leq -EN^*$$

$$P^* \geq 0.$$

Das mit diesem Ansatz zur Bestimmung des Bewertungsprogramms eng verwandte Dualproblem lautet im vorliegenden Fall:

$$\min Y;\ Y := \sum_{t=0}^{n} b_t \cdot d_t + \sum_{t=1}^{n} g_{MR\,t} \cdot d_t + \sum_j u_j + \sum_k y_k^{max} \cdot v_k - \gamma \cdot EN^* + \sum_{t=1}^{n} SZ_t^{max} \cdot \delta_t^{max}$$

$$- \sum_{t=1}^{n} FL_{MR\,t} \cdot \delta_t^{max}$$

$$-\sum_{t=0}^{n} g_{jt} \cdot d_t + u_j + \sum_{t=1}^{n} FL_{jt} \cdot \delta_t^{max} \geq 0 \qquad \forall\, j$$

$$-\sum_{t=0}^{n} h_{kt} \cdot d_t + v_k \geq 0 \qquad \forall\, k$$

$$\sum_{t=0}^{n} \overline{w_t} \cdot d_t - \gamma \geq 0$$

$$d_0 \geq 1$$

$$d_t \geq 0 \qquad \forall\, t \in \{1,...,n\}$$

$$u_j \geq 0 \qquad \forall\, j$$

$$v_k \geq 0 \qquad \forall\, k$$

$$\gamma \geq 0$$

$$\delta_t^{max} \geq 0 \qquad \forall\, t \in \{1,...,n\}.$$

Wird unterstellt, daß die Ansätze zur Ermittlung von Basis- sowie Bewertungsprogramm ein Optimum mit $EN^* > 0$ sowie $P^* > 0$ besitzen, ergibt sich aus der Restriktion $-EN \leq -EN^*$ des Ansatzes zur Bestimmung des Bewertungsprogramms:

2. Die modelltheoretische Analyse

EN > 0. Im Optimum muß deshalb, nach dem Satz vom komplementären Schlupf, die zu EN gehörende Dualrestriktion als Gleichung erfüllt sein:

$$\sum_{t=0}^{n} \overline{w}_t \cdot d_t - \gamma = 0 \Leftrightarrow \gamma = \sum_{t=0}^{n} \overline{w}_t \cdot d_t.$$

Gemäß der Dualitätstheorie der linearen Optimierung entspricht das Maximum des Primalproblems dem Minimum des Dualproblems: $Y^* = MR^* = P^*$. Hieraus und unter Berücksichtigung des soeben für γ ermittelten Ausdrucks ergibt sich im Optimum aus der Zielfunktion des Dualproblems:

$$P^* = \sum_{t=1}^{n} g_{MR\,t} \cdot d_t - \sum_{t=1}^{n} FL_{MR\,t} \cdot \delta_t^{max} - EN^* \cdot \sum_{t=0}^{n} \overline{w}_t \cdot d_t + \sum_{t=0}^{n} b_t \cdot d_t + \sum_{j} u_j + \sum_{k} y_k^{max} \cdot v_k$$
$$+ \sum_{t=1}^{n} SZ_t^{max} \cdot \delta_t^{max}.$$

Im Optimum des Dualproblems gilt $P = P^* > 0$ und aufgrund des Satzes vom komplementären Schlupf: $d_0 = 1$. Die Dualwerte d_t entsprechen somit den endogenen Abzinsungsfaktoren $\dfrac{d_t}{d_0} =: \rho_t$. Mit diesen Faktoren ρ_t werden die Zahlungen des Zeitpunkts t in ihren Kapitalwert im Zeitpunkt t= 0 umgerechnet. Nach der Lenkpreistheorie gilt wegen $d_0 = 1$ für alle Objekte j sowie k, die im Bewertungsprogramm einen nichtnegativen Kapitalwert C_j^{korr} oder C_k besitzen, $u_j = C_j^{korr} \cdot d_0$ sowie $v_k = C_k \cdot d_0$ und somit die Identität von u_j und C_j^{korr} sowie v_k und C_k. Da die u_j und v_k der nachteiligen Objekte j und k null sind, ergibt sich – auf Basis der Lenkpreise des Bewertungsprogramms – für den Grenzpreis P^* folglich:

$$P^* = \underbrace{\sum_{t=1}^{n} g_{MR\,t} \cdot \frac{d_t}{d_0} - \sum_{t=1}^{n} FL_{MR\,t} \cdot \frac{\delta_t^{max}}{d_0}}_{\text{Korrigierter Zukunftserfolgswert des zu bewertenden audiovisuellen Medienrechts}} - EN^* \cdot \underbrace{\sum_{t=0}^{n} \overline{w}_t \cdot \frac{d_t}{d_0}}_{\text{Kapitalwert des Basisprogramms}}$$

$$+ \underbrace{\sum_{t=0}^{n} b_t \cdot \frac{d_t}{d_0} + \sum_{C_j^{korr} > 0} C_j^{korr} + \sum_{C_k > 0} y_k^{max} \cdot C_k + \sum_{t=1}^{n} SZ_t^{max} \cdot \frac{\delta_t^{max}}{d_0}}_{\text{Kapitalwert des Bewertungsprogramms (ohne das zu bewertende audiovisuelle Medienrecht)}}.$$

Am Beispiel der begrenzten Sendezeit wurde gezeigt, daß die in Kapitel III.2.3.1.1.1 (S. 135 f.) dargestellte Formel der „komplexen" Bewertung unter Beachtung nichtfinanzieller Restriktionen zu erweitern ist. Bei der Ermittlung des Entscheidungswertes sind ferner die Kapitalwertänderungen zu berücksichtigen, die sich mit Aufnahme des zu bewertenden Medienrechts aus Umstrukturierungen beim Übergang von Basis- zu Bewertungsprogramm hinsichtlich der nichtfinanziellen „Knappheitspreise" ergeben. In diesem Fall bedarf es für einen Fernsehsender, der als nichtfinanzielle Restriktion nur die nach oben beschränkte Sendezeit SZ_t^{max} beachten muß, zur Entscheidungswertermittlung folgender Formel der „komplexen korrigierten" Bewertung, welche die Verwendung der „Knappheitspreise" des Bewertungsprogramms verlangt:

$$P^* = \underbrace{\sum_{t=1}^{n} g_{MR\,t} \cdot \frac{d_t}{d_0} - \sum_{t=1}^{n} FL_{MR\,t} \cdot \frac{\delta_t^{max}}{d_0}}_{\text{Korrigierter Zukunftserfolgswert des zu bewertenden audiovisuellen Medienrechts}} + \underbrace{\sum_{t=0}^{n} b_t \cdot \frac{d_t}{d_0} + \sum_{c_j^{korr}>0} C_j^{korr} + \sum_{c_k>0} y_k^{max} \cdot C_k + \sum_{t=1}^{n} SZ_t^{max} \cdot \frac{\delta_t^{max}}{d_0} - EN^* \cdot \sum_{t=0}^{n} \overline{w}_t \cdot \frac{d_t}{d_0}}_{\text{Kapitalwertänderung durch Umstrukturierung vom Basis- zum Bewertungsprogramm}}.$$

Durch das gleiche Procedere läßt sich für einen Fernsehsender, der lediglich über einen spartenspezifischen Sendeplatz s verfügt und als nichtfinanzielle Restriktion nur die mindestens auszufüllende Sendezeit SZ_t^{min} beachten muß, folgende Formel der „komplexen korrigierten" Bewertung zur Ermittlung des für ein audiovisuelles Medienrecht MR in t = 0 maximal zahlbaren Preises P^* herleiten, die zur Berechnung ebenfalls der Lenkpreise des Bewertungsprogramms bedarf:

$$P^* = \underbrace{\sum_{t=1}^{n} g_{MR\,t} \cdot \frac{d_t}{d_0} + \sum_{t=1}^{n} FL_{MR\,t} \cdot \frac{\delta_t^{min}}{d_0}}_{\text{Korrigierter Zukunftserfolgswert des zu bewertenden audiovisuellen Medienrechts}} + \underbrace{\sum_{t=0}^{n} b_t \cdot \frac{d_t}{d_0} + \sum_{c_j^{korr}>0} C_j^{korr} + \sum_{c_k>0} y_k^{max} \cdot C_k - \sum_{t=1}^{n} SZ_t^{min} \cdot \frac{\delta_t^{min}}{d_0} - EN^* \cdot \sum_{t=0}^{n} \overline{w}_t \cdot \frac{d_t}{d_0}}_{\text{Kapitalwertänderung durch Umstrukturierung vom Basis- zum Bewertungsprogramm}}.$$

Der Grenzpreis des audiovisuellen Medienrechts ermittelt sich somit aus dem Zukunftserfolgswert des Medienrechts auf Basis der Lenkpreise des Bewertungsprogramms zuzüglich der Kapitalwertänderung, die sich mit den durch den Kauf des Medienrechts ausgelösten Umstrukturierungsmaßnahmen hinsichtlich der finanziellen und nichtfinanziellen Grenzobjekte ergibt. Die Berechnung des Grenzpreises erfordert demzufolge unter Beachtung nichtfinanzieller Restriktionen um so mehr eine Totalbetrachtung. Der Grenzpreis entspricht nur dann dem Zukunftserfolgswert, wenn die Basislösung stabil bleibt und der Kapitalwert der Umstrukturierungen entsprechend null beträgt.[1] Folglich versagen die „vereinfachte" und die „korrigierte" partial-

---

[1] Vgl. HERING, Unternehmensbewertung (1999), S. 37.

2. Die modelltheoretische Analyse 165

analytische Bewertungsmethode, wenn nicht von einer Stabilität der „Knappheitspreise" finanzieller und nichtfinanzieller Restriktionen auszugehen ist.

Die Abweichungen, die sich in den beiden Beispielen zur Grenzpreisermittlung zwischen den Ergebnissen aus dem ZGPM als Totalmodell und aus dem „korrigierten" Zukunftserfolgswertverfahren als Partialmodell ergeben, rühren demnach aus den beobachteten Umstrukturierungen beim Übergang von Basis- zu Bewertungsprogramm und den entsprechend instabilen Lenkpreisen der nichtfinanziellen Restriktionen her. Die Anwendung der hergeleiteten Formeln zur „komplexen korrigierten" Bewertung soll im folgenden an konkreten Beispielen gezeigt werden.

Wird im *ersten Beispiel* die Formel der „komplexen korrigierten" Bewertung zur Grenzpreisermittlung herangezogen, ergibt sich – unter Rückgriff auf die Lenkpreise des Bewertungsprogramms – das Ergebnis, welches zuvor durch das ZGPM und die „korrigierte" Bewertungsformel berechnet wurde:

$$P^*_{MR^1} = \underbrace{\frac{80}{1,1} + \frac{60}{1,1 \cdot 1,1} + \frac{50}{1,1 \cdot 1,1 \cdot 1,1} - 30 \cdot \frac{0,8189331}{1}}_{\text{Korrigierter Zukunftserfolgswert des zu bewertenden audiovisuellen Medienrechts}}$$

$$\underbrace{- 42,6419382 + \frac{42,6419382}{1,1} + \frac{42,6419382}{1,1 \cdot 1,1} + \frac{42,6419382 + 852,838764}{1,1 \cdot 1,1 \cdot 1,1}}_{\text{Kapitalwert des Basisprogramms}}$$

$$\underbrace{+ 40 + \frac{40}{1,1} + \frac{40}{1,1 \cdot 1,1} + \frac{840}{1,1 \cdot 1,1 \cdot 1,1} + 60 \cdot \frac{0,8189331}{1}}_{\text{Kapitalwert des Bewertungsprogramms (ohne das zu bewertende audiovisuelle Medienrecht)}}$$

$$P^*_{MR^1} = \underbrace{135,3117966}_{\substack{\text{Korrigierter Zukunfts-}\\\text{erfolgswert des zu be-}\\\text{wertenden audio-}\\\text{visuellen Medienrechts}}} - \underbrace{789,4365133}_{\substack{\text{Kapitalwert des}\\\text{Basisprogramms}}} + \underbrace{789,6619064}_{\substack{\text{Kapitalwert des}\\\text{Bewertungspro-}\\\text{gramms (ohne das}\\\text{zu bewertende audio-}\\\text{visuelle Medienrecht)}}}$$

$$P^*_{MR^1} \approx 135,53719 \; .$$

Gleichermaßen ermittelt sich im *zweiten Beispiel* für den Fernsehsender, der als nichtfinanzielle Restriktion die mindestens auszufüllende Sendezeit SZ_t^{min} beachten muß, mit der entsprechenden Formel der „komplexen korrigierten" Bewertung eben jener Grenzpreis, der sich vorab als Lösung des korrespondierenden Totalmodells ergab:

$$P^*_{MR^{II}} = \underbrace{-\frac{5}{1,1} - \frac{5}{1,1 \cdot 1,1} - \frac{5}{1,1 \cdot 1,1 \cdot 1,1} + 30 \cdot \frac{3,8993238}{1}}_{\text{Korrigierter Zukunftserfolgswert des zu bewertenden audiovisuellen Medienrechts}}$$

$$\underbrace{-20,8631955 + \frac{20,8631955}{1,1} + \frac{20,8631955}{1,1 \cdot 1,1} + \frac{20,8631955 + 417,263910}{1,1 \cdot 1,1 \cdot 1,1}}_{\text{Kapitalwert des Basisprogramms}}$$

$$\underbrace{+ 40 + \frac{40}{1,1} + \frac{40}{1,1 \cdot 1,1} + \frac{840}{1,1 \cdot 1,1 \cdot 1,1} - 60 \cdot \frac{3,8993238}{1}}_{\text{Kapitalwert des Bewertungsprogramms (ohne das zu bewertende audiovisuelle Medienrecht)}}$$

$$P^*_{MR^{II}} = \underbrace{104,5454540}_{\substack{\text{Korrigierter Zukunfts-} \\ \text{erfolgswert des zu be-} \\ \text{wertenden audio-} \\ \text{visuellen Medienrechts}}} - \underbrace{386,2434262}_{\substack{\text{Kapitalwert des} \\ \text{Basisprogramms}}} + \underbrace{506,5664924}_{\substack{\text{Kapitalwert des} \\ \text{Bewertungspro-} \\ \text{gramms (ohne das} \\ \text{zu bewertende audio-} \\ \text{visuelle Medienrecht)}}}$$

$$P^*_{MR^{II}} \approx 224,86852 \,.$$

Aufgrund der analysierten Defekte setzt die praktische Anwendung des Zukunftserfolgswertverfahrens zur Ermittlung von Grenzpreisen für audiovisuelle Medienrechte bei Anwendern und Entscheidungsträgern in den Programmsparten ein entsprechendes Problembewußtsein voraus: Führt der Erwerb eines audiovisuellen Medienrechts zu Umstrukturierungen beim Übergang von Basis- zu Bewertungsprogramm, erweist sich auch das isolierte, partialanalytische Verfahren des „korrigierten" Zukunftserfolgswertes nur zur Eingrenzung eines Preisintervalls als brauchbar, indem der Entscheidungswert P^*_{MR} des Bewertungssubjekts liegen muß.[1] Schon unter Annahme von Quasi-Sicherheit läßt sich in diesem Fall durch das Partialmodell lediglich eine Bandbreite des Grenzpreises ermitteln:[2]

$$ZEW_{MR}^{korr\,(Be)} \leq P^*_{MR} \leq ZEW_{MR}^{korr\,(Ba)}\,.$$

Für die Beispielsituationen ergibt sich entsprechend:

$$ZEW_{MR^I}^{korr\,(Be)} = 135,31180 < P^*_{MR^I} = 135,53719 = ZEW_{MR^I}^{korr\,(Ba)}$$
$$ZEW_{MR^{II}}^{korr\,(Be)} = 104,54545 < P^*_{MR^{II}} = 224,86852 < ZEW_{MR^{II}}^{korr\,(Ba)} = 224,86854\,.$$

---

[1] Der Beweis dieser Aussage kann analog zum Beweis von LAUX/FRANKE auf Basis eines parametrischen Ansatzes oder zum Beweis von HERING mit Hilfe eines zweistufigen Ansatzes erfolgen; siehe LAUX/FRANKE, Problem der Bewertung (1969), S. 218 - 223 und HERING, Unternehmensbewertung (1999), S. 39 - 41.

[2] Vgl. HERING, Unternehmensbewertung (1999), S. 41.

2.3.2 Die Berücksichtigung von Unsicherheit

Die simulative und die analytische Methode der *Risikoanalyse*[1] leiten aus den gegebenen Verteilungen der Planungsdaten eine statistische Verteilung für den Zielwert ab. Aufgrund der großen Anzahl unsicherer Parameter bei der Medienrechtsbewertung scheidet die analytische Methode für die Entscheidungswertermittlung aus, weshalb sich die Darstellung auf die *simulative Risikoanalyse* beschränkt. Grundlage dieser Analyse sind die durch Expertenschätzungen zur Verfügung gestellten Eingangsdaten und deren Wahrscheinlichkeitsverteilungen für ihre möglichen Ausprägungen sowie gegebenenfalls Informationen über die zwischen den Parametern bestehenden stochastischen Abhängigkeiten. Für die unsicheren Parameter werden mit Hilfe einer *Monte-Carlo-Simulation*[2] in zahlreichen Rechenläufen auf der Basis der gegebenen Wahrscheinlichkeitsverteilung iterativ und computergestützt Zufallszahlen gezogen und für jeden Zufallsprozeß der entsprechende Entscheidungswert berechnet. Aus den sich nach einer hinreichenden Anzahl von Berechnungsexperimenten ergebenden Entscheidungswerten läßt sich eine Häufigkeitsverteilung des Zielwertes ermitteln. Die statistische Auswertung der Simulation bietet den Entscheidungsträgern zwar keine bedingte Entscheidungsempfehlung, aber insbesondere durch die mögliche graphische Aufarbeitung der Ergebnisse eine anschauliche Entscheidungsgrundlage, die auf den subjektiv für möglich gehaltenen Eingangsdaten und deren Wahrscheinlichkeitsverteilungen basiert.[3] Liegen mehrere Expertenschätzungen mit unterschiedlichen Eingangsdaten und Wahrscheinlichkeitsverteilungen vor, ergibt sich bei wiederholtem Durchführen der Risikoanalyse eine Menge ähnlicher Häufigkeitsverteilungen, deren Gesamtheit dem Entscheidungsträger als Bandbreiteninformation zur Verfügung gestellt werden kann.[4]

Nunmehr sei die Anwendung der simulativen Risikoanalyse[5] im Rahmen des in Kapitel III.2.3.1.2.2 (S. 159 f.) dargestellten Verfahrens des „korrigierten" Zukunftserfolgswertes an einem einfachen Zahlenbeispiel[6] veranschaulicht. Die Division (Programmsparte) eines Fernsehsenders hat hierbei über den Grenzpreis für ein die quali-

---

[1] Vgl. u. a. HERTZ, Risk Analysis (1964), DIRUF, Risikoanalyse (1972), KEPPE/WEBER, Risikoanalyse (1993), HERING, Investitionstheorie (1995), S. 207 - 211.

[2] Vgl. COENENBERG, Monte-Carlo-Simulation (1970), S. 799, DIRUF, Risikoanalyse (1972), S. 828 - 832, DOMSCHKE/DREXL, Operations Research (1998), S. 214 f.

[3] Vgl. HERING, Investitionstheorie (1995), S. 207 f.

[4] Vgl. HERING, Unternehmensbewertung (1999), S. 25.

[5] Vgl. zur beispielhaften Anwendung der simulativen Risikoanalyse bei der Unternehmungsbewertung COENENBERG, Monte-Carlo-Simulation (1970), S. 798 - 803, SIEGEL, Unsicherheitsberücksichtigung (1992), S. 24 - 26. Die hier dargestellte Vorgehensweise erfolgte in Anlehnung an HERING, Investitionstheorie (1995), S. 208 - 211.

[6] Siehe hierzu auch die Betrachtung unter Quasi-Sicherheit: erstes Beispiel zur Bewertung im Rahmen der totalanalytischen Programmplanung in Kapitel III.2.2.1.2.2 (S. 121 f.) und dessen partialanalytische Berechnung in Kapitel III.2.3.1.2.2 (S. 158 - 160 und S. 165).

tativen Mindestanforderungen erfüllendes audiovisuelles Medienrecht zu bestimmen, das lediglich auf einem spartenspezifischen Sendeplatz gesendet werden kann. Das Medienrecht zeichne sich für die Zeitpunkte $t = 1$ bis 3 durch eine Zahlungsreihe g_{MRt} mit den voneinander stochastisch unabhängigen normalverteilten Erwartungswerten (80, 60, 50) und den dazugehörigen Standardabweichungen (5, 4, 4) aus. Es nimmt dabei in jeder Periode eine voraussichtlich gleichverteilte Sendezeit FL_{MR} zwischen 28 und 32 ZE in Anspruch.[1] In den nächsten drei Perioden wird für die endogenen Steuerungszinsfüße i_t bei einem Erwartungswert von 10 % eine Dreiecksverteilung unterstellt, wobei keine Umstrukturierungen beim Übergang vom Basis- zum Bewertungsprogramm erwartet werden. Während das Intervall der endogenen Steuerungszinsfüße für die erste Periode auf [9 %; 11 %] eingegrenzt werden kann, wird für die darauffolgenden Perioden die Spanne [8 %; 12 %] erwartet. Mit δ_1^{max} existiere für den relevanten spartenspezifischen Sendeplatz ein positiver Lenkpreis, der sich aus der nach oben beschränkten Sendezeit ergibt. Dieser möge normalverteilt sein mit dem Erwartungswert EW (δ_1^{max}) = 0,04383 und der Standardabweichung $\sigma = 0,002$. Dabei soll von einer konstanten Dualvariable der Liquiditätsbedingung d_0 im Zeitpunkt $t = 0$ ausgegangen werden, die mit $d_0 = 0,05402$ gegeben ist.

Unter Rückgriff auf die anschließend wiedergegebene Formel zur Ermittlung des „korrigierten" Zukunftserfolgswertes lassen sich nach eintausend Simulationsschritten die in Tabelle 24 zusammenfassend dargestellten Ergebnisse berechnen.

$$ZEW_{MR}^{korr} = \frac{g_1}{1+i_1} + \frac{g_2}{(1+i_1)\cdot(1+i_2)} + \frac{g_3}{(1+i_1)\cdot(1+i_2)\cdot(1+i_3)} - FL_{MR1} \cdot \frac{\delta_1^{max}}{d_0}.$$

---

[1] Sendezeitschwankungen ergeben sich u. U. bei Sportübertragungen aufgrund der unsicheren Veranstaltungsdauer und bei Filmen aufgrund einer gegebenenfalls erforderlichen Kürzung um bestimmte Filmszenen.

2. Die modelltheoretische Analyse

Gruppe	Intervall	Häufigkeit	Summenhäufigkeit	Gruppe	Intervall	Häufigkeit	Summenhäufigkeit
1	−∞ ≤ ZE < 115,0	1	1	51	135,0 ≤ ZE < 135,4	23	518
2	115,0 ≤ ZE < 115,4	0	1	52	135,4 ≤ ZE < 135,8	24	542
3	115,4 ≤ ZE < 115,8	0	1	53	135,8 ≤ ZE < 136,2	22	564
4	115,8 ≤ ZE < 116,2	1	2	54	136,2 ≤ ZE < 136,6	30	594
5	116,2 ≤ ZE < 116,6	0	2	55	136,6 ≤ ZE < 137,0	25	619
6	116,6 ≤ ZE < 117,0	0	2	56	137,0 ≤ ZE < 137,4	29	648
7	117,0 ≤ ZE < 117,4	1	3	57	137,4 ≤ ZE < 137,8	21	669
8	117,4 ≤ ZE < 117,8	1	4	58	137,8 ≤ ZE < 138,2	15	684
9	117,8 ≤ ZE < 118,2	1	5	59	138,2 ≤ ZE < 138,6	25	709
10	118,2 ≤ ZE < 118,6	2	7	60	138,6 ≤ ZE < 139,0	18	727
11	118,6 ≤ ZE < 119,0	4	11	61	139,0 ≤ ZE < 139,4	14	741
12	119,0 ≤ ZE < 119,4	1	12	62	139,4 ≤ ZE < 139,8	20	761
13	119,4 ≤ ZE < 119,8	0	12	63	139,8 ≤ ZE < 140,2	16	777
14	119,8 ≤ ZE < 120,2	0	12	64	140,2 ≤ ZE < 140,6	18	795
15	120,2 ≤ ZE < 120,6	1	13	65	140,6 ≤ ZE < 141,0	19	814
16	120,6 ≤ ZE < 121,0	2	15	66	141,0 ≤ ZE < 141,4	13	827
17	121,0 ≤ ZE < 121,4	5	20	67	141,4 ≤ ZE < 141,8	18	845
18	121,4 ≤ ZE < 121,8	2	22	68	141,8 ≤ ZE < 142,2	13	858
19	121,8 ≤ ZE < 122,2	4	26	69	142,2 ≤ ZE < 142,6	16	874
20	122,2 ≤ ZE < 122,6	4	30	70	142,6 ≤ ZE < 143,0	9	883
21	122,6 ≤ ZE < 123,0	5	35	71	143,0 ≤ ZE < 143,4	12	895
22	123,0 ≤ ZE < 123,4	4	39	72	143,4 ≤ ZE < 143,8	13	908
23	123,4 ≤ ZE < 123,8	3	42	73	143,8 ≤ ZE < 144,2	18	926
24	123,8 ≤ ZE < 124,2	5	47	74	144,2 ≤ ZE < 144,6	8	934
25	124,2 ≤ ZE < 124,6	5	52	75	144,6 ≤ ZE < 145,0	6	940
26	124,6 ≤ ZE < 125,0	9	61	76	145,0 ≤ ZE < 145,4	5	945
27	125,0 ≤ ZE < 125,4	8	69	77	145,4 ≤ ZE < 145,8	2	947
28	125,4 ≤ ZE < 125,8	6	75	78	145,8 ≤ ZE < 146,2	7	954
29	125,8 ≤ ZE < 126,2	7	82	79	146,2 ≤ ZE < 146,6	4	958
30	126,2 ≤ ZE < 126,6	7	89	80	146,6 ≤ ZE < 147,0	6	964
31	126,6 ≤ ZE < 127,0	11	100	81	147,0 ≤ ZE < 147,4	5	969
32	127,0 ≤ ZE < 127,4	17	117	82	147,4 ≤ ZE < 147,8	5	974
33	127,4 ≤ ZE < 127,8	10	127	83	147,8 ≤ ZE < 148,2	1	975
34	127,8 ≤ ZE < 128,2	14	141	84	148,2 ≤ ZE < 148,6	4	979
35	128,2 ≤ ZE < 128,6	21	162	85	148,6 ≤ ZE < 149,0	2	981
36	128,6 ≤ ZE < 129,0	18	180	86	149,0 ≤ ZE < 149,4	4	985
37	129,0 ≤ ZE < 129,4	18	198	87	149,4 ≤ ZE < 149,8	3	988
38	129,4 ≤ ZE < 129,8	21	219	88	149,8 ≤ ZE < 150,2	2	990
39	129,8 ≤ ZE < 130,2	20	239	89	150,2 ≤ ZE < 150,6	2	992
40	130,2 ≤ ZE < 130,6	14	253	90	150,6 ≤ ZE < 151,0	1	993
41	130,6 ≤ ZE < 131,0	21	274	91	151,0 ≤ ZE < 151,4	2	995
42	131,0 ≤ ZE < 131,4	19	293	92	151,4 ≤ ZE < 151,8	0	995
43	131,4 ≤ ZE < 131,8	13	306	93	151,8 ≤ ZE < 152,2	0	995
44	131,8 ≤ ZE < 132,2	16	322	94	152,2 ≤ ZE < 152,6	2	997
45	132,2 ≤ ZE < 132,6	22	344	95	152,6 ≤ ZE < 153,0	0	997
46	132,6 ≤ ZE < 133,0	23	367	96	153,0 ≤ ZE < 153,4	1	998
47	133,0 ≤ ZE < 133,4	21	388	97	153,4 ≤ ZE < 153,8	0	998
48	133,4 ≤ ZE < 133,8	25	413	98	153,8 ≤ ZE < 154,2	0	998
49	133,8 ≤ ZE < 134,2	32	445	99	154,2 ≤ ZE < 154,6	1	999
50	134,2 ≤ ZE < 134,6	24	469	100	154,6 ≤ ZE < 155,0	1	1000
	134,6 ≤ ZE < 135,0	26	495		155,0 ≤ ZE ≤ +∞	0	1000

Tabelle 24:   *Die zusammengefaßten Ergebnisse der Monte-Carlo-Simulation*

Die durch die Berechnungsexperimente ermittelte Spannweite des Entscheidungswertes liegt zwischen $ZEW_{MR\,min}^{korr} = 113{,}2385$ und $ZEW_{MR\,max}^{korr} = 154{,}8496$. Der Median beträgt $ZEW_{MR\,Median}^{korr} = 135{,}0767$.[1] In Abbildung 21 ist die simulativ geschätzte Häufigkeitsfunktion[2] des Entscheidungswertes graphisch veranschaulicht.[3] Diese repräsentative Darstellung des Entscheidungswertes besitzt in Anbetracht der vorliegenden Unsicherheit einen höheren Aussagegehalt als eine Punktschätzung und auch als eine Bandbreite.[4]

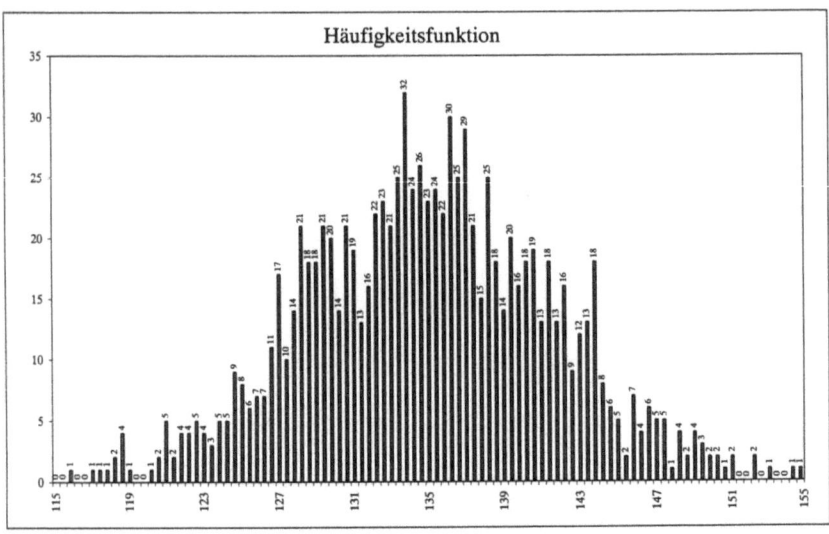

Abbildung 21:   *Die geschätzte Häufigkeitsfunktion des Entscheidungswertes*

Abbildung 22 stellt mit der Summenhäufigkeitsfunktion des Entscheidungswertes ein weiteres Instrument für die Auswertung der Risikoanalyse dar. Das Diagramm zeigt auf der Ordinate die geschätzte Wahrscheinlichkeit an, mit der ein auf der Abszisse dargestelltes Entgelt dazu führt, daß sich das Entscheidungssubjekt durch den Erwerb des audiovisuellen Medienrechts gegenüber dem ohne Einigung realisierten Nutzenniveau verschlechtert.

---

[1] Der Mittelwert der Ergebnisse liegt bei 135,0992; die Standardabweichung beträgt 6,5439.

[2] Die nachfolgenden Abbildungen 21 bis 23 wurden auf den Wertebereich $\{115{,}0;\,155{,}0\}$ beschränkt.

[3] Vgl. hierzu auch die Abbildung in HERING, Unternehmensbewertung (1999), S. 25. Zu nachfolgenden graphischen Darstellungsformen siehe auch HERING, Investitionstheorie (1995), S. 208 - 211.

[4] Siehe vergleichsweise zur graphischen Darstellung einer Bandbreite Abbildung 19 (S. 128).

2. Die modelltheoretische Analyse

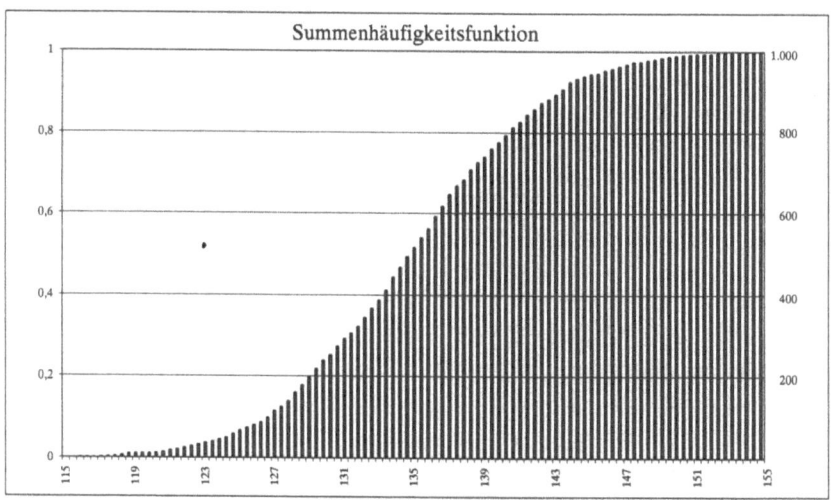

Abbildung 22: Die geschätzte Wahrscheinlichkeitsverteilung des Entscheidungswertes

Eine umgekehrte Darstellung liefert Abbildung 23 mit dem Risikoprofil des Entscheidungswertes. Dieses Profil zeigt die Wahrscheinlichkeiten an, mit denen bei einer entsprechenden Preisvereinbarung mindestens das Niveau der ohne Einigung realisierbaren Zielerfüllung erreicht wird.

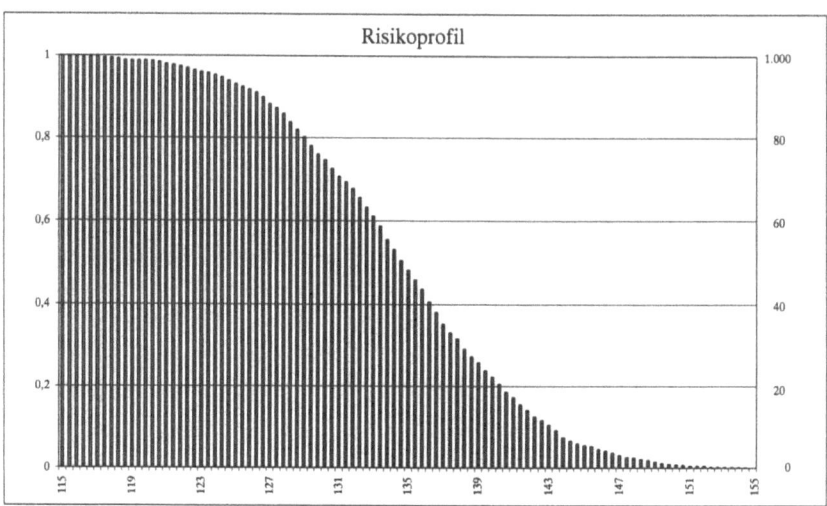

Abbildung 23: Das geschätzte Risikoprofil des Entscheidungswertes

Das in Abbildung 24 wiedergegebene Sensitivitätsdiagramm des Entscheidungswertes enthält die Rangkorrelationskoeffizienten[1] zwischen der unsicheren Zielgröße „Entscheidungswert" und den verschiedenen, ebenfalls unsicheren Eingangsgrößen. Das Diagramm gibt Informationen darüber, welche Parameter den Entscheidungswert besonders stark positiv oder negativ beeinflussen. Für diese Größen ist eine besonders genaue Schätzung zu empfehlen. Im Beispiel korrelieren alle Zahlungsüberschüsse $g_{MR\,t}$ positiv mit dem Entscheidungswert, wobei sich der Einfluß der Zahlungsüberschüsse vermindert, je größer t ist. Höhere Werte dieser Größen gehen demnach zumeist mit einem höheren Entscheidungswert einher. Die negative Korrelation des Lenkpreises der Zeitrestriktion δ_1^{max}, der Sendezeit FL_{MR} und der endogenen Steuerungszinsfüße i_t zeigt hingegen, daß eine Erhöhung dieser Werte tendenziell zu einer niedrigeren Konzessionsgrenze führt.[2]

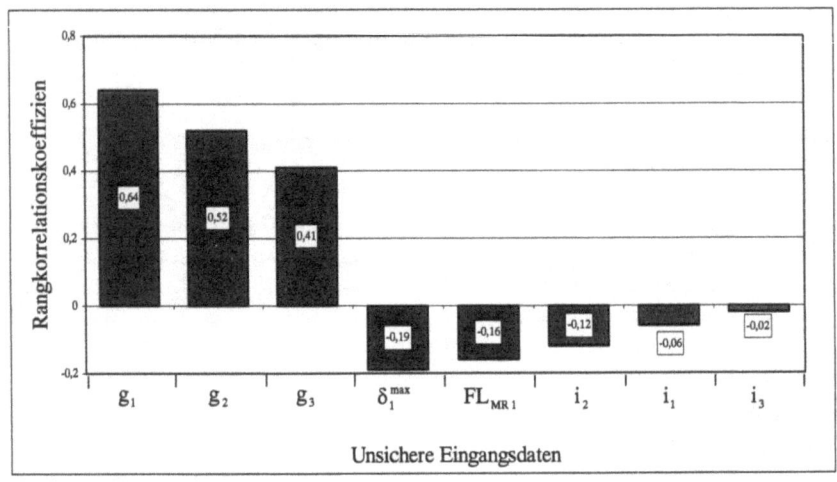

Abbildung 24:   *Das Sensitivitätsdiagramm*

Die simulative Risikoanalyse approximiert unter Verwendung eines Zufallszahlengenerators aus der Wahrscheinlichkeitsverteilung der unsicheren Eingangsparameter eine repräsentative stabile Wahrscheinlichkeitsverteilung des Zielwertes.[3] Liegen zuverlässige Informationen sowie Schätzungen über die Eingangsdaten vor, erweist sich die computergestützte Risikoanalyse im Rahmen eines einfachen Partialmodells als wertvolles und einfach handhabbares Instrument zur Entscheidungsunterstützung.

---

[1] Zum sog. Rangkorrelationskoeffizienten von SPEARMAN siehe BAMBERG/BAUR, Statistik (1998), S. 38 f.

[2] Vgl. HERING, Investitionstheorie (1995), S. 210 f.

[3] Vgl. ROTHE, Simulative Risikoanalyse (1999), S. 284.

2. Die modelltheoretische Analyse

Wie in den vorangegangenen Ausführungen und Abbildungen demonstriert, lassen sich die Ergebnisse der Analyse anschaulich darstellen und leicht interpretieren. Die Unsicherheit des Bewertungsproblems wird dabei nicht informationsverringernd verdichtet, sondern in vollem Umfang aufgedeckt. Finanzwirtschaftliche Erfolgskonsequenzen werden somit transparent aufgezeigt. Nunmehr obliegt dem Entscheidungsträger die „nicht rational nachprüfbare Abwägung zwischen dem unsicheren Entscheidungswert und einem in die Bandbreite fallenden sicheren Preis"[1].

2.3.3 Eine kritische Würdigung der Partialmodelle im Hinblick auf die Bewertung audiovisueller Medienrechte

Im Rahmen der kritischen Würdigung der Totalmodelle wurde festgestellt,[2] daß diese – im Falle einer komplexen Modellformulierung – sowohl der in Kapitel III.1.2.6 (S. 84 f.) festgelegten vierten (vertretbarer Informationsbeschaffungs- und -verarbeitungsaufwand) und fünften Modellanforderung (Rechenbarkeit der Kalküle) nicht entsprechen als auch generell dezentraler Entscheidungsorganisation entsagen.[3] Aufgrund der innerhalb der totalanalytischen Betrachtungen gewonnenen Erkenntnisse wurde mit dem Verfahren des Zukunftserfolgswertes[4] ein Partialmodell dargestellt und analysiert, welches – ebenfalls vor dem Hintergrund der genannten Modellanforderungen – eine kritische Würdigung erfahren soll.

Modellanforderung 1: Subjekt- und Zielsystembezogenheit

Der präsumtive Erwerber kann unter Beachtung der Grundsätze der Gesamtbewertung, der Zukunftsbezogenheit und der Subjektivität mit dem „vereinfachten" Zukunftserfolgswertverfahren den Entscheidungswert eines audiovisuellen Medienrechts ermitteln. Das Dualitätstheorem der linearen Optimierung ermöglicht dabei dem Rundfunkveranstalter die dezentrale Beurteilung der durch audiovisuelle Medienrechte induzierten Zahlungsströme bei gleichzeitiger Verfolgung der für die Eigner und Gebührenzahler getroffenen operationalisierten Zielsetzung. Die Ermittlung des Entscheidungswertes mit dem „vereinfachten" Verfahren des Zukunftserfolgswertes ist jedoch an drei Bedingungen geknüpft:

---

[1] HERING, Unternehmensbewertung (1999), S. 26.

[2] Siehe Kapitel III.2.2.3 (S. 129 ff.).

[3] Totalmodelle werden somit auch der sechsten Modellanforderung nicht gerecht.

[4] Zur differenzierten Auseinandersetzung mit der in der Literatur zu findenden Kritik am Zukunftserfolgswertverfahren siehe OLBRICH, Unternehmungswert (1999), S. 18. Allgemein zur Beurteilung dezentralistischer Unternehmungsplanung vgl. ROLLBERG, Unternehmensplanung (2001), S. 143 f.

a) Die investitionstheoretisch korrekten Steuerungszinsfüße sind bekannt oder können geschätzt werden und müssen in die Berechnung einfließen.

b) Die Handlungsmöglichkeiten sind nicht durch nichtfinanzielle Restriktionen begrenzt.

c) Durch die Aufnahme des Bewertungsobjekts kommt es hinsichtlich der Grenzobjekte nicht zu Umstrukturierungen beim Übergang vom Basis- zum Bewertungsprogramm.

Die Wahrung der Interessen der Eigner und Gebührenzahler setzt – bei der Ermittlung des Entscheidungswertes auf einem unvollkommenen Kapitalmarkt mit der Formel der „vereinfachten" Bewertung – die Kenntnis der endogenen Grenzzinsfüße und deren Konstanz beim Übergang vom Basis- zum Bewertungsprogramm voraus. Aufgrund des Dilemmas der Lenkpreistheorie werden die Steuerungszinsfüße aber erst durch Lösung des Totalmodells definiert. Ist darüber hinaus die Stetigkeit nicht gegeben, muß der Grenzpreis vielmehr mit der Formel der „komplexen" Bewertung berechnet werden. Aus dem Totalmodell sind dafür – neben den entsprechenden endogenen Grenzzinsfüßen – die Informationen über die durch die Umstrukturierungen beim Übergang vom Basis- auf das Bewertungsprogramm hervorgerufene Kapitalwertänderung erforderlich. Mit der Formel der „vereinfachten" Bewertung ist unter diesen Bedingungen selbst bei Annahme von Quasi-Sicherheit und Kenntnis der endogenen Grenzzinsfüße lediglich eine Intervallabschätzung möglich. Die Erfüllung der *ersten Modellanforderung* durch das Partialmodell erfordert i. d. R. die Lösung des entsprechenden Totalmodells.[1]

Modellanforderung 2: Entscheidungsfeldbezogenheit und Grenzwertermittlung

In Kapitel III.2.3.1.2.2 (S. 157 ff.) erfolgte die Verknüpfung der partialanalytischen Fernsehprogrammplanung mit dem Zukunftserfolgswertverfahren. Dabei wurde nachgewiesen, daß die Beachtung der nichtfinanziellen Interdependenzen eine entsprechende Modifikation des Zukunftserfolgswertverfahrens bedingt. Unter der Annahme, daß sich die Umstrukturierungen von Basis- zu Bewertungsprogramm auf die Grenzobjekte beschränken, wurde am Beispiel der Sendezeitrestriktionen die Formel eines „korrigierten" Zukunftserfolgswertes formuliert, die bei der Entscheidungswertermittlung neben den endogenen Grenzzinsfüßen, als „Knappheitspreise" des Kapitals, auch die „Knappheitspreise" der Sendezeit berücksichtigt. Wird darauf aufbauend die Prämisse der Stabilität der Grenzobjekte aufgegeben, erfordert die Ermittlung des Entscheidungswertes vielmehr den Rückgriff auf die Formel der „komplexen korrigierten" Bewertung, die in Kapitel III.2.3.1.2.2 (S. 160 - 165) hergeleitet

---

[1] Vgl. z. B. COENENBERG/SIEBEN, Unternehmungsbewertung (1976), Sp. 4068 sowie m. w. N. MOXTER, Unternehmensbewertung (1983), S. 142 - 144.

2. Die modelltheoretische Analyse 175

wurde. Wenn – zur Ermittlung der Grenze der Verhandlungsbereitschaft – innerhalb des Partialmodells ein branchenorientierter Brückenschlag zwischen Medienrechtsbewertung und Programmplanung gemäß der *zweiten Modellanforderung* vollzogen wird, ist die Lösung des zugehörigen Totalmodells unentbehrlich.

Bezüglich der im Rahmen der kritischen Würdigung nachfolgend noch zu betrachtenden Modellanforderungen wird von einem möglichen Basiswechsel abstrahiert. In diesem Fall kann zur Berechnung des Zukunftserfolgswertes auf die „vereinfachte" sowie auf die „korrigierte" Formel zurückgegriffen werden.

Modellanforderung 3: Möglichkeit der Verknüpfung mit Unsicherheit offenlegenden Methoden

Lassen sich die zur Entscheidungswertberechnung auf Partialmodellbasis erforderlichen Eingangsdaten und deren Wahrscheinlichkeitsverteilungen über ihre möglichen Ausprägungen zuverlässig schätzen und liegen gegebenenfalls Informationen über die zwischen den Parametern bestehenden stochastischen Abhängigkeiten vor, können die zur Verfügung gestellten Werte mit Hilfe der simulativen Risikoanalyse zu einer repräsentativen Wahrscheinlichkeitsverteilung des Zielwertes approximiert werden. Die computergestützte simulative Risikoanalyse erweist sich dabei als wertvolles und einfach handhabbares Instrument zur Entscheidungsunterstützung, deren Ergebnisse sich anschaulich darstellen und leicht interpretieren lassen. Die Unsicherheit des Bewertungsproblems wird in Übereinstimmung mit der *dritten Modellanforderung* in vollem Umfang aufgedeckt.

Modellanforderung 4: Vertretbarer Informationsbeschaffungs- und -verarbeitungsaufwand

Zur Berechnung des Entscheidungswertes erfordert das Zukunftserfolgswertverfahren unter o. g. Bedingungen Informationen über die erwarteten Zukunftserfolge sowie die „Knappheitspreise" des Kapitals und der nichtfinanziellen Restriktionen. Die Menge der notwendigen Daten erscheint somit übersichtlich. Soll nicht auf ein Totalmodell zurückgegriffen werden, sind alle erforderlichen Informationen zu schätzen, wobei der Informationsbeschaffungs- und -verarbeitungsaufwand im Sinne der *vierten Modellanforderung* in vertretbaren Grenzen gehalten werden kann.

Modellanforderung 5: Rechenbarkeit der Kalküle

Liegen fundierte Schätzungen der genannten Eingangsdaten vor, ist die Rechenbarkeit der Kalküle sowohl mit der „vereinfachten" als auch mit der „korrigierten" Formel des Zukunftserfolgswertverfahrens gegeben. Für die Anwendung der simulativen Risikoanalyse sollte auf geeignete Computerprogramme zurückgegriffen werden. Das Partialmodell genügt demnach auch der *fünften Modellanforderung*.

Modellanforderung 6: Möglichkeit dezentraler Entscheidungsunterstützung

Mit dem Partialmodell „Zukunftserfolgswertverfahren" können audiovisuelle Medienrechte aufgrund des Dualitätstheorems der linearen Optimierung isoliert bewertet und somit dezentral beurteilt werden. Dabei kommt den endogenen Grenzzinssätzen und den „Knappheitspreisen" der nichtfinanziellen Restriktionen eine Lenkungsfunktion zu. Die Lenkpreise sind subjektiv, weil ihre Existenz und ihre Quantifizierung von der gewählten Zielfunktion des Bewertungssubjekts und von dessen individuellen Entscheidungsfeld abhängig sind.[1] Partialmodelle ermöglichen unter Verwendung der investitionstheoretisch korrekten Lenkpreise eine Unterstützung der dezentralen Entscheidungsinstanzen im Sinne der *sechsten Modellanforderung*.[2]

Vor dem Hintergrund der Entscheidungsunterstützung und im Interesse einer erforderlichen Reduktion der Komplexität des Bewertungskalküls sollte ein Modell vorgestellt werden, das die dezentrale Bewertung audiovisueller Medienrechte ermöglicht. Es wurde gezeigt, daß die exakte Ermittlung des Entscheidungswertes durch ein Partialmodell die Lösung des korrespondierenden Totalmodells voraussetzt. Als problematisch erwiesen sich insbesondere das Dilemma der Lenkpreistheorie sowie die gegebenenfalls durch das Bewertungsobjekt ausgelösten Umschichtungen im Investitions- und Finanzierungsprogramm und die Berücksichtigung nichtfinanzieller Restriktionen. Das Partialmodell wird durch die erforderliche Lösung des Totalmodells redundant. Wie jedoch im Rahmen der Betrachtung des Totalmodells ausgeführt wurde, kann dessen Lösung an der auftretenden Komplexität scheitern. Mit dem Problem der Bewertung audiovisueller Medienrechte liegt ein lösungsdefektes Problem vor.[3] Zur Medienrechtsbewertung ist deshalb nach heuristischen Lösungsmöglichkeiten zu suchen. Basierend auf der approximativen Dekomposition soll nunmehr ein Modell vorgestellt werden, mit dem versucht wird, die dargestellten Hindernisse auf heuristischem Wege zu überwinden.

---

[1] Siehe *SCHMALENBACH*, Pretiale Wirtschaftslenkung (1947), *ADAM*, Kostenbewertung (1970), S. 25 - 33, *MATSCHKE*, Lenkungspreise (1993), *HERING*, Investitionstheorie (1995), S. 1, *HERING*, Unternehmensbewertung (1999), S. 14, *ROLLBERG*, Unternehmensplanung (2001), S. 136 - 143.

[2] Darüber hinaus kann sich aus dieser Möglichkeit der Entscheidungsdelegation an die Divisionen eine Verringerung des Informationsverarbeitungsaufwands ergeben, weil die Informationen nunmehr dort verarbeitet werden können, wo sie auch beschafft werden; vgl. *LEUTHIER*, Interdependenzproblem (1988), S. 206.

[3] Vgl. zu strukturdefekten Problemstellungen *ADAM*, Planung (1996), S. 10 - 15; siehe ferner die Ausführungen in Kapitel III.1.2.6 (S. 83 f.).

2.4 Eine heuristische Bewertung audiovisueller Medienrechte

2.4.1 Die heuristische Programmplanung mittels approximativer Dekomposition bei Unsicherheit

Total- oder Simultanmodelle stellen an die zentralen Entscheidungsinstanzen hinsichtlich der Datenbeschaffung und -verarbeitung sowie der anschließenden rechentechnischen Lösung des Optimierungsproblems enorme bis unerfüllbare Anforderungen. „Es ist zudem zweifelhaft, ob das theoretisch perfektionierte Simultanmodell in praktischen Bewertungssituationen gegenüber konkurrierenden (weniger anspruchsvollen) Bewertungsansätzen um so viel bessere Ergebnisse zu liefern vermag, daß die erhöhten Kosten der Modellerstellung und -lösung gerechtfertigt sind."[1] Darüber hinaus erfordern Rundfunkprogramme eine hohe Aktualität und somit kurze Entscheidungswege. Die aus diesem Grunde notwendige Delegation von Verantwortung setzt eine dezentrale spartenbezogene Entscheidungsunterstützung voraus.[2] Die partialanalytische Betrachtung hat allerdings gezeigt, daß dezentrale Programmentscheidungen nach fundierten Schätzungen der „Schattenpreise" knapper Faktoren verlangen. Diese Lenkpreise ergeben sich wiederum erst aus den Zielfunktionskoeffizienten des Totalmodells. Für eine dezentrale Entscheidungsunterstützung ist die Überbrückung des Dilemmas der Lenkpreistheorie somit unerläßlich. Zur Behebung der identifizierten Defekte ist ein Vorgehen zu wählen, das einerseits das rechte Maß der Abwägung zwischen erforderlicher Praktikabilität sowie hinreichender Genauigkeit findet[3] und andererseits den branchenspezifischen Anforderungen weitgehend Rechnung trägt.

Um im Rahmen der Partialplanung die Probleme eines komplexen Totalmodells zu umgehen, gleichzeitig dem Dilemma der Lenkpreistheorie auszuweichen und letztendlich doch dezentrale Entscheidungsunterstützung zu ermöglichen, unterscheidet die Literatur mit der hierarchischen, der sequentiellen und der iterativen Koordination drei grundlegende heuristische Verfahren sowie deren Kombinationen untereinander.[4]

Hierarchische Koordinationsverfahren[5] zeichnen sich grundsätzlich dadurch aus, daß ein Planungssystem in mindestens zwei Teilsysteme zerlegt wird und globale Pläne

---

[1] LEUTHIER, Interdependenzproblem (1988), S. 199.

[2] In diesem Zusammenhang spricht KRUSE von „essentieller" Dezentralität der Programmveranstalter; vgl. *KRUSE*, Publizistische Vielfalt (1996), S. 41.

[3] HERING spricht vom rechten „Maß zwischen theoretischer Exaktheit und den Erfordernissen praktischer Anwendbarkeit"; Quelle: *HERING*, Unternehmensbewertung (1999), S. 2.

[4] Vgl. zu den Koordinations- oder Integrationsverfahren *LEUTHIER*, Interdependenzproblem (1988), S. 202 - 207, *BALLWIESER*, Unternehmensbewertung (1990), S. 31 - 39.

[5] Vgl. insbesondere *LEUTHIER*, Interdependenzproblem (1988), S. 202 f., *BALLWIESER*, Unternehmensbewertung (1990), S. 32 - 37. Siehe auch *ROLLBERG*, Unternehmensplanung (2001), S. 23 f. Die hierarchische Planung wird auch als Top-down-Planung oder als retrograde Planung bezeichnet; vgl. hierzu *LAUX/LIERMANN*, Organisation (1997), S. 203.

vorgelagerter Ebenen die Planungsalternativen für die detaillierteren Pläne nachgelagerter Ebenen einengen. Die gebildeten Planungsebenen stehen dabei zumindest hinsichtlich eines zu konkretisierenden Sachverhalts in einem Verhältnis der Über- und Unterordnung zueinander.[1] Der von oben nach unten durchlaufende Planungsprozeß ist bei der hierarchischen Koordination auf der obersten Hierarchieebene zu initiieren. Dabei werden die Ziele des Planungsprozesses gesetzt, zu deren Verwirklichung ein globaler Gesamtplan erarbeitet wird, der die als am wichtigsten angesehenen Interdependenzen im wesentlichen zu berücksichtigen versucht. Der auf oberster Stufe entwickelte Rahmenplan ist anschließend auf der nachgeordneten Ebene für ihre jeweiligen Teilbereiche zu präzisieren. Hierbei sollte den zwischen den entsprechenden Teilbereichen auftretenden Interdependenzen Rechnung getragen werden. Sind weitere Hierarchieebenen vorhanden, werden die mittlerweile erarbeiteten Pläne an die nächstuntergeordnete Stufe weitergegeben, um die Problemstellungen somit immer präziser zu formulieren sowie letztendlich ein konkretes Handlungsprogramm festlegen und die erforderlichen Entscheidungen dezentral treffen zu können.[2]

Bei der Planung mit Hilfe von *sequentiellen Koordinationsverfahren*[3] wird „entweder ein Gesamtplan in eine Folge von Teilplänen im Zeitablauf zerlegt oder ein Gesamtkomplex wird nach und nach bearbeitet"[4]. Mit der Planung ist dabei in einem bestimmten Teilbereich zu beginnen. Nach Festlegung der Entscheidungsvariablen dieses Bereichs wird die Planung in einem zweiten Teilbereich fortgesetzt, wobei die gegebenenfalls aus dem bereits erstellten Teilplan resultierenden Restriktionen zu berücksichtigen sind. Unter Beachtung der Einschränkungen des Entscheidungsfeldes, die sich jeweils aus den bereits erstellten Teilplänen ergeben, werden sukzessiv alle Teilpläne erarbeitet und dabei bestmöglich an die bestehende Teilplanmenge angepaßt.[5]

Werden Planungsprozesse innerhalb der dargestellten hierarchischen und sequentiellen Koordinationssysteme streng, das heißt ohne Rückkopplung und lediglich einmal, durchlaufen, lassen sich Interdependenzen zwischen den Teilbereichen nicht vollständig berücksichtigen. Die erstellten Gesamtpläne können somit Unzulänglichkeiten und Inkonsistenzen aufweisen, die schlechtestenfalls dazu führen, daß die Realisie-

---

[1] Vgl. RIEPER, Hierarchische Systeme (1979), S. 3.

[2] Vgl. GÄFGEN, Theorie (1974), S. 212 - 214, KOCH, Unternehmensplanung (1982), S. 32 - 39, LAUX/LIERMANN, Organisation (1997), S. 203 - 205. Zur kritischen Würdigung der hierarchischen Koordination wird verwiesen auf BALLWIESER, Unternehmensbewertung (1990), S. 36 f.

[3] Vgl. hierzu LEUTHIER, Interdependenzproblem (1988), S. 203 f., BALLWIESER, Unternehmensbewertung (1990), S. 37 - 39.

[4] BALLWIESER, Unternehmensbewertung (1990), S. 37 f.

[5] Siehe zur sequentiellen Planung, wofür auch der Terminus Sukzessivplanung verwendet wird, GÄFGEN, Theorie (1974), S. 214 - 217, LAUX/LIERMANN, Organisation (1997), S. 199 - 203. Zur kritischen Würdigung der sequentiellen Koordination vgl. BALLWIESER, Unternehmensbewertung (1990), S. 38 f.

2. Die modelltheoretische Analyse 179

rung von bestimmten Teilplänen unmöglich wird.[1] Ein Ausweg zur Behebung dieser Mängel findet sich in den *iterativen Koordinationsverfahren*.[2] Bei diesen Verfahren wird während des Planungsprozesses u. U. mehrmals an vorgelagerte Stellen der Planungshierarchien oder -sequenzen zurückgekehrt, um die Rahmendaten einzelner Teilpläne zu variieren und darauf aufbauend modifizierte Teilpläne zu erstellen.

Das heuristische *Verfahren der approximativen Dekomposition*[3] ist eine Kombination der vorab skizzierten Verfahren der hierarchischen und der iterativen Koordination. Zur Bewertung audiovisueller Medienrechte soll nunmehr auf die approximative Dekomposition zurückgegriffen werden, um die Interdependenzen zwischen dem Entscheidungswert des audiovisuellen Medienrechts und dem Fernsehprogramm des Rundfunkveranstalters aufeinander abzustimmen. Das Verfahren der approximativen Dekomposition verknüpft zur Überbrückung des Dilemmas der Lenkpreistheorie Total- und Partialplanung in divisionalen Unternehmungen miteinander.[4] Im Vergleich dazu führt eine *exakte Dekomposition*[5] des Problems zu denselben Schwierigkeiten wie ein komplexes Totalmodell und stellt somit kein effizientes Lösungsverfahren dar.[6]

---

[1] Vgl. LEUTHIER, Interdependenzproblem (1988), S. 204, BALLWIESER, Unternehmensbewertung (1990), S. 39.

[2] Vgl. hierzu LEUTHIER, Interdependenzproblem (1988), S. 204 f., BALLWIESER, Unternehmensbewertung (1990), S. 39. LEUTHIER spricht dabei von rekursiven Koordinationsmechanismen; siehe zur Verwendung des Terminus der Rekursion auch BITZ, Strukturierung (1977), S. 107 f., MATSCHKE, Investitionsplanung (1993), S. 45 f.

[3] Die Ausführungen zu diesem Verfahren erfolgen in enger Anlehnung an HERING, Investitionstheorie (1995), S. 144 - 151 (approximative Dekomposition unter Sicherheit) und S. 223 - 234 (unter Unsicherheit). Siehe auch HERING, Unternehmensbewertung (1999), S. 76 - 83 (unter Unsicherheit).

Die approximative Dekomposition bildet auch das Fundament der sog. interdivisionalen Koordination in einem von ROLLBERG präsentierten hierarchischen Planungsansatz als Kompromiß zwischen zentralistischer und dezentralistischer Unternehmungsplanung. Die auf der Lenkpreistheorie basierende Heuristik verknüpft dabei die intrabetriebliche, interdivisionale Koordination der Investitions- und Finanzplanung mit der intradivisionalen, interfunktionalen Koordination der Absatz-, Produktions- und Beschaffungsplanung in einem divisionalen Konzern; vgl. das Modell unter Sicherheit in ROLLBERG, Unternehmensplanung (2001), S. 153 - 185 sowie die anwendungsbezogene Heuristik zur integrierten Unternehmungsplanung unter Unsicherheit in ROLLBERG, Unternehmensplanung (2001), S. 195 - 204.

[4] Der Mittelweg zwischen zentraler und dezentraler Planung wird als einzige Möglichkeit zur Überbrückung des Dilemmas der Lenkpreistheorie angesehen; siehe u. a. ADAM, Kostenbewertung (1970), S. 194 f., KOCH, Unternehmensplanung (1982), S. 59 f. und HERING, Investitionstheorie (1995), S. 226.

[5] Vgl. hierzu DANTZIG/WOLFE, Decomposition Principle (1960), ADAM, Kostenbewertung (1970), S. 196 ff., MÜLLER-MERBACH, Operations Research (1973), S. 522 - 526.

[6] Vgl. HERING, Investitionstheorie (1995), S. 144 f.

Die approximative Dekomposition soll im Rahmen der Programmplanung unter Unsicherheit[1] dargestellt und anschließend mit der Bewertung audiovisueller Medienrechte verbunden werden. Das heuristische Verfahren der approximativen Dekomposition wird dabei „als Strukturierungsregel verstanden, mit deren Hilfe ein schlechtstrukturiertes, zunächst nicht lösbares Ausgangsproblem schrittweise in wohlstrukturierte und damit lösbare Unterprobleme transformiert wird; diese Unterprobleme sind [...] dadurch charakterisiert, daß ihre Lösung eine als befriedigend angesehene Bewältigung des Ausgangsproblems verspricht."[2] Zur Wahrung der Flexibilität des Rundfunkanbieters und zur Berücksichtigung zeitlicher Strukturen innerhalb des Planungsprozesses ist diese Synthese von Total- und Partialmodell – flankiert durch die Unsicherheit offenlegenden Verfahren der Sensitivitäts- und Risikoanalyse – in die *rollierende Planung* des Fernsehveranstalters einzubinden.[3]

Vorbereitung der approximativen Dekomposition:

- Hierarchisierung

- Zentrale Festlegung wesentlicher Rahmenvariablen

Durchführung der approximativen Dekomposition:

1. Ermittlung der entscheidungsunabhängigen Parameter und Vorselektion

2. Zentrale Ermittlung der Lenkpreisbandbreiten

3. Dezentrale Investitionsrechnung mit „korrigierten" Kapitalwerten

4. Rückkopplung oder Abbruch

5. Investitionsentscheidung der Zentrale

Abbildung 25:   *Die Grundlagen und Schritte der approximativen Dekomposition*[4]

---

[1] Zur heuristischen Programmplanung mittels approximativer Dekomposition unter Sicherheit vgl. BRÖSEL, Programmplanung (2001), S. 386 - 388.

[2] OLBRICH, Unternehmungswert (1999), S. 81. Vgl. insbesondere auch ADAM, Heuristische Planung (1989).

[3] Vgl. zur rollierenden Planung JACOB, Flexibilitätsüberlegungen (1967), S. 19 f., INDERFURTH, Investitionsplanung (1982), S. 41 - 43, HERING, Investitionstheorie (1995), S. 221 - 223, ROLLBERG, Unternehmensplanung (2001), S. 193 - 195. Siehe allgemein zur Flexibilität BOGASCHEWSKY/ ROLLBERG, Management (1998), S. 10 f., ROLLBERG, Unternehmensplanung (2001), S. 13.

[4] In Anlehnung an HERING, Investitionstheorie (1995), S. 224 und HERING, Unternehmensbewertung (1999), S. 77.

2. Die modelltheoretische Analyse 181

Vorbereitende Maßnahmen zur Durchführung der approximativen Dekomposition sind die Hierarchisierung sowie die Festlegung wesentlicher Rahmenvariablen. Diese Vorbereitungen und die Durchführungsschritte,[1] die in Abbildung 25 dargestellt sind, seien im folgenden näher erläutert. Die bei der approximativen Dekomposition iterativ zu durchlaufenden Phasen sind dabei in der Abbildung grau unterlegt.

Die Hierarchisierung:

Im Rahmen der Hierarchisierung[2] wird das Planungssystem des Rundfunkanbieters in zwei Teilsysteme – die „Zentrale Planungsinstanz" und die „Dezentralen Planungsinstanzen" der dem vorliegenden Programmschema zu entnehmenden Programmsparten (Divisionen) – zerlegt, die hinsichtlich der Entscheidungskompetenz in einem Verhältnis der Über- und Unterordnung zueinander stehen. Den Hierarchiestufen sind die Kompetenzen, die Aufgaben und die erforderlichen Planungsinstrumente zuzuweisen. In Anbetracht des hierarchischen Verhältnisses ist der Zentrale Weisungsbefugnis einzuräumen; ferner wird ihr die Entscheidungskompetenz für die potentiellen Grenzobjekte sowie die größten und wichtigsten strategischen Objekte[3] anvertraut.[4]

Auf *zentraler Ebene*[5] ist als Planungsinstrument ein kleines, gut überschau- und beherrschbares Totalmodell zu lösen, das als Ergebnis die für die Partialplanung erforderlichen Lenkpreise erzeugt. Bei der Formulierung des Optimierungsansatzes als Totalmodell sollte sich auf die wesentlichsten Restriktionen beschränkt werden. Nachfolgend sei ein möglicher linearer Ansatz[6] dargestellt, der aufgrund der mehr-

---

[1] Die Unterteilung des Verfahrens der approximativen Dekomposition in Vorbereitung (Verfahrensgrundlagen) und Durchführung (Verfahrensschritte) erfolgt, um die für das Verfahren grundsätzlich erforderlichen Voraussetzungen deutlich herauszustellen und eine mögliche Integration in bestehende Planungssysteme zu erleichtern. Der eigentliche Programmplanungsprozeß beginnt mit dem ersten Durchführungsschritt. Mit den Vorbereitungsmaßnahmen werden lediglich die Voraussetzungen zur Durchführung des Verfahrens geschaffen. Aus Gründen der Planungsstetigkeit sind die im Rahmen der erstmaligen Vorbereitung getroffenen Festlegungen vor nachfolgenden Planungsprozessen nur in begründeten Fällen zu revidieren.

[2] Vgl. zum Terminus des hierarchischen Systems RIEPER, Hierarchische Systeme (1979), S. 21. Siehe zur Hierarchisierung sowie zur Aufgabenverteilung an Zentrale und Divisionen ROLLBERG, Unternehmensplanung (2001), S. 197.

[3] Vgl. zu strategischen Großobjekten BLOHM/LÜDER, Investition (1995), S. 231 - 246.

[4] Vgl. HERING, Investitionstheorie (1995), S. 226.

[5] Geeignet ist dafür beispielsweise bei öffentlich-rechtlichen Anbietern die direkt dem Intendanten unterstellte Stabsstelle „Zentrale Unternehmensplanung".

[6] Vgl. zu diesem Modell BRÖSEL, Programmplanung (2001), S. 387.

wertigen Erwartungen mit der Sensitivitätsanalyse der zweiten Art[1] zu kombinieren ist:[2]

max. Entn; Entn := EN

$$\sum_j FL_{jt} \cdot x_{js} \leq SZ_{st}^{max} \qquad \forall\, t \in \{1, ..., n\}, s$$

$$\sum_j FL_{jt} \cdot x_{js} \geq SZ_{st}^{min} \qquad \forall\, t \in \{1, ..., T_a\}, s$$

$$-\sum_j \sum_s g_{jst} \cdot x_{js} - \sum_k h_{kt} \cdot y_k + \overline{w}_t \cdot EN \leq b_t \qquad \forall\, t \in \{0,1, ..., n\}$$

$$\sum_s x_{js} \leq 1 \qquad \forall\, j$$

$$x_{js} \geq 0 \qquad \forall\, j, s\,[3]$$

$$y_k \geq 0 \wedge y_k \leq y_k^{max} \qquad \forall\, k.$$

Da die Lenkpreise durch die Grenzobjekte determiniert werden, ist es ausreichend, nur die Variablen potentieller Grenzobjekte und strategisch bedeutsamer Objekte in das Totalmodell aufzunehmen.[4] Als Grenzobjekte im Hinblick auf die Liquiditätsnebenbedingungen kommen in erster Linie Großfinanzierungen, unbegrenzte Geldanlagemöglichkeiten und Betriebsmittelkredite sowie große Sachinvestitionen in Betracht.[5] Bezüglich der Sendezeitrestriktionen sind beispielsweise Programmobjekte mit erhöhtem Sendezeitbedarf innerhalb der unmittelbar bevorstehenden Planungsperioden als Grenzobjekte denkbar. Die Zentrale hat darüber zu entscheiden, welche der durch die Programmsparten gemeldeten potentiellen Grenzobjekte als Variable in das Totalmodell einfließen und welche wiederum aufgrund geringerer Bedeutung in den

---

[1] Vgl. ROLLBERG, Unternehmensplanung (2001), S. 197. Siehe zur Anwendung der Sensitivitätsanalyse der zweiten Art an einem Totalmodell die Ausführungen in Kapitel III.2.2.2 (S. 124 ff.).

[2] Kriterium für den Umfang des von der Zentrale zu lösenden Totalproblems ist – neben der Qualifikation der dort tätigen Mitarbeiter – die Leistungsfähigkeit der zur Verfügung stehenden Informationssysteme; vgl. HERING, Investitionstheorie (1995), S. 144, hier insbesondere Fußnote (111).

[3] Als Totalmodell wurde hinsichtlich der Ganzzahligkeit ein relaxierter Ansatz gewählt, weil davon auszugehen ist, daß unter Unsicherheit das Ganzzahligkeitsproblem durch die Auswirkungen der mehrwertigen Erwartungen stark überlagert wird. Ergibt die Lösung des Totalmodells, daß Programmobjekte nur teilweise zu realisieren sind, kann u. a. auf die in Kapitel III.2.2.1.2.1 (S. 110) skizzierten pragmatischen Hilfsmittel zurückgegriffen werden. Darüber hinaus kann die Zentrale Entscheidungsunterstützung von den Programmsparten einfordern.

[4] Vgl. HERING, Investitionstheorie (1995), S. 147.

[5] Zur Bestimmung potentieller Grenzobjekte vgl. HERING, Investitionstheorie (1995), S. 147.

2. Die modelltheoretische Analyse

Kompetenzbereich der Programmsparten zurückfallen. Die Kriterien für die von den Programmsparten zu meldenden potentiellen Grenzobjekte sollten klar definiert, plausibel und einfach sein. Zur Klassifizierung können z. B. die Merkmale „Strategische Bedeutung", „Finanzieller Projektumfang" und „Erforderliche Sendezeit" in Erwägung gezogen werden.[1]

Innerhalb der Programmsparten werden *dezentral*[2] mit den vorgegebenen „Knappheitspreisen" unter Anwendung des in Kapitel III.2.3.1.2.1 (S. 152) dargestellten Partialmodells der „korrigierten" Kapitalwertmethode die Kapitalwerte der Programmobjekte berechnet und selbständig Vorteilhaftigkeitsentscheidungen getroffen:

$$C_{js}^{korr} = C_{js} - \sum_t FL_{jst} \cdot \frac{\delta_{st}^{max}}{d_0} + \sum_t FL_{jst} \cdot \frac{\delta_{st}^{min}}{d_0}.$$

Das „korrigierte" Kapitalwertverfahren ist aufgrund der unsicheren Erwartungen mit der simulativen Risikoanalyse[3] zu kombinieren. Die Entscheidungskompetenz der Programmsparten beschränkt sich dabei auf Objekte, die nicht zu den potentiellen Grenzobjekten sowie den strategisch bedeutenden Investitionsobjekten zählen. Die Programmsparten sind dazu verpflichtet, die Objekte, die nicht in ihren Kompetenzbereich fallen, der Zentrale zu melden.[4]

Die zentrale Festlegung wesentlicher Rahmenvariablen:

Nachdem die Hierarchisierung abgeschlossen ist und den Hierarchiestufen die jeweiligen Kompetenzen, Aufgabenstellungen und Planungsinstrumente zugewiesen wurden, sind durch die Zentrale die wesentlichen Rahmenvariablen für den hierarchischen Planungsprozeß mit Rückkopplung vorzugeben.[5] Die Zentrale entscheidet über die dem Totalmodell zugrunde zu legende, den Wünschen der Eigentümer- oder Gebührenzahlermehrheit entsprechende *Zielsetzung*. Als geeignete Zielsetzungen erweisen sich die Vermögens- und die Einkommensmaximierung.[6]

---

[1] Vgl. HERING, Investitionstheorie (1995), S. 225 f.

[2] Für die Einteilung in Divisionen bietet sich hierbei die Spartenorganisation an; vgl. HEINRICH, Medienökonomie, Bd. 2 (1999), S. 335.

[3] Vgl. ROLLBERG, Unternehmensplanung (2001), S. 197. Siehe zur Anwendung der simulativen Risikoanalyse an einem Partialmodell die Ausführungen in Kapitel III.2.3.2 (S. 167 ff.).

[4] Vgl. HERING, Investitionstheorie (1995), S. 225 f.

[5] Vgl. zu nachfolgenden Ausführungen zur Festlegung der Rahmenvariablen HERING, Investitionstheorie (1995), S. 225 und HERING, Unternehmensbewertung (1999), S. 77.

[6] Siehe zu diesen möglichen Varianten der Wohlstandsmaximierung die Ausführungen in Kapitel III.1.2.3.1 (S. 70). Dem o. g. (der Zentrale zugeordneten) Totalmodell wurde die Zielsetzung „Einkommensmaximierung" zugrunde gelegt. Als wesentliche Rahmenbedingungen sind, im Zusammenhang mit der Entscheidung über die Zielsetzung, durch die Zentrale zugleich die Gewich-

Neben der Festlegung der Zielsetzung hat die Zentrale über den *Rhythmus der rollierenden Planung* zu entscheiden. Hierbei ist zwischen der Zweckmäßigkeit und der Erforderlichkeit des Planungsprozesses abzuwägen. Aufgrund des notwendigen Zeitaufwands erscheint es nicht sachdienlich, die Schritte der approximativen Dekomposition in allzu kurzen Abständen wiederholt auszuführen. Hinsichtlich einer unerläßlichen Flexibilität sollte das Planungsproblem jedoch nicht in zu großen Zeitabständen aufgeworfen werden. Praktikabel erscheint es insbesondere vor dem Hintergrund der bei den privaten Rundfunkanbietern im Rahmen der externen Rechnungslegung üblich gewordenen Quartalsberichterstattungen, den Prozeß einmal im Quartal zu initiieren.

Weiterhin hat die Zentrale einen zweckmäßigen *Planungshorizont* und letztendlich die *Länge der Planungsperiode* pragmatisch zu bestimmen. Während der Planungszeitraum aufgrund des sich schnell ändernden Rezipientengeschmacks und der deshalb eingeschränkten Prognosemöglichkeiten sowie der erforderlichen Aktualität fünf Jahre nicht überschreiten sollte, kommen als Planungsperioden Monate, Quartale oder Halbjahre in Betracht.

Die Ermittlung der entscheidungsunabhängigen Parameter und die Vorselektion:

Mit Beginn eines jeden Programmplanungsprozesses sind die *entscheidungsunabhängigen Parameter* festzustellen.[1] Dafür sind der Zentrale durch die Programmsparten die Bandbreiten der nicht mehr disponiblen, fixen Zahlungs- (Zahlungsüberschüsse oder Liquiditätsbedarfe) und Zeitreihen (bereits ausgefüllte spartenspezifische Sendezeit) mitzuteilen. Ferner sind an die Zentrale Informationen über erkennbare potentielle Grenzobjekte und strategisch bedeutende Objekte weiterzugeben. Da den Programmsparten zu Planungsbeginn noch keine Steuerungszinsfüße sowie „Knappheitspreise" für die Sendezeit vorliegen, sind potentielle Grenzobjekte anhand der Lenkpreise der Vorperiode oder hinsichtlich der Zeitrestriktionen pragmatisch zu bestimmen, indem unter Zuhilfenahme der Steuerungszinsfüße der Vorperiode die Kapitalwerte je Sendeminute verglichen und die spartenspezifischen Sendezeiten bis zu den wahrscheinlichen Grenzobjekten „aufgefüllt" werden.[2]

Im Rahmen der zu Beginn des Planungsverfahrens erforderlichen Ermittlung der Bandbreiten nicht mehr disponibler fixer Zahlungsreihen sowie potentieller Grenzobjekte kann durch die Programmsparten auf heuristischem Wege eine *Vorselektion* ein-

---

tungsfaktoren w_t für eine gewünschte zeitliche (Entnahme-)Struktur festzulegen. Auch im Falle der Vermögensmaximierung sind die Ausschüttungen entsprechend der Konsumpräferenzen der Eigner oder Gebührenzahler zu gewichten; siehe HERING, Unternehmensbewertung (1999), S. 42.

[1] Siehe HERING, Investitionstheorie (1995), S. 225.

[2] Vgl. BRÖSEL, Programmplanung (2001), S. 387. Zu potentiellen Grenzobjekten siehe ROLLBERG, Unternehmensplanung (2001), S. 176.

2. Die modelltheoretische Analyse 185

deutig nachteiliger und eindeutig vorteilhafter Objekte erfolgen. Diese Vorselektion sei einerseits hinsichtlich der qualitativen Merkmale der Objekte durchzuführen, wobei auf die in Kapitel III.2.2.1.2.1 (S. 108 f.) dargestellte Nutzwertanalyse zurückgegriffen werden kann. Andererseits ist auch eine Vorselektion bezüglich quantitativer Kriterien[1] denkbar: Unter Anwendung der Erkenntnisse der Lenkpreistheorie sollte beispielsweise versucht werden, die Spannweite der endogenen Lenkpreise auf ein geschlossenes Intervall $i_{Ht} \leq i_t \leq i_{St}$ einzuschränken: Normalinvestitionen erweisen sich dabei als eindeutig vorteilhaft, wenn ihr auf den Sollzinsfüßen i_{St} basierender Kapitalwert positiv ist; ergibt sich unter Berücksichtigung der Habenszinsfüße i_{Ht} ein negativer Kapitalwert, ist diese Investition jedoch eindeutig unvorteilhaft. Eine Normalfinanzierung ist hingegen eindeutig vorteilhaft, wenn ihr unter Berücksichtigung der Habenszinsfüße i_{Ht} berechneter Kapitalwert positiv ist; eindeutig unvorteilhaft ist sie, wenn der Kapitalwert unter Verwendung der Sollzinsfüße i_{St} dagegen negativ ist.[2] Hierbei besteht auch die Möglichkeit des Rückgriffs auf die in der Vorperiode ermittelten Lenkpreise. Für stark verschuldete Rundfunkveranstalter bietet sich zur Vorselektion der Einsatz der (gegebenenfalls bekannten) Sollzinsbandbreite an.[3] Die nicht mehr disponiblen fixen Zahlungsreihen müssen gleichermaßen diejenigen Objekte enthalten, die aus strategischen Gründen – unabhängig vom Kapitalwert – realisiert werden sollen.[4]

Die zentrale Ermittlung der Lenkpreisbandbreiten:

Die Zentrale ermittelt auf Grundlage der ihr zur Verfügung gestellten Daten die Bandbreiten der endogenen Grenzzinsfüße sowie die Bandbreiten der „Knappheitspreise" für die Sendezeit.[5] Hierbei bedient sie sich des vorliegenden Basisansatzes in Verbindung mit umfassenden Sensitivitätsanalysen der zweiten Art. Die durch die Programmsparten gemeldeten entscheidungsunabhängigen Daten werden im Totalmodell in den Parametern b_t (im Falle der Zahlungsreihen)[6] sowie SZ_{st}^{max} und SZ_{st}^{min} (im Falle der spartenspezifischen Zeitreihen) berücksichtigt. Die Zentrale hat

---

[1] Zur Vorselektion hinsichtlich quantitativer Kriterien siehe ROLLBERG, Unternehmensplanung (2001), S. 174 f.

[2] Vgl. zur Kapitalwertabschätzung für Normalzahlungsreihen HERING, Investitionstheorie (1995), S. 142 - 144. Als Normalzahlungsreihen werden Zahlungsreihen mit genau einem Vorzeichenwechsel bezeichnet.

[3] Siehe HERING, Investitionstheorie (1995), S. 146.

[4] Vgl. ROLLBERG, Unternehmensplanung (2001), S. 175.

[5] Vgl. zu nachfolgenden Ausführungen zu den Aufgaben der Zentrale im Rahmen der Ermittlung der Lenkpreisbandbreiten HERING, Investitionstheorie (1995), S. 226 - 228 und HERING, Unternehmensbewertung (1999), S. 78 f. Siehe auch ROLLBERG, Unternehmensplanung (2001), S. 200.

[6] In den Parameter b_t müssen beispielsweise auch die durch die öffentlich-rechtlichen Anbieter erwarteten Gebühreneinzahlungen einfließen.

außerdem darüber zu entscheiden, ob die vorliegenden potentiellen Grenzobjekte in das Simultanmodell aufgenommen oder als zu unbedeutend an die Programmsparten zurückgewiesen werden.[1]

Bei der Auswahl der innerhalb der durchzuführenden Berechnungsexperimente zu analysierenden Datensätze sind die Interdependenzen zwischen den Objekten zu beachten, damit die zu einem Risikoausgleich beitragenden Diversifikationspotentiale identifiziert werden können. Um den Rechenaufwand der Zentrale in Grenzen zu halten, sind die Datenkonstellationen nicht willkürlich auszuwählen; es sollte sich vielmehr mit vorstellbaren und wahrscheinlichen Situationen begnügt werden.[2] Aus Praktikabilitätsgründen ist darüber hinaus die Zahl der Szenarien, für die eine Sensitivitätsanalyse durchgeführt wird, stark einzuschränken. Denkbar ist z. B. die Ausführung der Analyse für drei bis fünf sich gegenseitig ausschließende Grundsituationen, die eine realistische (oder möglichst neutrale), eine pessimistische sowie eine optimistische Eingangsdatenvariante beinhalten sollten.[3]

Zur statistischen Auswertung der Rechenergebnisse sind die jeweiligen Optimallösungen aller Berechnungsexperimente in einem fortlaufenden Protokoll zu dokumentieren. Als aufzeichnungsrelevant gelten beispielsweise folgende Daten einer jeden Koeffizientenkonstellation: Optimum der jeweiligen Zielfunktion; endogene Grenzzinsfüße; Lenkpreise der Zeitrestriktionen; Vorteilhaftigkeitsindex der einzelnen Programm-, Investitions- und Finanzierungsobjekte (Vergabe von Indizes für die Objekte bei jeder Lösung: +1 für ein voll zu realisierendes Objekt, 0 jeweils für Grenzobjekte, –1 für nicht zu realisierende Objekte); Sicherheitsindex[4] (für jedes Objekt, dessen Kapitalwert[5] eine zu Beginn festzulegende Schwelle unterschreitet, erfolgt ein Eintrag in einer Strichliste).

Aus den Ergebnisprotokollen der Szenarien lassen sich fundierte Informationen über die periodenspezifischen endogenen Lenkpreise, die im Rahmen des Totalmodells als vorteilhaft erkannten Objekte sowie die Bandbreite oder die Verteilung des Zielfunktionswertes entnehmen. Als Ergebnis dieses Schritts der approximativen Dekomposition werden den Programmsparten die Lenkpreisbandbreiten sowie die gegebenenfalls vorliegenden qualifizierten Annahmen über die Verteilung der Steuerungs-

---

[1] Siehe *HERING*, Unternehmensbewertung (1999), S. 80.

[2] Siehe auch *ROLLBERG*, Unternehmensplanung (2001), S. 200.

[3] Vgl. *MATSCHKE*, Wertarten nach der Art ihrer Ermittlung (1995), S. 975 und m. w. N. *HERING*, Unternehmensbewertung (1999), S. 79.

[4] Sinn des Sicherheitsindex ist, den Fernsehveranstalter vor existenzbedrohenden Fehlentscheidungen zu schützen; siehe *HERING*, Investitionstheorie (1995), S. 227.

[5] Hierzu ist für jedes Objekt innerhalb eines jeden Berechnungsexperiments auch der Kapitalwert zu berechnen; aufgrund der nichtfinanziellen Knappheitsrestriktionen ist dabei vom „korrigierten" Kapitalwert auszugehen.

2. Die modelltheoretische Analyse 187

zinsfüße (i_1, i_2, ..., i_n) und der periodenabhängigen „Knappheitspreise" der spartenspezifischen Sendezeit $\left(\dfrac{\delta_{st}^{max}}{d_0} \text{ und } \dfrac{\delta_{st}^{min}}{d_0}\right)$ zur dezentralen Lenkpreissteuerung vorgegeben.

Die dezentrale Investitionsrechnung mit „korrigierten" Kapitalwerten:

Die Programmsparten[1] müssen – unter Rückgriff auf die ihr von der Zentrale zur Verfügung gestellten Intervalle (Bandbreiten) oder Verteilungen der Lenkpreise – für die in ihrem Kompetenzbereich stehenden Objekte Investitionsentscheidungen nach dem „korrigierten" Kapitalwertkriterium fällen. Aufgrund der mehrwertigen Erwartungen greifen die Divisionen hierbei auf die Methode der simulativen Risikoanalyse zurück, um den Kapitalwert nicht künstlich zu einem einwertigen Zielwert zu verdichten, sondern unter Aufdeckung der Unsicherheit als Bandbreite oder Verteilung darzustellen.[2]

Ziel der von den Sparten durchzuführenden Investitionsrechnungen ist, die generell rechnerisch unvorteilhaften oder vorteilhaften Objekte zu identifizieren und hinsichtlich der Objekte, deren Kapitalwertbandbreite sowohl positive als auch negative Werte annimmt, eine Entscheidung vorzubereiten, welche die Entscheidungsträger der Sparten in Anbetracht ihrer individuellen Risikoneigung zu treffen haben. Neben den Kapitalwertprofilen können zu dieser nicht formalisierbaren „unternehmerischen" Entscheidung qualitative Kriterien[3] herangezogen werden, wobei gleichwohl zu beachten ist, daß der Kapitalwert das wichtigste ökonomische Kriterium darstellt.[4] Bei den Entscheidungen müssen die der Sparte noch zur Verfügung stehenden Sendezeiten und die außerdem existenten, bisher im vereinfachten Basisansatz vernachlässigten Restriktionen beachtet werden. Innerhalb vorangegangener Iterationsdurchläufe getroffene Objektbeurteilungen sind gegebenenfalls zu revidieren. Da mit einem Kapitalwertprofil nicht festgestellt werden kann, ob ein Grenzobjekt vorliegt, ist es im Rahmen des Verfahrens grundsätzlich erforderlich, daß die Sparten für jedes zur Disposition stehende Objekt eine eindeutige Entscheidung treffen.

---

[1] Siehe zu nachfolgenden Ausführungen zur dezentralen Investitionsrechnung mit Kapitalwerten HERING, Investitionstheorie (1995), S. 228 f., HERING, Unternehmensbewertung (1999), S. 79 f. Vgl. auch ROLLBERG, Unternehmensplanung (2001), S. 200 f.

[2] Im übrigen besteht die Möglichkeit, auf die im Rahmen der *Vorselektion* beschriebenen Erkenntnisse der Lenkpreistheorie zurückzugreifen.

[3] Neben den in Kapitel III.2.2.1.2.1 (S. 108 f.) angegebenen Beispielen qualitativer Kriterien können etwa auch folgende Faktoren in die Abwägung einbezogen werden: „Strategische Erwägungen" oder Sicherheitsziele wie „Verhinderung essentieller Risiken", „Diversifikation" und „Flexibilität"; vgl. HERING, Investitionstheorie (1995), S. 229.

[4] Vgl. BRÖSEL/HERING/MATSCHKE, Wirtschaftlichkeitsanalyse (1999), S. 192 f.

Aus den vermeintlich vorteilhaften Investitions- und Finanzierungsobjekten der Sparte ergibt sich für jede Periode des Planungszeitraumes ein saldierter Zahlungsüberschuß oder Finanzbedarf sowie eine erforderliche Sendezeit. Diese Werte sind als neutrale Punktschätzung, Bandbreite oder beispielsweise als Erwartungswert mit prozentualer Abweichungstoleranz zu ermitteln. Als Resultat dieses Dekompositionsschritts werden der Zentrale letztendlich die auf Basis der vorgegebenen Bandbreiten oder Verteilungen der Lenkpreise wahrscheinlich vorteilhaften oder sonstigen dezentral für vorteilhaft befundenen Investitions- und Finanzierungsobjekte jeder Sparte als summierte Zahlungs- und Zeitreihenbandbreite oder -verteilung übermittelt. Um eine „Aufblähung" des Basisansatzes der Zentrale zu vermeiden, sollten weitere potentielle Grenzobjekte nur in Ausnahmefällen an die Zentrale gemeldet werden.[1]

Die Rückkopplung oder der Abbruch:

Die eingegangenen Meldungen jeder Sparte werden auf zentraler Ebene im simultanen Basisansatz in kumulierter Form in den Parametern b_t der Liquiditätsrestriktionen sowie SZ_{st}^{max} und SZ_{st}^{min} der Sendezeitrestriktionen berücksichtigt.[2] Nunmehr entscheidet die Zentrale über Weiterführung (Rückkopplung) oder Beendigung (Abbruch) der Iteration: Stellt die zentrale Entscheidungsinstanz fest, daß die Programmsparten ihre Programm-, Investitions- und Finanzierungsentscheidungen nicht wesentlich verändert haben, ist das iterative Verfahren abzubrechen. Im nächsten Schritt sind die Investitionsentscheidungen der Zentrale zu treffen; ansonsten werden die Lenkpreisbandbreiten erneut zentral ermittelt. Unterscheiden sich diese „nicht wesentlich"[3] vom Ergebnis des letzten Durchlaufs, ist die Iteration an dieser Stelle abzubrechen und zu den zentralen Investitionsentscheidungen überzugehen. Anderenfalls sind den Programmsparten die neuen Lenkpreisintervalle mitzuteilen; die dezentrale Investitionsrechnung mit „korrigierten" Kapitalwerten ist zu wiederholen. In Abbildung 26 wird diese Vorgehensweise graphisch veranschaulicht.

Der iterative Prozeß kann also beendet werden, wenn sich die Entscheidungen innerhalb der Sparten oder die sich aus dem vereinfachten Totalmodell ergebenden Lenkpreise nicht wesentlich ändern. Ansonsten ist das Verfahren nach einer gewissen Anzahl von Koordinationsrunden mit der bis dahin erreichten besten Lösung abzubrechen, wenn die approximative Dekomposition nicht gegen stabile Lenkpreisvektoren

---

[1] Vgl. HERING, Investitionstheorie (1995), S. 147.

[2] Siehe zu nachfolgenden Ausführungen zu Rückkopplung oder Abbruch HERING, Investitionstheorie (1995), S. 229 f., HERING, Unternehmensbewertung (1999), S. 80 f.

[3] Dieses unscharf formulierte Abbruchkriterium sichert die Endlichkeit des Verfahrens, weil die Zentrale entscheiden muß, ob weitere Iterationsschritte zu einem, den Planungsaufwand gerecht werdenden, wesentlich besseren Ergebnis führen werden; siehe HERING, Investitionstheorie (1995), S. 230.

2. Die modelltheoretische Analyse 189

konvergiert.[1] Nach spätestens zwei bis drei Rückkopplungen ist zu erwarten, daß die Entscheidungsträger der Programmsparten unbeeindruckt von den – aus ihrer Sicht gegebenenfalls unbeachtlichen – Änderungen der Lenkpreisbandbreiten an ihren Entscheidungen festhalten werden, die sie mittels sorgsamer Abwägung aller qualitativen und quantitativen Argumente bereits getroffen haben. „Dem Koordinationserfordernis ist im Unsicherheitsfall bereits hinreichend Genüge getan, wenn überhaupt Rückkopplungsschritte erfolgen."[2]

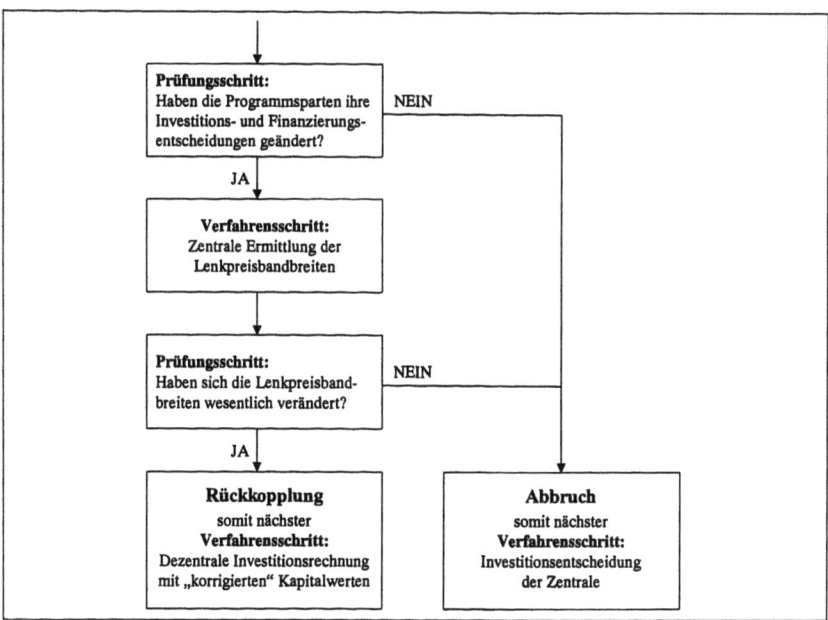

Abbildung 26:   *Die Entscheidung über Rückkopplung oder Abbruch der Iteration*

Die Investitionsentscheidung der Zentrale:

Nach dem Abbruch der Iteration hat die Zentrale hinsichtlich der im Totalmodell verbliebenen Programm-, Investitions- und Finanzierungsobjekte über alle in t = 0 zu realisierenden Objekte zu befinden. Die Zentrale muß also nicht nur über sämtliche in t = 0 beginnenden Zahlungsströme definitiv entscheiden, sondern auch über jene

---

[1] Vgl. HERING, Investitionstheorie (1995), S. 149, BRÖSEL, Programmplanung (2001), S. 387 f.

[2] HERING, Unternehmensbewertung (1999), S. 81. Siehe allgemein zum Abschluß eines Iterationsprozesses und m. w. N. BALLWIESER, Unternehmensbewertung (1990), S. 39.

Objekte urteilen, die u. U. aufgrund ihrer relativen Seltenheit[1] im nächsten Durchlauf der rollierenden Planung nicht mehr disponibel sind. Zur Entscheidung sind – wie auf dezentraler Ebene – quantitative und qualitative Faktoren gegeneinander abzuwägen. Besonders bei strategischen Investitionsobjekten könnte qualitativen Faktoren eine höhere Bedeutung zukommen als innerhalb der Programmspartenentscheidungen. Bezüglich der quantitativen Faktoren ist auf das während der letztmaligen zentralen Ermittlung der Lenkpreisbandbreiten erstellte Protokoll zurückzugreifen.[2] In diesem Protokoll wurden, neben dem Optimum der jeweiligen Zielfunktion und den damit korrespondierenden Lenkpreisen, für jedes Objekt die Vorteilhaftigkeits- und Sicherheitsindizes festgehalten.

Werden die einzelnen Vorteilhaftigkeitsindizes eines Objekts summiert, welche per definitionem darüber informieren, ob ein Objekt im Laufe der Berechnungsexperimente unvorteilhaft (−1), vorteilhaft (+1) oder ein Grenzobjekt (0) gewesen ist, ergibt sich für die jeweilige Maßnahme ein Gesamtindex. Zur Beurteilung der Objekte läßt sich der *Vorteilhaftigkeitsgrad eines Objekts* VG_{Objekt} als Quotient aus diesem Gesamtindex und der Anzahl der protokollierten Datensätze bestimmen:

$$VG_{Objekt} = \frac{\text{Summe der Vorteilhaftigkeitsindizes des Objekts}}{\text{Anzahl der protokollierten Datensätze}}$$

$$= \frac{\text{Gesamtindex des Objekts}}{\text{Anzahl der protokollierten Datensätze}}.$$

Der Vorteilhaftigkeitsgrad eines Objekts, der prinzipiell im Wertebereich [−100 %, +100 %] liegt, offenbart die Wahrscheinlichkeit, mit der ein Objekt vorteilhaft oder unvorteilhaft ist. Aus dem Gesamtindex und dem Vorteilhaftigkeitsgrad eines Objekts ergeben sich für die Entscheidungsinstanz der Zentrale folgende Informationen: Hatte das Objekt in allen Berechnungsexperimenten des letzten Durchlaufs einen positiven Kapitalwert, beträgt der Vorteilhaftigkeitsgrad +100 %; verfügte das Objekt nie über einen positiven Kapitalwert, ergibt sich ein Grad der Vorteilhaftigkeit von −100 %. Objekte mit einem deutlich positiven Vorteilhaftigkeitsgrad und somit auch Gesamtindex sind in den meisten Konstellationen vorteilhaft; Objekte mit einem deutlich negativen Grad der Vorteilhaftigkeit und Gesamtindex sind in den meisten Konstellationen entsprechend unvorteilhaft.

---

[1] Siehe Kapitel I. (S. 2) zur relativen Seltenheit von „Spitzenfilmen" und „Spitzensportübertragungen".

[2] Vgl. zu nachfolgenden Ausführungen zur Investitionsentscheidung der Zentrale HERING, Investitionstheorie (1995), S. 230 - 232, HERING, Unternehmensbewertung (1999), S. 81 f. Siehe auch ROLLBERG, Unternehmensplanung (2001), S. 201 f.

2. Die modelltheoretische Analyse

Der *Sicherheitsindex eines Objekts*, der Auskunft darüber gibt, wie oft der Kapitalwert eines Objekts eine zu Verfahrensbeginn festgelegte Schwelle unterschreitet, kann hinsichtlich einer verbesserten Aussagefähigkeit ins Verhältnis zur Anzahl der im Protokoll registrierten Datensätze gesetzt werden. Die Entscheidung sollte nur auf Objekte fallen, deren Kapitalwert nie oder nur selten die besagte Schwelle unterschritten hat.

Die ermittelte Lösung ist nunmehr auf die Einhaltung der Liquiditäts- und Ganzzahligkeitsbedingungen[1] sowie weiterer bisher vernachlässigter Restriktionen zu überprüfen. Die Herstellung des Zahlungsgleichgewichts erfordert nicht nur eine Entscheidung über die Objekte mit einem positiven Vorteilhaftigkeitsgrad, sondern auch die zentrale Bestimmung der entsprechenden Grenzobjekte. Zur Ermittlung der zu den vorteilhaften Objekten passenden Grenzobjekte können mit Hilfe des bereits verwendeten Ergebnisprotokolls Korrelationskoeffizienten zwischen den Vorteilhaftigkeitsindizes berechnet werden. Als geeignete Grenzobjekte erweisen sich diejenigen Objekte, die mit den als vorteilhaft befundenen Objekten stark korrelieren. Alternativ kann als Entscheidungskriterium auf die Summe der absoluten Differenzen der entsprechenden Vorteilhaftigkeitsindizes zurückgegriffen werden. Je größer diese Summe ist, um so seltener haben die beiden Objekte in der optimalen Lösung das gleiche Kapitalwertvorzeichen. Entsprechend eignen sich Objektkombinationen mit einer kleinen Differenzensumme als brauchbare Paare.

Der beschriebene Informationsfluß und der Ablauf der Programmplanung mit Hilfe der approximativen Dekomposition sind in Abbildung 27 graphisch dargestellt. Wurden die erforderlichen Investitionsentscheidungen durch die Zentrale getroffen, können die Programmsparten über das Ende und das Ergebnis des Programmplanungsprozesses in Kenntnis gesetzt werden. Die zuletzt genutzten Lenkpreisbandbreiten sind für den Zeitraum bis zum nächsten Durchlauf des Programmplanungsprozesses im Rahmen der rollierenden Planung als gültige dezentrale Kalkulationsgrundlage des Rundfunkveranstalters zu bestätigen.[2]

---

[1] Vgl. hierzu ROLLBERG, Unternehmensplanung (2001), S. 180, der ein „schlichtes Auf- und Abrunden der nichtganzzahligen Ergebnisse oder [...] eine nachträgliche gemischt-ganzzahlige lineare Optimierung des „kleinen" Totalmodells" empfiehlt.

[2] Siehe auch ROLLBERG, Unternehmensplanung (2001), S. 180.

192 III. Die Bewertung audiovisueller Medienrechte

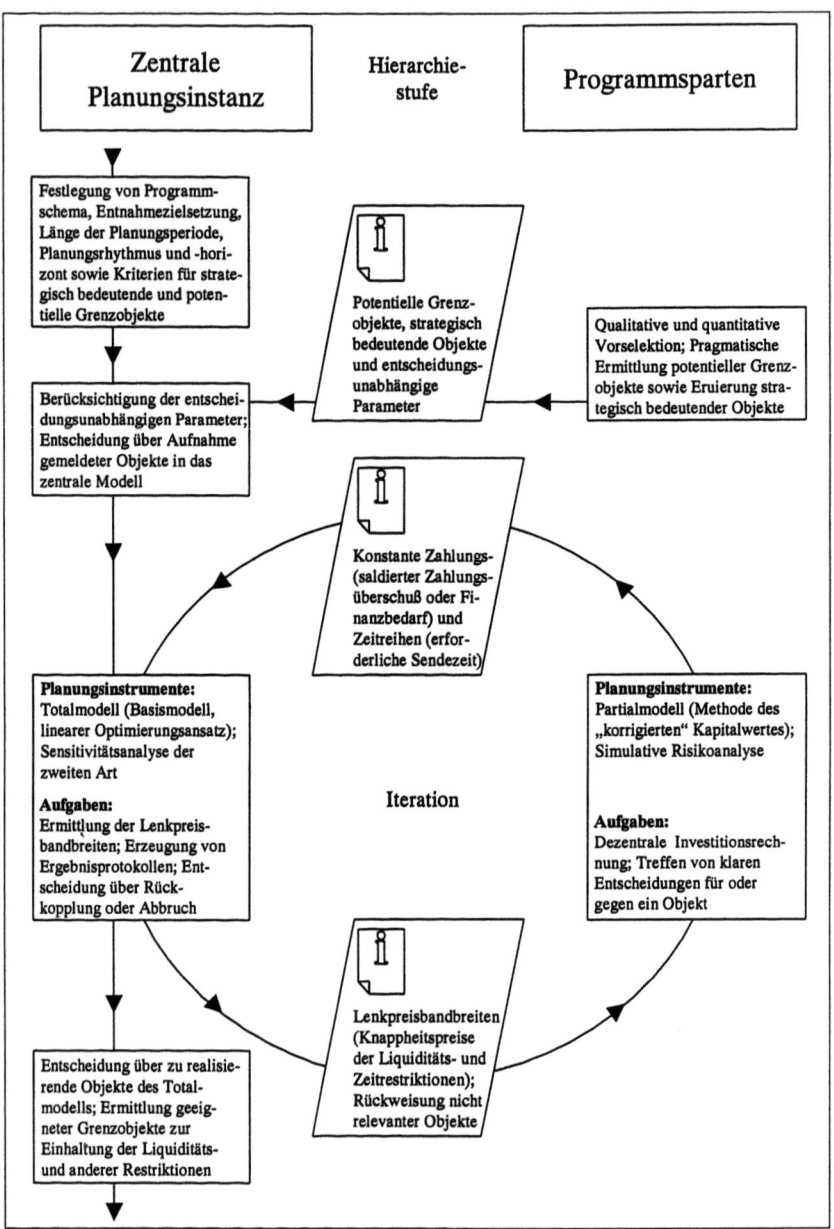

Abbildung 27: Der Informationsfluß bei der Programmplanung mit Hilfe der approximativen Dekomposition

2. Die modelltheoretische Analyse 193

Durch den mit der approximativen Dekomposition zwischen zentraler und dezentraler Planung gefundenen Kompromiß wird eine lenkpreistheoretisch fundierte Lösung ermittelt. Als Totalmodell fungiert ein vereinfachter linearer Optimierungsansatz, der überschaubar und mit leistungsfähiger Software lösbar ist. Dezentral werden die Objekte innerhalb der Sparten nach einem modifizierten Kapitalwert geordnet. Beginnend mit dem Programmobjekt mit dem größten Kapitalwert wird das Programmschema schrittweise mit Leben gefüllt. Das Partialmodell greift dabei auf theoretisch begründete „Knappheitspreise" zurück.[1] Ausgehend vom jeweiligen Programmschema ermöglicht das Verfahren der approximativen Dekomposition sowohl für öffentlich-rechtliche als auch für private Rundfunkveranstalter einen wirtschaftlichen Programmplanungsprozeß, der den Ausgangspunkt für die Bewertung audiovisueller Medienrechte bildet.

2.4.2 Die Verknüpfung der Medienrechtsbewertung mit dem heuristischen Programmplanungsmodell bei Unsicherheit

Im Anschluß an die Ausführungen zur Programmplanung mittels approximativer Dekomposition wird eine Methode zur Bewertung audiovisueller Medienrechte aufgezeigt, die sich in das heuristische Planungsgefüge einbinden läßt. Die Medienrechtsbewertung sei als zweistufiger Prozeß dargestellt. Als erster Schritt ist die Zuordnung des audiovisuellen Medienrechts zur zentralen oder dezentralen Entscheidungsinstanz erforderlich; nach der Klärung der Zuständigkeit wird anschließend mit der investitionstheoretisch geleiteten Grenzpreisschätzung in einem zweiten Schritt die eigentliche Bewertung durchgeführt.[2]

Die Zuordnung der Bewertungsobjekte zur relevanten Hierarchieebene:

Die Programmplanung erfolgte durch die Verknüpfung von Total- und Partialmodell auf zwei Hierarchieebenen. Ist eine Bewertung erforderlich, muß deshalb in einem ersten Schritt festgestellt werden, welche Hierarchiestufe die entsprechende Entscheidungskompetenz über das Programmobjekt besitzt. Für diese Zuordnung ist auf die Erkenntnisse des Kapitels III.2.3 zurückzugreifen: Demnach wird die Anwendbarkeit des Zukunftserfolgswertverfahrens zur Ermittlung des Entscheidungswertes beeinträchtigt, wenn sich die endogenen Lenkpreise beim Übergang vom Basis- zum Bewertungsprogramm verändern. Die *Zuordnung zur zentralen oder dezentralen Entscheidungsinstanz* muß folglich in Abhängigkeit von der aus dem Bewertungsobjekt

---

[1] Siehe BRÖSEL, Programmplanung (2001), S. 388. Zur kritischen Würdigung der approximativen Dekomposition vgl. HERING, Investitionstheorie (1995), S. 150 f., HERING, Unternehmensbewertung (1999), S. 83.

[2] Vgl. zu nachfolgenden Ausführungen zur Einbindung der Bewertung in das Verfahren der approximativen Dekomposition HERING, Unternehmensbewertung (1999), S. 84 - 89 und HERING, ZGPM (2000), S. 371 - 373.

resultierenden „Gefahr" eines Basiswechsels und demzufolge in Anbetracht des individuellen Entscheidungsfeldes des Bewertungssubjekts erfolgen. Das audiovisuelle Medienrecht ist somit hinsichtlich seines finanziellen Volumens und seines zeitlichen Sendeplatzbedarfs[1] der entsprechenden Planungshierarchiestufe zuzuweisen.

Ist bei Aufnahme des Bewertungsobjekts in das Fernsehprogramm voraussichtlich kein Basiswechsel bezüglich der finanziellen Grenzobjekte zu erwarten und wird die hinsichtlich des zeitlichen Sendeplatzbedarfs pragmatisch bestimmte sendeplatzspezifische Zuordnungsgrenze nicht übertroffen, hat die Bewertung des audiovisuellen Medienrechts dezentral durch die *Programmsparten* zu erfolgen. In Analogie zum „korrigierten" Kapitalwertkriterium als dezentralem Planungswerkzeug der Programmplanung mittels approximativer Dekomposition ist der Entscheidungswert des audiovisuellen Medienrechts dezentral mit der Formel des „korrigierten" Zukunftserfolgswertes zu ermitteln. In den Kompetenzbereich der dezentralen Sparten fallen somit diejenigen „kleinen" Programmobjekte, deren Erwerb „die Grenzobjekte des zentralen Simultanansatzes voraussichtlich nicht tangiert"[2].

Führt hingegen der Zugang des zu bewertenden Programmobjekts vermutlich zu einer Umstrukturierung des zentralen Totalmodells bezüglich der finanziellen Grenzobjekte oder wird die hinsichtlich des zeitlichen Sendeplatzbedarfs pragmatisch bestimmte sendeplatzspezifische Zuordnungsgrenze übertroffen, ist eine Bewertung durch die *zentrale Entscheidungsinstanz* erforderlich. Da bei einer Veränderung der endogenen Lenkpreise beim Übergang vom Basis- zum Bewertungsprogramm die „korrigierte" Methode des Zukunftserfolgswertes versagt, ist der Entscheidungswert des entsprechenden audiovisuellen Medienrechts mit Hilfe eines geeigneten Totalmodells zu bestimmen. „Große" und strategisch bedeutende Programmobjekte sind deshalb der zentralen Entscheidungsinstanz zuzuweisen.

Im Anschluß an die Zuordnung der Bewertungsobjekte zu den hierarchischen Planungsinstanzen findet die *investitionstheoretisch geleitete Grenzpreisschätzung* statt. Je nachdem, ob das Bewertungsobjekt der Zentrale oder den entsprechenden Pro-

---

[1] Grundsätzlich ist zu erwarten, daß sich bei einem „gefüllten" Fernsehprogramm der Lenkpreis der Sendezeit auch mit der Aufnahme eines noch so kleinen Objekts verändert. Hinsichtlich der vorliegenden Unsicherheit und des heuristischen Lösungsansatzes ist jedoch der praktische Nutzen zu bezweifeln, den die prinzipielle Zuweisung eines jeden zu bewertenden audiovisuellen Medienrechts zur zentralen Entscheidungsinstanz mit sich bringt. Deshalb sollte bezüglich des zeitlichen Sendeplatzbedarfs pragmatisch eine sendeplatzspezifische Zuordnungsgrenze bestimmt werden. Für die Objekte, die diese Grenze nicht überschreiten, sei angenommen, daß die dadurch verursachten Strukturverschiebungen zu unbedeutend sind, um sie von den sie überlagernden Auswirkungen der mehrwertigen Erwartungen zu trennen. Durch die Bewertungsobjekte verdrängte Programmbestandteile sind dem nächstmöglichen Ausstrahlungstermin zuzuweisen oder spätestens innerhalb des nächsten Programmplanungsdurchlaufs zu berücksichtigen.

[2] *HERING*, Unternehmensbewertung (1999), S. 84.

2. Die modelltheoretische Analyse 195

grammsparten zugewiesen wurde, ist folgendes Vorgehen bei der Bewertung zu unterscheiden:

Die investitionstheoretisch geleitete Grenzpreisschätzung der Programmsparten:

Soll der Entscheidungswert eines zu erwerbenden audiovisuellen Medienrechts *dezentral* ermittelt werden, ist durch die Planungsinstanz der jeweiligen Programmsparte das „korrigierte" Zukunftserfolgswertkriterium zu verwenden:

$$ZEW_{MR\,s_r}^{korr} = ZEW_{MR\,s_r} - \sum_t FL_{js_r\,t} \cdot \frac{\delta_{s_r\,t}^{max}}{d_0} + \sum_t FL_{js_r\,t} \cdot \frac{\delta_{s_r\,t}^{min}}{d_0}.$$

Hierbei wird – unter Rückgriff auf die aus dem letzten Planungslauf der heuristischen Programmplanung bekannten Bandbreiten und Verteilungen der Lenkpreise sowie in Verbindung mit den Unsicherheit offenlegenden Verfahren der Risikoanalyse (oder der Sensitivitätsanalyse) – der Entscheidungswert dezentral als Dichtefunktion oder als Bandbreite berechnet. Sind für die Verwertung des audiovisuellen Medienrechts v unterschiedliche alternative spartenspezifische Sendeplätze s_r möglich, deren Menge durch $\mathcal{S}^{MR} = \{s_1, ..., s_r, ..., s_v\}$ definiert ist, sollte der „korrigierte" Zukunftserfolgswert $ZEW_{MR\,s_r}^{korr} := ZEW^{korr}(s_r)$ als Dichtefunktion oder als Bandbreite nur für die relevantesten Alternativen $s_r \in \mathcal{S}^{MR}$ berechnet werden. Die Zahl der Alternativen darf eine Handvoll nicht überschreiten. Die möglichst graphisch zu unterlegenden Informationen über die ermittelten Dichtefunktionen oder Bandbreiten der alternativen Entscheidungswerte dienen anschließend den Entscheidungsträgern auf dezentraler Ebene als transparente Entscheidungsgrundlage im Verhandlungsprozeß.

Die investitionstheoretisch geleitete Grenzpreisschätzung der Zentrale:

Im Gegensatz dazu erfolgt die *zentrale* Ermittlung des Entscheidungswertes unter Rückgriff auf das vom Programmplanungsprozeß vorliegende Simultanmodell, welches hierbei als Ansatz zur Ermittlung des sog. Basisprogramms dient. Den Ausgangspunkt der Berechnungen bildet das bei der letztmaligen zentralen Ermittlung der Lenkpreisbandbreiten erstellte Ergebnisprotokoll. Dieses weist für jedes innerhalb der Sensitivitätsanalyse durchgeführte Berechnungsexperiment das Optimum der Zielfunktion aus. Nunmehr ist mit Hilfe eines Bewertungsansatzes für jede Datenkonstellation und ihren korrespondierenden Zielfunktionswert ein entsprechender Grenzpreis zu ermitteln. Dabei ist das Bewertungsobjekt in den linearen Optimierungsansatz derart zu integrieren, daß es zu einem garantierten Bestandteil des Bewertungsprogramms wird. In Abhängigkeit vom spartenspezifischen Sendeplatz s_r ergibt sich der sendeplatzspezifischer Grenzpreis $P^*_{s_r}$ wie folgt:[1]

max. MR; MR := $P^*_{s_r}$

$$\sum_j FL_{jt} \cdot x_{js} \leq SZ^{max}_{st} \quad \forall\, t \in \{1,...,n\}, s \neq s_r$$

$$\sum_j FL_{jt} \cdot x_{js} \geq SZ^{min}_{st} \quad \forall\, t \in \{1,...,T_a\}, s \neq s_r$$

$$\sum_j FL_{jt} \cdot x_{js_r} \leq SZ^{max}_{s_r t} - FL_{MR\,s_r\,t} \quad \forall\, t \in \{1,...,n\}$$

$$\sum_j FL_{jt} \cdot x_{js_r} \geq SZ^{min}_{s_r t} - FL_{MR\,s_r\,t} \quad \forall\, t \in \{1,...,T_a\}$$

$$-\sum_j \sum_s g_{js0} \cdot x_{js} - \sum_k h_{k0} \cdot y_k + \overline{w_t} \cdot EN + P^*_{s_r} \leq b_0$$

$$-\sum_j \sum_s g_{jst} \cdot x_{js} - \sum_k h_{kt} \cdot y_k + \overline{w_t} \cdot EN \leq b_t + g_{MR\,s_r\,t} \quad \forall\, t \in \{1,...,n\}$$

$$-EN \leq -EN^*$$

$$P^*_{s_r} \geq 0$$

$$\sum_s x_{js} \leq 1 \quad \forall\, j$$

$$x_{js} \geq 0 \quad \forall\, j, s$$

$$y_k \geq 0 \wedge y_k \leq y^{max}_k \quad \forall\, k.$$

Die jeweiligen Lenkpreise des Bewertungsprogramms sind sachgerecht zu protokollieren.[2] Der Grenzpreis läßt sich nach einer ausreichenden Zahl von Berechnungsexperimenten als – gegebenenfalls nach Szenarien gegliederte – Bandbreite oder möglicherweise sogar als Dichtefunktion darstellen. Stehen für die Auswertung der audiovisuellen Medienrechte v unterschiedliche alternative spartenspezifische Sendeplätze s_r zur Verfügung, sollte sich die Entscheidungswertermittlung wiederum nur auf eine Handvoll der relevantesten Alternativen $s_r \in \mathcal{S}^{MR}$ beschränken. Werden die protokollierten Lenkpreise des Basisprogramms mit den ebenfalls aufgezeichneten korrespondierenden Werten des Bewertungsprogramms verglichen, ergeben sich die beiden folgenden Auswertungsmöglichkeiten:

---

[1] Siehe Kapitel III.2.2.1.2.2 (S. 119 f.).

[2] Die Protokollierung sollte eine Vergleichbarkeit der korrespondierenden Grenzpreise von Basis- und Bewertungsprogramm ermöglichen.

2. Die modelltheoretische Analyse

Sind die Bandbreiten oder Verteilungen der endogenen Lenkpreise des Basis- und des Bewertungsprogramms *annähernd gleich*, ist die Ermittlung des Entscheidungswertes als abgeschlossen zu betrachten. Die vorliegende Bandbreite oder Dichtefunktion des Entscheidungswertes gilt als approximativ zuverlässige quantitative Entscheidungsgrundlage für die zentralen Entscheidungsträger.

Wenn sich die Bandbreiten oder Verteilungen der endogenen Lenkpreise von Basis- und Bewertungsprogramm jedoch *deutlich voneinander unterscheiden*, ist u. U. zu erwarten, daß die Medienrechtsbewertung die dezentralen Investitions- und Finanzierungsentscheidungen der Programmsparten tangiert: Eine Änderung der Lenkpreise, die auf den möglichen Erwerb des zu bewertenden audiovisuellen Medienrechts zurückzuführen ist, kann sich auch auf das Investitions- und Finanzierungsprogramm der Programmsparten auswirken. Deshalb sind den dezentralen Programmsparten die veränderten Bandbreiten der Lenkpreise mitzuteilen und entsprechende Rückmeldungen zu erbitten. Zur Protektion der zentralen Bewertung haben die dezentralen Entscheidungsinstanzen den Schritt der approximativen Dekomposition „Dezentrale Investitionsrechnung mit ‚korrigierten' Kapitalwerten" zu durchlaufen und der Zentrale die hypothetische Reaktion auf die vermeintliche Realisierung des Programmobjekts hinsichtlich ihrer dezentralen Investitions- und Finanzierungsentscheidungen in Form von summierten Zahlungs- und Zeitreihenbandbreiten oder -verteilungen zu melden. Um den Entscheidungswert präziser zu schätzen, werden die eingehenden Meldungen jeder Sparte durch die zentrale Ebene auf der „Rechten Seite" des simultanen Bewertungsansatzes berücksichtigt und die Grenzpreisbandbreiten oder -dichtefunktionen wiederholt ermittelt. Ergeben sich hierbei wiederum stark veränderte Lenkpreisbandbreiten, ist eine erneute Rückkopplung notwendig. Da die Lenkpreissteuerung durch das Unsicherheitsproblem stark überlagert wird, ist zu erwarten, daß die Programmsparten ihre dezentralen Entscheidungen nicht allzu oft ändern werden. Eine fortwährende Rekursion erscheint demzufolge unwahrscheinlich.[1] Als Ergebnis dieses Prozesses liegt mit der ermittelten Bandbreite oder Dichtefunktion eine investitionstheoretisch fundierte Schätzung des Entscheidungswertes vor, die den Entscheidungsträgern in den Verhandlungssituationen eine approximativ zuverlässige quantitative Entscheidungshilfe bietet.

Das in Abbildung 28 zusammenfassend dargestellte Modell der approximativ dekomponierten Bewertung wird nachfolgend einer kritischen Würdigung unterzogen.

---

[1] Vgl. *HERING*, Unternehmensbewertung (1999), S. 86.

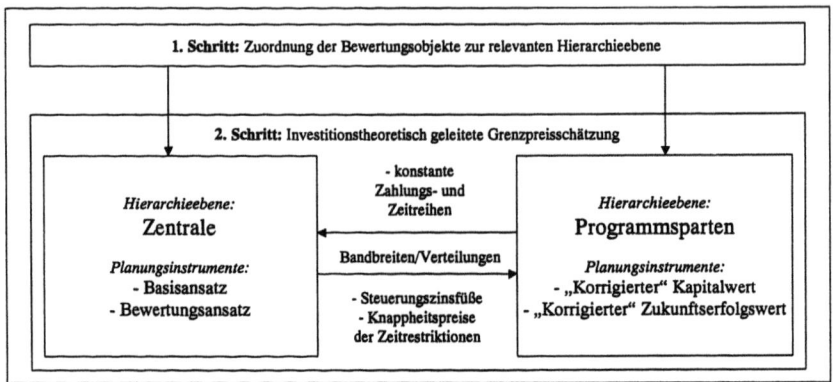

Abbildung 28:   *Die approximativ dekomponierte Bewertung*

2.4.3 Eine kritische Würdigung des Modells der approximativen Dekomposition im Hinblick auf die Bewertung audiovisueller Medienrechte

Heuristiken generieren grundsätzlich keine optimale Lösung von Problemstellungen, zumal im offenen Entscheidungsfeld *ex ante* kein Optimum definiert ist. Somit erweist sich die kritische Würdigung einer Heuristik selbst als strukturdefektes Problem.[1] Die Beurteilung der Qualität der Medienrechtsbewertung mit Hilfe der approximativen Dekomposition beschränkt sich insofern auf die in Kapitel III.1.2.6 (S. 84 f.) formulierten Modellanforderungen.[2]

Modellanforderung 1: Subjekt- und Zielsystembezogenheit

Die Programmplanung mittels approximativer Dekomposition und die approximativ dekomponierte Bewertung weisen sowohl zentrale als auch dezentrale Komponenten auf. Auf zentraler Ebene werden die Interessen der Eigner oder Gebührenzahler explizit durch die Formulierung der Zielfunktionen der Simultanmodelle gewahrt. Da die Berücksichtigung der Ziele von Eignern oder Gebührenzahlern in einem Partialmodell aufgrund des Dilemmas der Lenkpreistheorie die Lösung des zugehörigen Totalmodells erfordert, approximiert der Algorithmus die notwendige pretiale Lenkung durch den Informationsfluß zwischen den hierarchischen Planungs- und Entschei-

---

[1] Siehe BERENS, Heuristiken (1992), S. 18 und S. 24 - 87 sowie HERING, Investitionstheorie (1995), S. 232 f. und ROLLBERG, Unternehmensplanung (2001), S. 153 f.

[2] Vgl. zur kritischen Würdigung der approximativen Dekomposition HERING, Investitionstheorie (1995), S. 150 f. und S. 232 - 234, HERING, Unternehmensbewertung (1999), S. 83 sowie HERING, ZGPM (2000), S. 372 f.

2. Die modelltheoretische Analyse 199

dungsinstanzen. Die durch das vereinfachte Totalmodell ermittelten Lenkpreise werden den Programmsparten in Form von Bandbreiten oder gegebenenfalls vorliegenden qualifizierten Annahmen über die Verteilung für die Berücksichtigung im Partialmodell zur Verfügung gestellt. Somit ist gewährleistet, daß die – unter Beachtung der Grundsätze der Gesamtbewertung, der Zukunftsbezogenheit und der Subjektivität – zentral und dezentral berechneten Entscheidungswerte audiovisueller Medienrechte im Einklang mit der operationalisierten Zielsetzung von Eignern oder Gebührenzahlern stehen. Die dargestellte Heuristik erweist sich als lenkpreistheoretisch fundiert[1] und erfüllt die *erste Modellanforderung*.

Modellanforderung 2: Entscheidungsfeldbezogenheit und Grenzwertermittlung

Mit dem aufgezeigten Brückenschlag zwischen der approximativ dekomponierten Programmplanung und der Bewertung audiovisueller Medienrechte wurde eine Heuristik entwickelt, die es erlaubt, das subjektive Entscheidungsfeld der Fernsehveranstalter als Bewertungssubjekt so weit wie möglich bei der Ermittlung des unsicheren Entscheidungswertes zu berücksichtigen. Das heuristische Verfahren stellt entsprechend eine zweckadäquate Methode zur Ermittlung der Grenze der Verhandlungsbereitschaft dar, welche hinsichtlich der im Totalmodell enthaltenen wesentlichen Restriktionen auch die *zweite Modellanforderung* erfüllt.

Modellanforderung 3: Möglichkeit der Verknüpfung mit Unsicherheit offenlegenden Methoden

Die Einbindung der Bewertung audiovisueller Medienrechte in die Programmplanung mittels approximativer Dekomposition stellt ein heuristisches Modell dar, das keinen Entscheidungsvorschlag generiert, sondern vielmehr eine Schätzung der Bandbreiten oder Dichtefunktionen der Entscheidungswerte ermöglicht, um somit den Entscheidungsträgern die aus den Bewertungsobjekten resultierenden Chancen und Risiken anschaulich darzulegen.[2] Zur transparenten Offenlegung der in der Realität herrschenden Unsicherheit kann die heuristische Synthese von Total- und Partialmodell durch die Unsicherheit aufdeckenden Verfahren der Sensitivitäts- und Risikoanalyse flankiert werden. Die Einbindung des Prozesses in die rollierende Planung des Fernsehveranstalters fördert darüber hinaus die Flexibilität des Rundfunkanbieters und ermöglicht die Berücksichtigung zeitlicher Strukturen innerhalb der Planung. Ergebnis der approximativ dekomponierten Bewertung unter Unsicherheit ist ein investitionstheoretisch fundiert geschätzter Entscheidungswert des audiovisuellen Medienrechts als Bandbreite oder Dichtefunktion. Das vorgestellte Verfahren erfüllt somit auch die *dritte Modellanforderung*.

---

[1] Siehe *HERING*, Unternehmensbewertung (1999), S. 83.
[2] Vgl. *HERING*, Investitionstheorie (1995), S. 223.

Modellanforderung 4: Vertretbarer Informationsbeschaffungs- und -verarbeitungsaufwand

Die sich durch das Modell bietende Möglichkeit der Dekomposition des Bewertungsproblems und die damit verbundene Delegation von Entscheidungskompetenzen auf dezentrale Hierarchieebenen bewirken eine Vereinfachung bezüglich der Schnittstelle zwischen Informationsbeschaffung und -verarbeitung: Die Verarbeitung der Informationen kann dort erfolgen, wo diese anfallen oder beschafft werden. Die Anforderungen an die Planungs- und Entscheidungsinstanzen werden deshalb hinsichtlich der Informationsverarbeitung wesentlich verringert. Die Verlagerung der Entscheidungskompetenzen auf die Programmsparten vermag ferner eine verstärkte Motivation der dezentralen Planungs- und Entscheidungsinstanzen hervorzurufen. Dieser Motivationsschub kann zu positiven Auswirkungen auf die Beschaffung von Informationen sowie auf die Umsetzung der getroffenen Entscheidungen in die Realität führen.[1] Die „Grundschwierigkeiten der Prognose [...] [sind jedoch auch mit diesem] Verfahren nicht aus der Welt zu schaffen"[2]. Vor dem Hintergrund der geschilderten Vorteile ist davon auszugehen, daß der Informationsbeschaffungs- und -verarbeitungsaufwand in vertretbaren Grenzen gehalten werden kann und das Modell der *vierten Modellanforderung* genügt.[3]

Modellanforderung 5: Rechenbarkeit der Kalküle

Als Basis- und Bewertungsprogramm fungieren vereinfachte und überschaubare lineare Optimierungsansätze, deren Lösung mit leistungsfähiger Software möglich ist. Der Umfang dieser zentral kontrollierten Totalmodelle kann während des gesamten Prozesses konstant gehalten werden. Dezentral kommen die einfach „rechenbaren" Partialmodelle des „korrigierten" Kapitalwertes und des „korrigierten" Zukunftserfolgswertes zum Einsatz. Zur Offenlegung der Unsicherheit können sowohl die überschaubaren Totalmodelle als auch die einfachen Partialmodelle mit leistungsfähigen computergestützten Verfahren kombiniert werden. Die Rechenbarkeit der Kalküle ist während des gesamten Bewertungsprozesses gegeben; das Modell wird somit auch der *fünften Modellanforderung* gerecht.

---

[1] Vgl. zu diesen Vorteilen LEUTHIER, Interdependenzproblem (1988), S. 206.

[2] HERING, Unternehmensbewertung (1999), S. 86.

[3] Vgl. ferner zu den verhältnismäßig geringen Anforderungen des Verfahrens an die Prognosequalität HERING, Unternehmensbewertung (1999), S. 83.

Modellanforderung 6: Möglichkeit dezentraler Entscheidungsunterstützung

Die bei der approximativen Dekomposition vorhandene Verknüpfung zwischen zentralen und dezentralen Komponenten ermöglicht (und erfordert) sowohl bei der Programmplanung als auch bei der Bewertung audiovisueller Medienrechte die Unterstützung zentraler und dezentraler Entscheidungsinstanzen. In Abhängigkeit von Bedeutung und Größe des Programmobjekts erfolgt die hierarchische Zuordnung zu der entsprechenden Planungs- und Entscheidungsinstanz. Die auf der approximativen Dekomposition basierenden Koordinationsprozesse können somit die Aktualität des Fernsehprogramms sowie die Flexibilität des Fernsehveranstalters fördern und die *sechste Modellanforderung* erfüllen. Trotz der möglichen Delegation von Entscheidungskompetenzen auf die dezentralen Programmsparten stellt „die Heuristik recht hohe Anforderungen an die Marktübersicht und Erfahrung der Mitarbeiter in der Unternehmenszentrale [..]. Das ganze Verfahren steht und fällt vor allem mit der Qualität der zentral geschätzten"[1] Lenkpreise.

Insgesamt gewährt der auf der approximativen Dekomposition basierende heuristische Lösungsansatz unter Beachtung der formulierten Modellanforderungen sowohl Fernsehanstalten in Erfüllung ihres Programmauftrags als auch privaten Fernsehveranstaltern eine theoretisch fundierte Entscheidungsunterstützung und ermöglicht eine Antwort auf die im ersten Kapitel (S. 5) aufgeworfenen Fragestellungen:

1. Welcher Preis ist aus Sicht der Rundfunkanbieter für die Übereignung audiovisueller Medienrechte ökonomisch angemessen?

2. Welche Möglichkeit besteht, die hierzu erforderliche Wertermittlung in ein Programmplanungsmodell zu integrieren, das die branchenspezifischen Besonderheiten im Zielplan sowie im Entscheidungsfeld berücksichtigt?

---

[1] HERING, Unternehmensbewertung (1999), S. 83.

IV. Die Zusammenfassung

Mit zunehmender Bedeutung von Programminhalten stiegen auch die Preise für audiovisuelle Medienrechte. Die Beantwortung der Frage nach der Vorteilhaftigkeit des Erwerbs von audiovisuellen Medienrechten erfordert deren Bewertung. Vor dem Hintergrund der bislang erreichten Preisdimensionen und der daraus resultierenden wirtschaftlichen Konsequenzen war das *Ziel der Arbeit*, ein theoretisch fundiertes Konzept zur Bewertung audiovisueller Medienrechte als Entscheidungsunterstützung für die Fernsehveranstalter des dualen Rundfunksystems zu entwickeln. Dieses Modell sollte aus Sicht eines präsumtiven Erwerbers die Frage nach dem ökonomisch angemessenen Preis beantworten. Aufgrund der notwendigen Beachtung branchenspezifischer Besonderheiten im Zielplan und im Entscheidungsfeld der Fernsehveranstalter sollte die dafür erforderliche Wertermittlung in ein Programmplanungsmodell integriert werden, das sowohl öffentlich-rechtlichen als auch privaten Fernsehveranstaltern eine praktikable, aber gleichsam auf wissenschaftlichen Erkenntnissen basierende zuverlässige quantitative Entscheidungsunterstützung gewährt.

Die einleitenden Ausführungen der Arbeit widmeten sich der eingehenden Betrachtung der Bewertungssubjekte und der Bewertungsobjekte: Als *Bewertungssubjekt* gilt derjenige, aus dessen Sicht eine Bewertung erfolgt. Die Position des Bewertungssubjekts wurde im Rahmen der Analysen durch die privaten und öffentlich-rechtlichen Fernsehveranstalter ausgefüllt, deren Nebeneinander als duales Rundfunksystem bezeichnet wird. Grundlage der in Deutschland verfassungsrechtlich garantierten Freiheit des Rundfunks ist eine breite und vollständige Meinungs- und Programmvielfalt. Diese Vielfalt soll durch das duale Rundfunksystem gewährleistet werden. Die Untersuchung begann mit der Darstellung der rechtlichen Rahmenbedingungen und der Entwicklung dieses Systems. Die darauf folgende Analyse der Ziele und der Finanzierungsmöglichkeiten von öffentlich-rechtlichen und privaten Fernsehveranstaltern machte die wesentlichen Unterschiede der beiden Anbieterformen deutlich: Fernsehanstalten haben als Sachziel den gesetzlich kodifizierten Programmauftrag zu erfüllen. Das Formalziel gebietet flankierend die wirtschaftliche und sparsame Erfüllung des vorherrschenden Sachziels. Währenddessen dominiert bei privaten Fernsehveranstaltern das Formalziel, angemessene Gewinne für die Gesellschafter zu erwirtschaften oder die Gewinne zu maximieren, das jeweilige Sachziel. In Anbetracht der Finanzierungsmöglichkeiten sind bei privaten Fernsehsendern unterschiedliche Sachziele festzuhalten: Werbefinanzierte Sender erstreben die Erzeugung von Rezipientenkontakten für die werbetreibende Wirtschaft und entgeltfinanzierte Sender die Bereitstellung und Übermittlung attraktiver Programme an die Zuschauer. Die Darstellung der Finanzierung begnügte sich mit der Analyse der Selbstfinanzierung: Zur Erfüllung des Programmauftrags kann der öffentlich-rechtliche Rundfunk nach den Regelungen des RStV auf Rundfunkgebühren, Werbe- und sonstige Einnahmen zurückgreifen. Rundfunkgebühren, die gemäß abgabenrechtlicher Definition tatsächlich als Rundfunkbeiträge anzusehen sind, stellen dabei die vorrangige Finanzierungsquelle dar. Private Fernsehveranstalter, für die eine Gebührenfinanzierung gesetzlich ausgeschlossen ist, haben hingegen die Möglichkeit zur Selbstfinanzierung insbesondere durch Werbeeinnahmen sowie Abonnement- und Einzelentgelte. Eine Bestandsaufnahme der aktuellen Marktsituation vermochte die Bestandsberechtigung und die Entwicklungschancen der öffentlich-rechtlichen Anbieter angesichts des privaten Rundfunkangebots zu verdeutlichen.

Der zu bewertende Gegenstand, der hier unter dem Terminus „audiovisuelle Medienrechte" zusammengefaßt wurde, wird als *Bewertungsobjekt* bezeichnet. In Ermangelung einer einheitlichen Definition oder Umschreibung des Begriffs der audiovisuellen Medienrechte wurde eine für diese Arbeit maßgebende Auslegung des Terminus abgeleitet: Den audiovisuellen Medienrechten werden alle Befugnisse subsumiert, die einem öffentlich-rechtlichen oder privaten Fernsehveranstalter zuwachsen müssen, um Programmbestandteile zu verwerten, sowie ferner das gegebenenfalls dafür erforderliche Trägermedium oder technische Sendesignal. Das Verwerten beinhaltet die Ausstrahlung innerhalb des Fernsehprogramms, die Weiterveräußerung der Rechte und die darüber hinausgehende Nebenrechtsverwertung. Audiovisuelle Medienrechte wurden in Fernsehrechte und Übertragungsrechte sowie die damit verbundenen, nicht die Ausstrahlung betreffenden Nebenrechte unterteilt. Das Fernsehprogramm, als das Produkt der privaten sowie der öffentlich-rechtlichen Veranstalter, ergibt sich als Kombination einzelner audiovisueller Medienrechte sowie anderer Produktionsfaktoren. Die audiovisuellen Medienrechte können deshalb als Bausteine des Fernsehprogramms betrachtet werden. Vor dem Hintergrund der bei der Programmplanung zu beachtenden wirtschaftlichen und budgetären Restriktionen unterstreicht diese Feststellung, daß es für die Gewährleistung einer effizienten Ressourcenallokation notwendig ist, mit audiovisuellen Medienrechten verbundene Bewertungs- und Investitionsentscheidungen in die Programmplanung einzubeziehen.

Da mit dem Erwerb eines audiovisuellen Medienrechts aus finanzwirtschaftlicher Sicht ebenso wie mit dem Kauf einer Unternehmung ein unsicherer, zukünftiger Zahlungsstrom erworben wird, ist bei der Bewertung audiovisueller Medienrechte die Anwendung der modernen Erkenntnisse der *funktionalen Unternehmungsbewertungstheorie der sog. Kölner und Greifswalder Schule* unter Beachtung der branchenimmanenten Besonderheiten geboten. Der Wert eines audiovisuellen Medienrechts muß entsprechend der funktionalen Bewertungstheorie mit Bezugnahme auf die Vorstellungen und Planungen des konkreten Bewertungsinteressenten unter expliziter Berücksichtigung der verfolgten Aufgabenstellung der Bewertung ermittelt werden. Die Untersuchung bezog sich ausschließlich auf die Entscheidungsfunktion und somit auf die Ermittlung des Entscheidungswertes. Zur Systematisierung der möglichen Konfliktsituationen war es erforderlich, die Konfliktsituation vom Typ des Erwerbs (und der Veräußerung) zu begründen, die neben der bekannten Situation vom Typ des

IV. Die Zusammenfassung

Kaufs (und des Verkaufs) auch die Ausprägungen der Situation vom Typ der Lizenznahme (und der Lizenzvergabe) umfaßt.

Mit der Darstellung der Grundlagen der Unternehmungsbewertung wurde ein begrifflich-konzeptioneller Rahmen erarbeitet und die theoretische Basis gelegt, die anschließend auf audiovisuelle Medienrechte hin konkretisiert werden mußte. Die Untersuchung hat gezeigt, daß bei der Bewertung audiovisueller Medienrechte „die allgemeingültigen und damit branchenunabhängigen investitions- und entscheidungstheoretischen Paradigmen der"[1] Bewertungstheorie nicht außer Kraft gesetzt werden. Vielmehr verlangt die Medienrechtsbewertung aufgrund der branchenimmanenten Rahmenbedingungen die zusätzliche Beachtung bewertungsrelevanter Besonderheiten. Durch die vorliegenden hohen Risiken nehmen außerdem die Anforderungen an die Prognose zukünftiger Erfolgsströme zu. Im Rahmen der *Synthese von Methodenwissen und branchenspezifischen Besonderheiten* ließen sich Probleme identifizieren, die somit bei der modelltheoretischen Analyse zu beachten waren. Dementsprechend wurden sechs Anforderungen formuliert, die ein Bewertungsmodell erfüllen muß, um dem Ziel der Arbeit gerecht zu werden, ein theoretisch fundiertes Konzept zur Medienrechtsbewertung als Entscheidungsunterstützung für die Fernsehveranstalter des dualen Rundfunksystems darzustellen.

Eine Analyse der bisher in der Literatur *vorgeschlagenen Ansätze* zur Bewertung audiovisueller Medienrechte von HEINRICH und KRUSE zeigte, daß diese insbesondere aufgrund der Vernachlässigung von Entscheidungsfeldbezogenheit und Verbundberücksichtigung zur Entscheidungswertermittlung ungeeignet sind. Daraufhin wurde zur Medienrechtsbewertung auf zwei aus der Unternehmungsbewertung bekannte Konzepte zurückgegriffen: auf das allgemeine ZGPM als Totalmodell und das Zukunftserfolgswertverfahren als Partialmodell.

Auf der Grundlage des zur Bewertung von Zahlungsströmen formulierten *allgemeinen ZGPM* von HERING, das auf dem Grundkonzept des Entscheidungswertes nach MATSCHKE basiert, wurde ein einfaches Totalmodell zur Bewertung audiovisueller Medienrechte erstellt. Die Entscheidungswertermittlung auf Basis des ZGPM wurde dabei für die eindimensionale, disjungierte Konfliktsituation vom Typ des Erwerbs sowie die eindimensionale, jungierte Konfliktsituation vom Typ „Erwerb/Erwerb" veranschaulicht. Letztere Situation wurde erstmalig am Beispiel von zwei voneinander verschiedenen Bewertungsobjekten mit periodenindividuellen Einzahlungsüberschüssen dargestellt. Spätestens die Verknüpfung der Medienrechtsbewertung mit einem Totalmodell zur Programmplanung verdeutlicht jedoch die Achillesferse der Simultanmodelle: Sie erreichen schnell einen Umfang, der eine Komplexreduktion des Bewertungskalküls unumgänglich macht.[2]

---

[1] *OLBRICH*, Bedeutung des Börsenkurses (2000), S. 462.

[2] Siehe *HERING*, Unternehmensbewertung (1999), S. 139.

Um dieser Notwendigkeit zu entsprechen, wurden die Möglichkeiten und Grenzen des *Zukunftserfolgswertverfahrens*, eines Partialmodells, betrachtet. Die Entscheidungswertermittlung auf Basis dieses Verfahrens wurde dabei für die eindimensionale sowie die mehrdimensionale, disjungierte Konfliktsituation vom Typ des Erwerbs veranschaulicht. Im Zusammenhang mit der vollzogenen Verknüpfung von partialanalytischer Programmplanung und Medienrechtsbewertung wurde zur Berücksichtigung zusätzlicher nichtfinanzieller Restriktionen bei der Bewertung audiovisueller Medienrechte die Formel des „korrigierten" Zukunftserfolgswertes aufgestellt. Im Rahmen der Ausführungen wurde auf die bekannten Problemen des Modells hingewiesen, die sich bei der Ermittlung des Entscheidungswertes insbesondere aus dem Dilemma der Lenkpreistheorie sowie mit der Änderung der endogenen Grenzzinsfüße beim Übergang vom Basis- zum Bewertungsprogramm ergeben. Darüber hinaus wurde mit Rückgriff auf die Dualitätstheorie der linearen Optimierung gezeigt, zu welchen weiteren Einschränkungen nichtfinanzielle Restriktionen bei der Anwendung der Zukunftserfolgswertmethode führen, wenn es durch die Aufnahme des zu bewertenden Medienrechts zu einem Basiswechsel kommt, der die nichtfinanziellen „Knappheitspreise" der optimalen Lösung ändert. Insgesamt erwies sich das Partialmodell für die Ermittlung des Entscheidungswertes aufgrund der dafür vorausgesetzten Lösung des korrespondierenden Totalmodells als redundant.

Die Ermittlung des Entscheidungswertes der audiovisuellen Medienrechte, der subjektiven Grenze der Konzessionsbereitschaft von Fernsehveranstaltern, stellt sich als schlechtstrukturiertes Problem dar. Zur Behebung der identifizierten Defekte wurde mit dem *Verfahren der approximativen Dekomposition* ein Vorgehen gewählt, das einerseits das rechte Maß der Abwägung zwischen erforderlicher Praktikabilität und hinreichender Genauigkeit findet sowie andererseits den branchenspezifischen Anforderungen weitgehend Rechnung trägt. Auf der Basis der approximativen Dekomposition wurde ein Ansatz zur Programmplanung vorgestellt, der zur Überbrückung des Dilemmas der Lenkpreistheorie Total- und Partialplanung miteinander verknüpft. Ausgehend von diesem Modell, das sowohl für öffentlich-rechtliche als auch für private Fernsehveranstalter entwickelt wurde, konnte der Brückenschlag zur Bewertung audiovisueller Medienrechte vollzogen werden, wobei die Interdependenzen zwischen dem Entscheidungswert des audiovisuellen Medienrechts und dem Fernsehprogramm des Rundfunkveranstalters durch Kombination von iterativer und hierarchischer Koordination aufeinander abzustimmen sind. Als Ergebnis des Prozesses ergibt sich ein investitionstheoretisch fundierter Entscheidungswert, der den Entscheidungsträgern in den Verhandlungssituationen eine annähernd zuverlässige quantitative Entscheidungshilfe bietet.

IV. Die Zusammenfassung

Die Erfolgsschätzungen für Medienrechte sind unter *Unsicherheit* durch mehrwertige Erwartungen geprägt. Grundlage der Bewertung bilden die zur Verfügung gestellten Erfolgserwartungen, die auf subjektive Bandbreiten eingeengt und denen bestenfalls durch fundierte Schätzungen ermittelte Eintrittswahrscheinlichkeiten zugeordnet worden sind. Heuristische Verfahren zur Berücksichtigung der Mehrwertigkeit der Zukunftserwartungen des Bewertungssubjekts lassen sich in Unsicherheit verdichtende und Unsicherheit offenlegende Bewertungsmethoden unterteilen. Aufgrund der mangelnden Zweckmäßigkeit der Unsicherheit verdichtenden Methoden wurde zur Berücksichtigung des Unsicherheitsaspekts auf die Unsicherheit aufdeckenden Planungsmethoden zurückgegriffen. Als Ergebnis dieser Methoden wird dem Entscheidungsträger der Entscheidungswert als Bandbreite oder als Verteilung zur Verfügung gestellt. Da bei Unsicherheit eine „optimale" Lösung des Bewertungsproblems *ex ante* nicht definiert ist, entsprechen Bandbreiten vielmehr der Natur des Entscheidungswertes. Zur Aufdeckung der Auswirkungen der Unsicherheit wurden die in der Arbeit betrachteten Bewertungsmodelle mit den Instrumenten der Sensitivitäts- und der Risikoanalyse kombiniert. Darüber hinaus wurde empfohlen, den approximativ dekompositiven Planungsprozeß in die rollierende Planung des Fernsehveranstalters einzubinden.

Eine die herausgearbeiteten Ergebnisse widerspiegelnde *Synopse* im Hinblick auf die Erfüllung der in Kapitel III.1.2.6 (S. 84 f.) formulierten Modellanforderungen durch die analysierten Bewertungsverfahren gibt Tabelle 25.

Modellanforderung	Modellvarianten		
	Totalmodell	Partialmodell	Approximative Dekomposition
1 Subjekt- und Zielsystembezogenheit	+	(0)	+
2 Entscheidungsfeldbezogenheit und Grenzwertermittlung	+	(0)	(+)
3 Möglichkeit der Verknüpfung mit Unsicherheit offenlegenden Methoden	+	+	+
4 Vertretbarer Informationsbeschaffungs- und -verarbeitungsaufwand	(0)	(+)	+
5 Rechenbarkeit der Kalküle	(0)	(+)	+
6 Möglichkeit dezentraler Entscheidungsunterstützung	–	(+)	+
+ = geeignet – = ungeeignet 0 = denkbar ( ) = nur unter bestimmten Voraussetzungen[1]			

Tabelle 25:   Die Modellvarianten-Modellanforderungs-Synopse

Für öffentlich-rechtliche Fernsehveranstalter ist zu beachten,[2] daß Programmplanung und Medienrechtsbewertung mittels approximativer Dekomposition Bausteine zur wirtschaftlichen und sparsamen Aufgabenerfüllung zu sein vermögen. Die Einhaltung des *Gemeinwirtschaftlichkeitsprinzips* wird zusätzlich wesentlich durch das Programmschema sowie die mit Hilfe der Nutzwertanalyse zu treffende Vorauswahl beeinflußt. Wegen der unscharfen Trennung von funktionsadäquaten und nicht funktionsadäquaten Programmen[3] besteht die Gefahr, daß der öffentlich-rechtliche Rundfunk seine horizontale und vertikale Expansionsstrategie fortführt. Grundlage seiner Existenz sind aber nicht aufwendige Unterhaltungssendungen und attraktive Sportübertragungen, sondern – in Erfüllung seines klassischen Programmauftrags – die Ausstrahlung der Sendungen, „für die ein Markt nicht existiert"[4].

---

[1] Siehe hierzu die Erläuterungen im Rahmen der kritischen Würdigung des jeweiligen Modells.
[2] Vgl. zu nachfolgenden Ausführungen BRÖSEL, Programmplanung (2001), S. 389.
[3] Vgl. KRÖNES, Finanzbedarf (1996), S. 39.
[4] *IMMENGA*, Rundfunk (1989), S. 625.

IV. Die Zusammenfassung

Wichtige Ansatzpunkte zur Programmplanung und zur Bewertung audiovisueller Medienrechte haben die Investitions- und die moderne Unternehmungsbewertungstheorie geliefert. Die gewonnenen theoretischen Erkenntnisse können nun in der Praxis als Grundlage zur Konstruktion effizienter Programmplanungs- und Medienrechtsbewertungsmodelle dienen. Somit kann überprüft werden, ob die derzeit zu beobachtenden Preisdimensionen ökonomisch begründbar sind. Die – trotz der im Medienbereich zu verzeichnenden vielfältigen wirtschaftlichen Besonderheiten – in Deutschland bisher nur rudimentär entwickelte Medienökonomie läßt für *weitere ökonomische Untersuchungen* noch einen breiten Spielraum.[1]

---

[1] Siehe beispielsweise *SCHUSSER*, Medienökonomie (1998), S. 601.

Literaturverzeichnis

ADAM, D. (Kostenbewertung): Entscheidungsorientierte Kostenbewertung, Wiesbaden 1970.

ADAM, D. (Schlechtstrukturierte Entscheidungssituationen): Planung in schlechtstrukturierten Entscheidungssituationen mit Hilfe heuristischer Vorgehensweisen, in: BFuP, 35. Jg. (1983), S. 484 - 494.

ADAM, D. (Heuristische Planung): Planung, heuristische, in: SZYPERSKI, N. (Hrsg.), Handwörterbuch der Planung, Stuttgart 1989, Sp. 1414 - 1419.

ADAM, D. (Planung): Planung und Entscheidung, 4. Aufl., Wiesbaden 1996.

ADAM, D./HERING, TH. (Kalkulation): Kalkulation von Abwassergebühren, in: ZögU, 18. Jg. (1995), S. 259 - 276.

AMSINCK, M. (Sportrechtemarkt): Der Sportrechtemarkt in Deutschland, in: Media Perspektiven, o. Jg. (1997), S. 62 - 72.

ARBEITSGEMEINSCHAFT DER ARD-WERBEGESELLSCHAFTEN (Hrsg.) (Basisdaten 2000): Media Perspektiven Basisdaten 2000, Frankfurt am Main 2000.

ARBEITSGEMEINSCHAFT DER ARD-WERBEGESELLSCHAFTEN (Hrsg.) (Basisdaten 2001): Media Perspektiven Basisdaten 2001, Frankfurt am Main 2001.

ARD-PROJEKTGRUPPE DIGITAL (Digitales Fernsehen): Digitales Fernsehen in Deutschland – Markt, Nutzerprofile, Bewertungen, in: Media Perspektiven, o. Jg. (2001), S. 202 - 219.

AULER, W. (Unternehmung als Wirtschaftseinheit): Die Bewertung der Unternehmung als Wirtschaftseinheit, in: Welt des Kaufmanns, 8. Jg. (1926/1927), S. 41 - 46.

BAETGE, J./KRUMBHOLZ, M. (Unternehmensbewertung): Überblick über Akquisition und Unternehmensbewertung, in: BAETGE, J. (Hrsg.), Akquisition und Unternehmensbewertung, Düsseldorf 1991, S. 1 - 30.

BALLWIESER, W. (Wahl des Kalkulationszinsfußes): Die Wahl des Kalkulationszinsfußes bei der Unternehmensbewertung unter Berücksichtigung von Risiko und Geldentwertung, in: BFuP, 33. Jg. (1981), S. 97 - 114.

BALLWIESER, W. (Unternehmensbewertung): Unternehmensbewertung und Komplexitätsreduktion, 3. Aufl., Wiesbaden 1990.

BALLWIESER, W. (Unternehmensbewertung beim Management Buy-Out): Unternehmensbewertung beim Management Buy-Out, in: BAETGE, J. (Hrsg.), Akquisition und Unternehmensbewertung, Düsseldorf 1991, S. 81 - 96.

BALLWIESER, W. (Discounted Cash Flow-Verfahren): Unternehmensbewertung mit Discounted Cash Flow-Verfahren, in: WPg, 51. Jg. (1998), S. 81 - 92.

BALLWIESER, W./LEUTHIER, R. (Grundprinzipien der Unternehmensbewertung): Betriebswirtschaftliche Steuerberatung: Grundprinzipien, Verfahren und Probleme der Unternehmensbewertung, in: DStR, 24. Jg. (1986), S. 545 - 551 und S. 604 - 610.

BAMBERG, G./BAUR, F. (Statistik): Statistik, 10. Aufl., München, Wien 1998.

BARTHEL, C. W. (Zuschlagsorientierte Bewertungsverfahren): Unternehmenswert: Die zuschlagsorientierten Bewertungsverfahren, in: DB, 49. Jg. (1996), S. 1349 - 1358.

BENDER, J./LORSON, P. (Discounted-Cash-flow Verfahren): Verfahren der Unternehmensbewertung (IV): Discounted-Cash-flow Verfahren und Anmerkungen zu Shareholder-Value-Konzepten, in: BuW, Bd. 51 (1997), S. 1 - 9.

BERENS, W. (Heuristiken): Beurteilung von Heuristiken, Wiesbaden 1992.

BERGNER, H. (Filmwirtschaftslehre): Versuch einer Filmwirtschaftslehre, Berlin 1962.

BERTHOUD, M. (Programm): Das Programm im Spannungsfeld zwischen inhaltlichen Ansprüchen und wirtschaftlichen Sparzwängen – Vierzehn Hinweise, in: BFuP, 53. Jg. (2001), S. 342 - 347.

BITZ, M. (Strukturierung): Die Strukturierung ökonomischer Entscheidungsmodelle, Wiesbaden 1977.

BLOHM, H./LÜDER, K. (Investition): Investition, 8. Aufl., München 1995.

BÖCKING, H.-J./NOWAK, K. (Discounted Cash Flow-Verfahren): Der Beitrag der Discounted Cash Flow-Verfahren zur Lösung der Typisierungsproblematik bei Unternehmensbewertungen, in: DB, 51. Jg. (1998), S. 685 - 690.

BOGASCHEWSKY, R./ROLLBERG, R. (Management): Prozeßorientiertes Management, Berlin et al. 1998.

BÖLL, K. (Merchandising): Merchandising, 2. Aufl., München 1996.

BÖRNER, D. (Unternehmensbewertung): Unternehmensbewertung, in: ALBERS, W. ET AL. (Hrsg.), Handwörterbuch der Wirtschaftswissenschaften, Bd. 8, Stuttgart et al. 1980, S. 111 - 123.

BREITBART, G. (Nutzen-Kosten-Analysen): Nutzen-Kosten-Analysen für Rundfunk- und Fernsehanstalten, in: ZögU, 6. Jg. (1983), Beiheft 5, S. 131 - 145.

BROCKHAUS (Hrsg.) (Enzyklopädie, 2. Bd.): Brockhaus – Die Enzyklopädie, in vierundzwanzig Bänden, 2. Bd., 20. Aufl., Leipzig, Mannheim 1996.

BROCKHAUS (Hrsg.) (Enzyklopädie, 14. Bd.): Brockhaus – Die Enzyklopädie, in vierundzwanzig Bänden, 14. Bd., 20. Aufl., Leipzig, Mannheim 1998.

BRÖSEL, G. (Organisation und Finanzierung): Organisation und Finanzierung der Abwasserbeseitigung, Veröffentlichung des Lehrstuhls für Allgemeine Betriebswirtschaftslehre und Betriebliche Finanzwirtschaft, insbesondere Unternehmensbewertung, Ernst-Moritz-Arndt-Universität Greifswald, hrsg. von M. J. MATSCHKE, Internet-Veröffentlichung, Nr. 4, Greifswald 1998.

BRÖSEL, G. (Kommunale Finanzierung): Kommunale Finanzierung mit Bausparverträgen, in: BURCHERT, H./HERING, TH. (Hrsg.), Betriebliche Finanzwirtschaft, München, Wien 1999, S. 264 - 270.

BRÖSEL, G. (Wirtschaftlichkeit): Wirtschaftlichkeit bei kommunalen Pflichtaufgaben, in: BURCHERT, H./HERING, TH. (Hrsg.), Betriebliche Finanzwirtschaft, München, Wien 1999, S. 271 - 276.

BRÖSEL, G. (Transportprobleme): Transportprobleme, in: BURCHERT, H./HERING, TH./ ROLLBERG, R. (Hrsg.), Logistik, München, Wien 2000, S. 234 - 241.

BRÖSEL, G. (Programmplanung): Die Programmplanung öffentlich-rechtlicher Fernsehanbieter, in: BFuP, 53. Jg. (2001), S. 375 - 391.

BRÖSEL, G./HERING, TH./MATSCHKE, M. J. (Wirtschaftlichkeitsanalyse): Wirtschaftlichkeitsanalyse alternativer Organisationsformen der Abwasserbeseitigung am Beispiel eines Zweckverbands, in: ZögU, 22. Jg. (1999), S. 182 - 193.

BRÖSEL, G./HERING, TH./MATSCHKE, M. J. (Finanzierung und Organisation): Finanzierung und Organisation der Abwasserbeseitigung, in: ZögU, 22. Jg. (1999), S. 273 - 289.

BÜCH, E. TH./BÜCH, M.-P. (Werbung): Werbung als Finanzierungsalternative für Ätherrundfunk, in: ZögU, 5. Jg. (1982), S. 1 - 16.

BÜCH, M.-P./FRICK, B. (Sportökonomie): Sportökonomie: Erkenntnisinteresse, Fragestellungen und praktische Relevanz, in: BFuP, 51. Jg. (1999), S. 109 - 123.

BURKARD, R. E. (Ganzzahlige Optimierung): Methoden der ganzzahligen Optimierung, Wien, New York 1972.

BUSCHER, U. (Unscharfe Daten): Investitions- und Finanzplanung bei unscharfen Daten, in: BURCHERT, H./HERING, TH. (Hrsg.), Betriebliche Finanzwirtschaft, München, Wien 1999, S. 82 - 95.

BUSCHER, U./ROLAND, F. (Fuzzy Sets): Fuzzy Sets in der linearen Optimierung, in: WiSt, 22. Jg. (1993), S. 313 - 317.

BUSSE VON COLBE, W. (Zukunftserfolg): Der Zukunftserfolg, Wiesbaden 1957.

CLEMENT, M./BECKER, J. U. (Digitales Fernsehen): Digitales Fernsehen – Strategische Umbrüche bei steigendem Interaktivitätsgrad, in: ZfbF, 51. Jg. (1999), S. 1169 - 1190.

COENENBERG, A. G. (Monte-Carlo-Simulation): Unternehmungsbewertung mit Hilfe der Monte-Carlo-Simulation, in: ZfB, 40. Jg. (1970), S. 793 - 804.

COENENBERG, A. G./SIEBEN, G. (Unternehmungsbewertung): Unternehmungsbewertung, in: GROCHLA, E./WITTMANN, W. (Hrsg.), Handwörterbuch der Betriebswirtschaft, 4. Aufl., Stuttgart 1976, Sp. 4062 - 4079.

DANTZIG, G. B. (Lineare Programmierung): Lineare Programmierung und Erweiterungen, Berlin, Heidelberg, New York 1966.

DANTZIG, G. B./WOLFE, P. (Decomposition Principle): Decomposition Principle for Linear Programs, in: OR, 8. Jg. (1960), S. 101 - 111.

DARSCHIN, W./KAYSER, S. (Zuschauerverhalten): Tendenzen im Zuschauerverhalten, in: Media Perspektiven, o. Jg. (2001), S. 162 - 175.

DARSCHIN, W./ZUBAYR, C. (Fernsehnachrichten): Die Informationsqualität der Fernsehnachrichten aus Zuschauersicht, in: Media Perspektiven, o. Jg. (2001), S. 238 - 246.

DEPPING, B. (Werbespot): Die bilanzsteuerrechtliche Behandlung des „Werbespots", in: DB, 44. Jg. (1991), S. 2048 - 2050.

DIETL, H./FRANCK, E. (Organisationsformen): Free-TV, Abo-TV, Pay per View-TV – Organisationsformen zur Vermarktung von Unterhaltung, in: ZfbF, 52. Jg. (2000), S. 592 - 603.

DINKELBACH, W. (Sensitivitätsanalysen): Sensitivitätsanalysen, in: BECKMANN, J./MENGES, G./SELTEN, R. (Hrsg.), Handwörterbuch der mathematischen Wirtschaftswissenschaften, Bd. 3, Wiesbaden 1979, S. 243 - 247.

DINKELBACH, W. (Operations Research): Operations Research, Berlin et al. 1992.

DIRRIGL, H. (Entgeltvereinbarungen): Steueroptimale Entgeltvereinbarungen bei Erwerb und Veräußerung einer Unternehmung, in: ZfbF, 41. Jg. (1989), S. 114 - 136.

DIRUF, G. (Risikoanalyse): Die quantitative Risikoanalyse, in: ZfB, 42. Jg. (1972), S. 821 - 832.

DOMSCHKE, W./DREXL, A. (Operations Research): Einführung in Operations Research, 4. Aufl., Berlin et al. 1998.

DÖRNER, W. (Unparteiischer Gutachter): Der Wirtschaftsprüfer als unparteiischer Gutachter bei der Bewertung von Unternehmungen, in: BFuP, 28. Jg. (1976), S. 505 - 516.

DÖRNER, W. (Funktionen des Wirtschaftsprüfers): Überlegungen zu Theorie und Praxis der subjektiven Unternehmensbewertung – die Funktionen des Wirtschaftsprüfers als Gutachter –, in: WPg, 34. Jg. (1981), S. 202 - 208.

DÖRR, D. (Medienordnung): Europäische Medienordnung und -politik, in: HANS-BREDOW-INSTITUT (Hrsg.), Internationales Handbuch für Hörfunk und Fernsehen 2000/2001, Baden-Baden 2000, S. 65 - 88.

DREIER, TH. (Urheberrecht): Urheberrecht an der Schwelle des 3. Jahrtausends, in: CR, 16. Jg. (2000), S. 45 - 49.

DRUKARCZYK, J. (Unternehmensbewertung): Unternehmensbewertung, 3. Aufl., München 2000.

DRUKARCZYK, J./RICHTER, F. (Unternehmensgesamtwert): Unternehmensgesamtwert, anteilseignerorientierte Finanzentscheidungen und APV-Ansatz, in: DBW, 55. Jg. (1995), S. 559 - 580.

DUVINAGE, P. (Sport im Fernsehen): Der Sport im Fernsehen. Die Sicht der Rechteagenturen, Arbeitspapiere des Instituts für Rundfunkökonomie, H. 130, Köln 2000.

EBERLE, C.-E. (Rundfunkgebühr): Die Rundfunkgebühr, in: AfP, 26. Jg. (1995), S. 559 - 565.

EBERLE, C.-E. (Programmauftrag): Programmauftrag, Finanzierung und ökonomischer Wettbewerb, in: ZWEITES DEUTSCHES FERNSEHEN (Hrsg.), ZDF Jahrbuch 98, Mainz 1999, S. 59 - 64.

EBERLE, C.-E. (ZDF.vision): ZDF.vision, in: ZWEITES DEUTSCHES FERNSEHEN (Hrsg.), ZDF Jahrbuch 99, Mainz 2000, S. 64 - 66.

EHLERS, R. (Organisationsprobleme): Organisationsprobleme in Rundfunkanstalten, in: FÜNFGELD, H./MAST, C. (Hrsg.), Massenkommunikation. Ergebnisse und Perspektiven, Opladen 1997, S. 281 - 294.

EHLGEN, H.-W. (Merchandising): Merchandising, in: ZUM, 40. Jg. (1996), S. 1008 - 1015.

EHRENSBERGER, W. (Kirch-Insolvenz): Banken sollen nach Kirch-Insolvenz zahlen, in: DIE WELT vom 8. April 2002, S. 11.

EHRENSBERGER, W. (Premiere): Premiere steht ebenfalls vor Insolvenzantrag, in: DIE WELT vom 10. April 2002, S. 13.

EICHHORN, P. (Rundfunkanstalten): Kabelkommunikation und Rundfunkanstalten, in: ZögU, 6. Jg. (1983), Beiheft 5, S. 26 - 36.

ELLINGER, TH./BEUERMANN, G./LEISTEN, R. (Operations Research): Operations Research, 4. Aufl., Berlin et al. 1998.

ENGELS, W. (Bewertungslehre): Betriebswirtschaftliche Bewertungslehre im Licht der Entscheidungstheorie, Köln, Opladen 1962.

ENGLÄNDER, J. (Werbemarkt): Der Werbemarkt 2000, in: Media Perspektiven, o. Jg. (2001), S. 290 - 297.

FAHLE, R. (Programmgestaltung): Die Ausrichtung der Programmgestaltung öffentlichrechtlicher und privater TV-Anbieter auf die Vermarktung von Werbezeiten, Arbeitspapiere des Instituts für Rundfunkökonomie, H. 16, Köln 1994.

FELDHOFF, P. (Der neue IDW-Standard): Der neue IDW-Standard zur Unternehmensbewertung: Ein Fortschritt?, in: DB, 53. Jg. (2000), S. 1237 - 1240.

FISHER, I. (Theory of Interest): The Theory of Interest, New York 1930.

FORSTER, K.-H. (Ausweis, Ansatz und Bewertung des Programmvermögens): Zu Ausweis, Ansatz und Bewertung des Programmvermögens von Rundfunkanstalten, in: WPg, 41. Jg. (1988), S. 321 - 328.

FRANKE, G./HAX, H. (Finanzwirtschaft): Finanzwirtschaft des Unternehmens und Kapitalmarkt, 4. Aufl., Berlin et al. 1999.

FRESE, E. (Produktionssteuerung): Die Produktionssteuerung öffentlich-rechtlicher Rundfunkanstalten im Spannungsfeld von Markt und Plan, in: BFuP, 53. Jg. (2001), S. 295 - 311.

FRIEDLAENDER, K. (Spielfilme im Bewertungsrecht): Zum Urteil des BFH vom 25.2.1955 III 187/51 StW 1955 Nr. 122: Zur Behandlung von Spielfilmen im Bewertungsrecht, in: Steuer und Wirtschaft, 32. Jg. (1955), Sp. 337 - 342.

FRIEDRICH, M. (Programmbeschaffung): Planung der Programmbeschaffung in öffentlich-rechtlichen Fernsehanstalten, Arbeitspapiere des Instituts für Rundfunkökonomie, H. 69, Köln 1997.

GÄFGEN, G. (Theorie): Theorie der wirtschaftlichen Entscheidung, 3. Aufl., Tübingen 1974.

GALE, D./KUHN, H. W./TUCKER, A. W. (Linear Programming): Linear Programming and the Theory of Games, in: KOOPMANS, T. C. (Hrsg.), Activity Analysis of Production and Allocation, New York, London 1951, S. 317 - 329.

GANGLOFF, T. (Spitzen-Sport): Spitzen-Sport bringt Quote, in: FR vom 5. Juli 2000, S. 29.

GASTER, J. (Urheberrecht): Urheberrecht und verwandte Schutzrechte in der Informationsgesellschaft, in: ZUM, 39. Jg. (1995), S. 740 - 752.

GOETZKE, W./SIEBEN, G. (Hrsg.) (Moderne Unternehmungsbewertung): Moderne Unternehmungsbewertung und Grundsätze ihrer ordnungsmäßigen Durchführung, Köln 1977.

GOSSEN, H. H. (Gesetze des menschlichen Verkehrs): Entwickelung der Gesetze des menschlichen Verkehrs, und der daraus fließenden Regeln für menschliches Handeln, Braunschweig 1854.

GÖTZE, U. (Szenario-Technik): Szenario-Technik in der strategischen Unternehmensplanung, 2. Aufl., Wiesbaden 1993.

GÖTZE, U./BLOECH, J. (Investitionsrechnung): Investitionsrechnung, 2. Aufl., Berlin et al. 1995.

GROTH, R. (Zielsetzungen): Zielsetzungen privater Fernsehanbieter, Arbeitspapiere des Instituts für Rundfunkökonomie, H. 52, Köln 1996.

GROTH, R./PAGENSTEDT, G. (Neue Formen der Finanzierung): Neue Formen der Finanzierung für private Fernsehveranstalter, Arbeitspapiere des Instituts für Rundfunkökonomie, H. 32, Köln 1995.

GRUNINGER-HERMANN, CH. (Teleshopping): Teleshopping, Stuttgart 1999.

GUMMIG, CH. (Medienfinanzierung): Medienfinanzierung durch Werbung, in: ZUM, 35. Jg. (1991), S. 133 - 137.

GUTENBERG, E. (Produktion): Grundlagen der Betriebswirtschaftslehre, Bd. 1: Die Produktion, 24. Aufl., Berlin et al. 1983.

GUTTING, D. (Multimedia-Entwicklung): Die Multimedia-Entwicklung und ihre Auswirkungen auf die Rundfunkanstalten, in: ZögU, 21. Jg. (1998), S. 79 - 86.

HAFNER, M./NEUNZIG, A. R. (Sportübertragungen): Sportübertragungen im Fernsehen – einige spieltheoretische Überlegungen, in: BFuP, 51. Jg. (1999), S. 151 - 165.

HALLER, A. (Immaterielle Vermögenswerte): Immaterielle Vermögenswerte – Wesentliche Herausforderung für die Zukunft der Unternehmensrechnung, in: MÖLLER, H. P./ SCHMIDT, F. (Hrsg.), Rechnungswesen als Instrument für Führungsentscheidungen, Festschrift für A. G. Coenenberg, Stuttgart 1998, S. 561 - 596.

HANS-BREDOW-INSTITUT (Hrsg.) (Hörfunk und Fernsehen): Internationales Handbuch für Hörfunk und Fernsehen, Baden-Baden 1994/1995.

HANSMEYER, K.-H./KOPS, M. (Rundfunkprogramme): Rundfunkprogramme als Klubgüter, in: MATSCHKE, M. J./SCHILDBACH, TH. (Hrsg.), Unternehmensberatung und Wirtschaftsprüfung, Festschrift für G. Sieben, Stuttgart 1998, S. 201 - 222.

HARMS, TH. (Kommt die T-Box?): Kommt nach der d-box die T-Box?, in: FR vom 7. Juli 2000, S. 23.

VON HARTLIEB, H. (Film-, Fernseh- und Videorecht): Handbuch des Film-, Fernseh- und Videorechts, 3. Aufl., München 1991.

HAUSMANN, F. L. (Ein Kartell für „Fernsehrechte"?): Der Deutsche Fußball Bund (DFB) – Ein Kartell für „Fernsehrechte"?, in: BB, 49. Jg. (1994), S. 1089 - 1095.

HAX, H. (Lineare Programmierung): Investitions- und Finanzplanung mit Hilfe der linearen Programmierung, in: ZfbF, 16. Jg. (1964), S. 430 - 446.

HAYN, M. (Funktionale Wertkonzeptionen): Unternehmensbewertung: Die funktionalen Wertkonzeptionen, in: DB, 53. Jg. (2000), S. 1346 - 1353.

HEINRICH, J. (Medienökonomie, Bd. 1): Medienökonomie, Bd. 1, Opladen 1994.

HEINRICH, J. (Medienökonomie, Bd. 2): Medienökonomie, Bd. 2, Opladen, Wiesbaden 1999.

HEINZ, W. (Zur betriebswirtschaftlichen Seite des Films): Zur betriebswirtschaftlichen Seite des Films insbesondere zur Bewertung kommerzieller Rechte am Film, Dissertation, München 1953.

HEKER, H. (Druckrechte): Druckrechte, in: ZUM, 40. Jg. (1996), S. 1015 - 1018.

HELBLING, C. (Unternehmensbewertung): Unternehmensbewertung und Steuern, 8. Aufl., Düsseldorf 1995.

HENNING-BODEWIG, F. (Sponsoring): Sponsoring, in: AfP, 22. Jg. (1991), S. 487 - 493.

HERING, TH. (Endogene Grenzzinsfüße): Zur Berechnung und Interpretation endogener Grenzzinsfüße bei Endwert- und Entnahmemaximierung, Veröffentlichungen des Instituts für Industrie- und Krankenhausbetriebslehre der Westfälischen Wilhelms-Universität Münster, hrsg. von *D. ADAM*, Nr. 33, Münster 1992.

HERING, TH. (Investitionstheorie): Investitionstheorie aus der Sicht des Zinses, Wiesbaden 1995.

HERING, TH. (Unternehmensbewertung): Finanzwirtschaftliche Unternehmensbewertung, Wiesbaden 1999.

HERING, TH. (Konzeptionen der Unternehmensbewertung): Konzeptionen der Unternehmensbewertung und ihre Eignung für mittelständische Unternehmen, in: BFuP, 52. Jg. (2000), S. 433 - 453.

HERING, TH. (ZGPM): Das allgemeine Zustands-Grenzpreismodell zur Bewertung von Unternehmen und anderen unsicheren Zahlungsströmen, in: DBW, 60. Jg. (2000), S. 362 - 378.

HERING, TH./MATSCHKE, M. J. (Organisationsmodelle): Kommunale Organisations- und Finanzierungsmodelle, in: BFuP, 49. Jg. (1997), S. 341 - 364.

HERING, TH./OLBRICH, M. (Mehrstimmrechte): Zur Bewertung von Mehrstimmrechten, in: ZfbF, 53. Jg. (2001), S. 20 - 38.

HERNLER, J. (Filmrechte): Filmrechte in Handels- und Steuerbilanz, in: Jahrbuch der Fachanwälte für Steuerrecht 1995/96, Herne, Berlin 1996, S. 146 - 157.

HERTIN, P. W./EHRHARDT, J. (Senderechtsvertrag mit öffentlich-rechtlichen Rundfunkanstalten): Senderechtsvertrag zwischen Verlag und Sendeunternehmen (öffentlichrechtliche Rundfunkanstalt) für das Fernsehen, in: *SCHÜTZE, R. A./WEIPERT, L.* (Hrsg.), Münchener Vertragshandbuch, Bd. 3, Wirtschaftsrecht, 1. Halbband, 4. Aufl., München 1998, S. 1106 - 1118.

HERTIN, P. W./EHRHARDT, J. (Senderechtsvertrag mit privaten Rundfunkveranstaltern): Senderechtsvertrag zwischen Verlag und Sendeunternehmen (privater Rundfunkveranstalter) für das Fernsehen, in: *SCHÜTZE, R. A./WEIPERT, L.* (Hrsg.), Münchener Vertragshandbuch, Bd. 3, Wirtschaftsrecht, 1. Halbband, 4. Aufl., München 1998, S. 1119 - 1123.

HERTZ, D. B. (Risk Analysis): Risk Analysis in Capital Investment, in: Harvard Business Review, 42. Jg. (1964), S. 95 - 106.

HERZIG, N. (Bilanzierung von Fernseh- und Sportübertragungsrechten): Bilanzierung von Fernseh- und Sportübertragungsrechten bei werbefinanzierten Privatsendern, in: MATSCHKE, M. J./SCHILDBACH, TH. (Hrsg.), Unternehmensberatung und Wirtschaftsprüfung, Festschrift für G. Sieben, Stuttgart 1998, S. 223 - 241.

HERZIG, N./SÖFFING, A. (Bilanzierung und Abschreibung von Fernsehrechten): Bilanzierung und Abschreibung von Fernsehrechten, in: WPg, 47. Jg. (1994), S. 601 - 608 und S. 656 - 663.

HINTZE, ST. (Paretooptimale Vertragsgestaltung): Paretooptimale Vertragsgestaltung beim Unternehmenskauf, in: WPg, 45. Jg. (1992), S. 414 - 427.

HIRSCH, H. (Öffentliche Güter): Öffentliche Güter, in: CHMIELEWICZ, K./EICHHORN, P. (Hrsg.), Handwörterbuch der Öffentlichen Betriebswirtschaft, Stuttgart 1989, Sp. 1077 - 1084.

HIRSHLEIFER, J. (Investment Decision): On the Theory of Optimal Investment Decision, in: Journal of Political Economy, 66. Jg. (1958), S. 329 - 352.

HOCHSTEIN, R. (Werbeformen): Neue Werbeformen im Rundfunk, in: AfP, 22. Jg. (1991), S. 696 - 703.

HOMMEL, M./BRAUN, I./SCHMOTZ, TH. (Neue Wege?): Neue Wege in der Unternehmensbewertung?, in: DB, 54. Jg. (2001), S. 341 - 347.

HONAL, G. (Programmgestaltung): Programmgestaltung in der ARD: Intuition oder regelgebundene Absatzplanung?, Arbeitspapiere des Instituts für Rundfunkökonomie, H. 79, Köln 1997.

HORSTMANN, M. (Programmcontrolling): Programmcontrolling bei öffentlich-rechtlichen und privatrechtlichen Fernsehveranstaltern, Arbeitspapiere des Instituts für Rundfunkökonomie, H. 86, Köln 1997.

IMMENGA, U. (Rundfunk): Rundfunk und Markt, in: AfP, 20. Jg. (1989), S. 621 - 627.

INDERFURTH, K. (Investitionsplanung): Starre und flexible Investitionsplanung, Wiesbaden 1982.

INSTITUT DER WIRTSCHAFTSPRÜFER (Durchführung von Unternehmensbewertungen): Stellungnahme HFA 2/1983: Grundsätze zur Durchführung von Unternehmensbewertungen, in: WPg, 36. Jg. (1983), S. 468 - 480.

INSTITUT DER WIRTSCHAFTSPRÜFER (Grundsätze): IDW Standard: Grundsätze zur Durchführung von Unternehmensbewertungen (IDW S 1), in: WPg, 53. Jg. (2000), S. 825 - 842.

JÄÄSKELÄINEN, V. (Optimal Financing): Optimal Financing and Tax Policy of the Corporation, Helsinki 1966.

JACOB, H. (Flexibilitätsüberlegungen): Flexibilitätsüberlegungen in der Investitionsrechnung, in: ZfB, 37. Jg. (1967), S. 1 - 34.

JAENSCH, G. (Unternehmungsbewertung): Ein einfaches Modell der Unternehmungsbewertung ohne Kalkulationszinsfuß, in: ZfbF, 18. Jg. (1966), S. 660 - 679.

KÄFER, K. (Bewertung der Unternehmung): Zur Bewertung der Unternehmung, Nachdruck von Aufsätzen Karl Käfers aus den Jahren 1946 bis 1973 zum 98. Geburtstag des Autors, hrsg. von C. HELBLING, Zürich 1996.

KÄHLERT, J.-P./LANGE, S. (Abgrenzung): Zur Abgrenzung immaterieller von materiellen Vermögensgegenständen, in: BB, 48. Jg. (1993), S. 613 - 618.

KEPPE, H.-J./WEBER, M. (Risikoanalyse): Risikoanalyse bei partieller Wahrscheinlichkeitsinformation, in: DBW, 53. Jg. (1993), S. 49 - 56.

KEUPER, F. (Multimedia Supply Chain Management): Multimedia Supply Chain Management am Beispiel von Zeitungs- und Publikumszeitschriftenverlagen, in: BFuP, 53. Jg. (2001), S. 392 - 410.

KLINGELHÖFER, H. E. (Entsorgung und Produktion): Betriebliche Entsorgung und Produktion, Wiesbaden 2000.

KNAUER, M. (PREMIERE): PREMIERE, in: WACHS, F.-C. (Hrsg.), Zwischenbilanz: Die Ufa und die elektronischen Medien, Festschrift für B. Schiphorst, Mainz 1993, S. 58 - 67.

KNOTHE, M./SCHWALBA, M. (Positionierung): Die Positionierung des öffentlich-rechtlichen Rundfunks im digitalen Zeitalter, in: Media Perspektiven, o. Jg. (1999), S. 111 - 118.

KOCH, H. (Unternehmensplanung): Integrierte Unternehmensplanung, Wiesbaden 1982.

KOCH, U. (Ordnung des Rundfunks): Zu einer wettbewerblichen Ordnung des Rundfunks, in: DB, 35. Jg. (1982), S. 1757 - 1763.

KOOPMANS, T. C. (Activities): Analysis of Production as an Efficient Combination of Activities, in: KOOPMANS, T. C. (Hrsg.), Activity Analysis of Production and Allocation, New Haven, London 1959, S. 33 - 97.

KOPS, M. (Ökonomische Herleitung): Eine ökonomische Herleitung der Aufgaben des öffentlich-rechtlichen Rundfunks, Arbeitspapiere des Instituts für Rundfunkökonomie, H. 20, 2. Aufl., Köln 1998.

KOSCHNICK, W. J. (Mediaforschung): Standard-Lexikon für Mediaplanung und Mediaforschung in Deutschland, 2. Aufl., München et al. 1995.

KREKÓ, B. (Lineare Optimierung): Lehrbuch der linearen Optimierung, 6. Aufl., Berlin 1973.

KRÖNES, G. (Finanzierung): Zur Frage der künftigen Finanzierung öffentlichen und privaten Rundfunks, in: ZögU, 14. Jg. (1991), S. 255 - 268.

KRÖNES, G. (Finanzbedarf): Finanzbedarf öffentlichen Rundfunks und Festsetzung von Rundfunkgebühren, in: ZögU, 19. Jg. (1996), S. 31 - 52.

KRUSE, J. (Wirtschaftliche Wirkungen): Wirtschaftliche Wirkungen einer unentgeltlichen Sport-Kurzberichterstattung im Fernsehen, Baden-Baden 1991.

KRUSE, J. (Publizistische Vielfalt): Publizistische Vielfalt und Medienkonzentration zwischen Marktkräften und politischen Entscheidungen, in: ALTMEPPEN, K.-D. (Hrsg.), Ökonomie der Medien und des Mediensystems, Opladen 1996, S. 25 - 52.

KÜTING, K./ZWIRNER, CH. (Film- und Medienunternehmen): Bilanzierung und Bewertung bei Film- und Medienunternehmen des Neuen Marktes, in: FB, 3. Jg. (2001), Beilage 3, S. 1 - 38.

LACKMANN, F. (Unternehmungsbewertung): Theorien und Verfahren der Unternehmungsbewertung, 2. Aufl., Berlin 1962.

LADEUR, K.-H. (Kurzberichterstattung): Das Recht der Rundfunkprogrammveranstalter auf „Kurzberichterstattung" von Spielen der Fußballbundesliga, in: GRUR, 91. Jg. (1989), S. 885 - 891.

LANGER, U. (Viva): Viva als multimedial verwertbare Marke, in: FR vom 27. Juni 2000, S. 27.

LAUTERBACH, J. (Rechte-Poker): Rechte-Poker greift auf Bundesliga über, in: DIE WELT vom 8. Mai 2001, S. 34.

LAUX, H./FRANKE, G. (Problem der Bewertung): Zum Problem der Bewertung von Unternehmungen und anderen Investitionsgütern, in: Unternehmensforschung, 13. Jg. (1969), S. 205 - 223.

LAUX, H./FRANKE, G. (Ganzzahligkeitsbedingungen): Das Versagen der Kapitalwertmethode bei Ganzzahligkeitsbedingungen, in: ZfbF, 22. Jg. (1970), S. 517 - 527.

LAUX, H./LIERMANN, F. (Organisation): Grundlagen der Organisation, 4. Aufl., Berlin et al. 1997.

LEHMANN, E./WEIGAND, J. (Entlohnung von Profifußballspielern): Determinanten der Entlohnung von Profifußballspielern – Eine empirische Analyse für die deutsche Bundesliga, in: BFuP, 51. Jg. (1999), S. 124 - 135.

LEUTHIER, R. (Interdependenzproblem): Das Interdependenzproblem bei der Unternehmensbewertung, Frankfurt am Main et al. 1988.

LÜCKE, W. (Investitionsrechnungen): Investitionsrechnungen auf der Grundlage von Ausgaben oder Kosten?, in: ZfhF, 7. Jg. (1955), S. 310 - 324.

LUTZ, H. (Konsens und Dissens): Zum Konsens und Dissens in der Unternehmensbewertung, in: BFuP, 33. Jg. (1981), S. 146 - 155.

MALERI, R. (Dienstleistungsproduktion): Grundlagen der Dienstleistungsproduktion, 2. Aufl., Berlin, Heidelberg 1991.

MANDL, G./RABEL, K. (Unternehmensbewertung): Unternehmensbewertung, Wien, Frankfurt am Main 1997.

MATSCHKE, M. J. (Kompromiß): Der Kompromiß als betriebswirtschaftliches Problem bei der Preisfestsetzung eines Gutachters im Rahmen der Unternehmungsbewertung, in: ZfbF, 21. Jg. (1969), S. 57 - 77.

MATSCHKE, M. J. (Schiedsspruchwert): Der Arbitrium- oder Schiedsspruchwert der Unternehmung – Zur Vermittlerfunktion eines unparteiischen Gutachters bei der Unternehmungsbewertung –, in: BFuP, 23. Jg. (1971), S. 508 - 520.

MATSCHKE, M. J. (Gesamtwert): Der Gesamtwert der Unternehmung als Entscheidungswert, in: BFuP, 24. Jg. (1972), S. 146 - 161.

MATSCHKE, M. J. (Entscheidungswert): Der Entscheidungswert der Unternehmung, Wiesbaden 1975.

MATSCHKE, M. J. (Argumentationswert): Der Argumentationswert der Unternehmung – Unternehmungsbewertung als Instrument der Beeinflussung in der Verhandlung, in: BFuP, 28. Jg. (1976), S. 517 - 524.

MATSCHKE, M. J. (Argumentationsfunktion): Die Argumentationsfunktion der Unternehmungsbewertung, in: GOETZKE, W./SIEBEN, G. (Hrsg.), Moderne Unternehmungsbewertung und Grundsätze ihrer ordnungsmäßigen Durchführung, Köln 1977, S. 91 - 103.

MATSCHKE, M. J. (Argumentationsbasis): Traditionelle Unternehmungsbewertungsverfahren als Argumentationsbasis für Verhandlungen über den Preis einer Unternehmung, in: GOETZKE, W./SIEBEN, G. (Hrsg.), Moderne Unternehmungsbewertung und Grundsätze ihrer ordnungsmäßigen Durchführung, Köln 1977, S. 158 - 174.

MATSCHKE, M. J. (Arbitriumwert): Funktionale Unternehmungsbewertung, Bd. II, Der Arbitriumwert der Unternehmung, Wiesbaden 1979.

MATSCHKE, M. J. (Unternehmungsbewertung in dominierten Konfliktsituationen): Unternehmungsbewertung in dominierten Konfliktsituationen am Beispiel der Bestimmung der angemessenen Barabfindung für den ausgeschlossenen oder ausscheidungsberechtigten Minderheits-Kapitalgesellschafter, in: BFuP, 33. Jg. (1981), S. 115 - 129.

MATSCHKE, M. J. (Bewertung ertragsschwacher Unternehmungen): Die Bewertung ertragsschwacher Unternehmungen bei der Fusion, in: BFuP, 36. Jg. (1984), S. 544 - 565.

MATSCHKE, M. J. (Geldentwertung): Geldentwertung und Unternehmensbewertung, in: WPg, 39. Jg. (1986), S. 549 - 555.

MATSCHKE, M. J. (Substanzwert): Substanzwert in der Unternehmensbewertung, in: LÜCK, W. (Hrsg.), Lexikon der Betriebswirtschaft, Berlin 1990, S. 1106 - 1109.

Literaturverzeichnis

MATSCHKE, M. J. (Unternehmensbewertung): Unternehmensbewertung, in: LÜCK, W. (Hrsg.), Lexikon der Betriebswirtschaft, Berlin 1990, S. 1164 - 1166.

MATSCHKE, M. J. (Finanzierung): Finanzierung der Unternehmung, Herne, Berlin 1991.

MATSCHKE, M. J. (Ermittlung mehrdimensionaler Entscheidungswerte): Einige grundsätzliche Bemerkungen zur Ermittlung mehrdimensionaler Entscheidungswerte der Unternehmung, in: BFuP, 45. Jg. (1993), S. 1 - 24.

MATSCHKE, M. J. (Lenkungspreise): Lenkungspreise, in: WITTMANN, W. ET AL. (Hrsg.), Handwörterbuch der Betriebswirtschaft, Teilband 2, 5. Aufl., Stuttgart 1993, Sp. 2581 - 2594.

MATSCHKE, M. J. unter Mitwirkung von MATSCHKE, X. (Investitionsplanung): Investitionsplanung und Investitionskontrolle, Herne, Berlin 1993.

MATSCHKE, M. J. (Anlässe und Konzeptionen): Unternehmungsbewertung: Anlässe und Konzeptionen, in: CORSTEN, H. (Hrsg.), Lexikon der Betriebswirtschaftslehre, 3. Aufl., München, Wien 1995, S. 971 - 974.

MATSCHKE, M. J. (Wertarten nach der Art ihrer Ermittlung): Unternehmungsbewertung: Wertarten nach der Art ihrer Ermittlung, in: CORSTEN, H. (Hrsg.), Lexikon der Betriebswirtschaftslehre, 3. Aufl., München, Wien 1995, S. 974 - 979.

MATSCHKE, M. J. (Wertarten nach ihrer Aufgabenstellung): Unternehmungsbewertung: Wertarten nach ihrer Aufgabenstellung, in: CORSTEN, H. (Hrsg.), Lexikon der Betriebswirtschaftslehre, 3. Aufl., München, Wien 1995, S. 979 - 981.

MATSCHKE, M. J. unter Mitwirkung von JAECKEL, U. D./LEMSER, B. (Umweltwirtschaft): Betriebliche Umweltwirtschaft, Berlin 1996.

MATSCHKE, M. J./HERING, TH. (Kommunale Finanzierung): Kommunale Finanzierung, München, Wien 1998.

MATSCHKE, M. J./HERING, TH. (Unendliche Probleme): Unendliche Probleme bei der Unternehmensbewertung?, in: DB, 52. Jg. (1999), S. 920 - 922.

MEFFERT, H. (Marketing): Marketing, 7. Aufl., Wiesbaden 1986.

MEIER, L. (Erstmals Halbjahresverlust): RTL Group macht erstmals Halbjahresverlust, in: FTD vom 20. September 2001, S. 5.

MEIER, L. (D-Box): Kirch verabschiedet sich von der D-Box, in: FTD vom 21. September 2001, S. 5.

MELLEROWICZ, K. (Wert der Unternehmung): Der Wert der Unternehmung als Ganzes, Essen 1952.

MENGER, C. (Grundsätze): Grundsätze der Volkswirthschaftslehre, Wien 1871.

MEYER, H. (Bewertung von Spielfilmen in der Bilanz): Zur Bewertung von Spielfilmen in der Bilanz, in: WPg, 26. Jg. (1973), S. 88 - 91.

MICHAELSEN, L. (Marktstrategien): Marktstrategien für Pay-per-view-Veranstalter, Arbeitspapiere des Instituts für Rundfunkökonomie, H. 67, Köln 1996.

MOXTER, A. (Unternehmensbewertung): Grundsätze ordnungsmäßiger Unternehmensbewertung, 2. Aufl., Wiesbaden 1983.

MÜLLER-MERBACH, H. (Operations Research): Operations Research, 3. Aufl., München 1973.

MÜNSTERMANN, H. (Wert und Bewertung): Wert und Bewertung der Unternehmung, Wiesbaden 1966.

MUSGRAVE, R. A./MUSGRAVE, P. B./KULLMER, L. (Finanzen): Die öffentlichen Finanzen in Theorie und Praxis, 1. Bd., 5. Aufl., Tübingen 1990.

NEUMANN, I. (Pay-TV): Pay-TV in Deutschland, Wiesbaden 1998.

NEUMANN, K./MORLOCK, M. (Operations Research): Operations Research, München, Wien 1993.

OETTLE, K. (Hrsg.) (Öffentliche Güter): Öffentliche Güter und öffentliche Unternehmen, Festschrift für G. Rittig, Baden-Baden 1984.

OLBRICH, M. (Unternehmungswert): Unternehmungskultur und Unternehmungswert, Wiesbaden 1999.

OLBRICH, M. (Bedeutung des Börsenkurses): Zur Bedeutung des Börsenkurses für die Bewertung von Unternehmungen und Unternehmungsanteilen, in: BFuP, 52. Jg. (2000), S. 454 - 465.

OLBRICH, M. (Kauf der Mantelgesellschaft): Zum Kauf der Mantelgesellschaft mit ertragsteuerlichem Verlustvortrag vor dem Hintergrund des Steuersenkungsgesetzes, in: WPg, 54. Jg. (2001), S. 1326 - 1331.

OSSADNIK, W. (Investitionsentscheidungen): Investitionsentscheidungen unter Berücksichtigung mehrerer Kriterien, in: DB, 41. Jg. (1988), S. 62 - 68.

O. V. (Liebesheirat): Eine „Liebesheirat" mit ungeahnten Vorteilen, in: FR vom 29. Juni 2000, S. 27.

O. V. (Internet): Das Internet soll „dritte Programmsäule" werden, in: FR vom 3. Juli 2000, S. 11.

O. V. (Multimedia): Mainz baut Multimedia aus, in: FR vom 3. Juli 2000, S. 11.

O. V. (Fußball-Fernsehgelder): Die Entwicklung der Fußball-Fernsehgelder, in: DIE WELT vom 28. Februar 2002, S. 26.

*P*EEMÖLLER, V. H./KELLER, B./RÖDL, M. (Strategische Unternehmensbewertung): Verfahren strategischer Unternehmensbewertung, in: DStR, 34. Jg. (1996), S. 74 - 79.

PICHERT, D. (Bestandsermittlung von Filmen): Zur Bestandsermittlung von Filmen, in: DB, 23. Jg. (1970), S. 2185 - 2188.

PLEITGEN, F. (Sport im Fernsehen): Der Sport im Fernsehen, Arbeitspapiere des Instituts für Rundfunkökonomie, H. 127, Köln 2000.

PRIESTER, H.-J. (Bewertung von Spielfilmen in der Bilanz): Zur Bewertung von Spielfilmen in der Bilanz, in: WPg, 25. Jg. (1972), S. 581 - 587.

PRIETZE, O./WALKER, A. (Kapitalisierungszinsfuß): Der Kapitalisierungszinsfuß im Rahmen der Unternehmensbewertung, in DBW, 55. Jg. (1995), S. 199 - 211.

PROSIEBEN MEDIA AG (Geschäftsbericht 1999): Geschäftsbericht 1999, Unterföhring 2000.

PROSIEBENSAT.1 MEDIA AG (Geschäftsbericht 2000): Geschäftsbericht 2000, Unterföhring 2001.

*R*AMS, A. (Unternehmensbewertung mittels Realoptionen): Strategisch-dynamische Unternehmensbewertung mittels Realoptionen, in: Die Bank, o. Jg. (1998), S. 676 - 680.

REICHERTER, M. (Fusionsentscheidung): Fusionsentscheidung und Wert der Kreditgenossenschaft, Wiesbaden 2000.

REICHWALD, R./HERMANN, M./BIEBERBACH, F. (Auktionen): Auktionen im Internet, in: WISU, 29. Jg. (2000), S. 542 - 552.

RIEPER, B. (Hierarchische Systeme): Hierarchische betriebliche Systeme, Wiesbaden 1979.

RODEWALD, J. (Bilanzierung von Rechten): Die Bilanzierung von Rechten zur Berichterstattung und Übertragung von Sportereignissen im Fernsehen, in: BB, 50. Jg. (1995), S. 2103 - 2108.

ROHDE, CH./MEIER, L. (Aufstand): Ein Aufstand gegen das ganze System, in: FTD vom 2. November 2000, S. 15.

ROLLBERG, R. (Simultane Planung): Simultane Investitions-, Finanz- und Produktionsprogrammplanung, in: BURCHERT, H./HERING, TH. (Hrsg.), Betriebliche Finanzwirtschaft, München, Wien 1999, S. 96 - 110.

ROLLBERG, R. (Unternehmensplanung): Integrierte Unternehmensplanung, Wiesbaden 2001.

ROTHE, C. (Simulative Risikoanalyse): Wirtschaftlichkeitsuntersuchung kommunaler Wohngebietserschließungen anhand einer simulativen Risikoanalyse, in: BURCHERT, H./HERING, TH. (Hrsg.), Betriebliche Finanzwirtschaft, München, Wien 1999, S. 280 - 287.

RÜHLE, A. (Sportprofile): Sportprofile im deutschen Fernsehen, in: Media Perspektiven, o. Jg. (2000), S. 499 - 510.

SANFLEBER, M. (Abfindungsklauseln): Abfindungsklauseln in Gesellschaftsverträgen, Düsseldorf 1990.

SATTLER, H. (Markenwertbestimmung): Ein Indikatorenmodell zur langfristigen monetären Markenwertbestimmung, in: DBW, 59. Jg. (1999), S. 633 - 653.

SCHÄFFNER, G. (Fernsehen): Fernsehen, in: FAULSTICH, W. (Hrsg.), Grundwissen Medien, 2. Aufl., München 1995, S. 156 - 185.

SCHELLHAAß, H. M. (Rundfunkökonomie): Rundfunkökonomie, in: DBW, 60. Jg. (2000), S. 531 - 534.

SCHELLHAAß, H. M./ENDERLE, G. (Sportlicher versus ökonomischer Wettbewerb): Sportlicher versus ökonomischer Wettbewerb. Zum Verbot der zentralen Vermarktung von Europapokal-Spielen im Fußball, in: SpW, 28. Jg. (1998), S. 297 - 310.

SCHERM, E. (Szenario-Technik): Die Szenario-Technik – Grundlage effektiver strategischer Planung, in: WISU, 21. Jg. (1992), S. 95 - 97.

SCHILDBACH, TH. (Wirtschaftsprüfer): Der Wirtschaftsprüfer als Gutachter in Fragen der Unternehmensbewertung: Möglichkeiten und Grenzen aus der Sicht der Berufspflichten des Wirtschaftsprüfers, in: WPg, 34. Jg. (1981), S. 193 - 201.

SCHILDBACH, TH. (Verkäufer und Unternehmen): Der Verkäufer und das Unternehmen „wie es steht und liegt", in: ZfbF, 47. Jg. (1995), S. 620 - 632.

SCHILDBACH, TH. (Discounted Cash-flow-Verfahren): Ist die Kölner Funktionenlehre der Unternehmensbewertung durch die Discounted Cash-flow-Verfahren überholt?, in: MATSCHKE, M. J./SCHILDBACH, TH. (Hrsg.), Unternehmensberatung und Wirtschaftsprüfung, Festschrift für G. Sieben, Stuttgart 1998, S. 301 - 322.

SCHMALENBACH, E. (Werte von Unternehmungen): Die Werte von Anlagen und Unternehmungen in der Schätzungstechnik, in: ZfhF, 12. Jg. (1917/1918), S. 1 - 20.

SCHMALENBACH, E. (Pretiale Wirtschaftslenkung): Pretiale Wirtschaftslenkung, Bd. 1: Die optimale Geltungszahl, Bremen 1947.

SCHMIEDEL, E. (Wirtschaftlichkeit von Rundfunkanstalten): Begriff und Prinzip der Wirtschaftlichkeit von Rundfunkanstalten, in: ZögU, 6. Jg. (1983), Beiheft 5, S. 146 - 154.

SCHNEIDER, S. (Möglichkeiten und Grenzen): Möglichkeiten und Grenzen von finanzwirtschaftlichen Kennzahlen im Rahmen einer rundfunkspezifischen Controlling-Konzeption für öffentlich-rechtliche Rundfunkanstalten, Arbeitspapiere des Instituts für Rundfunkökonomie, H. 63, Köln 1996.

SCHÖNEBERGER, M. (Ökonomische Grundfragen): Ökonomische Grundfragen des Fernsehens, Arbeitspapiere des Instituts für Rundfunkökonomie, H. 98, Köln 1998.

SCHUMANN, M./HESS, TH. (Medienwirtschaft): Grundfragen der Medienwirtschaft, Berlin et al. 2000.

SCHUSSER, O. (Medienökonomie): Medienökonomie: Wissenschaft oder Mode?, in: DBW, 58. Jg. (1998), S. 591 - 602.

SCHWARZ, M. (Audiovisuelle Werke): Der urheberrechtliche Schutz audiovisueller Werke im Zeitalter der digitalen Medien, in: BECKER, J./ DREIER, TH. (Hrsg.), Urheberrecht und digitale Technologie, Baden-Baden 1994, S. 105 - 121.

SCHWEITZER, D. (Film): Film als Marktleistung, Wiesbaden 1996.

SEIDEL, N. (Medienökonomie): Die Entwicklung der Medienökonomie in Deutschland, in: MATSCHKE, M. J./SCHILDBACH, TH. (Hrsg.), Unternehmensberatung und Wirtschaftsprüfung, Festschrift für G. Sieben, Stuttgart 1998, S. 243 - 265.

SEITZ, J. ET AL. (Es gibt ein Leben nach Leo): Es gibt ein Leben nach Leo, in: FOCUS, Nr. 16 vom 15. April 2002, S. 18 - 28.

SERFLING, K./PAPE, U. (Traditionelle Verfahren der Unternehmensbewertung): Theoretische Grundlagen und traditionelle Verfahren der Unternehmensbewertung, in: WISU, 24. Jg. (1995), S. 808 - 819.

SERFLING, K./PAPE, U. (Discounted Cash Flow-Methode): Strategische Unternehmensbewertung und Discounted Cash Flow-Methode, in: WISU, 25. Jg. (1996), S. 57 - 64.

SEWERING, K. (Bewertungsprobleme): Bewertungsprobleme in der Filmbranche, in: BFuP, 5. Jg. (1953), S. 651 - 657.

SIEBEN, G. (Bewertungsmodelle): Bewertungs- und Investitionsmodelle mit und ohne Kapitalisierungszinsfuß, in: ZfB, 37. Jg. (1967), S. 126 - 147.

SIEBEN, G. (Erfolgseinheiten): Bewertung von Erfolgseinheiten, Habilitationsschrift, Köln 1968.

SIEBEN, G. (Entscheidungswert): Der Entscheidungswert in der Funktionenlehre der Unternehmensbewertung, in: BFuP, 28. Jg. (1976), S. 491 - 504.

SIEBEN, G. (Unternehmensstrategien): Unternehmensstrategien und Kaufpreisbestimmung, in: Festschrift 40 Jahre Der Betrieb, Stuttgart 1988, S. 81 - 91.

SIEBEN, G. (Unternehmensbewertung): Unternehmensbewertung, in: WITTMANN, W. ET AL. (Hrsg.), Handwörterbuch der Betriebswirtschaft, Teilband 3, 5. Aufl., Stuttgart 1993, Sp. 4315 - 4331.

SIEBEN, G. (Discounted Cash Flow-Verfahren): Unternehmensbewertung: Discounted Cash Flow-Verfahren und Ertragswertverfahren – Zwei völlig unterschiedliche Ansätze?, in: LANFERMANN, J. (Hrsg.), Internationale Wirtschaftsprüfung, Festschrift für H. Havermann, Düsseldorf 1995, S. 713 - 737.

SIEBEN, G./LÖCHERBACH, G./MATSCHKE, M. J. (Bewertungstheorie): Bewertungstheorie, in: GROCHLA, E./WITTMANN, W. (Hrsg.), Handwörterbuch der Betriebswirtschaft, 4. Aufl., Stuttgart 1974, Sp. 839 - 851.

SIEBEN, G./LUTZ, H. (Abfindungsklauseln): Abfindungsklauseln in Gesellschaftsverträgen, in: BFuP, 47. Jg. (1995), S. 200 - 213.

SIEBEN, G./SCHILDBACH, TH. (Bewertung ganzer Unternehmungen): Zum Stand der Entwicklung der Lehre von der Bewertung ganzer Unternehmungen, in: DStR, 17. Jg. (1979), S. 455 - 461.

SIEBEN, G./SCHILDBACH, TH. (Entscheidungstheorie): Betriebswirtschaftliche Entscheidungstheorie, 4. Aufl., Düsseldorf 1994.

SIEBEN, G./SCHNEIDER, W. (Überlegungen): Überlegungen zu einem Controlling-Konzept für Rundfunkanstalten, in: BFuP, 34. Jg. (1982), S. 236 - 251.

SIEBEN, G./SCHWERTZEL, U. (Rundfunkökonomie): Materialien zur Rundfunkökonomie II: Management für Rundfunkunternehmen – Teil I, Arbeitspapiere des Instituts für Rundfunkökonomie, H. 65, 2. Aufl., Köln 1997.

SIEBEN, G./SIEBEN, C./HOLLAND, L. (Analyse): Analyse des NDR-Steuerungsmodells für Fernsehproduktionen, Arbeitspapiere des Instituts für Rundfunkökonomie, H. 113, Köln 1999.

SIEGEL, TH. (Unsicherheitsberücksichtigung): Methoden der Unsicherheitsberücksichtigung in der Unternehmensbewertung, in: WiSt, 21. Jg. (1992), S. 21 - 26.

SIELAFF, M. (Steuerbemessungsfunktion): Die Steuerbemessungsfunktion der Unternehmensbewertung, in: GOETZKE, W./SIEBEN, G. (Hrsg.), Moderne Unternehmungsbewertung und Grundsätze ihrer ordnungsmäßigen Durchführung, Köln 1977, S. 105 - 119.

SIEPE, G. (Unternehmensbewertung): Die Unternehmensbewertung, in: INSTITUT DER WIRTSCHAFTSPRÜFER (Hrsg.), Wirtschaftsprüfer-Handbuch 1998, Bd. II, 11. Aufl., Düsseldorf 1998, S. 1 - 142.

SIEPE, G./DÖRSCHELL, A./SCHULTE, J. (Der neue IDW Standard): Der neue IDW Standard: Grundsätze zur Durchführung von Unternehmensbewertungen (IDW S 1), in: WPg, 53. Jg. (2000), S. 946 - 960.

SJURTS, I. (Medienmarkt): Chancen und Risiken im globalen Medienmarkt – Die Strategien der größten Medien-, Telekommunikations- und Informationstechnologiekonzerne, in: HANS-BREDOW-INSTITUT (Hrsg.), Internationales Handbuch für Hörfunk und Fernsehen 2000/2001, Baden-Baden 2000, S. 31 - 45.

STEIN, F. A. (Rundfunkanstalten): Bewertung der Management-Leistung von Rundfunkanstalten, in: MATIASKE, W./MELLEWIGT, TH./STEIN, F. A. (Hrsg.), Empirische Organisations- und Entscheidungsforschung, Festschrift für R. Bronner, Heidelberg 2000, S. 136 - 160.

STEINBACH-VAN DER VEEN, B. (Abgaben): Abgaben, in: CHMIELEWICZ, K./EICHHORN, P. (Hrsg.), Handwörterbuch der Öffentlichen Betriebswirtschaft, Stuttgart 1989, Sp. 1 - 7.

Literaturverzeichnis

STILKE, M. (Video): Quo vadis, Video?, in: WACHS, F.-C. (Hrsg.), Zwischenbilanz: Die Ufa und die elektronischen Medien, Festschrift für B. Schiphorst, Mainz 1993, S. 215 - 230.

STOLTE, D. (Rundfunkanstalten): Rundfunkanstalten, in: CHMIELEWICZ, K./EICHHORN, P. (Hrsg.), Handwörterbuch der Öffentlichen Betriebswirtschaft, Stuttgart 1989, Sp. 1415 - 1424.

STOLTE, D. (Renaissance): Renaissance des öffentlich-rechtlichen Rundfunks, in: ZWEITES DEUTSCHES FERNSEHEN (Hrsg.), ZDF Jahrbuch 98, Mainz 1999, S. 53 - 58.

TEBERT, M. (Qualität): Erfolg durch Qualität, in: Media Perspektiven, o. Jg. (2000), S. 85 - 93.

TILLMANN, A. (Grundstückskontaminationen): Unternehmensbewertung und Grundstückskontaminationen, Wiesbaden 1998.

VIEL, J. (Unternehmungsbewertung): Theorie und Praxis der Unternehmungsbewertung, in: Der Wirtschaftstreuhänder, 4. Jg. (1955), S. 57 - 59.

WACHS, F.-C. (Poker ohne Ende?): - Poker ohne Ende? - Die Preisentwicklung bei Übertragungsrechten von Sportereignissen, in: WACHS, F.-C. (Hrsg.), Zwischenbilanz: Die Ufa und die elektronischen Medien, Festschrift für B. Schiphorst, Mainz 1993, S. 173 - 188.

WALTER, D. (Erwerb von Sportsenderechten): Der Erwerb von Sportsenderechten, Arbeitspapiere des Instituts für Rundfunkökonomie, H. 111, Köln 1999.

WEBER, B. (Rechnungswesen): Das Rechnungswesen in Rundfunkanstalten, in: ZögU, 6. Jg. (1983), Beiheft 5, S. 47 - 61.

WEBER, E. (Berücksichtigung von Synergieeffekten): Berücksichtigung von Synergieeffekten bei der Unternehmensbewertung, in: BAETGE, J. (Hrsg.), Akquisition und Unternehmensbewertung, Düsseldorf 1991, S. 97 - 115.

WEBER, K. (Hrsg.) (Creifelds Rechtswörterbuch): Rechtswörterbuch, begründet von C. CREIFELDS, 16. Aufl., München 2000.

WEINGARTNER, H. M. (Mathematical Programming): Mathematical Programming and the Analysis of Capital Budgeting Problems, Englewood Cliffs (New Jersey) 1963.

WITTE, TH./DEPPE, J. F./BORN, A. (Lineare Programmierung): Lineare Programmierung, Wiesbaden 1975.

WRIEDT, P./FISCHER, M. (Bilanzierung von Filmvermögen): Zur Bilanzierung von Filmvermögen, in: DB, 46. Jg. (1993), S. 1683 - 1687.

WRIEDT, P./WITTEN, V. (Bilanzielle Behandlung von Filmrechten): Zur bilanziellen Behandlung von Filmrechten, in: DB, 44. Jg. (1991), S. 1292 - 1295.

ZUBAYR, C./GERHARD, H. (Fußball-Weltmeisterschaft): Die Fußball-Weltmeisterschaft 1998 in Frankreich, in: Media Perspektiven, o. Jg. (1998), S. 594 - 599.

ZWEITES DEUTSCHES FERNSEHEN (Hrsg.) (ZDF Jahrbuch 98): ZDF Jahrbuch 98, Mainz 1999.

Rechtsquellenverzeichnis

Bürgerliches Gesetzbuch (BGB) vom 18. August 1896 (RGBl. S. 195), zuletzt geändert durch Gesetz zur Modernisierung des Schuldrechts vom 26. November 2001 (BGBl. I S. 3138).

Gesetz gegen den unlauteren Wettbewerb (UWG) vom 7. Juni 1909 (RGBl. S. 499), zuletzt geändert durch Gesetz zur vergleichenden Werbung und zur Änderung wettbewerbsrechtlicher Vorschriften vom 1. September 2000 (BGBl. I S. 1374).

Grundgesetz für die Bundesrepublik Deutschland (GG) vom 23. Mai 1949 (BGBl. S. 1), zuletzt geändert durch Gesetz zur Änderung des Grundgesetzes (Artikel 12a) vom 19. Dezember 2000 (BGBl. I S. 1755).

Rundfunkgesetz für das Land Mecklenburg-Vorpommern (Landesrundfunkgesetz – RundfG-M-V) vom 21. März 2000 (GVOBl. M-V 2000 S. 85).

Staatsvertrag über den Norddeutschen Rundfunk (NDR-Staatsvertrag) vom 17./18. Dezember 1991 (GVOBl. M-V 1992 S. 78).

Staatsvertrag über den Rundfunk im vereinten Deutschland vom 31. August 1991 (GVOBl. M-V 1991, S. 495), in der Fassung des Fünften Rundfunkänderungs-Staatsvertrages vom 26. September 2000 (GVOBl. M-V 2000 S. 543);

daraus verwendete Rechtsquellen:

Artikel 1: Rundfunkstaatsvertrag (RStV),
Artikel 2: ARD-Staatsvertrag (ARD-StV),
Artikel 3: ZDF-Staatsvertrag (ZDF-StV),
Artikel 4: Rundfunkgebührenstaatsvertrag (RGebStV),
Artikel 5: Rundfunkfinanzierungsstaatsvertrag (RFinStV).

Urheberrechtsgesetz (UrhG) – Gesetz über Urheberrecht und verwandte Schutzrechte vom 9. September 1965 (BGBl. I S. 1273), zuletzt geändert durch Gesetz zur vergleichenden Werbung und zur Änderung wettbewerbsrechtlicher Vorschriften vom 1. September 2000 (BGBl. I S. 1374).

Verzeichnis der Rechtsprechung

BVERFG, Urteil vom 27. Juli 1971 („Zweites Rundfunkurteil") – 2 BvF 1/68, 2 BvR 702/68, in: BVerfGE, 31. Bd., Tübingen 1972, Nr. 30, S. 314 - 357.

BVERFG, Urteil vom 16. Juni 1981 („Drittes Rundfunkurteil") – 1 BvL 89/78, in: BVerfGE, 57. Bd., Tübingen 1982, Nr. 14, S. 295 - 335.

BVERFG, Urteil vom 4. November 1986 („Viertes Rundfunkurteil") – 1 BvF 1/84, in: BVerfGE, 73. Bd., Tübingen 1987, Nr. 3, S. 118 - 205.

BVERFG, Beschluß vom 24. März 1987 („Fünftes Rundfunkurteil") – 1 BvR 147, 478/86, in: BVerfGE, 74. Bd., Tübingen 1987, Nr. 22, S. 297 - 357.

BVERFG, Urteil vom 22. Februar 1994 („Achtes Rundfunkurteil") – 1 BvL 30/88, in: BVerGE, 90. Bd., Tübingen 1994, Nr. 7, S. 60 - 107.

Der Deutsche Universitäts-Verlag
Ein Unternehmen der Fachverlagsgruppe BertelsmannSpringer

Der Deutsche Universitäts-Verlag wurde 1968 gegründet und 1988 durch die Wissenschaftsverlage Dr. Th. Gabler Verlag, Verlag Vieweg und Westdeutscher Verlag aktiviert. Der DUV bietet hervorragenden jüngeren Wissenschaftlern ein Forum, die Ergebnisse ihrer Arbeit der interessierten Fachöffentlichkeit vorzustellen. Das Programm steht vor allem solchen Arbeiten offen, deren Qualität durch eine sehr gute Note ausgewiesen ist. Jedes Manuskript wird vom Verlag zusätzlich auf seine Vermarktungschancen hin überprüft.

Durch die umfassenden Vertriebs- und Marketingaktivitäten, die in enger Kooperation mit den Schwesterverlagen Gabler, Vieweg und Westdeutscher Verlag erfolgen, erreichen wir die breite Information aller Fachinstitute, -bibliotheken, -zeitschriften und den interessierten Praktiker. Den Autoren bieten wir dabei günstige Konditionen, die jeweils individuell vertraglich vereinbart werden.

Der DUV publiziert ein wissenschaftliches Monographienprogramm in den Fachdisziplinen

Wirtschaftswissenschaft
Informatik
Kognitionswissenschaft
Sozialwissenschaft

Psychologie
Literaturwissenschaft
Sprachwissenschaft

www.duv.de
Änderungen vorbehalten.

Deutscher Universitäts-Verlag
Abraham-Lincoln-Str. 46
65189 Wiesbaden

If you have any concerns about our products,
you can contact us on
ProductSafety@springernature.com

In case Publisher is established outside the EU,
the EU authorized representative is:
**Springer Nature Customer Service Center GmbH
Europaplatz 3, 69115 Heidelberg, Germany**

Printed by Libri Plureos GmbH
in Hamburg, Germany